Fundamentals of Power System Economics

Second Edition

Daniel S. Kirschen
University of Washington, United States

Goran Strbac
Imperial College London, United Kingdom

WILEY

Fundamentals of Power System Economics

Second Edition

DANIEL S. KIRSCHEN · GORAN STRBAC

FUNDAMENTALS OF
POWER SYSTEM ECONOMICS

전력경제의 이해

박종배 · 김 욱 · 노재형 · 신훈영 · 주성관 · 허 돈 공역

SECOND EDITION 2

WILEY

(주)한티에듀

역자 소개

박종배	건국대 전기전자공학부	(1장, 6장, 서문, 감수)
김 욱	부산대 전기공학과	(5장)
노재형	건국대 전기전자공학부	(2장, 7장)
신훈영	홍익대 전자전기공학부	(4장)
주성관	고려대 전기전자공학부	(8장)
허 돈	광운대 전기공학과	(3장)

전력경제의 이해 2 SECOND EDITION

발 행 일 2022년 09월 01일 초판 1쇄
저 자 DANIEL S. KIRSCHEN · GORAN STRBAC
역 자 박종배 · 김 욱 · 노재형 · 신훈영 · 허 돈 · 주성관
펴 낸 이 김준호
펴 낸 곳 (주)한티에듀 | 서울시 마포구 동교로 23길 67 Y빌딩 3층
등 록 제2018-000145호 2018년 5월 15일
전 화 02) 332-7993~4 | **팩 스** 02) 332-7995
I S B N 979-11-90017-21-3 (93560)
가 격 32,000원

마 케 팅 노호근 박재인 최상욱 김원국 김택성
편 집 김은수 유채원
관 리 김지영 문지희
디 자 인 **내지** 유채원 **표지** 유채원
인 쇄 소 우일미디어

이 책에 대한 의견이나 잘못된 내용에 대한 수정정보는 아래의 홈페이지나 이메일로 알려주십시오.
독자님의 의견을 충분히 반영하도록 늘 노력하겠습니다.

홈페이지 www.hanteemedia.co.kr | **이메일** hantee@hanteemedia.co.kr

초판 서문 Preface to the First Edition

과거 약 100여 년 동안 전력산업은 수직적으로 통합된 독점 전력회사가 관리하였다. 이 시기 엔지니어들은 전력산업의 관리를 일련의 까다로운 최적화 문제들로 다르었다. 시간이 지나면서 이러한 최적화 문제들은 더 커졌고, 더 복잡해졌고, 다루어야 하는 범위 또한 더 확장되었다. 보다 정교한 전력시스템 계획과 운영을 위해 새로운 알고리즘들이 개발되었고, 더욱 강력한 컴퓨터가 사용되었다. 전력산업에 경쟁이 도입되면서 더 이상 단일 조직이 전력산업의 관리를 전담하지 않게 되었다. 이제는 다양한 또는 경쟁적인 이해관계를 가진 다수 주체들 간 상호작용을 통해서 전기에너지가 공급되고 불이 켜질 수 있다. 적지 않은 전통적인 최적화 문지들이 더 이상 적절하지 않게 되었다. 반면, 변화가 없었던 물리적 시스템에 대해서는 수십 가지의 새로운 질문들이 제기되고 있다. 경쟁을 통해 기대했던 편익들을 실현하기 위해서는 기존의 문제들을 완전히 새로운 방식으로 해결해야 한다. 경쟁에서 살아남아 사업을 유지하기 위해 기업들은 자신들이 제공하는 서비스의 가치를 극대화해야 한다. 시스템의 물리적 특성을 이해하는 것만으로는 더 이상 충분하지 않다. 우리는 경제학이 물리학에 어떤 영향을 미치고 물리학이 경제학을 어떻게 제약하는지 이해해야 한다.

다수의 독립적인 참여자가 있는 환경은 매우 빠르게 진화한다. 지난 20년 동안 이러한 새로운 문제들에 대해 논의하고 해를 찾아내기 위해 수백 개의 기술 논문, 수천 개의 보고서, 그리고 여러 권의 책이 발간되었다. 이 책의 목적은 이들 문헌들에 있는 내용을 요약하거나 재기술하는 데 있지 않다. 우리는 근본적인 문제들에 대해 명확하고 심층적인 설명을 제공하는 데 집중하였다. 우리의 목표는 독자들에게 기본적인 사항들에 대한 확실한 이해를 제공하고, 국가마다, 시장마다, 기업마다 미묘하게 다른 다양한 문제들에 대해 독자들이 혁신적인 해를 찾아낼 수 있도록 돕는 데 있다. 그래서 우리는 특정 시장의 구성에 대해 논의하지 않는다. 현재까지 제안된 모든 해법들에 대해 설명하려고도 하지 않는다.

이 책의 구성은 단순하다. 먼저 개편된 전력산업 구조에서의 참여자들에 대해 소개하고, 전력시장을 이해하는 데 필수적인 미시경제학의 개념에 대해 논의한다. 다음으로 경쟁 환경에서 전력시스템의 운영을 어떻게 분석할지에 대해 다룬다. 문제를 단순화하기 위해 우선 송전망을 고려하지 않은 에너지 시장의 운영을 다룬다. 그런 다음 경쟁적 전력시장에서의 전력계통의 운영에 대해 그리고 송전망과 전력계통 안전도가 전기 가격에 미치는 영향에 대해 논의한다. 마지막 두 장에서는 경쟁 환경에서의 발전 및 송전설비 투자에 관한 문제를 다룬다.

우리가 이 책을 쓰면서 염두에 둔 독자는 전력공학을 전공한 대학원 1학년 또는 학부 4학년 학생이다. 우리는 학생들이 전력시스템의 물리적 구조를 알고 있고, 전력조류 계산의 목적과 원리를 이해하며, 기본적인 최적화 이론에 익숙하다고 가정하였다. 우리는 이 책이 규제완화나 경쟁에 관련한 일을 하고 있고 이러한 문제들에 대해 폭넓게 이해하고자 하는 엔지니어들에게도 유용할 것이라고 믿는다. 또한 이 책은 이러한 다학제적 문제들에 대한 공학적 관점에 대해 이해하려는 경제학자와 타 분야 전문가들에게도 유용할 수 있다.

특정 출처가 인용된 경우를 제외하고는 예제와 연습문제에서 실제 계통의 수치에 기반을 두고 있지 않다. 가장 잘 알려진 통화 기호이기 때문에 $를 화폐 단위로 사용하였다. 의미의 변경 없이 €, £, 또는 ¥을 사용했을 수도 있다. 몇몇 예제들에서 Syldavia와 Borduria라는 가상의 국가들을 언급했는데 이 국가들은 Tintin이라는 캐릭터를 만든 벨기에 만화가 Hergé의 풍부한 상상력의 산물이다.

이 책은 UMIST의 전력경제학에 대한 연구 및 교육 활동에 뿌리를 두고 있다. 이 작업이 결실을 맺을 수 있는 환경을 조성해 준 동료 Ron Allan과 Nick Jenkins에게 감사드린다. 또한 송전망 계획 문제에 대해 흥미로운 학제 간 토론을 해 준 Fiona Woolf에게도 감사를 드린다. 우리 학생들 중 몇몇은 이 책의 초안을 교정하고 연습문제의 답을 확인하는 데 상당한 시간을 할애하였다. 특히 Tan Yun Tiam, Miguel Ortega Vazquez, Su Chua Liang, Mmeli Fipaza, Irene Charalambous, Li Zhang, Jaime Maldonado Moniet, Danny Pudjianto, Joseph Mutale에게 감사드린다. 남아 있을 수 있는 모든 오류에 대한 책임은 우리에게 있다.

Manchester, England
February 2004

Daniel Kirschen

Manchester, England
February 2004

Goran Strbac

개정판 서문 Preface to the Second Edition

2004년 이 책의 초판이 출판된 이후 경쟁 전력시장은 점점 더 복잡해졌다. 경쟁 전력시장의 기본 원칙은 변하지 않았지만, 현 시장의 모습을 더 면밀하게 반영할 수 있도록 책의 내용을 개정해야 한다고 느꼈다. 특히 간헐적이고 확률적인 재생에너지원에서 생산되는 에너지의 양이 증가하면서 전력시스템 운영자와 시장참여자가 관리해야 하는 불확실성 역시 증가하였다. 따라서 이 개정판에서는 불확실성이 미치는 영향 분석, 기술적 유연성(예: 저장 및 수요 자원)과 보다 유연한 시장 규칙의 필요성에 대한 분석을 다룬 새로운 절들을 추가하였다.

전력계통 안전성 및 보조서비스에 대한 장은 전력계통 운영에 대한 장으로 확장해서 송전망이 시장에 미치는 영향에 대한 장 다음에 배치하였다. 또한 최근 사용되고 있는 용어와 전력시장의 작동에 대해 우리가 더 깊게 이해한 바를 반영하기 위해 책 전체 내용을 신중하게 수정하였다.

새로운 예제를 만들고 개정판 초안의 오류를 찾아내는 데 도움을 준 박사후 연구원과 학생들: Bolun Xu, Muhammad Danish Farooq, Yujie Zhou, Linyue Qiao, Mareldi Ahumada Paras, Namit Chauhan, Ben Walborn, Dimitrios Papadaskalopoulos, Rodrigo Moreno, Yujian Ye, Yang Yang에게 감사드린다. 남아 있을 수 있는 모든 오류에 대한 책임은 우리에게 있다.

Seattle, WA
March 2018

Daniel Kirschen

London, England
March 2018

Goran Strbac

역자 서문 Translator's Preface

학부와 대학원, 전력산업계에 종사하는 사람들의 전력계통, 전력경제, 전력시장 전체의 이해를 돕는 기본 교재의 필요성이 있어서 Daniel S. Kirschen 교수와 Goran Strbac 교수의「Fundamentals of Power System Economics」2판을 번역하게 되었다. 역서의 제목을 어떻게 정할 것인가에 대해 번역 작업에 참여한 부산대 김욱 교수, 건국대 노재형 교수, 홍익대 신훈영 교수, 고려대 주성관 교수, 광운대 허돈 교수와 논의한 결과 의역에 가까운「전력경제의 이해」로 결정하였다. 이 책은 사실 대부분 전력시장을 다루고는 있지만, Electricity Economics, Power Economics, Power System Economics 등의 용어를 우리나라에서는 전력경제로 일컫고 있으며, Fundamentals는 기초(基礎)로 직역하는 것보다 이해(理解, Understanding)로 표현하는 것이 보다 친숙할 것으로 판단하였다.

Daniel S. Kirschen 교수는 현재 미국 University of Washington 전기・컴퓨터공학부에, Goran Strbac 교수는 영국 Imperial College London 전기전자공학부에 재직하고 있다. 역자들 또한 건국대 전기전자공학부, 부산대 전기공학과, 홍익대 전자전기공학부, 고려대 전기전자공학부, 광운대 전기공학과에 각각 재직하고 있다. 저자와 역자 모두 전기공학을 전공하고 있어, 전기공학과 전력시스템의 관점에서 전력시장을 이해하고 바라보고 있음을 알 수 있다.

이 책은 전력산업의 전통적인 연구 영역인 계획(Planning), 운영(Operation), 제어(Control) 문제를 전력시장에서 어떻게 고려하는가에 대한 기초 이론을 제공하고 있다. 저자 서문에서도 언급하고 있는 바와 같이 이 책은 전기공학과에서 교류회로, 전력계통 등을 수강한 학부 4학년 혹은 전력시스템, 전력경제 등을 공부하는 대학원 석사과정 학생들에게 도움이 될 것으로 기대하고 있다. 학부에서 한 학기 동안만 공부하기에는 그 분량이 많고 범위 또한 넓다. 따라서 학부 강의에서는 1장에서 6장까지의 핵심 내용을 주로 다루게 될 것이고, 전력시장에서의 발전설비와 송전망 투자를 다루는 7장과 8장은 소개 정도에 그쳐도 충분할 것으로 생각된다. 또한 경제학 전공의 학부 또는 대학원생이 전력시장을 연구할 때 전력산업에 대한 이해도를 높이는 책으로도 활용될 수 있다. 현재 전력회사, 전력거래소, 발전회사 등에 종사하고 있는 엔지니어와 경영자에게도 도움이 되기를 바란다.

본문의 내용을 주의 깊게 살펴보면 이 책의 내용과 우리나라의 전력산업과 전력시장의 현실은 상당한 거리가 있음을 알 수 있다. 저자가 밝히고 있는 바와 같이 각 국가나 지역은 다양한 배경과 환경을 바탕으로 전력산업과 전력시장 구조를 선택하고 있으므로 차이를 직접적인 우열관계로 연관 짓는 것은 바람직하지 않다. 다만, 차이를 명확하게 파악하고 이해하는 것은 각자의 몫으로 두며, 장기적으로 우리나라 전력산업의 발전에 기본 토양이 될 것으로 믿는다.

나름대로 철저한 교정과 감수 과정을 거쳤지만 미처 발견하지 못한 번역이나 내용의 오류가 있을 수 있다. 이러한 부족한 부분에 대해서는 주저 없이 관련 내용을 역자나 출판사에 제공해 주시면 수정 및 보완해 나갈 것을 약속드린다.

끝으로 이 책의 출판에 도움을 준 (주)한티에듀 출판사 관계자들에게 고마운 마음을 전한다.

2022년 8월, 대표역자 박종배

차례 Contents

초판 서문 Preface to the First Edition — v

개정판 서문 Preface to the Second Edition — vii

역자 서문 Translator's Preface — ix

Chapter 1 서론 Introduction — 1

- **1.1 왜 경쟁인가? 1**
- **1.2 시장 구조 및 시장참여자 2**
  - 1.2.1 전통적인 모델 3
  - 1.2.2 IPP의 출현 4
  - 1.2.3 도매경쟁 5
  - 1.2.4 소매경쟁 6
  - 1.2.5 재생에너지와 분산 자원 6
- **1.3 전력시장 주요 기관 및 참여자 7**
- **1.4 경쟁과 민영화 9**
- **1.5 경험과 열린 질문 9**
- **1.6 연습문제 11**

Chapter 2 경제학 기초 개념 Basic Concepts from Economics — 13

- **2.1 개요 13**
- **2.2 시장의 기본 개념 13**
  - 2.2.1 소비자 모델링 13
  - 2.2.2 생산자 모델링 19
  - 2.2.3 시장균형 23
  - 2.2.4 파레토 효율성 25
  - 2.2.5 전체후생과 사중손실 26
  - 2.2.6 시변 가격(Time-varying Price) 27

2.3 기업이론으로부터의 개념 28
2.3.1 투입과 산출 28
2.3.2 장기와 단기 29
2.3.3 비용 31
2.4 위험 36
2.5 시장 유형 36
2.5.1 현물시장 37
2.5.2 선도계약과 선도시장 38
2.5.3 선물계약과 선물시장 40
2.5.4 옵션 41
2.5.5 차액계약 42
2.5.6 가격위험의 관리 43
2.5.7 시장효율성 43
2.6 불완전경쟁시장 44
2.6.1 시장지배력 44
2.6.2 독점 45
2.7 연습문제 46

Chapter 3 전기에너지 시장 Markets for Electrical Energy **53**
3.1 1메가와트시 전기에너지와 1배럴 원유의 차이는 무엇인가? 53
3.2 거래 주기 54
3.3 선도시장 56
3.3.1 쌍방 또는 분산형 거래 56
3.3.2 중앙집중식 거래 59
3.3.3 중앙집중식과 분산형 전력거래의 비교 69
3.4 현물시장 70
3.4.1 수급조정 자원 확보 72
3.4.2 폐장 73
3.4.3 현물시장 운영 74
3.4.4 현물시장과 선도시장 간의 상호작용 76
3.5 정산 과정 77
3.6 연습문제 79

Chapter 4 전기에너지 시장 참여 Participating in Markets for Electrical Energy **93**
4.1 개요 93
4.2 소비자의 관점 93
4.3 판매업자의 관점 95

4.4 생산자의 관점 102
4.4.1 완전경쟁 102
4.4.2 생산자 대 구매 결정 110
4.4.3 불완전경쟁 112
4.5 화석연료를 사용하지 않는 발전기의 관점 122
4.5.1 원자력발전소 123
4.5.2 수력발전소 123
4.5.3 풍력 및 태양광 발전 124
4.6 저장장치 소유자의 관점 126
4.6.1 자체 스케줄링 127
4.6.2 중앙집중식 운영 128
4.7 유연한 소비자의 관점 131
4.7.1 유연한 수요 대 저장장치 131
4.7.2 유연한 수요에 대한 보상 131
4.7.3 구현 문제 132
4.8 인접 유틸리티의 관점 137
4.9 전반적인 시장 관점 137
4.9.1 시장청산 137
4.9.2 시장지배력 행사 139
4.9.3 시장지배력에 대한 제재 140
4.10 연습문제 142

Chapter 5 송전망과 전력시장 Transmission Networks and Electricity Markets **147**
5.1 개요 147
5.2 송전망을 통한 비중앙식 전력거래 147
5.2.1 물리적 송전권(Physical Transmission Rights) 148
5.2.2 물리적 송전권의 문제점 149
5.3 송전망을 통한 중앙집중식 전력거래 155
5.3.1 2-모선 계통에서의 중앙집중식 전력거래 사례 155
5.3.2 3-모선 계통에서의 중앙집중식 전력거래 163
5.3.3 송전계통의 손실 185
5.3.4 모선별 시장가격 제도의 수학적 정식화 191
5.3.5 중앙집중식 전력거래에서의 송전 리스크의 처리방법 201
5.4 연습문제 210

Chapter 6 전력계통 운영 Power System Operation 219

6.1 개요 219

6.1.1 신뢰도의 필요성 219

6.1.2 신뢰도의 가치 220

6.1.3 신뢰도의 비용 221

6.1.4 신뢰도 자원의 확보 222

6.1.5 이 장의 주요 내용 223

6.2 계통운영 주요 이슈 223

6.2.1 밸런싱 이슈 224

6.2.2 전력망 이슈 228

6.2.3 계통의 복구 234

6.2.4 시장 모델과 운영 모델 235

6.3 신뢰도 자원의 확보 235

6.3.1 의무적 제공 235

6.3.2 신뢰도 자원 시장 236

6.3.3 재생에너지 비중이 큰 전력계통의 밸런싱 237

6.3.4 공정한 경쟁환경 조성 238

6.4 신뢰도 자원의 구입 239

6.4.1 신뢰도 수준 결정 239

6.4.2 중앙집중적 전력시장에서의 에너지와 예비력의 동시 최적화 240

6.4.3 에너지와 예비력 사이의 송전용량 할당 247

6.4.4 비용의 할당 251

6.5 신뢰도 자원의 판매 253

6.6 연습문제 258

Chapter 7 발전설비 투자 Investing in Generation 263

7.1 개요 263

7.2 투자자 관점에서의 발전설비 용량 263

7.2.1 신규 발전설비 건설 263

7.2.2 발전설비 폐지 269

7.2.3 주기성을 갖는 수요의 효과 270

7.3 소비자 관점에서의 발전설비 용량 274

7.3.1 전기에너지 시장에 의한 발전설비 확장 274

7.3.2 용량 지불금 277

7.3.3 용량시장 279

7.3.4 신뢰도 계약 280

7.4 재생에너지의 발전설비 용량 281

7.4.1 투자자 관점 281

7.4.2 소비자 관점 281

7.5 연습문제 282

Chapter 8 송전 투자 Investing in Transmission 287

8.1 개요 287

8.2 송전사업의 성격 288

8.3 비용기반 송전망 확장 290

8.3.1 송전용량 투자규모 결정 290

8.3.2 송전비용 할당 291

8.4 송전의 차익거래 가치 292

8.4.1 송전수요함수 295

8.4.2 송전공급함수 296

8.4.3 최적의 송전용량 297

8.4.4 제약비용과 투자비용의 균형 298

8.4.5 부하변동의 영향 300

8.4.6 최적이 아닌 송전용량에 대한 비용 회수 304

8.4.7 규모의 경제 306

8.4.8 망형구조 네트워크에서의 송전 확장 309

8.4.9 표준 네트워크의 개념 314

8.5 기타 가치 320

8.5.1 예비력 공유 320

8.5.2 균형용량 공유 323

8.5.3 발전 설비 예비율 공유 325

8.6 분산형 송전 확장 327

8.6.1 개념 327

8.6.2 2-모선 계통의 예시 328

8.7 송전 확장을 위한 비증설 대안 331

8.8 연습문제 332

찾아보기 Index 335

1

서론 Introduction

1.1 왜 경쟁인가?

20세기 대부분의 기간 동안 소비자들은 전력을 구매할 때 선택의 여지가 없었다. 소비자들은 지역의 공급을 독점하고 있는 전력회사로부터만 전력을 구입해야 했다. 이러한 전력회사(유틸리티) 중 일부는 수직적으로 통합되었으며, 전기에너지는 발전소에서 부하 중심으로 전승(송전)하여 개별 소비자에게 분배(배전)되었다. 그리고 배전회사는 지역에서의 판매와 배전망을 통한 전력 공급 책임이 있었다. 이러한 배전회사는 결국 더 넓은 영역을 독점하는 발전 및 송전 회사로부터 전기에너지를 구매해야 했다. 일부 국가에서 이러한 전력회사는 규제되는 민간기업일 수도 있고, 다른 지역에서는 공공기업이나 정부기관일 수 있다. 소유권 및 수직적 통합 수준과 관계없이 지역적 독점이 자리매김하고 있었다.

이 독점 모델에 따라 운영되는 전력회사는 경제활동과 삶의 질에 주목할 만한 기여를 했다. 수십 년 동안, 전력망에 의해 공급되는 에너지의 양은 매 8년마다 약 2배가 되고 있다. 동시에, 전력공급의 신뢰성은 향상되어, 평균적으로 전 세계 소비자들의 정전시간은 연간 2분 미만이다. 이러한 성과는 끊임없는 기술적 진보에 의해 가능해졌다. 1,000,000 V 이상에서 운영되며 수천 km에 걸쳐 있는 송전선의 건설과 운영, 1,000 MW 이상을 생산하는 발전소 건설 및 이러한 발전소와 소비자를 연결하는 전력망(네트워크)의 온라인 제어(on-line control)가 이를 가능케 하였다.

1980년대에 일부 경제학자들이 이 독점 모델에 대해 문제를 제기했다. 전기사업자의 독점적 지위가 효율적으로 운영하려는 동기를 없애고 불필요한 투자를 장려했다는 것이다. 그들은 또한 민간 전력회사가 저지른 실수에 따른 비용이 소비자에게 전가되어서는 안 된다고 주장했다. 반면에 공공 유틸리티는 종종 정부와 너무 밀접하게 연결되어 있었다. 그러면 이런 정책은 순수한 경쟁을 방해할 수 있다. 예를 들어 일부 공공 전력회사는 캐시카우(cash cow)로 취급되었고, 다른 전력회사는 비용을 반영하는 수준에서 요금을 책정하지 못하거나 필수적인 투자에 필요한 자본을 빼앗겼다.

이들 경제학자들은 독점 규제나 정부 정책이 아닌 시장에 따라 움직인다면 가격이 더 낮아지고 경제와 산업이 더 효율적일 것이라고 제안했다. 이 제안은 70년대 후반에 시작된 서구 경제의 일반적인 규제 완화의 맥락에서 이루어졌다. 이런 독점문제는 전력산업뿐만 아니라, 이미 항공, 운송 및 천연가스 산업에도 거론되었다. 과거에는 이런 산업(전력, 가스 등)에서 규제된 시장 또는 독점기업 형태가 소비자에게 "제품"을 전달하는 가장 효율적인 방법이라고 간주되기도 하였다. 이 제품(전력, 가스 등)들은 특별한 특성을 갖고 있기 때문에 자유시장에서 거래하기에 부적합하다고 느껴졌기 때문이다. 반면에 규제완화 지지자들은 이 제품들의 특수성이 극복할 수 없는 장애물이 아니며 다른 모든 상품들처럼 취급될 수 있고 또 그래야 한다고 주장했다. 만약 기업들이 전기 공급을 위해 자유롭게 경쟁하도록 허용된다면, 경쟁으로부터 발생하는 효율성 및 이득은 궁극적으로 소비자에게 이익이 될 것이다. 게다가 경쟁에서 이기기 위해 경쟁사들은 아마도 제품 생산 및 수송 관련 대안적 기술들을 선택하고 발전시킬 것이다. 따라서 소비자들이 기업의 현명하지 못한 투자의 결과를 떠안게 될 가능성은 낮다고 주장하였다.

전기에너지(kWh)가 예를 들어 밀가루나 쌀과 같이 자기 집 창고에다 쌓아 두고 사용할 수 있는 상품이어서 소비자가 불을 켜거나 산업 공정을 시작하는 등 필요할 때마다 즉시 창고에서 꺼내 사용할 수 있도록 한다면 이러한 논쟁은 필요하지 않을 것이다. 최근 전기 저장 기술 및 마이크로 발전의 기술적 진보에도 불구하고 이 개념은 아직 기술적으로나 상업적으로 완전히 성숙하지는 않다. 상당한 양의 전기에너지를 신뢰할 수 있고 지속적으로 공급하려면 여전히 송배전망을 통해 소비자와 연결된 대규모 발전소가 필요하며 신뢰성 유지에 세심한 주의를 기울여야 한다.

이 책자는 전기 공급의 다양한 측면을 이야기하고, 전기를 자유시장에서 사고팔 수 있는 제품으로 고려할 수 있는 방법을 논의한다. 전기와 같은 제품들은 공급 인프라에서 완전히 분리될 수 없기 때문에, 우리는 그 거래가 전력계통의 운영에 어떤 영향을 미치는지, 그리고 계통운영 제약이 전력시장에 어떻게 영향을 미치는지에 대해서도 논의한다.

장기적으로 볼 때, 신기술이 더 많은 이익을 가져다줄 것이라고 기대되거나 기존 설비가 노후화되어 교체해야 하기 때문에 새로운 설비를 건설할 필요성이 항상 발생한다. 여기서 우리는 다시 시장 기반 행위(market driven behavior), 물리적 제약 및 신뢰성의 필요성 사이의 상호작용을 면밀하게 검토해야 한다.

1.2 시장 구조 및 시장참여자

전력시장을 파헤치기에 앞서 전력시장이 구조화될 수 있는 다양한 방법을 살펴보고, 시장에서 다양한 역할을 하는 기업과 기관의 유형을 소개할 것이다. 다음 장에서 시장의 각 참여자 기능과 참여 동기를 훨씬 더 자세히 논의할 것이다. 시장은 각 국가나 지역에 따라 서로 다른 속도와 다른 방향으로 진화해 왔기 때문에, 이러한 모든 실체를 파악하기는 어렵지만 말이다.

1.2.1 전통적인 모델

전통적인 전력공급 모델(그림 1.1)에서 거래는 지역 전력회사와 이로부터 전력을 구매하는 소비자로 제한된다. 이러한 전력회사는 두 가지 주요 특성이 있다. 첫째, 서비스 영역에서 전력 공급을 독점하고 있다. 만약 소비자들이 전기를 구매하기를 원한다면, 그들은 선택의 여지 없이 전기를 이 전력회사로부터 구매해야 한다. 둘째, 전력회사는 수직으로 통합된다. 즉, 발전소와 송전선로 및 배전망을 전력회사가 건설하고, 이러한 자산을 안정적으로 운영하며, 소비자에게 제공한 서비스에 대한 요금을 청구하는 등 전력 공급에 필요한 모든 기능을 수행한다.

전통적인 모델의 일반적인 변형(그림 1.2)에서는 수직적으로 통합되었던 전력회사는 두 부분으로 나뉜다. 발전과 송전을 담당하는 전력회사는 상당히 넓은 지역에 걸쳐 전기를 생산, 전송해서 여러 개의 배전회사(Disco)에 판매하며, 각 배전회사는 소비자에게 전기를 판매하는 지역 독점권을 갖고 있다.

독과점이 발생하게 되면 전력회사가 소비자들의 선택권이 없다는 사실을 악용할 수 있기 때문에 독점적 전력회사는 정부나 규제기관이라고 부르는 독립된 정부기관의 감독 대상이 되어야 한다. 전통적인 모델에서 규제기관은 규제 콤팩트(regulatory compact)라는 것을 시행한다. 이것은 전력회사가 주어진 지역에 대한 전력 공급을 독점할 수 있도록 하는 협약이다. 그 대가로 전력회사는 가격이 규제당국에 의해 결정되는 것과, 해당 지역의 모든 소비자에게 공급한다는 것, 그리고 일정한 품질을 유지할 것에 동의해야 한다.

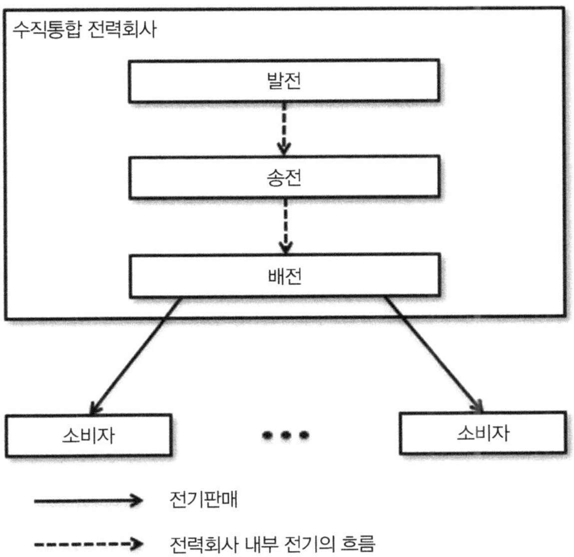

그림 1.1 전통적인 전력공급 모델

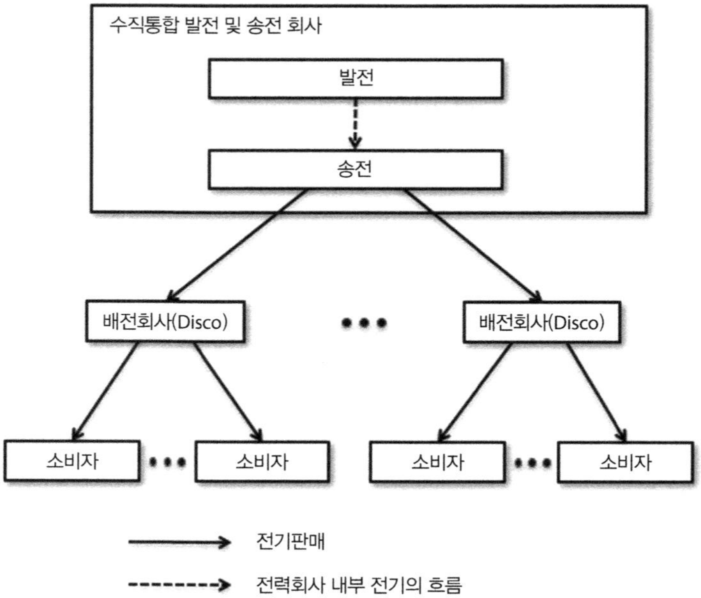

그림 1.2 전통적인 전력공급 모델의 변형

또한 이 모델은 서로 다른 지역에서 운영되는 전력회사 간의 쌍무 에너지 거래를 배제하지 않는다. 이러한 거래는 도매 수준에서, 즉 송전망의 상호 연계를 통해 이루어진다.

전통적인 모델과 변형 모델에 대한 문제점은 독점 기업이 살아남기 위해 다른 기업과 경쟁할 필요가 없기 때문에 비효율적인 경향이 있다는 것이다. 더욱이 전력회사의 운영은 다소 불투명하기 때문에 감독기구는 이들을 평가하는 데 어려움을 겪는다.

1.2.2 IPP의 출현

보다 경쟁력 있는 전력산업 구조를 향한 첫 번째 단계는 기존 수직통합 전력회사가 고객에게 공급해야 하는 전력의 일부를 **독립전력생산자** 혹은 **독립발전사업자**(independent power producer, IPP)라고 하는 제3의 기업이 전력을 생산하도록 허용하는 것이다. 그림 1.3은 이러한 구조를 보여 준다. 이 모델은 발전 부문에서 어느 정도의 경쟁을 도입하지만, 자유시장이 하는 것과 같은 방식으로 가격을 결정하는 메커니즘을 제공하지는 않는다(2장 참조). 이때 기존 전력회사는 IPP가 생산하는 에너지에 대해 가능한 한 적은 비용을 지불하여 IPP의 발전용량 확장을 막고자 한다. 그러므로 규제기관은 IPP에 의해 생산된 전력이 팔릴 수 있도록 법으로 강제한다. 하지만 반대로 IPP 생산 전력의 판매가 무조건 보장된다면 IPP들은 그들이 할 수 있는 한 높은 가격을 얻으려고 노력할 것이다. 따라서 이는 규제당국에게 공정한 가격 결정 관련 임무를 남긴다. 상세하

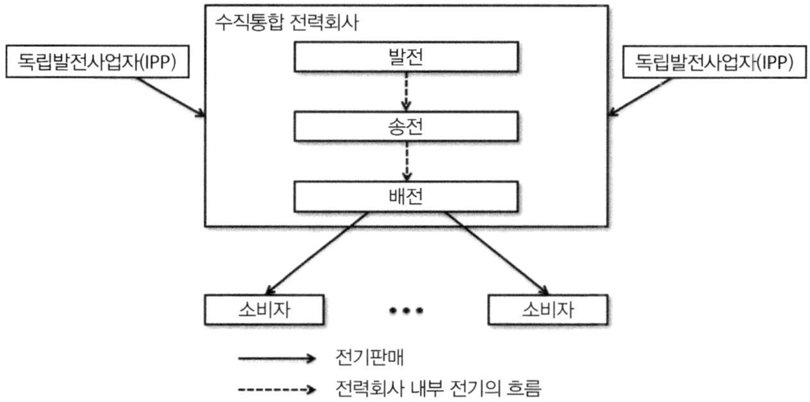

그림 1.3 수직통합 전력산업에 IPP가 추가된 구조

고 신뢰할 수 있는 정보가 없는 경우, 그 결과는 종종 경제적으로 비효율적일 수도 있다.

1.2.3 도매경쟁

경쟁력 있는 전력시장을 향해 한 걸음을 더 내딛는 것은 기존 전력회사를 분할하는 것이다. 그림 1.4에서 볼 수 있듯이 대규모 발전소를 소유하고 있는 모든 발전회사(Genco)는 공평한 기준으로 전기에너지를 판매하기 위해 경쟁한다.

배전회사(Disco)들은 이 도매 전력시장에서 고객이 소비하는 전기에너지를 구매한다. 대규모 소비자는 도매시장에 직접 참여할 수 있다. 3장에서 논의하겠지만, 이 도매시장은 중앙집중식으로 운영될 수도 있고 양자 간 거래에 기반을 둘 수도 있다. 이 모델에서 전력의 도매가격은 수요와 공급의 상호작용에 의해 결정된다. 반면에 각 배전회사는 배전망을 소유하고 있고 이를 통해 흐르는 전력 판매에 대한 지역적 독점권을 유지하기 때문에 전기에너지의 소매가격은 규제되어야 한다.

도매시장이 중앙집중식으로 운영되면 **독립계통운영자**(independent system operator, ISO)라는 조직이 필요하다. 이 ISO에는 두 가지 주요 기능이 있다. 첫째, 공정하고 효율적인 방식으로 도매시장을 관리해야 한다. 둘째, ISO는 전력계통의 안정적인 운영을 책임진다. ISO의 독립(independent)이라는 말이 암시하듯이, 공정성을 보장하기 위해 ISO는 모든 시장참여자들로부터 제도적으로 독립적이어야 한다.

쌍무 도매시장에서 이러한 기능은 전기에너지 판매자와 수요자 사이의 상업적 거래를 도와주는 보통 하나 이상의 **시장운영자**(market operator, MO)와 전력계통의 균형을 유지하고 신뢰도를 유지하는 **송전계통운영자**(transmission system operator, TSO)로 분리된다. TSO는 송전자산(송전선, 변압기, 변전소 등)을 소유하는 경우가 많은 반면, ISO는 대개 자산을 소유하지 않

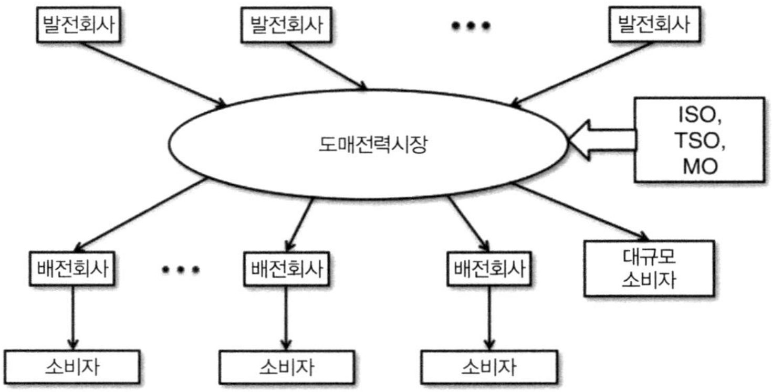

그림 1.4 도매전력시장 구조

는다.

1.2.4 소매경쟁

소매시장에도 경쟁이 도입될 수 있다. 이는 **판매사업자**(retailer)들이 도매시장에서 전기에너지를 대량으로 구매하여 중소규모 소비자에게 재판매하는 그림 1.5와 같은 구조로 이어진다. 이 모델에서 배전회사의 "배전선로"는 일반적으로 소매 판매사업 활동과 분리된다. 이는 더 이상 배전회사가 지역독점권을 가지고 있지 않기 때문이다. 도매시장은 송전망을 통해 운영되고 소매시장은 배전망을 통해 거래된다. 이때 경쟁적인 배전선로 구축은 선로 과잉투자를 야기할 수 있다는 것이 일반적인 견해이기 때문에 송배전망을 구축하고 운영하는 것은 독점적인 영역으로 남아 있다. 따라서 규제기관은 선로 관련 자산에 대한 어떤 투자가 정당화되는지와 이러한 투자비용이 망 사용자에게 어떻게 전가되고 배분되어야 하는지를 결정해야 한다.

일단 소매 영역에서 충분히 경쟁시장이 형성되면, 소매가격은 더 이상 규제될 필요가 없다. 왜냐하면 소규모 소비자들은 더 나은 가격이나 더 나은 서비스를 제공받을 경우 판매사업자를 바꿀 수 있는 선택권이 있기 때문이다. 2장에서 보게 되겠지만, 경제적 관점에서 보면 시장 상호작용이 경제적으로 효율적인 가격의 발견으로 이어지기 때문에 이것은 바람직하다.

1.2.5 재생에너지와 분산 자원

기후변화를 완화하기 위해 탄소배출을 줄이는 것을 목표로 하는 지난 20년간의 공공정책은 세계의 많은 지역에서 발전기술의 구성(mix)을 크게 변화시켰다. 풍력 및 태양광 발전은 현재 전기에너지 생산의 상당한 부분을 차지하기 때문에 전력시장은 간헐적이고 확률적인 특성에 적응해야 한다. 재생에너지로 인해 발생하는 발전 및 부하 간의 불균형을 보다 효율적으로 처리하기 위해 전력시장은 이전보다 훨씬 짧은 기간(time frame)으로 운영되어야 한다. 또한 이러한 수급

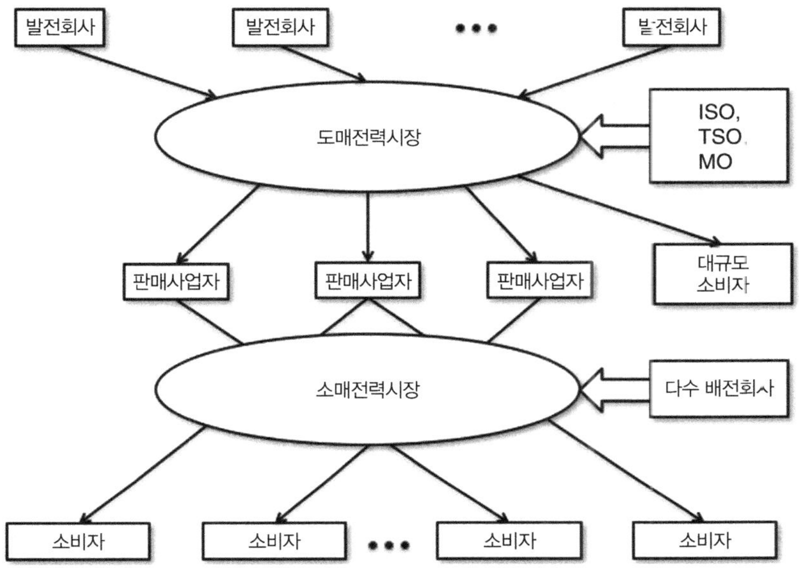

그림 1.5 도매 및 소매 경쟁 시장

균형을 유지하기 위해 수요 자원의 유연성에 대한 의존도가 증가하고 있다. 수요 자원은 규모가 작고 시스템 전체에 분산되기 때문에 다루기 어렵다. 또한 분산 자원(예: 수요 반응, 소규모 에너지 저장 및 태양광 발전)이 도매 전력시장에 직접 참여하는 것은 시장참여자의 수를 크게 증가시키고 시장을 관리할 수 없게 만들기 때문에 불가능하다. 또한 도매시장의 규칙이 복잡하고 참여 요건이 까다로워 소규모 참여자에게는 거래비용이 엄청나게 비싸다. 이를 극복하기 위해 **중개사업자**(aggregator)라는 새로운 실체가 등장하고 있다. 이들의 역할은 도매시장과 전체 시스템의 경제적 효율에 기여할 수 있는 분산 자원 소유자와의 상업 및 기술적 중개자 역할을 하는 것이다.

1.3 전력시장 주요 기관 및 참여자

이 절은 다양한 시장 구조에서 운영되는 다양한 유형의 전력산업 관련 기관의 역할을 요약한다. 이러한 기관 중 일부는 앞 절에서 이미 소개되었다. 일부 시장에서는 단일 기업이나 자회사가 아래에 나열될 2개 이상의 기능을 수행하는 것이 허용된다. 아래에 언급된 기관 이름은 국가마다 다를 수 있다.

수직통합 전력회사(vertically integrated utility)는 발전소, 송전망, 배전망 등 전기에너지 공급에 필요한 모든 자산을 소유하고 운영한다. 전통적인 규제 환경에서 전력회사는 주어진 지역에 대한 전력공급을 독점한다. 일단 공급 측에서 도매 전력시장이 형성되면 수직적으로 통합된 전력회사의 기능과 자산은 일반적으로 분할된다.

발전회사(generation company, genco)는 발전소를 소유하고 생산한 전기에너지를 판매한다. 이들은 또한 계통운영자가 전력공급의 품질과 신뢰도를 유지하기 위해 필요한 주파수조정(regulation), 전압 제어 및 예비력과 같은 서비스를 판매할 수도 있다. 발전회사는 단일 발전소 또는 여러 개의 발전소 포트폴리오(예: 가스발전소, 원자력발전소 등)를 소유할 수 있다. 수직통합 전력회사와 공존하는 발전회사가 있다면, 이를 IPP라고 한다.

배전회사(distribution company, disco)는 배전망을 소유 • 운영한다. 소매 경쟁 시장이 도입되지 않는 한 배전회사는 망에 연계된 모든 소비자에게 전기에너지를 공급하는 판매 독점권을 갖는다. 만약 배전 쪽에서 소매시장이 도입되면 배전회사는 더 이상 소비자에게 에너지를 판매할 책임이 없으며 그들의 역할은 배전망의 운영 및 건설에 한정된다. 판매사업자들은 도매시장에서 전기에너지를 구입하여 이 도매시장에 참여를 원치 않거나 허가되지 않은 소비자에게 재판매한다.

판매사업자(retailer)는 발전이나 송전 또는 배전 관련 자산을 소유할 필요가 없다. 일부 소매업체는 발전 또는 배전 회사의 자회사이다. 판매사업자의 모든 고객이 지역적으로 동일한 배전회사의 배전망에 연결되어 있지 않아도 된다.

시장운영자(Market Operator, MO)는 전기에너지의 구매자와 판매자의 매수와 매도 입찰(bid and offer)을 바탕으로 도매 전력시장의 가격과 거래물량을 결정한다. 또한 낙찰된 매수와 매도 거래를 청산한다. 즉, 시장운영자는 전기에너지 거래에 따른 금액을 구매자로부터 받아 판매자에게 전달한다. 시장운영자는 일정시간에 거래를 마감하는 전력시장을 관리하는 반면, ISO는 최종적으로 부하와 발전의 균형이 실시간으로 이루어지는 시장을 운영한다는 면에서 차이가 있다.

독립계통운영자(ISO)의 주된 임무는 전력계통의 안정성과 신뢰성을 유지하는 것이다. 경쟁환경에서 전력계통은 특정 시장참여자에게 다른 시장참여자에 비해 유리하거나 불이익을 주지 않는 방식으로 투명하게 운영되어야 하기 때문에 독립적이라고 불린다. ISO는 일반적으로 전력계통을 모니터링하고 제어하는 데 필요한 컴퓨팅 및 통신 자산을 소유한다. ISO는 일반적으로 전력계통 운영을 책임지고 시장운영자(MO)나 다른 기관의 결정을 바탕으로 최종적으로 수급관리를 담당하는 역할을 한다. ISO는 **RTO**(regional transmission organization)라고도 한다.

송전회사(transmission company, transco)는 가공 송전선, 전력 케이블, 변압기 및 무효전력 보상장치와 같은 송전 자산을 소유한다. 이들은 ISO의 지시에 따라 보유 전력기기를 운전한다.

송전망운영자(TSO)는 ISO의 기능과 송전회사가 결합한 형태이다.

소규모 소비자(small consumer)는 판매사업자로부터 전기에너지를 구입하고, 지역 배전회사의 배전망을 통하여 전기를 공급받는다. 전력시장에 대한 참여는 소매 판매사업자 가운데 하나를 선택하는 것으로 이루어진다. 하지만 중개사업자(aggregator)와 협약하여 수요를 줄일 수도 있다. 중개사업자는 수요관리를 위해 다수의 소규모 소비자와 계약을 체결한다. 이 경우 중개 사업자가 일정 규모 이상의 수요관리를 확보할 경우 도매시장에서 판매할 수도 있다.

반면에, **대규모 소비자**(large consumer)는 도매 전력시장에서 직접 거래할 수 있으며, 필요한 기술과 자원을 가지고 있는 경우가 많다.

규제기관(regulator)은 전력산업의 공정하고 효율적인 운영을 보장할 책임이 있는 정부기관이다. 전력시장 규칙을 결정하거나 승인하고 시장지배력 남용 의심사례를 조사한다. 또한 규제당국은 독점기업이 제공하는 제품과 서비스의 가격을 결정한다. 규제 기능은 때때로 두 단계로 나뉜다. 예를 들어 미국에서는 연방 에너지 규제 위원회가 주 간 송전 및 도매 전력시장을 규제하는 반면, 각 주의 공익 사업 위원회는 소매시장과 배전망을 규제한다. 규제당국은 순수하게 경제적인 기능 외에도 전력공급의 신뢰성과 품질을 보장하는 데 필요한 규칙을 결정하고 있다. 이러한 규칙의 기술적 세부사항은 북미에서는 NERC(North American Electric Reliability Corporation) 또는 유럽의 ENTSO-E(European Network of Transmission System Operators for Electricity)와 같은 전문 기관에 의해 관리된다.

1.4 경쟁과 민영화

많은 국가에서 전력산업의 경쟁 도입은 산업의 일부 또는 모든 부문의 민영화와 수반되어 왔다. 민영화는 정부가 민간 투자자들에게 공공 소유 공익사업을 매각하는 과정이다. 그런 다음 이러한 전력회사는 민간 영리기업이 된다. 그러나 민영화가 경쟁 도입의 전제조건은 아니다. 앞에서 설명한 경쟁 모델 중 어떤 것도 특정 형태의 소유를 전제하지 않는다. 공공 사업자는 경쟁 환경에서 민간 기업과 공존할 수 있다.

1.5 경험과 열린 질문

독점적 전력산업 환경에서 전력계통의 운영과 계획에 대한 모든 기술적 결정은 단일 조직 내에서 이루어진다. 단기적으로는, 적어도 이론적으로는, 전력계통의 모든 구성요소들이 최소의 비용으로 운영될 수 있다는 것을 의미한다. 예를 들어 송전망의 유지보수는 발전기의 유지보수와 공동으로 스케줄링하여 신뢰성과 경제성을 동시에 최적화할 수 있다. 마찬가지로 송전용량과 송전망 구성이 발전용량과 발전기 위치와 함께 고려될 수 있다. 이렇게 되면, 전력계통의 장기계획을 체계적으로 할 수 있다는 뜻이며, 독점 모델의 장점이다. 이것은 이후에 좀 더 자세히 다룬다.

또한 경쟁을 도입하는 것은 중앙집중식 통제와 규제로 결정되는 장기 계획을 어느 정도 포기하는 것을 의미한다. 단일 통합된 전력회사는 소비자에게 전기에너지를 공급할 의무가 없는 독립 기업 집단에 의해 대체된다. 이들 기업은 각각 사적 목표를 극대화하기 위해 무엇을 할 것인지를 독립적으로 결정한다. 경쟁적 전력시장에 대한 아이디어가 처음 제시되었을 때, 이런 세분화된 시스템이 운영상 기술적 문제를 야기한다는 이유로 많은 사람들에 의해 거부되었다. 하지만 발전 측 운영, 송전계통 운영을 분리한다고 해서 전체 전력계통의 운영 신뢰성이 반드시 저하되는 것은 아니라는 것을 입증하는 충분한 증거가 이제는 존재한다.

우선 전력계통의 운영을 담당하는 별도의 독립적 조직을 갖는다는 것은 일련의 과정을 보다 개방적이고 투명하게 만든다는 상당한 이점이 있다. 구매자와 판매자는 비용을 절감하고 자산의 수익성을 개선하기 위해 시장 규칙과 운영 절차를 어떻게 개선할 것인가에 대한 다양한 방법을 모색해야 한다. 이러한 접근은 시장이 실시간에 훨씬 더 가깝게 운영되고 수요 측의 시장 참여 및 에너지 저장과 같은 신기술뿐만 아니라 재생에너지 자원을 수용하기 위한 새로운 “상품”의 개발로 이어졌다.

더 큰 시장이 더 많은 거래 기회를 제공하고 높은 유동성을 가짐과 동시에 효율적이기 때문에 전력시장 또한 지리적으로 성장했다. 이러한 성장은 전력시장에 참여하는 참여자의 증가나 시장결합 메커니즘의 확립을 통해 이루어졌다. 넓은 지역에서 거래가 이루어지면, 즉 거래의 기회가 증가하면 원거리 발전기와 부하 간의 거래가 더 빈번해진다. 이는 과거 느슨하게 연계되었던 지역 사이의 물리적 상호의존성을 증가시킨다. 이러한 조건에서 대규모 전력거래와 계통운영의 안정성과 신뢰성을 유지하기 위해 계통운영자는 데이터 수집 및 분석 범위와 기능을 강화해야 했다.

4장에서 논의하겠지만, 전력시장은 시장지배력의 남용이 발생할 수 있는 몇 가지 독특한 특성을 가지고 있다. 대부분은 아니더라도 많은 경우의 전력시장이 종종 완전히 경쟁적이지 않다. 이는 규제당국의 많은 고민사항, 즉 시장 감시기구 창설, 가격 상한제 도입, 그리고 논란이 상대적으로 덜한 시장지배력 완화 조치 등을 안겨 주었다.

장기적인 시장발전 측면에서 보면, 경쟁시장에 찬성하는 사람들의 주장은 정부 주도의 중앙집중적인 계획이 항상 실패로 이어졌고, 중앙집중적인 미래 예측은 항상 틀리다는 것이다. 특히 독점 전력회사는 필요로 하는 발전설비의 양을 과대평가하는 경향이 있다. 그러면 독점 전력회사에게 포획된 소비자들은 불필요한 투자에 대해 비용을 추가적으로 지불하게 된다. 따라서 경쟁시장에 찬성하는 이들은 경쟁 도입으로 여러 기업의 독자적인 투자결정의 합이 단일 중앙정부의 권고보다 실제 수요 증가에 더 가깝게 맞아떨어지기를 기대한다. 다시 말하면, 경쟁시장의 도입으로 인해 연간 수요 증가를 정확히 예측하고 이에 맞게 투자가 이루어질 것으로 기대한다. 또한 경쟁시장에서는 회사의 잘못된 투자는 소유주에게 손실이 되지만 소비자에게 책임이 전가되지 않는다. 일부 시장은 발전설비에 대한 투자의 동기를 부여하기 위해 에너지 및 서비스의 판매 수입에 전적으로 의존한다. 다른 국가에서는 시장 설계자들이 안정적인 방식으로 부하에 전력을 공급할 수 있는 충분한 발전용량을 확보하기 위해 추가 수입 제공 제도를 도입했다. 우리는 이 문제에 대해 7장에서 자세히 논의할 것이다.

수직통합 전력회사는 새로운 발전소의 건설에 적합하도록 송전망 건설을 계획할 수 있다. 이것이 수직통합의 장점으로 꼽힌다. 반대로 자유시장의 경우는 그렇지 않은데, 경쟁이 치열한 환경에서 송전회사는 발전회사들이 언제 어디서 새로운 발전기를 지을지 수년 전부터 알지 못한다. 이러한 불확실성은 송전망 확장계획, 즉 송전계통 계획을 훨씬 더 어렵게 만든다. 마찬가지로 발전회사는 충분한 송전용량이 그들 발전소의 출력에 이용 가능하게 될 것인지 또는 계속적으로 이용할 수 있을지를 보장받지 못한다. 결국 많은 회사들은 인접 지역에 새로운 발전기를 건설하고 사용 가능한 송전용량을 놓고 경쟁할 수 있다.

송배전망은 지금까지 자연독점 영역으로 간주되고 있다. 특정 지역 내에서 2개의 송전계통 혹은 배전계통을 중복으로 가지고 있는 것은 명백하게 이치에 맞지 않는다. 경제적 측면과 신뢰성 측면에서 모든 송전선로, 배전선로 및 기타 전력설비 등은 동일한 전력계통에 연결되어야 한다. 하지만 이 모든 것들이 한 회사에 의해 소유되어야만 하는 것은 아니라고 경제학자들은 주장한다. 그들은 독립 투자자들도 특정 요구를 충족시키기 위해 새로운 송전 설비를 건설할 기회를 가져야 한다고 믿는다. 개별적으로 보면 그러한 기회는 투자자들에게 수익성이 있을 수 있다. 그리고 그러한 투자는 모든 사용자의 전반적인 이익을 극대화하는 프레임워크 내에서 이루어질 수도 있다.

전기는 고전적인 경제학 원리에 지배받는 단순한 상품이 아니다. 신뢰성 유지의 필요성 외에도 전력시장은 신재생에너지를 촉진하고 환경을 보호하려는 열망, 에너지 안보와 독립에 대한 보장, 그리고 신기술개발을 촉진하거나 국가산업을 돕기 위한 정책과 상호 유기적으로 연계되어야 할 필요가 있다.

1.6 연습문제

1.1 우리나라와 주요 해외의 전력시장 구조에 대해서 설명하라. 또한, 이 교재에서 논의하고 있는 전력시장 기본 구조와 조사한 국가의 시장 구조에 대한 차이점을 기술하라.

1.2 문제 1.1에서 조사한 전력시장에 대하여 주요 시장참여자와 기능을 명시하라. 또한, 독점 전력사업자가 있을 경우 해당 독점 영역을 기술하라.

1.3 문제 1.1에서 조사한 지역의 전력산업 규제기관을 명시하라.

1.4 문제 1.1에서 조사한 지역에 대하여 전력시장과 전력계통 운영을 담당하는 기관을 조사하라.

1.5 문제 1.1에서 조사한 지역에서 (신)재생에너지의 촉진을 위한 정책을 조사하고 기술하라.

보충자료

European Commission (1999). Opening up to choice – the single electricity market. https://bookshop.europa.eu/en/opening-up-to-choice-pbCS1798782 (accessed 28 February 2018).

Federal Energy Commission (2015). Energy primer: a handbook of energy market basics. www.ferc.gov/market-oversight/guide/energy-primer.pdf (accessed 28 February 2018).

Hunt, S. and Shuttleworth, G. (1996). *Competition and Choice in Electricity*. Chichester: Wiley.

2

경제학 기초 개념 Basic Concepts from Economics

2.1 개요

이 장에서는 전력시장을 이해하는 데 필요한 미시경제학 이론의 기초적인 개념들을 소개한다. 또한 전력계통공학 관련 문헌에서 흔히 사용되는 경제학 용어들에 대해서도 설명한다. 다만 이 장에서 다루는 미시경제학 개념들은 실용적인 범위로 제한되며, 미시경제학 이론을 완전하게 다루지 않는다. 미시경제학 이론에 대해 더 깊은 학습을 원하는 독자는 미시경제학 교과서를 참조하기 바란다.

다음 장에서 다루겠지만, 전기는 단순한 상품이 아니며 전력시장은 다른 상품시장보다 복잡하다. 이 장에서는 보다 직관적으로 이해할 수 있도록 전기와 관련이 없는 사례들을 이용해서 미시경제학의 기본 개념을 소개하고자 한다.

2.2 시장의 기본 개념

시장은 대부분의 문명에서 찾아볼 수 있는 매우 오래된 발명품이다. 시간이 지남에 따라 시장은 몇몇 사람들이 가끔 모여 상품을 교환하는 장소에서 정보가 전자적으로 유포되고 한 번의 마우스 클릭으로 수백만 달러가 오가는 가상 환경으로 진화했다. 이러한 기술적 변화에도 불구하고 기본적인 원칙은 변하지 않았다. 즉, 시장은 구매자와 판매자가 만나서 거래가 가능한지 확인하는 장소이다.

시장이 어떻게 작동하는지 설명하기 위해 먼저 소비자의 행동을 설명하는 모델을 만들 것이다. 그런 다음 생산자의 활동을 설명하는 모델을 만들 것이다. 이 두 모델을 결합하면 어떤 조건 하에서 거래가 성사될 수 있는지를 볼 수 있다.

2.2.1 소비자 모델링

2.2.1.1 개별 수요

간단한 예로부터 시작하자. 당신이 업무 중 휴식시간에 걸어서 다녀올 수 있을 만큼 가까운 농산물시장 근처에서 일하고 있다고 가정하자. 이 시장에서는 다양한 과일과 채소가 판매되고 있는

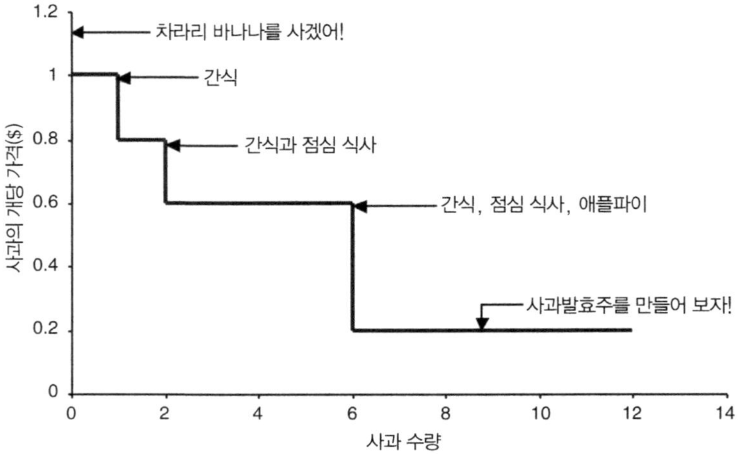

그림 2.1 사과의 가격과 특정 소비자의 수요 간 전형적인 관계

데, 오늘 당신은 사과를 보고 있다. 당신이 구입할 사과의 수는 그 시점에서 사과의 가격에 따라 다를 것이다. 사과의 가격이 특정한 값보다 높으면 당신은 간식으로 먹기 위해 사과를 사는 것을 포기하거나 다른 종류의 과일을 사기로 결정할 것이다. 가격이 그 값보다는 싸지만 여전히 상당히 높으면 직장으로 돌아오는 길에 먹을 용도로 사과 하나만 살 것이다. 가격이 조금 더 낮다면 하나는 지금 먹고 또 다른 하나는 점심식사로 먹기 위해 2개를 구입할지도 모른다. 가격이 상당히 낮다면 저녁식사로 먹을 애플파이를 만들기 위해 사과를 더 많이 구매할 수도 있다. 더 나아가 사과 가격이 지금까지 보아 온 가격보다 훨씬 저렴하다면 지난 생일에 처남이 선물로 준 사과발효주 제조 키트를 실험해 볼 수 있는 좋은 기회가 될 것이다. 그림 2.1은 사과에 대한 수요가 가격에 따라 어떻게 변하는지를 보여 준다. 다시 말해 이 곡선은 당신이 각각의 사과에 대해 부여하는 가치를 나타낸다. 사과를 사느냐 마느냐의 결정은 가격뿐 아니라 판매되고 있는 사과의 품질에도 영향을 받는다는 지적이 있을 수 있다. 이는 중요한 문제이지만, 일단 대상 상품의 모든 비가격적 특성(유형, 크기, 품질)이 정확하게 정의되어 있다고 가정해서 일단 이 문제를 비껴가도록 하자.

보다 일반적으로 말해, 이 곡선은 어떤 소비자가 특정 재화 또는 상품을 일정량 구매하기 위해 가격이 얼마가 되어야 하는지를 보여 준다. 전통적으로(처음 접했을 때는 직관에 반하는 것으로 보이지만) 이 곡선은 가격을 수직축에 놓고 그려진다. 소비자의 소득과 다른 상품들의 가격은 일정하다고 가정한다.

2.2.1.2 잉여

시장에 왔는데 사과 가격이 1개당 $0.40라고 가정해 보자. 당신은 그림 2.2에서와 같이 이 가격

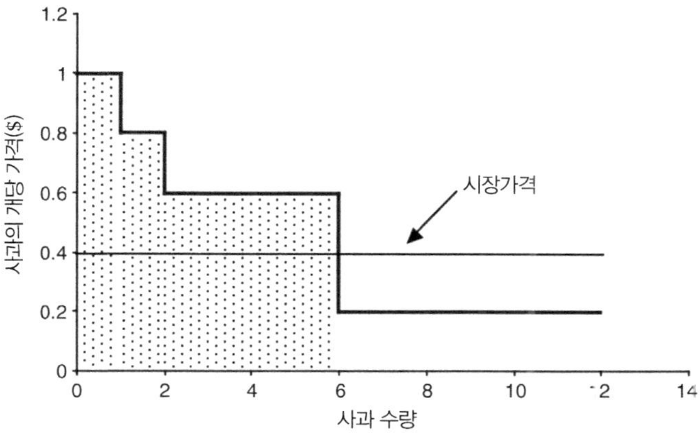

그림 2.2 사과를 구입해서 얻는 총 잉여

에 사과 6개를 사기로 결정한다. 우리는 당신이 소비자로서 사과 6개를 구매함으로써 얻게 되는 **총 소비자 잉여**를 계산할 수 있다. 총 소비자 잉여는 구매하기로 한 사과에 대해 당신이 부여한 총 가치를 나타낸다. 총 소비자 잉여는 다음과 같이 계산할 수 있다.

첫 번째 사과의 가치:	1 × $1.00	=	$1.00
두 번째 사과의 가치:	1 × $0.80	=	$0.80
네 번째 사과의 가치:	4 × $0.60	=	S2.40
총 잉여:			**S4.20**

그림 2.2에서 볼 수 있듯이 총 소비자 잉여는 곡선 아래 면적과 같다. 하지만 사과를 구입하는 데 6 × $0.40 = $2.40를 지불했으므로, 이 금액만큼 다른 상품을 구입하는 데 쓸 수 있는 돈이 없어졌다는 점을 감안해야 한다. 우리는 순 소비자 잉여를 총 소비자 잉여와 재화를 구매하는 데 든 비용의 차로 정의한다. 그림 2.3에서 볼 수 있듯이 순 소비자 잉여는 역수요곡선과 해당 시장가격에서의 수평선 사이에 있는 면적과 같다. 순 소비자 잉여는 당신이 일부 사과에 부여하는 가치가 시장가격보다 높음에도 불구하고 동일한 시장가격으로 모든 사과를 살 수 있어서 얻게 되는 "추가적인 가치"를 나타낸다.

2.2.1.3 수요함수와 역수요함수

시장에 가는 모든 소비자가 사과에 대해 당신과 완전히 동일한 욕구를 가지고 있을 수는 없다. 일부 소비자들은 동일한 수의 사과에 대해 훨씬 더 많은 금액을 지불하려 할 수도 있고 또 다른 소비자들은 사과가 저렴할 때만 구입하려 할 수도 있다. 충분히 많은 소비자들의 수요 특성을 한데 모으면 개별 소비자의 결정에서 나타나는 불연속성이 완화되어 그림 2.4와 같은 부드러운 곡

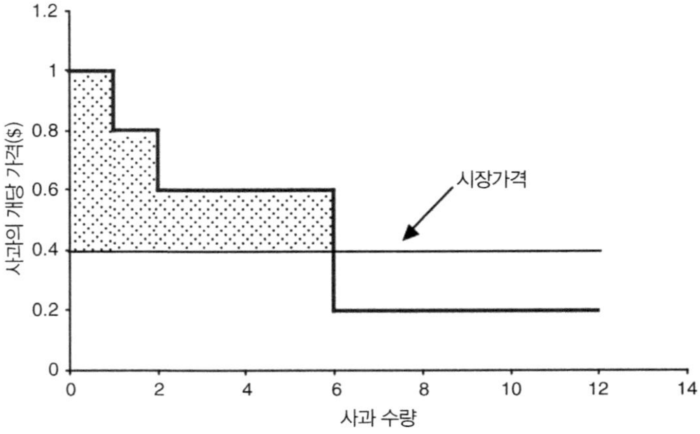

그림 2.3 사과를 구입해서 얻는 순 잉여

선이 만들어진다. 이 곡선은 해당 소비자 그룹의 해당 재화에 대한 **역수요함수**를 나타낸다. q를 구매 수량, π를 상품 가격이라고 하면 다음과 같이 쓸 수 있다.

$$\pi = D^{-1}(q) \tag{2.1}$$

이 곡선을 다른 방향에서 보면, 이 상품에 대한 수요함수를 구할 수 있다.

$$q = D(\pi) \tag{2.2}$$

모두는 아니지만 대부분의 실제 상품의 경우 수요함수는 우하향이다. 다시 말해 가격이 상승하면 소비량은 감소한다. 역수요함수는 중요한 경제학적 함의를 갖고 있다. 역수요함수는 소비자가 일정 소비 수준에서 해당 재화를 소량 더 구매하기 위해 지불할 의사가 있는 금액을 나타낸다. 이 상품을 구매하는 데 이 금액을 지출하지 않는다면 소비자는 다른 상품을 더 많이 구매하거나 나중에 다른 상품을 구매하기 위해 저축할 수 있다. 다시 말해 수요곡선은 소비자가 상품에 부여하는 **한계 가치**를 나타낸다. 이 곡선의 전형적인 형태가 우하향이라는 것은 소비자가 상품을 적게 갖고 있을수록 상품을 한 단위 더 구입하는 데 더 많은 금액을 지불할 의사가 있음을 의미한다. 즉, 한계 지불 의사 금액은 소비가 증가함에 따라 감소한다.

우리가 단일 소비자에 대해 정의한 총 소비자 잉여와 순 소비자 잉여의 개념은 소비자 그룹의 총 및 순 잉여로 확장할 수 있다. 그림 2.5에서 볼 수 있듯이 총 소비자 잉여는 소비자가 현 시장가격에서 구매하는 수량까지의 역수요함수 아래 면적으로 표시된다. 순 소비자 잉여는 역수요함수와 현 시장가격에서의 수평선 사이 면적에 해당한다.

순 소비자 잉여의 값을 완전하게 계산하는 것보다 순 소비자 잉여의 개념을 이해하는 것이 훨씬 더 중요하다. 역수요함수를 정확하게 알 수 없기 때문에 순 잉여의 값을 완전하게 계산하는

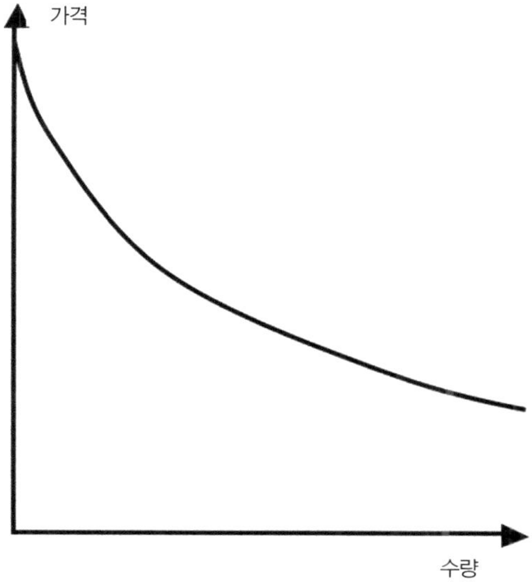

그림 2.4 특정 상품의 가격과 그 상품에 대한 특정 소비자 그룹의 수요 간 전형적인 관계. 0 곡선을 관점에 따라 수요함수 또는 역수요함수로 지칭한다.

것은 상당히 어렵다. 순 잉여가 시장가격에 따라 어떻게 변하는지 보는 것이 훨씬 더 흥미롭다. 그림 2.6은 시장가격이 상승할 때 순 잉여의 변화를 보여 준다. 시장가격이 π_1이면 소비자는 수량 q_1을 구매하고, 이때 순 잉여는 짙은 색으로 표시한 영역과 같다. 가격이 π_2로 상승하면 소비 수준은 q_2로 감소하고 소비자의 순 잉여는 A라고 표시된 삼각형처럼 생긴 영역으로 감소한다.

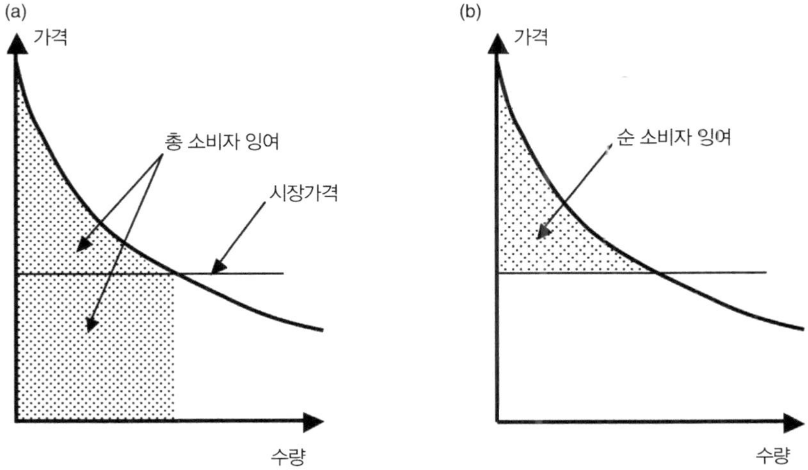

그림 2.5 (a) 총 소비자 잉여; (b) 순 소비자 잉여

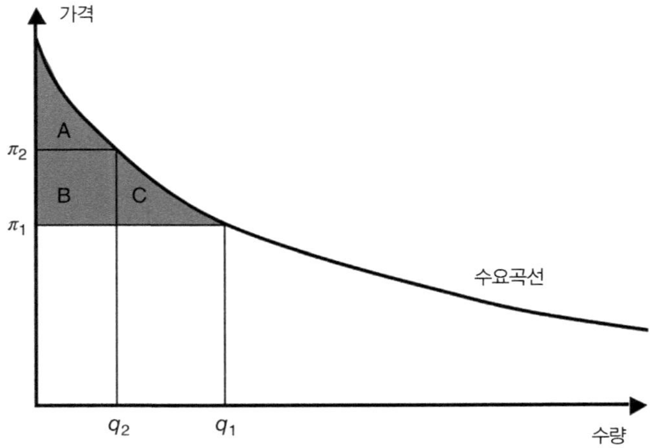

그림 2.6 시장가격 상승에 의한 순 소비자 잉여의 변화

두 가지 효과에 의해 순 잉여가 감소한다. 첫째, 가격이 더 높기 때문에 소비는 q_1에서 q_2로 감소한다. 이로 인한 순 잉여 또는 후생의 손실은 C로 표시된 영역과 동일하다. 둘째, 소비자는 구매하는 수량 q_2에 대해 더 높은 가격을 지불해야 하므로 B로 표시된 영역만큼 후생을 추가적으로 잃게 된다.

2.2.1.4 수요의 탄력성

상품 가격을 아주 조금만 올리더라도 수요는 분명히 감소한다. 하지만 얼마나 감소할까? 이 질문에 답하기 위해 수요곡선의 미분 $dq/d\pi$를 사용할 수 있다. 그러나 이 기울기를 그대로 사용하면 수량과 가격을 측정하는 데 사용하는 단위에 따라 그 수치가 달라진다. 따라서 이 수치를 사용하면 다양한 상품의 가격 변화에 대한 수요의 반응을 비교하는 것이 불가능해진다. 마찬가지로, 다른 통화로 표현된 가격의 변화에 대한 수요의 반응을 비교하는 것도 불가능하다. 이러한 문제를 해결하기 위해 **수요의 가격 탄력성**은 가격의 상대적 변화에 대한 수요의 상대적 변화의 비율로 정의한다.

$$\varepsilon = \frac{\dfrac{dq}{q}}{\dfrac{d\pi}{\pi}} = \frac{\pi}{q}\frac{dq}{d\pi} \tag{2.3}$$

어떤 상품의 가격이 일정 비율 변했을 때 그 상품에 대한 수요가 변하는 비율이 더 큰 경우 그 상품에 대한 수요는 **탄력적**이라고 이야기한다. 반면에 수요의 상대적인 변화가 가격의 상대적인 변화보다 작으면 수요가 **비탄력적**라고 한다. 탄력성이 −1이면 수요는 **단위 탄력적**이라고 한다.

어떤 상품에 대한 수요의 탄력성은 대체로 대체재가 있는지 여부에 따라 달라진다. 예를 들어, 소비자에게 차를 마실 수 있는 대안이 없다면 커피 수요의 탄력성은 훨씬 더 작아질 것이다. 탄력성과 대체재에 대해 논할 때 대체재의 시간 척도를 명확히 해야 한다. 어떤 지역에 전기 난방이 널리 보급되어 있다고 가정해 보자. 단기적으로는 전기 수요의 가격탄력성이 매우 낮을 것이다. 난방이 필요할 때 소비자가 다른 선택을 할 수 있는 여지가 없기 때문이다. 그러나 장기적으로는 가스 난방기를 설치할 수 있으므로 장기적 관점에서 전기 수요의 가격탄력성은 훨씬 더 높을 것이다.

대체 제품의 개념은 상품 i에 대한 수요와 상품 j의 가격 사이의 **교차탄력성**을 정의하여 계량화할 수 있다.

$$\varepsilon_{ij} = \frac{\dfrac{\mathrm{d}q_i}{q_i}}{\dfrac{\mathrm{d}\pi_j}{\pi_j}} = \frac{\pi_j}{q_i}\frac{\mathrm{d}q_i}{\mathrm{d}\pi_j} \tag{2.4}$$

어떤 상품의 자체 가격에 대한 탄력성(**자기탄력성**)은 항상 음의 값인 반면, 한 상품의 가격이 상승하면 다른 상품에 대한 수요가 늘어나기 때문에 대체재 간의 교차탄력성은 양수이다. 두 상품이 **보완재**라면 한 상품에 대한 수요의 변화는 다른 상품에 대한 수요에 비슷한 변화를 유발할 것이다. 전기와 전기 히터는 분명히 보완재이다. 보완적인 상품들 간의 교차탄력성은 음수이다.

2.2.2 생산자 모델링

2.2.2.1 기회비용

소비자의 행동에 대한 모델은 소비자가 얼마만큼의 상품을 구매할지 선택할 수 있다는 가정에 기반한다. 또한 소비수준은 소비자가 상품을 구매해서 얻는 한계편익이 그것을 구매하기 위해 지불해야 하는 가격과 같게 만드는 수준에서 결정된다고 이야기했다. 유사한 방식으로 생산자 모델도 만들 수 있다.

우리가 앞서 다녀온 시장에 사과를 가져오는 사과 재배자들 중 한 사람을 생각해 보자. 이 재배자에게는 더 낮게는 사과를 팔 가치가 없다고 생각하는 특정한 가격(임계 가격)이 있다. 이 재배자가 사과를 팔아서 얻는 수입이 충분하지 않다고 판단하는 데는 여러 가지 상황이 있을 수 있다. 첫째, 사과를 생산하는 데 들어간 비용보다 수입이 적다. 둘째, 사과발효주 제조공장에 파는 등 다른 목적으로 이 사과를 사용함으로써 얻을 수 있는 수입이 더 많다. 마지막으로, 사과를 생산하는 데 필요한 자원(돈, 토지, 기계 및 자신의 시간)을 배를 재배하거나 펜션을 여는 데 사용하는 것이 더 낫다고 생각할 수 있다. 이러한 상황들을 종합하면, 판매 수입이 생산과 관련된 **기회비용**보다 적으면 사과를 생산하지 않는다고 정리할 수 있다.

2.2.2.2 공급함수와 역공급함수

반면에 사과의 시장가격이 당초 생각했던 가격보다 더 높다면 생산자는 시장에 가져오는 사과의 양을 늘릴 가치가 있다고 판단할 것이다. 다른 생산자들은 각자 기회비용이 다르므로 각자의 임계 가격에 맞춰 공급량을 조정할 것이다. 충분히 많은 수의 생산자가 공급한 양을 한데 모으면 그림 2.7과 같은 부드러운 우상향 곡선을 얻을 수 있다. 이 곡선은 이 상품에 대한 **역공급함수**를 나타낸다.

$$\pi = S^{-1}(q) \tag{2.5}$$

이 함수는 생산자 집단이 해당 상품을 특정 수량만큼 시장에 공급할 가치가 있다고 판단하게 하는 시장가격을 나타낸다. 이 곡선을 다른 방향에서 바라보면 공급함수를 정의할 수 있다. **공급함수**는 시장에 공급되는 수량을 시장가격의 함수로 나타낸 것이다.

$$q = S(\pi) \tag{2.6}$$

서로 다른 생산자(혹은 서로 다른 생산 수단을 사용하는 단일 생산자)가 생산하는 재화는 공급곡선의 서로 다른 지점에 위치한다. 한계생산자는 자신의 기회비용이 시장가격과 동일한 생산자이다. 그림 2.8에서 알 수 있듯이 이 시장가격이 조금이라도 하락하면 한계생산자는 이 재화를 계속 생산할 가치가 없다고 판단한다. 한계외(extramarginal) 생산은 시장가격이 상승할 경우에만 가치가 있는 생산을 의미한다. 반면, 한계내(inframarginal) 생산자의 기회비용은 시장가격보다 낮다. 따라서 이러한 한계내 생산자는 생산할 가치가 있는 최저 가격보다 높은 가격에 판매할 수 있다.

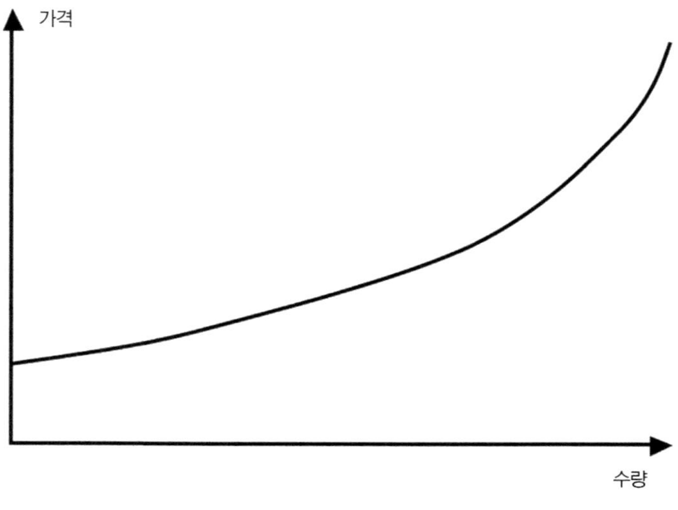

그림 2.7 전형적인 공급곡선

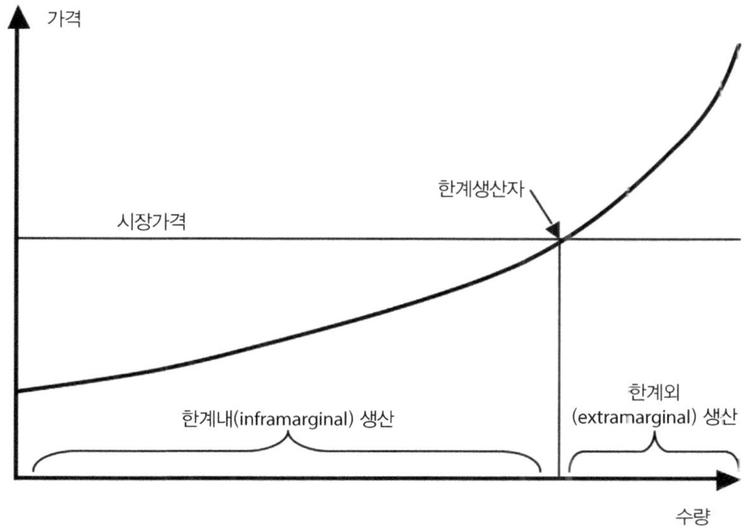

그림 2.8 생산의 기회비용과 시장가격이 동일할 때 한계생산이라고 한다.

2.2.2.3 생산자의 수익

공급되는 전체 상품이 동일한 가격으로 거래되기 때문에 **생산자들의 전체 수익**은 거래량 q_1과 시장가격 π_1의 곱이 된다. 따라서 생산자들의 전체 수익은 그림 2.9의 음영 영역과 같다. **생산자의 순 잉여** 또는 **생산자의 이익**은 모든 재화(한계생산을 제외한)가 기회비용보다 높은 가격으로 거

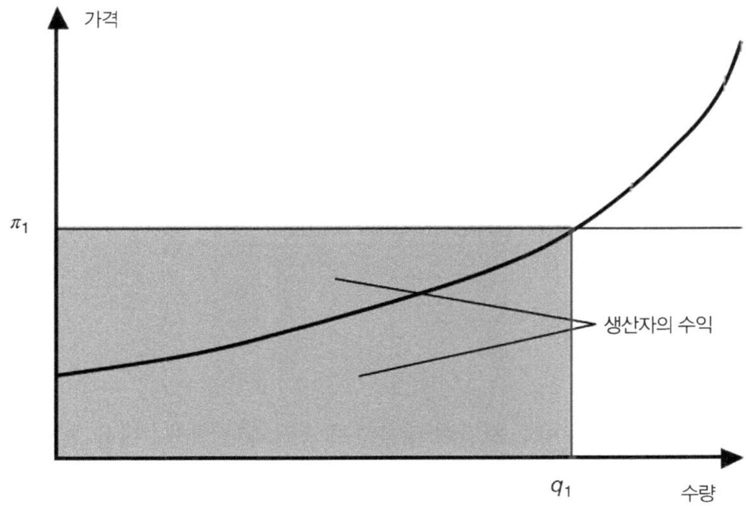

그림 2.9 생산자의 수익은 시장가격 π_1과 거래량 q_1의 곱과 같다.

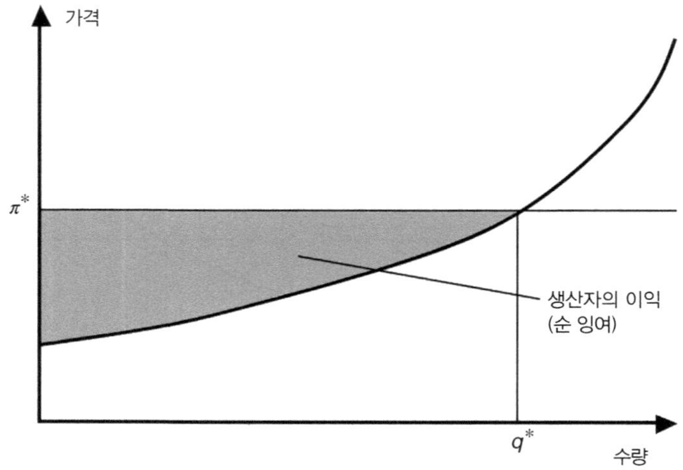

그림 2.10 생산자의 이익, 즉 생산자 순 잉여는 내부한계(inframarginal) 생산자가 자신의 기회비용보다 높은 가격으로 팔 수 있기 때문에 발생한다.

래된다는 사실에서 발생한다. 그림 2.10에서 볼 수 있듯이 순 잉여 또는 이익은 시장가격에서의 수평선과 공급곡선 사이의 면적과 같다. 기회비용이 낮은 생산자는 기회비용이 높은 생산자보다 비례적으로 더 큰 몫의 이익을 차지한다. 한계생산자는 아무런 이익을 얻지 못한다.

그림 2.11은 π_1에서 π_2로의 시장가격 상승이 순 생산자 잉여에 두 가지 방식으로 영향을 미친다는 것을 보여 준다. 시장가격 상승은 생산자들이 시장에 공급하는 수량을 q_1에서 q_2로 증가시키고(C로 표시된 영역) 원래 가격으로 시장에 공급되었던 수량이 받는 가격을 상승시킨다(B로 표시된 영역).

2.2.2.4 공급탄력성

상품 가격이 상승할수록 공급자는 상품을 더 많이 공급하게 된다. **공급의 가격탄력성**은 이러한 관계를 계량화한다. 공급의 가격탄력성에 대한 정의는 수요의 가격탄력성에 대한 정의와 유사하지만 수요곡선이 아닌 공급곡선의 도함수로 정의된다.

$$\varepsilon = \frac{\frac{\mathrm{d}q}{q}}{\frac{\mathrm{d}\pi}{\pi}} = \frac{\pi}{q}\frac{\mathrm{d}q}{\mathrm{d}\pi} \tag{2.7}$$

공급의 탄력성은 항상 양수이다. 시간이 많을수록 공급자가 생산수단을 늘릴 수 있는 기회가 더 많기 때문에 일반적으로 장기 탄력성이 단기 탄력성보다 더 높다.

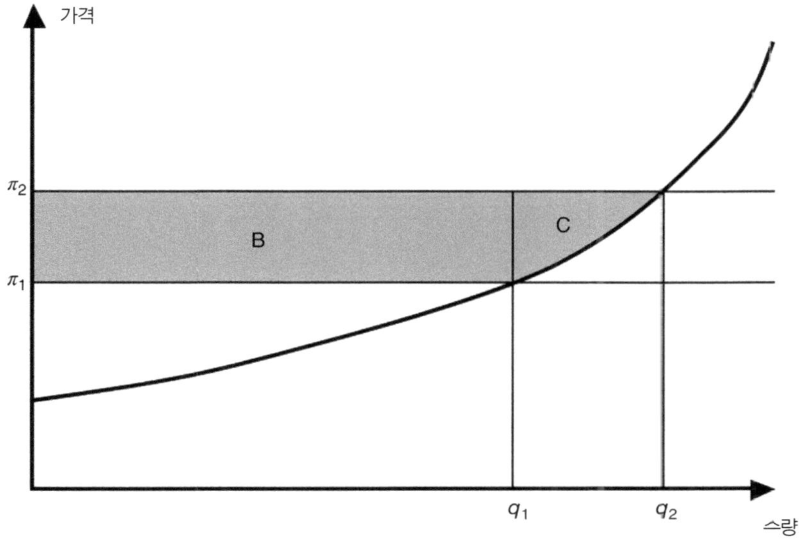

그림 2.11 시장가격 변화에 따른 생산자 이익(순 잉여)의 변화

2.2.3 시장균형

지금까지는 생산자와 소비자를 개별적으로 살펴보았다. 이제 그들이 시장에서 어떻게 상호작용하는지를 살펴보자. 이 절에서는 개별 공급자 또는 개별 소비자가 개별적인 행동을 통해 가격에 영향을 미칠 수 없다고 가정한다. 즉, 모든 시장 참가자는 주어진 가격을 그대로 받아들인다고 가정한다. 이 가정이 성립할 때 그 시장을 **완전경쟁시장**이라고 한다. 그러나 우리는 이 가정이 일반적으로 전력시장에 적용되지 않는다는 점을 유념해야 한다. 일부 시장참여자가 자신의 행동을 통해 가격에 영향을 미칠 수 있는 경우 시장이 어떻게 작동하는지에 대해서는 이후에 논의할 것이다.

경쟁시장에서 가격은 한쪽의 모든 소비자의 행동들과 다른 쪽의 모든 공급자의 행동들이 결합되어 결정된다. **균형가격** 또는 **시장청산가격** π^*는 공급자가 제공하고자 하는 수량과 소비자가 얻고자 하는 수량이 일치하는 가격이다. 따라서 시장청산가격은 다음 방정식의 해가 된다.

$$D(\pi^*) = S(\pi^*) \tag{2.8}$$

이 균형은 역수요함수와 역공급함수의 관점에서 정의할 수도 있다. 균형 수량 q^*는 소비자가 그 수량에 대해 지불할 의사가 있는 가격과 생산자가 해당 수량을 공급하기 위해 받아야 하는 가격이 일치하는 수량이다.

$$D^{-1}(q^*) = S^{-1}(q^*) \tag{2.9}$$

그림 2.12는 이 개념들을 보여 준다.

지금까지 우리는 시장균형에서 소비자와 공급자의 행동이 일치함을 보여 주었다. 그러나 이 지점이 안정적인 균형을 나타내는지는 아직 확인하지 않았다. 시장이 이 지점에 종착할 수밖에 없음을 증명해 보자. 그림 2.13과 같이 수요가 공급보다 큰 상황에서 시장가격이 $\pi_1 < \pi^*$라고

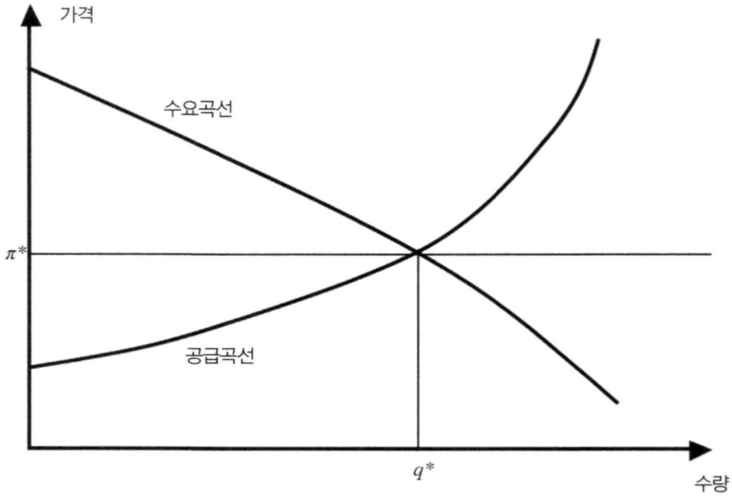

그림 2.12 시장균형

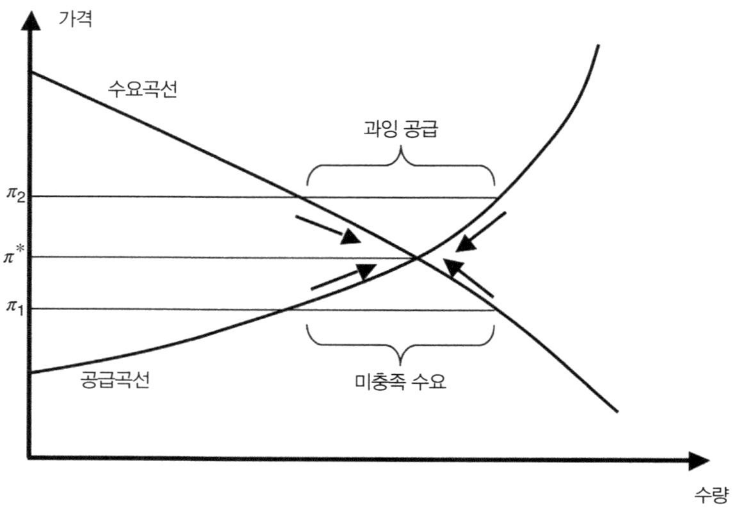

그림 2.13 시장균형의 안정성

가정하자. 일부 공급자는 현재 시장가격보다 더 비싸게 팔아도 구매할 의사가 있는 고객이 있다는 것을 알게 될 수밖에 없다. 균형 상태에 도달할 때까지 거래량이 증가하면서 가격도 상승할 것이다. 마찬가지로 시장가격이 $\pi_2 > \pi^*$이면 공급이 수요를 초과하고 일부 공급자에는 구매자를 찾을 수 없어 남는 재화가 발생한다. 이러한 상태는 지속 가능하지 않기 때문에 공급자는 판매할 의사가 있는 수량이 소비자가 구매할 의사가 있는 수량과 같아질 때까지 생산량을 줄이게 된다.

2.2.4 파레토 효율성

어떤 시스템을 단일 기관이 완전히 통제하는 경우, 일반적으로 그 기관은 그 시스템에서 편익을 얻기 위한 수단들을 최적화하려 한다. 반면, 시스템이 다양한 이해관계를 가진 다양한 당사자의 상호작용에 의존하는 경우, 전통적인 최적화는 적용할 수 없으며 **파레토 효율성** 개념으로 대체되어야 한다. 어느 한 당사자가 얻는 이익이 다른 한 당사자가 향유하는 이익을 감소시킴으로써만 증가할 수 있는 경제적 상황을 파레토 효율적이라고 한다.

경쟁시장의 균형 상황은 교환되는 재화의 양과 재화의 배분 두 가지 측면 모두에서 파레토 효율적이다. 먼저 그림 2.14에서 교환된 양을 살펴보자. 교환된 양이 균형 수량 q^*보다 작은 q라고 가정하자. 그 수량에서, 해당 재화를 한 단위 더 구매하기 위해 π_2를 지불할 의사가 있는 사람이 있는 반면, π_2보다 낮은 π_1에 한 단위 더 판매하려는 사람도 있다. 이 두 당사자가 π_1과 π_2 사이의 가격으로 거래를 할 수 있다면, 두 당사자 모두 더 나은 상황이 될 것이다. 따라서 거래된 총량이 균형 q^*보다 작으면 그 상황은 파레토 효율적이지 않다. 마찬가지로, 균형 값을 초과하는 거래

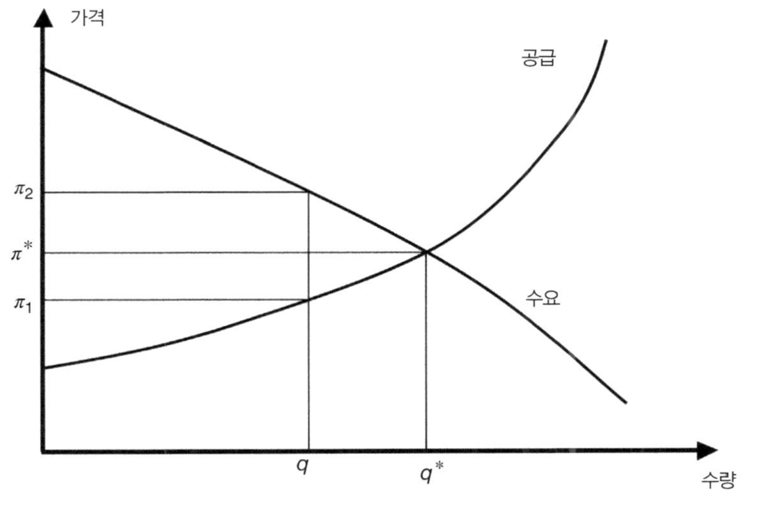

그림 2.14 시장균형의 파레토 효율성

량은 누군가가 한 단위 더 구매하기 위해 지불할 의사가 있는 가격이 한 단위 더 공급하는 데 요구되는 가격보다 낮기 때문에 파레토 효율적이지 않다.

이제 재화의 배분 효율성에 대해 생각해 보자. 경쟁시장에서 특정 상품의 모든 단위는 동일한 가격으로 거래되며 이 가격은 이 재화와 다른 모든 재화 사이의 한계대체율을 나타낸다. 소비자 A가 이 가격을 지불할 용의가 있다는 것은 그가 구매할 수 있는 다른 재화보다 그가 마지막으로 구매한 이 재화 한 단위를 더 가치 있게 여긴다는 것을 의미한다. 반면에 소비자 B는 그 가격에서는 다른 상품을 구매하기로 결정할 수 있다. 이제 시장가격을 지불할 의사가 아닌 무언가 다른 기준에 의해 재화가 배분되었다고 가정해 보자. 이 다른 기준에 의해 소비자 A는 자신에게 할당된 상품 외에 추가로 한 단위 더 구매하기 위해 $10를 기꺼이 지불할 수 있는 상황에 처했다. 반면 소비자 B는 자신에게 할당된 상품의 마지막 단위에 $8의 가치를 부여하고 있다. 두 소비자는 동일한 재화의 한 단위에 대해 서로 다른 가치를 부여하므로, 이 한 단위를 $8에서 $10 사이의 가격으로 거래할 수 있다면 둘 다 더 만족스러울 것이다. 따라서 경쟁시장에서와 같이, 단일 한계대체율에 기초하여 재화가 배분될 때만 파레토 효율성이 달성된다고 할 수 있다.

2.2.5 전체후생[1]과 사중손실[2]

순 소비자 잉여와 생산자 이익의 합을 **전체후생**이라고 한다. 전체후생은 거래를 통해 발생하는 전반적인 편익을 계량화한 것이다. 이제 우리는 경쟁시장이 자유롭게 작동하고 가격이 수요와 공급 곡선의 교차점에서 안정될 때 전체후생이 최대가 됨을 보고자 한다. 이러한 조건에서 그림 2.15는 소비자 잉여가 A, B, E로 표시된 면적의 합과 같으며, 생산자의 이익은 C, D, F로 표시된 면적의 합과 같음을 보여 준다.

외부 개입은 재화의 가격이 자유롭고 경쟁적인 시장이 만들어 내는 균형 값으로 안착하는 것을 방해한다. 예를 들어, 생산자를 지원하기 위해 정부는 상품의 최저 가격을 설정할 수 있다. 이 가격이 경쟁시장 청산가격 π^*보다 높은 π_2로 설정되면, 이 최저 가격은 시장가격이 되며 소비자는 소비를 q^*에서 q로 줄이게 된다. 이러한 조건에서 순 소비자 잉여는 영역 A로 줄어들고 순 생산자 잉여는 영역 B, C, D의 합으로 표시된다.

유사하게, 정부는 어떤 재화에 대한 최고 가격을 강제할 수도 있다. 이 가격이 경쟁시장 청산가격 π^*보다 낮은 π_1 값으로 설정되면 생산자는 생산량을 q로 줄이게 된다. 이 경우 소비자는 영역 A, B, C의 합과 같은 순 잉여를 누리고 순 생산자의 잉여는 영역 D가 된다.

마지막으로, 정부가 상품에 세금을 부과하기로 결정할 수도 있다. 세금이 소비자에게 완전히 전가된다고 가정하면, 소비자가 지불하는 가격(예: π_2)과 생산자가 받는 가격(예: π_1) 사이에 차

1 global welfare

2 deadweight loss

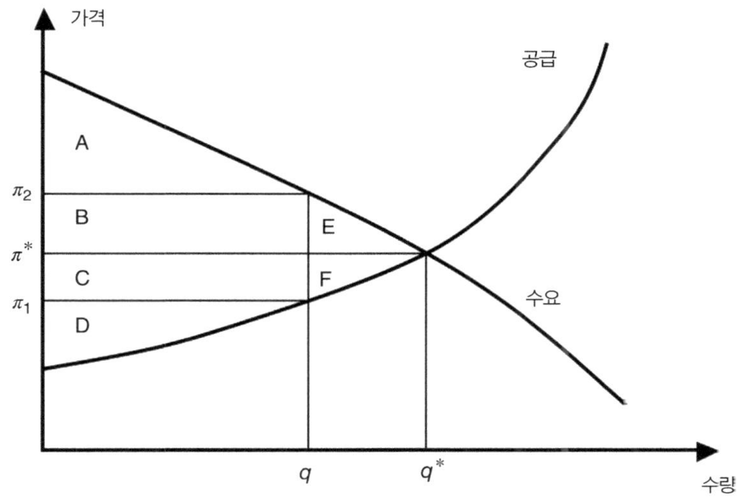

그림 2.15 사중손실

이가 발생한다. 정부는 거래된 각 단위에 대해 차액 $\pi_2 - \pi_1$을 징수한다. 이러한 조건에서 수요는 다시 q^*에서 q로 감소하고, 순 소비자 잉여는 영역 A로, 순 생산자 잉여는 영역 D로 감소하게 된다. 정부가 세금으로 징수하는 총액은 영역 B와 C의 합과 같다. 이들 각각의 경우에서 외부 개입은 각각 생산자, 소비자 혹은 정부에 유리하게 전체후생을 재분배한다. 불행히도 이러한 모든 개입은 E와 F로 표시된 영역의 합만큼 전체후생을 감소시키는 바람직하지 않은 부작용을 낳는다. 전체후생의 이러한 감소를 **사중손실**이라고 한다. 사중손실은 가격 왜곡에 의해 거래량이 감소함으로써 발생한다. 다만 여기에서는 단순하게 설명하기 위해 세 가지 형태의 외부 개입 모두에 대해 동일한 수요 감소를 가정했다. 당연히 항상 그렇지는 않다.

일부 시장에서는 전기에너지 가격이 생산자와 소비자의 직접적인 상호작용이 아니라 중앙집권적인 계산을 통해 결정된다는 것을 이후 장들에서 알게 될 것이다. 거래의 편익을 극대화하려면 이 중앙집권적인 계산이 자유시장에서의 생산자와 소비자 간 상호작용을 가능한 한 유사하게 모사할 수 있어야 하며 전체후생을 극대화할 수 있어야 한다.

2.2.6 시변 가격(Time-varying Price)

특정 재화에 대한 수요함수는 시간이 지남에 따라 올라가거나 내려가는데, 이는 소비자의 선호도가 유행이나 니즈의 변화에 영향을 받기 때문이다. 마찬가지로, 상품을 생산하는 데 사용되는 기술이 향상되면 공급함수는 내려간다. 반면에 인건비나 원자재 가격이 오르면 공급함수는 올라간다. 이러한 변화는 시장가격과 거래량에 영향을 미친다. 예를 들어 딸기는 초여름에 자연적으로 익기 때문에 이 시기에 딸기 공급의 한계비용이 낮다. 따라서 딸기 한 바구니의 가격은 온실에서 재배하거나 따뜻한 지역에서 수입해야 할 때보다 여름에 훨씬 저렴하다. 외부 여건의 변화에 따라 가격이 변할 수 있도록 허용하는 것은 자원을 가장 효율적으로 사용할 수 있도록 유도할 수 있기 때문에 경제적으로 효율적이다. 다시 말해, 여름에는 딸기를, 겨울에는 사과를 먹어야 하고 그 반대가 되어서는 안 된다.

반면에 규제기관은 종종 특정 재화 혹은 서비스에 대한 수요 또는 공급이 시간이 지남에 따라 어떻게 변하는지에 관계없이 특정 재화 혹은 서비스의 가격이 일정하게 유지되도록 규제한다. 예를 들어, 대부분의 대도시에서는 전통적인 택시가 이러한 방식으로 운영된다. 이런 접근방식을 채택하는 근거는 이 방식이 소비자에게 확실함을 제공한다는 것이다. 즉, 어제 특정 구간을 이동하는 데 지불한 비용이 오늘도 동일하다는 것이다. 킬로미터당 가격을 고정된 수의 택시 기사가 서비스 제공을 통해 생계를 유지할 수 있는 수준으로 설정할 수 있다. 이 접근방식의 단점은 생산자나 소비자가 경제적으로 효율적인 행동을 하도록 유인하지 않는다는 것이다. 예를 들어, 수요가 높을 때 가격인상을 허용하면 가용한 택시가 더 많아질 수 있고, 소비자에게는 대체 교통수단을 찾는 유인을 제공할 수 있다.

일반적으로 전기에너지의 소매가격은 공급이나 수요에 따라 변하지 않는다. 소매가격의 변동을 허용함으로써 얻을 수 있는 이점에 대해서는 이후 장들에서 논의할 것이다.

2.3 기업이론으로부터의 개념

이제 시장에서 거래되는 상품을 생산하는 기업의 행동을 좀 더 자세히 살펴보자.

2.3.1 투입과 산출

단순화를 위해 수량 y만큼의 단일 재화를 생산하는 기업을 생각해 보자. 이 산출물을 생산하기 위해 이 회사는 **생산요소**라고 하는 투입물을 필요로 한다. 생산요소는 기업이 생산하는 산출물에 따라 크게 달라진다. 생산요소는 크게 원자재, 노동력, 토지, 건물, 기계와 같은 범주로 분류할 수 있다. 어떤 기업이 두 가지 생산요소만을 필요로 한다고 가정해 보자. 산출은 생산요소를 얼마나 투입하느냐에 따라 달라지는데, 이 투입과 산출 간의 관계는 **생산함수**를 통해 표현되며, 생산함수는 기업이 상품 생산을 위해 사용하는 기술을 반영하고 있다.

$$y = f(x_1, x_2) \tag{2.10}$$

예를 들어, y는 농부가 생산한 밀의 양을 나타내고, x_1은 비료의 양, x_2는 이 농부가 밀을 재배하는 데 사용하는 토지의 면적이라고 하자.

생산함수의 형태를 이해하기 위해 두 번째 생산요소를 일정하게 유지하고 첫 번째 생산요소를 점진적으로 증가시켜보자. 초기에는 산출량 y가 x_1에 따라 증가한다. 그러나 거의 모든 재화나 기술에서 x_1이 커질수록 y의 증가율은 감소한다. 이러한 현상을 **한계생산 체감의 법칙**이라고 한다.

앞의 예에서, 농부가 경작하는 일정한 양의 토지에 투입하는 비료의 양을 늘리면 수확량은 증가할 것이다. 그러나 투입하는 비료의 양이 일정 수준을 넘어서면 비료의 효과는 떨어진다. 마찬가지로, 더 많은 토지를 경작하면 생산되는 밀의 총량은 증가한다. 그러나 토지의 양이 증가함에 따라 정해진 양의 비료를 더 넓은 면적에 살포해야 하므로 생산량 증가율은 필연적으로 감소하게 된다.

2.3.2 장기와 단기

일부 생산요소는 다른 요소보다 빠르게 조정할 수 있다. 예를 들어 과수원 운영자는 자신이 사용하는 유기비료의 양을 늘리거나 혹은 더 많은 노동력을 고용하여 사과 생산량을 늘릴 수 있다. 이러한 생산요소 조정의 효과는 다음번 수확기에 체감할 수 있다. 이 과수원은 더 많은 나무를 심어 생산량을 늘릴 수도 있다. 이 경우 그 결과는 새로운 나무들이 성숙할 때까지 나타나지 않는다. 이 과정은 최소 몇 년 이상 걸린다.

하지만 단기와 장기를 구분하는 특정한 기준은 없다. 경제학자들은 장기를 생산의 모든 요소를 조정할 수 있을 만큼 충분히 긴 기간으로 정의한다. 반면 단기에서는 생산요소 중 일부가 고정되어 있다. 예를 들어 두 번째 생산요소 $\overline{x_2}$가 고정된 값이라고 가정하면 생산함수는 단일변수 함수가 된다.

$$y = f(x_1, \overline{x_2}) \tag{2.11}$$

그림 2.16은 전형적인 단기 생산함수의 형태를 보여 준다.

단기에서 산출량은 종종 단일 생산요소에 의존하기 때문에 생산함수의 역함수인 입출력함수를 정의하는 것이 편리하다.

$$x_2 = \overline{x_2} \text{일 때 } x_1 = g(y) \tag{2.12}$$

입출력함수는 정해진 양의 재화를 생산하는 데 필요한 가변 생산요소의 양을 나타낸다. 예를 들어, 화력발전소의 입출력 곡선은 이 발전소를 사용하여 주어진 전력량을 생산하기 위해 매시간 필요한 연료의 양을 보여 준다. 입출력함수로부터 단기 비용함수를 정의할 수 있다.

$$c_{SR}(y) = w_1 \cdot x_1 + w_2 \cdot \overline{x_2} = w_1 \cdot g(y) + w_2 \cdot \overline{x_2} \tag{2.13}$$

여기서 w_1과 w_2는 생산요소 x_1과 x_2의 단위비용이다. 그림 2.17a는 일반적인 단기 비용함수를 보여 준다. 이 함수가 아래로 볼록한 모양을 갖는 것은 한계생산 체감의 법칙 때문이다. 이와 같이 아래로 볼록한 특성(convexity) 때문에 **한계비용함수**라고 하는 비용함수의 도함수는 생산량이 증가할수록 커지는 단조 증가함수가 된다. 그림 2.17b는 그림 2.17a의 비용함수에 해당하는 한계비용함수를 보여 준다. 생산비용이 \$로 표시되면 한계비용은 생산 단위당 \$로 표시된다. 주어진 생산 수준에서 한계비용함수의 값은 재화를 한 단위 더 생산하는 비용과 같다.

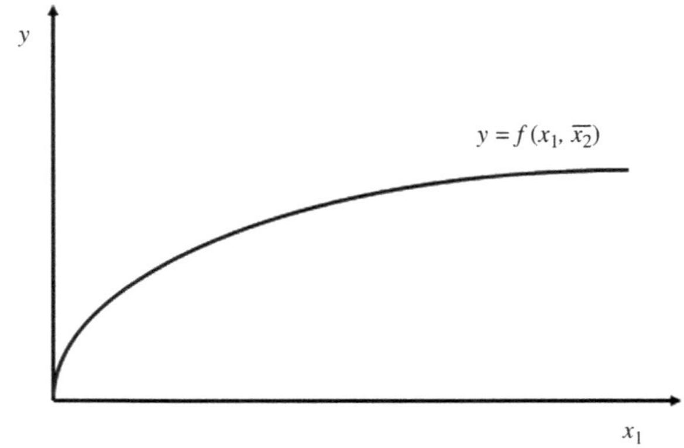

그림 2.16 전형적인 단기 생산함수

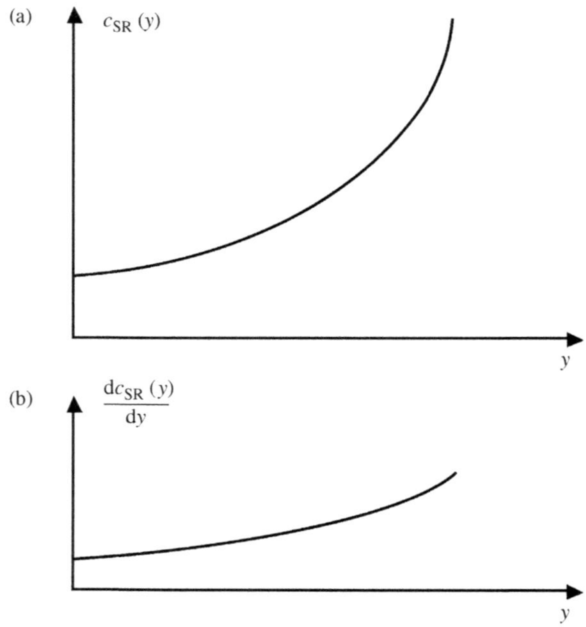

그림 2.17 (a) 전형적인 단기 비용함수; (b) 상응하는 단기 한계비용함수

이들 함수들을 사용해서 완전 경쟁시장에서 기업의 단기 행동을 결정할 수 있다. 완전 경쟁시장에서는 어떤 기업도 시장가격에 영향을 미칠 수 없다. 따라서 기업이 이익을 극대화하기 위해 취할 수 있는 유일한 방법은 생산량을 조정하는 것이다. 이익은 회사의 수익과 비용의 차이로 정의되기 때문에 최적의 생산 수준은 다음과 같이 주어진다.

$$\max_{y} \{\pi \cdot y - c_{SR}(y)\} \tag{2.14}$$

최적 생산 수준은 다음 식을 만족해야 한다.

$$\frac{d\{\pi \cdot y - c_{SR}(y)\}}{dy} = 0$$

즉,

$$\pi = \frac{dc_{SR}(y)}{dy} \tag{2.15}$$

이와 같이 기업은 단기 한계생산비용이 시장가격과 동일한 지점까지 생산량을 늘릴 것이다. 이러한 관계를 직관적으로 이해하는 것이 중요하다. 자신의 한계생산비용이 현재 시장가격보다 낮은 지점에서 기업이 운영되고 있다면 한 단위 더 생산하여 시장에 판매함으로써 이 기업은 이익을 늘릴 수 있다. 마찬가지로, 기업의 한계생산비용이 시장가격보다 높으면 마지막으로 판매한 제품을 생산하지 않음으로써 돈을 아낄 수 있다.

장기에서는 기업이 생산방식의 결정에 더 많은 유연성을 가질 수 있기 때문에 장기 비용함수를 정의하는 것은 더 복잡하다. 예를 들어, 기업은 더 비싼 기계를 구입하고 대신 인건비를 줄이기로 결정하거나, 그 반대로 할 수도 있다. 따라서 생산함수는 단일변수 함수로 처리될 수 없다. 하지만 기업이 최적의 방식으로 행동한다고 가정할 수는 있다. 다시 말해, 장기에서 기업은 최적 생산요소 조합을 선택한다고 가정할 수 있다. 여기에서 최적 생산요소 조합은 얼마만큼의 상품을 생산하든 비용을 최소화하는 생산요소의 조합을 말한다. 따라서 장기 비용함수는 최적화 문제의 해가 되며 다음과 같이 표현될 수 있다.

$$c_{LR}(y) = \min_{x_1, x_2} (w_1 \cdot x_1 + w_2 \cdot x_2) \text{ 단, } f(x_1, x_2) = y \tag{2.16}$$

여기에서는 단순하게 설명하기 위해 두 가지 생산요소만을 고려했다.

이 책의 앞부분에서는 이미 설치되어 있는 전력계통의 운영에 대해 다루기 때문에 단기 비용함수를 사용할 것이다. 장기 비용함수는 이 책의 후반부에서 전력계통의 확장에 대해 이야기할 때 활용될 것이다.

2.3.3 비용

이 절에서는 생산비용의 다양한 구성요소를 정의하고, 이들 비용의 특성을 보여 주는 다양한 곡선을 소개한다.

단기에서는 일부 생산요소가 고정되어 있다. 고정된 요소와 관련된 비용은 생산량에 따라 변하지 않으므로 **고정비용**이다. 예를 들어, 발전회사가 토지를 구입하고 이 땅에 발전소를 지었다면 토지비용과 발전소 건설비용은 이 발전소가 생산하는 에너지의 양에 따라 변하지 않는다. 반면에 이 발전소에서 소비하는 연료의 양과 발전소 운영에 필요한 인력의 일부는 생산하는 에너지의 양에 따라 변한다. 그래서 연료비와 인건비는 **변동비용**으로 볼 수 있다. **준고정비용**(quasi-fixed cost)이라고 하는 세 번째 종류의 비용도 있다. 준고정비용은 생산량의 양에 관계없이 발생하지만 아무것도 생산하지 않는 경우에는 발생하지 않는 비용이다. 예를 들어 발전소의 경우, 발전소를 기동하는 데 필요한 연료비용은 일단 발전소가 계통에 동기화되면 발전소가 생산하는 에너지의 양에 의존하지 않는다는 점에서 고정된다고 볼 수 있다. 그러나 발전소가 유휴상태로 유지되는 경우 이 기동비용은 발생하지 않는다.

장기에서는 기업이 모든 생산요소에 대해 지출하는 금액을 결정할 수 있기 때문에 고정비용은 존재하지 않는다. 극단적으로 말해 기업이 아무것도 생산하지 않고 폐업하기로 결정해 버리면 이 기업의 장기 비용은 0이 될 수 있다. **매몰비용**은 기업이 특정 생산요소에 지불한 금액과 이 자산(생산요소)을 팔았을 때 돌려받을 수 있는 금액의 차이이다. 예를 들어, 발전소의 경우 토지는 재판매할 수 있기 때문에 발전소가 건설된 토지의 비용은 매몰비용이 아니며 **회수 가능한 비용**이다. 반면에 이 발전소로 생산하는 것이 더 이상 수익성이 없다면, 발전소 건설비용과 발전소를 고철로 팔았을 때 받을 수 있는 금액의 차이가 매몰비용이 된다.

2.3.3.1 단기 비용

생산요소들의 비용이 일정하다고 가정하면 앞 절에서 정의한 비용함수는 산출량 y의 함수로 표현할 수 있다.

$$c(y) = c_v(y) + c_f \tag{2.17}$$

여기서 $c_v(y)$는 변동비용을 나타내고 c_f는 고정비용을 나타낸다. **평균비용함수**는 산출 단위당 비용을 측정한다. 평균비용은 **평균변동비용**과 **평균고정비용**의 합과 같다.

$$\text{AC}(y) = \frac{c(y)}{y} = \frac{c_v(y)}{y} + \frac{c_f}{y} = \text{AVC}(y) + \text{AFC}(y) \tag{2.18}$$

평균비용 곡선들이 어떻게 생겼는지 그려 보자. 고정비는 생산량에 의존하지 않기 때문에 평균고정비는 생산량이 0일 때 무한대가 된다. 생산량이 증가함에 따라 고정비용은 더 많은 생산량에 분산된다. 따라서 평균고정비용 곡선은 그림 2.18a와 같이 단조 감소하는 함수가 된다. 극단적인 생산 수준이 아닌 한 변동비는 일반적으로 생산량에 따라 선형적으로 증가한다. 변동비가 선형적으로 증가한다면 평균변동비용은 일정한 값을 갖게 된다. 그러나 생산량이 증가함에 따라 고정된 생산요소가 상품 생산의 효율성에 영향을 미치기 시작한다. 그림 2.18b는 평균변동비용이 궁극적으로 그리고 필연적으로 상승함을 보여 준다. 예를 들어 제조공장의 생산량은 종종 공장이 설계된 용량 이상으로 증가할 수 있다. 그러나 이와 같이 생산량을 늘리기 위해서는 근로자에게 더 많은 초과근무 수당을 지급하고, 기계를 더 자주 보수해야 하며, 일반적으로 덜

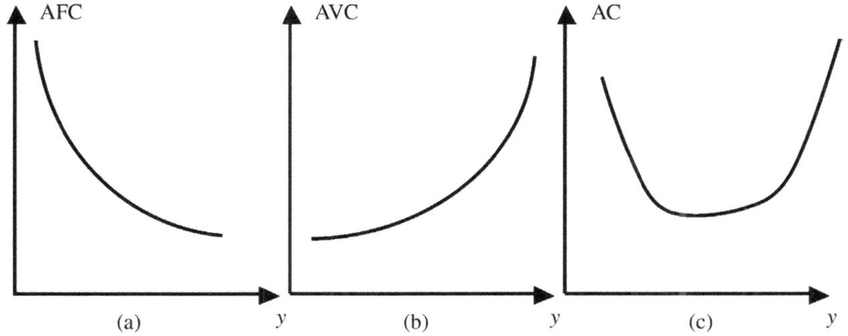

그림 2.18 평균고정비용함수(AFC) (a), 평균변동비용함수(AVC) (b), 평균비용함수(AC) (c)의 전형적인 형태

효율적인 공정을 채택해야 할 수 있다. 유사하게, 발전소의 경우 최대 효율은 일반적으로 발전소의 최대 용량보다 다소 낮은 출력 수준에서 얻을 수 있다. 평균비용 곡선은 이 두 가지 효과가 결합되어 그림 2.18c와 같은 전형적인 U자 모양을 갖게 된다.

평균비용과 한계비용의 차이를 이해하는 것이 중요하다. 두 비용 모두 생산된 재화의 단위당 $로 표시되지만 한계비용은 마지막으로 생산된 단위의 비용만 반영한다. 반면에 평균비용은 이미 생산된 모든 단위의 비용을 고려한다. 고정비용은 일정하기 때문에 한계비용에 영향을 미치지 않는다. 그림 2.19는 한계비용곡선과 평균비용곡선 사이의 관계를 보여 준다. 낮은 생산 수준에서는 고정비용의 영향으로 인해 한계비용이 평균비용보다 작다. 반면에 높은 생산 수준에서는 한계비용이 평균비용보다 높다. 한계비용곡선은 평균비용이 최소인 점에서 평균비용곡선과 교차한다.

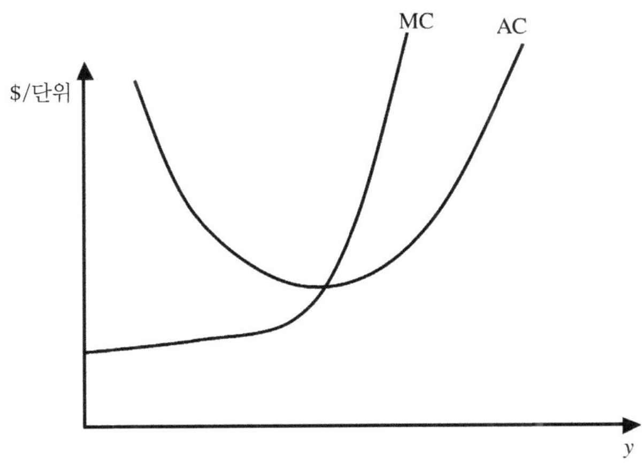

그림 2.19 평균비용곡선(AC)과 한계비용곡선(MC) 간의 전형적인 관계

2.3.3.2 장기 비용

장기에서는 모든 생산요소가 변경될 수 있고, 기업이 아무것도 생산하지 않고 폐업을 선택할 수도 있기 때문에 고정비용은 없다고 이야기했다. 그러나 기술적 특성으로 인해 생산 수준과 무관하게 일부 비용이 발생할 수 있다. 다시 말해, 장기에서 약간의 준고정비용이 발생할 수 있다. 이에 따라 장기 평균비용 곡선은 그림 2.20과 같이 U자 모양을 띠곤 한다.

단기 비용과 장기 비용 사이의 관계에 대해 무엇을 말할 수 있을까? 장기에서 우리는 모든 생산요소를 조정할 수 있기 때문에 모든 수준의 생산량에 대해 생산비용을 최소화할 수 있다. 반면에 단기에서는 생산요소의 일부가 고정되어 있다. 따라서 고정 생산요소가 최적화된 생산량 y^*에서만 단기 생산비용이 장기 생산비용과 같게 된다. 다른 생산 수준에서는 단기 비용이 장기 비용보다 높다. 따라서 고정된 생산요소가 최적화된 생산 수준 이외에서는 단기 평균비용 곡선은 항상 장기 평균비용 곡선 위에 있게 된다. 이 지점에서 두 곡선은 그림 2.20과 같이 접한다. 물론 우리는 생산 수준 $y_1, y_2, \ldots, y_n$ 각각에 대해서 생산비용을 최소화하는 고정 생산요소 집합을 선택할 수 있다. 다시 말해, 우리는 다른 용량을 갖는 발전소들을 지을 수 있다. 발전소의 규모별로 설계된 용량에서만 단기 평균비용과 장기 평균비용이 같아진다. 따라서 그림 2.21에서 볼 수 있듯이 장기 평균비용 곡선은 단기 평균비용 곡선 아래 포락선(envelope)[3]이 된다.

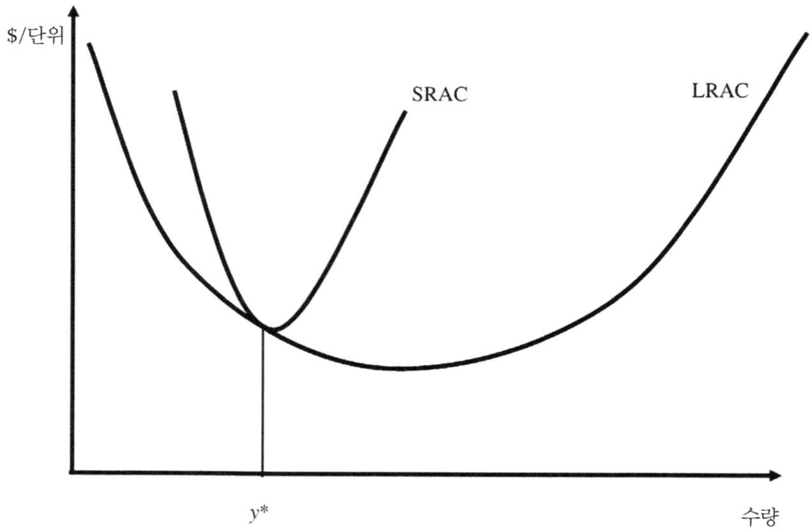

그림 2.20 y^*만큼을 생산할 때 생산비용이 최소가 되도록 고정 생산요소가 선택되었을 때 단기 평균비용 곡선(SRAC)과 장기 평균비용 곡선(LRAC)의 관계

3 규칙성을 가진 곡선 무리의 모두에 접하는 곡선

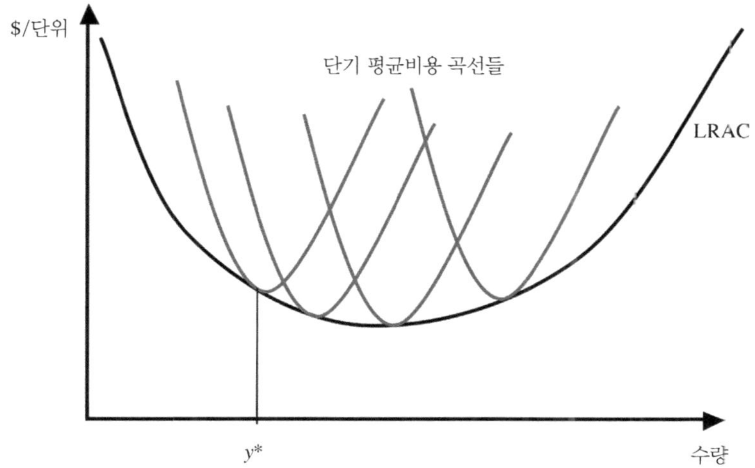

그림 2.21 장기 평균비용 곡선(LRAC)은 단기 평균비용 곡선(SRAC)의 포락선이다.

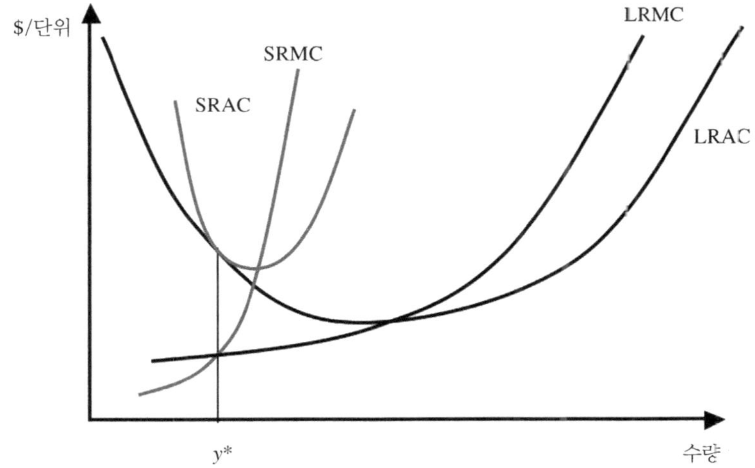

그림 2.22 단기 평균비용(SRAC), 단기 한계비용(SRMC), 장기 평균비용(LRAC), 장기 한계비용(LRMC) 간의 관계

생산의 모든 요소를 조정할 수 있을 때, 한 단위 더 생산하는 데 드는 비용은 **장기 한계비용 곡선**으로 표시된다. 그림 2.22에서 이 장기 한계비용 곡선의 두 가지 특성을 볼 수 있다. 첫째, 고정된 생산요소가 최적화된 생산 수준 y^*에서만 장기 한계비용과 단기 한계비용이 동일하다. 둘째, 장기 평균비용을 최소화하는 생산 수준에서 장기 한계비용은 장기 평균비용과 같다. 장기 한계비용이 장기 평균비용보다 작은 구간에서 장기 평균비용은 감소한다. 평균비용이 감소하는 구간에서, 생산은 **규모의 경제**를 나타낸다고 한다.

2.4 위험

미래의 명백한 특징은 불확실하다는 것이다. 우리가 예상했던 대로 일이 되지 않을 가능성은 항상 있다. 다양한 유형의 위험이 사업에 영향을 미친다. 경제학에서 위험은 수익의 손실로 표현된다. **기술적 위험**은 상품 생산에 사용되는 장비의 고장과 관련이 있다. 예를 들어, 발전소가 고장 나면 발전회사는 시장에 에너지를 공급할 수 없게 된다. **외부 위험**은 자연재해 또는 기타 재난적인 사건으로 인한 손실을 말한다. 이 장에서 우리는 주로 **가격 위험**, 즉 예상보다 훨씬 높은 가격으로 상품을 구매해야 하거나 예상보다 훨씬 낮은 가격에 상품을 판매해야 하는 위험에 대해 다룬다.

사업을 한다는 것은 항상 어느 정도의 위험을 감수한다는 것을 의미하지만, 과도한 위험은 경제활동에 방해가 된다. 큰 손실이 발생할 가능성이 있으면, 잠재적으로 수익성 있는 사업이라 하더라도 기업이나 개인은 그 사업을 꺼려할 수밖에 없기 때문이다. 위험 자체를 줄이는 것은 위험을 관리하는 가장 기본적인 방법이다. 예를 들어, 더 나은 품질의 기계를 사용하거나 정기적으로 예방 정비를 해서 기술적 위험을 줄일 수 있다. 자연재해의 영향을 덜 받는 지역에 생산시설을 위치시키면 외부 위험을 줄일 수 있다. 거래량을 제한하면 가격 위험을 줄일 수 있다. 그러나 지난 수 세기 동안 위험관리를 위한 보다 정교한 방법들이 개발되었다. 개인 또는 기업은 위험을 다른 사람 또는 기업들과 공유(sharing)함으로써 자신들이 노출되는 위험을 줄일 수 있다. 예를 들어, 대부분의 주택 소유자는 화재로 인한 주택의 손실로부터 자신을 보호하기 위해 보험에 가입한다. 실제 화재가 발생하는 주택은 매우 적고, 대부분의 사람들은 재난적인 위험에 노출되는 것보다 정기적으로 적당한 금액을 지불하는 것을 선호하기 때문에 보험이 작동할 수 있다.

시장은 위험을 관리하는 또 다른 방법을 제공한다. 즉, 위험을 더 잘 처리할 수 있는 다른 참여자에게 위험을 이전(relocating)하는 것이다. 모든 사람의 위험을 감수하려는 의사(willingness to accept risks)가 동일하지 않기 때문에 이 방법이 가능해진다. 일부 시장 참여자는 위험 수준을 낮추는 대신 다소 낮은 이익을 기꺼이 받아들일 수 있다. 반면, 다른 참여자는 큰 위험을 감내할 수 있기 때문에 더 높은 수익을 추구할 수 있다. 또한 모든 시장 참여자들이 동일한 위험 관리 능력을 갖고 있지 않다. 예를 들어, 대규모 금융회사는 투자와 관련된 복잡한 위험을 평가하고 그 위험을 완화하는 일을 소규모 초보 투자자보다 더 잘할 수 있다. 다음 절에서는 다양한 유형의 시장을 소개하고 이들 시장을 통해 가격 위험이 어떻게 이전되는지에 대해 논의한다.

2.5 시장 유형

지금까지 우리는 시장을 균형가격의 발견을 통해 어떤 상품에 대한 수요와 공급을 일치시키는 추상적인 메커니즘으로만 다루었다. 우리는 이제 시장이 어떻게 작동하는지, 그리고 서로 다른 유형의 시장들이 서로 다른 목적들을 달성하기 위해 어떻게 작동하는지에 대해 논의할 것이다.

구매자와 판매자가 거래를 하려 할 때 상품의 품질과 수량, 가격에 대한 합의는 당연히 필요하며, 이 외에 추가적으로 세 가지 중요한 사항을 결정해야 한다.

- 상품 인도 일시
- 결제 방식
- 거래에 부가될 수 있는 모든 조건들

구매자와 판매자가 이 사항들을 어떻게 결정하느냐에 따라 그들이 체결하는 계약 유형과 그들이 참여하는 시장 유형을 정의할 수 있다.

2.5.1 현물시장

현물시장에서 판매자는 상품을 즉시 인도하고 구매자는 "그 자리에서(on the spot)" 대금을 지불한다. 상품의 인도에는 어떠한 조건도 붙지 않는다. 이는 어느 쪽 당사자도 거래를 철회할 수 없음을 의미한다. 과일과 야채 시장은 현물시장의 좋은 예이다. 당신이 오이의 품질을 확인하고 원하는 오이의 개수를 판매자에게 말하면, 판매자는 오이를 당신에게 건네주고, 당신은 표시된 가격을 지불하면 거래가 완료된다. 나중에 양상추를 먹어야겠다고 마음을 바꾸어도, 오이를 돌려주고 돈을 돌려받으려는 시도는 생각조차 할 수 없을 것이다. 표면적으로는 이러한 시장의 규칙이 너무 공식적이지 않은 것처럼 보일 수 있다. 사실, 그 이면에는 수 세기에 걸친 전통의 무게가 있다. 기름, 커피, 보리와 같은 상품이 거래되는 현대의 현물시장은 거래되는 양이 더 많고 거래자들이 전자적으로 소통하기 때문에 표면적으로는 더 정교하다. 하지만 원칙은 정확하게 동일하다.

현물시장은 즉각적이라는 장점이 있다. 생산자로서의 나는 정확하게 내가 가지고 있는 수량만큼만 판매할 수 있다. 소비자로서의 나는 내가 필요한 만큼만 구매할 수 있다. 불행히도 현물시장의 가격은 빠르게 변하는 경향이 있다. 급격한 수요 증가(또는 생산량 감소)는 가격을 폭등시킨다. 즉시 인도할 수 있는 상품의 재고가 제한되어 있기 때문이다. 마찬가지로, 생산 과잉이나 수요 감소는 가격을 하락시킨다. 현물시장은 그 상품이 미래에 얼마나 가용한지에 대한 뉴스에도 반응한다. 예를 들어, 어떤 농산물이 풍년이 날 것으로 예측되고, 충분히 많은 소비자가 올해 수확물이 시장에 나올 때까지 기다릴 수 있다면 현물가격은 급락하게 된다. 현물시장의 가격(현물가격) 변화는 본질적으로 예측할 수 없다. 왜냐하면 현물가격이 예측 가능하다면 시장참여자들이 그 가격에 맞추어 소비하거나 생산할 것이기 때문이다.[4]

---

4 (역자 주) 예를 들어, 1년 뒤의 사과 가격을 개당 100원으로 예측할 수 있다면, 1년 뒤 현물시장에는 생산 단가가 100원 이하인 모든 생산자들이 사과를 생산하여 시장에 참여할 것이다. 또한 개당 효용이 100원 이상인 소비자들만 시장에 참여하게 된다. 이때 생산량과 소비량이 일치하고, 시장에 참여한 생산자 가운데 생산 단가가 가장 높은 생산자의 생산 단가가 100원이고, 시장에 참여한 소비자 가운데 사과의 효용이 가장 낮은 소비자의 효용이 100원이라면 현물시장 가격은 예측한 대로 100원이 될 것이다. 하지만 이 세 가지 조건이 모두 만족될 가능성은 거의 없으므로 현물시장 가격은 100원보다 낮거나 높아지게 될 것이며, 현물시장 가격에 대해 1년 전에 한 예측은 틀리게 된다.

상품 가격의 크고 예측할 수 없는 변동은 이 상품의 공급자와 소비자 모두의 삶을 어렵게 만든다. 양측 모두 사업을 하고 있고, 다양한 위험에 직면해 있다. 악천후나 해충은 수확을 망칠 수 있다. 기계 고장으로 생산이 중단될 수도 있다. 파업으로 완제품의 선적이 중지될 수도 있다. 사업을 한다는 것은 어느 정도의 위험을 감수하는 것을 의미하지만, 과도한 위험은 사업을 위태롭게 한다. 따라서 대부분의 기업은 가격 위험에 대한 노출을 줄이기 위해 노력한다. 예를 들어 상품 생산자는 매우 낮은 가격에 자신의 상품을 판매해야만 하는 상황을 피하려고 한다. 마찬가지로 소비자는 필수품을 매우 높은 가격에 구매해야 하는 상황을 원하지 않는다. 현물시장에서 흔히 볼 수 있는 급격한 가격변동에 노출되는 것을 피하려는 이러한 욕구는 다음 절에서 설명할 다른 유형의 거래 및 시장의 도입으로 이어졌다.

2.5.2 선도계약과 선도시장

McDonald가 밀을 재배하는 농부라고 생각해 보자. 아직 초여름이지만 그는 수확기에 100톤을 인도할 수 있을 거라 자신한다. 반면에 그는 가격변동에 대해 매우 우려하고 있다. 그는 지금 받아들일 수 있는 수준의 가격으로 가격을 "고정"함으로써 밀 수확기에 자신이 생산한 밀을 낮은 가격에 팔아야 할지도 모른다는 걱정을 더 이상 하지 않고 싶다. 그는 이러한 거래에 동의할 사람을 찾을 수 있을까? 농부들이 밀을 낮은 가격에 판매해야만 하는 상황에 대해 걱정하는 것처럼, Pretty Good Breakfast라는 식품가공회사는 자사의 유명한 팬케이크 믹스를 만드는 데 사용하는 밀에 대해 높은 가격을 지불해야 하는 상황을 원하지 않는다. 수용 가능한 수준의 가격에 합의할 수 있다면, 몇 달 뒤에 인수할 밀에 대해 농부 McDonald와 지금 계약을 체결할 의사가 있다. 이 **선도계약**은 다음 사항들을 명시해야 한다.

- 인도/인수할 밀의 양과 질
- 인도/인수 일자
- 인도/인수 후 결제일
- 일방 당사자가 계약을 지키지 않을 경우의 위약금
- 지불할 가격

현물가격을 예측할 수 없는 몇 달 뒤의 인도가격을 농부와 식품가공회사가 어떤 기준으로 합의할 수 있을까? 양 당사자는 인도 시점에 현물가격이 얼마일지에 대한 최상의 추정치를 계산하는 것으로 시작한다. 이 추정치는 현물가격에 대한 과거 데이터와 농부와 식품가공회사가 갖고 있는 수확량, 장기 기상예측 및 수요예측 등의 정보에 기반하여 만들어진다. 많은 정보가 공개적으로 사용 가능하기 때문에 양 당사자의 해당 시점 가격 추정치는 크게 다르지 않을 것이다. 그러나 계약하기로 합의한 가격은 교섭에 있어서의 입장 차이로 인해 최상의 추정치와 다를 수 있다. 농부 McDonald가 현물시장에서 매우 낮은 가격이 나타날 가능성에 대해 크게 우려한다면, 그는 자신이 현물시장에서 기대하는 가격보다 낮은 가격에 동의할 수도 있다. 현물시장 가격에 대한 기대치와 선도계약에서 합의한 가격 간의 차이는 가격하락 위험에 대한 노출을 줄이기 위해 지불할 의사가 있는 **프리미엄**을 나타낸다. 반대로 식품가공회사가 가격상승 위험에 취약한 경우, 농부 McDonald는 현물시장 가격에 대한 기대치 이상의 프리미엄을 반영하는 가격을 이끌어 낼 수 있다.

인도 시점의 현물가격이 약정가격보다 높을 경우 선도계약은 매도자에게는 손실, 매수자에게는 이익이 된다. 반면에 현물가격이 약정가격보다 낮을 경우 선도계약은 매수자에게는 손실, 매도자에게는 이익이 된다. 이 이익 또는 손실은 현물시장에서 거래했다면 한 당사자는 더 좋은 결과를 얻을 수 있었고 다른 당사자는 더 나쁜 결과를 얻었을 것이라는 사실만을 보여 준다. 따라서 이 이익 또는 손실을 종종 "유령 이익(paper profit)" 또는 "유령 손실(paper loss)' 이라고 한다. 그럼에도 불구하고 유령 손실은 경쟁업체보다 더 나쁜 가격으로 상품을 샀거나 판매했음을 의미하기 때문에 회사의 경쟁력을 떨어뜨린다.

선도계약을 통해 양 당사자는 양측이 수용할 수 있는 가격으로 거래할 수 있으므로 가격위험을 공유할 수 있다. 수년에 걸쳐 이 두 당사자는 예상 현물가격보다 높거나 낮은 프리미엄으로 유사한 선도계약을 체결할 수 있다. 미래 현물가격에 대한 그들의 추정이 편향되지 않는다면 장기적으로 평균 현물가격과 평균 선도가격 간의 차이는 평균 프리미엄과 같아야 한다. 따라서 프리미엄을 받는 당사자는 가격위험을 감수한 대가로 보상을 받는다.

밀 사례로 돌아가서, Pretty Good Breakfast사가 매년 인도 시점에서 예상되는 밀의 현물가격보다 낮은 가격으로 농부 McDonald와 선도계약을 체결했다고 가정해 보자. 장기적으로 회사는 이러한 위험을 감수함으로써 이익을 얻을 것이다. 그러나 단기적으로 현물가격이 잘못된 방향으로 움직일 경우 일련의 큰 손실을 감내해야 할 수도 있다. 이 회사가 이러한 손실을 극복하려면 많은 적립금을 갖고 있거나, 상대방에게 상당한 프리미엄을 요구해야만 한다. 요구하는 프리미엄이 너무 크면 농부 McDonald는 Pretty Good Breakfast사와 선도계약을 체결할 가치가 없다고 판단할 수 있다. 다른 식품가공회사가 그에게 더 나은 거래를 제안할 수 있을까? 마찬가지로 Pretty Good Breakfast사는 선도계약을 체결하는 데 동의할 다른 농부를 찾아볼 것이다. 충분히 많은 수의 농민과 식품가공회사가 밀 인도 시점보다 앞선 시점에서 밀을 거래하는 데 관심이 있다면 밀 **선도시장**이 만들어질 것이다. 선도시장이 만들어지면 모든 당사자들이 더 많은 거래 파트너와 접촉할 수 있게 되고, 그들이 제시받는 가격이 합리적인지 여부를 판단하는 데에도 도움이 될 것이다.

경우에 따라서는 두 당사자가 선도계약의 모든 세부사항에 대해 협상하기를 원할 수 있다. 이 접근방식은 계약이 장기간에 걸쳐 대량의 상품을 인도하도록 설계되었거나, 특별한 조건을 논의해야 하는 경우 정당화될 수 있다. 협상에는 비용이 많이 들기 때문에 많은 선도계약이 표준화된 계약조건을 사용한다. 이와 같이 계약을 표준화하면 선도계약의 재판매가 가능해진다. 예를 들어 Pretty Good Breakfast사에서 제조한 새로운 벨기에 와플 믹스의 판매가 기대에 못 미친다고 가정해 보자. 여름이 지나면서 이 회사는 선도계약한 밀이 모두 다 필요하지 않다는 것을 알게 되었다. 남을 것으로 예상되는 밀을 현물시장에서 판매하기 위해, 계약된 인도일까지 기다리지 않고, 보유하고 있는 선도계약을 다른 식품가공회사에 재판매할 수 있다. 봄에 계약을 체결한 다른 밀 생산자들이 있을 수 있다. 여름이 지나면서 이들 중 일부는 생산할 수 있는 양을 과대평가했음을 알게 될 것이다. 계약서에 명시된 수량을 납품할 수 없는 경우 이들은 현물시장에서 밀을 구매하여 부족분을 메워야 한다. 인도일의 현물가격이 계약가격보다 유리하기를 막연히 기대하기보다는, 예상되는 부족분을 상쇄하기 위해 Pretty Good Breakfast사로부터 선도계약을 매입할 수 있다. 선도계약이 거래되는 가격은 인도일이 동일한 선도계약의 현재 시장가격이 된다. 현물가격의 변화에 대한 시장의 견해에 따라 이 재판매 가격은 원 계약자들이 합의한 가격보다 높을 수도 낮을 수도 있다.

2.5.3 선물계약과 선물시장

상품의 생산자와 소비자가 표준화된 선도계약을 사고 팔 수 있는 **2차시장**이 존재하면 당사자들은 현물가격의 변동에 대한 노출을 관리하는 데 이 시장을 활용할 수 있다. 이 시장에의 참여가 상품을 생산 또는 소비하는 기업으로만 국한될 필요는 없다. 상품을 생산하거나 실물을 인수할 수 없는 당사자도 이 시장에의 참여를 희망할 수 있다. 이러한 시장참여자들을 투기자(speculator)[5]라고 한다. 이들은 나중에 더 높은 가격에 판매할 수 있으리라는 희망을 갖고 미래 시점에서 상품을 인도한다는 계약을 구매한다. 마찬가지로 투기자는 나중에 더 낮은 가격에 다른 계약을 살 수 있으리라는 희망을 갖고 계약을 먼저 팔 수도 있다. 이러한 계약은 실물 인도로 뒷받침되지 않기 때문에 선도가 아니라 **선물계약**이라고 한다. 인도 날짜가 다가오면 투기자는 상품을 생산, 소비, 저장할 수 없기 때문에 자신의 포지션 간 균형을 맞춰야 한다.

이 시점에서, 왜 합리적인 사람이 이러한 유형의 투기에 참여하고 싶어 하는지 의문이 들 수 있다. 시장이 충분히 경쟁적이고 모든 참여자가 정보에 충분히 접근할 수 있다면, 선도가격은 현물가격에 대한 시장참여자들의 공감대를 반영할 것이다. 따라서 높은 가격에 팔기를 바라며 낮은 가격에 사는 것은 합리적인 사업전략이라기보다는 도박처럼 보일 수 있다. 어떤 투기자가 성공하려면 다른 시장참여자들보다 유리한 무엇인가를 갖고 있어야 한다. 일반적으로 다른 시장참여자보다 덜 위험회피적이라는 것이 투기자들을 유리하게 만든다. 일부 기업의 주주들은 지나치게 많거나 적은 수익이 아니라 안정적인 수익을 원한다. 이처럼 위험회피 성향을 갖는 기업

5 (역자 주) 우리 사회에서 투기자는 나쁜 의미로 사용되는 경우가 많지만, 실제 시장에서 투기자는 매우 중요한 경제적 기능을 수행하는 시장참여자이며 반드시 필요한 존재이다. 투기자는 생산자나 소비자에게 자신들이 처한 위험을 전가할 수 있는 기회를 제공한다. 또한 투기자들은 시장의 유동성을 제공하고 가격의 급격한 변동을 막아 시장의 안정성을 높이는 데 기여한다.

의 경영자는 수익을 기대보다 현저히 감소시킬 수 있는 위험에의 노출을 제한하려고 한다. 반면에 상품 투기 전문기업의 주주들은 매우 높은 수익을 기대하며, 가끔 발생할 수 있는 큰 손실도 두려워하지 않는다. 이렇듯 위험을 좋아하는 기업들의 경영자는 더 큰 이익을 확보하기 위해 큰 위험을 감수하는 데 있어 자유롭다. 위험회피 성향을 갖는 기업은 일반적으로 지금 고정된 가격을 보장받는 대가로 나중에 얻을 수 있을 것으로 예상하는 가격보다 조금 나쁜 가격을 수용한다. 반면에 투기자는 미래 가격변동이라는 위험을 부담하는 대신 더 나은 가격을 요구한다. 이 논의의 핵심은 위험을 회피하고자 하는 기업이 위험을 매수할 의사가 있는 투기자에게 보상을 한다는 것이다.

2.5.1절에서 현물시장에 대해 논의한 바와 같이, 특정 상품의 생산자와 소비자는 가격위험 외에도 다른 다양한 위험들에 노출된다. 이들 대부분은 자신들이 노출된 가격위험을 다른 당사자가 줄여 주는 데 대해 비용을 지불할 용의가 있다. 투기자는 가격위험 외의 다른 위험들은 감수하지 않으며, 충분히 긴 시간에 걸친 수익으로 손실을 상쇄할 수 있는 포지션을 취할 수 있을 만큼 큰 재원을 갖고 있다. 또한 대부분의 투기자는 하나의 상품만을 취급하지 않는다. 서로 다른 상품시장으로 거래를 분산해서 위험에 대한 노출을 더욱 줄인다. 비록 투기자가 거래를 통해 이익을 얻지만, 그들의 존재가 시장참여자 수와 다양성을 증가시키기 때문에 전체적으로 보아 시장은 그들의 활동을 통해 이득을 얻는다. 이들 투기자들 덕분에 **물리적 시장참여자**(상품을 실제 생산하거나 소비하는 자)는 거래 상대를 더 쉽게 찾을 수 있다. 이렇게 증가한 **유동성**은 시장이 어떤 상품의 가격을 발견하는 데 도움이 된다.

2.5.4 옵션

선물 및 선도 계약은 인도가 무조건적으로 이루어져야 한다는 점에서 **확정적 계약**이다. 합의된 수량을 인도할 수 없는 판매자는 모자란 수량을 현물시장에서 구매해야 한다. 마찬가지로 전체를 인수할 수 없는 구매자는 초과분을 현물시장에서 판매해야 한다. 즉, 과부족분은 인도일에 현물가격으로 청산된다.

경우에 따라서는 시장참여자가 조건부적인 인도 계약을 추구할 수 있다. 조건부 계약은 계약 보유자가 그렇게 하는 것이 이익이 된다고 판단하는 경우에만 행사된다는 것을 의미한다. 이러한 계약을 **옵션**이라고 하며 **콜옵션**과 **풋옵션** 두 종류가 있다. 콜옵션은 옵션의 보유자에게 **행사가격**이라고 하는 가격에 일정량의 상품을 구매할 수 있는 권리를 부여한다. 풋옵션은 보유자에게 행사가격에 일정량의 상품을 판매할 수 있는 권리를 부여한다. 옵션의 보유자가 계약에 따라 권리를 행사할 것인지 여부는 해당 상품의 현물가격에 따라 달라진다. 유럽식 옵션은 옵션 만기일에만 행사될 수 있는 반면, 미국식 옵션은 만기일 전 어느 때나 행사될 수 있다. 옵션 계약이 체결되면 옵션 매도자는 옵션 보유자로부터 옵션 수수료를 받게 되며, 이 옵션 수수료는 환불이 되지 않는다.

예제 2.1

6월 1일, Pretty Good Breakfast사는 농부 McDonald로부터 밀 100톤에 대해 만기일이 9월 1일이고 행사가격이 톤당 $50인 유럽식 콜옵션을 매입했다. 9월 1일, 밀의 현물가격은 톤당 $60이다. 이 회사가 현물시장에서 밀을 구매할 경우 비용은 옵션을 행사해서 지불해야 하는 비용보다 톤당 $10가 더 많다. 따라서 이 콜옵션의 가치는 100 × 10 = $1,000가 된다. 따라서 옵션은 행사되고 농부 McDonald는 100톤의 밀을 인도하고 회사는 100 × 50 = $5,000를 지불한다. 반면에 9월 1일의 현물가격이 콜옵션 행사가격보다 낮다면, 회사는 현물시장에서 밀을 더 저렴하게 구매할 수 있기 때문에 옵션은 가치가 없어지고 소멸된다.

예제 2.2

7월 1일, 농부 McDonald는 Great Northern Wheat Trading사로부터 100톤의 밀에 대한 유럽식 풋옵션을 매입하였다. 이 계약의 행사가격은 톤당 $55이고 만기일은 9월 1일이다. 만일 9월 1일 밀의 현물가격이 $60라면 농부 McDonald는 옵션을 행사하지 않고 대신 현물시장에 자신의 밀을 판매할 것이다. 반면에 현물가격이 톤당 $50라면 옵션은 100 × (55 − 50) = $500의 가치를 가지므로 옵션은 행사될 것이다.

옵션 계약을 구매하는 것은 계약의 보유자가 현물시장 가격보다 덜 유리한 가격에 상품을 거래하는 위험으로부터 스스로를 보호하는 방법이라고 볼 수 있다. 동시에 보유자는 옵션의 행사가격보다 좋은 가격에 거래할 수 있는 자유를 얻게 된다. 옵션의 판매자는 보유자를 대신해서 가격위험을 떠안는다. 옵션 계약 판매자는 가격위험을 부담한 대가로 옵션 수수료를 받는다. 옵션 구매자에게 이 옵션 수수료는 매몰비용이며 옵션의 행사 여부에는 영향을 미치지 않는다.

이 시점에서 주목해야 할 점은 일반적으로 전기에너지에 대한 옵션 계약은 거래되지 않는다는 것이다. 반면, 예비력 제공에 대한 장기 계약은 옵션 수수료와 행사가격이 모두 포함된 옵션 계약 형태로 운용되는 경우가 많다.

2.5.5 차액계약

일부 상품의 경우 생산자와 소비자는 중앙집중식 시장에서만 거래해야 한다. 양자 간 계약을 체결할 수 없기 때문에 가격위험 노출을 줄이기 위해 선도, 선물, 또는 옵션 계약을 사용할 수 없다. 이러한 상황에서 시장참여자들은 중앙집중식 시장과 병행하여 작동하는 **차액계약**을 활용한다. 차액계약에서 당사자들은 행사가격과 상품 수량에 대해 합의한다. 그런 다음 다른 시장참여자와 동일하게 중앙집중식 시장에 참여한다. 중앙집중식 시장에서 거래가 완료되면 차액계약은 다음과 같이 정산된다.

- 계약에서 합의한 행사가격이 중앙집중식 시장의 가격보다 높을 경우 구매자는 판매자에게 이 두 가격의 차액에 계약한 수량을 곱한 금액을 지불한다.
- 행사가격이 시장가격보다 낮을 경우 판매자는 구매자에게 이 두 가격의 차액에 합의한 수량

을 곱한 금액을 지불한다.

이와 같이 차액계약은 계약 당사자들이 중앙집중식 시장에 참여하면서도, 중앙집중식 시장의 가격으로부터 보호받을 수 있도록 한다. 차액계약은 동일한 행사가격의 콜옵션과 풋옵션의 조합이라고 설명할 수 있다. 시장가격이 정확히 행사가격과 일치하지 않는 한 이들 옵션 중 하나가 행사된다.

예제 2.3

Syldavia Steel사는 Syldavia의 중앙전력시장에서만 전기에너지를 구매해야 한다. 이 시장의 에너지 가격은 변동성이 크기 때문에, 가격위험에 대한 노출을 제한하기를 원하는 Syldavia Steel은 Quality Electrons Generating사와 차액계약을 체결했다. 이 계약은 1년 동안 하루 중 모든 시간에 대해 500 MW의 균일한 양과 20 $/MWh의 균일한 가격을 지정하고 있다. 특정 1 거래시간의 시장가격이 22 $/MWh라고 가정하자. Syldavia Steel은 해당 시간 동안 중앙전력시장에 22 × 500 = $11,000를 지불하고 500 MW를 구매한다. Quality Electrons는 같은 시간 동안 중앙전력시장으로부터 22 × 500 = $11,000를 받고 500 MW를 공급한다. Quality Electrons는 Syldavia Steel에 (22 − 20) × 500 = $1,000를 지불함으로써 차액계약을 정산한다. 이렇게 해서 실질적으로는 두 회사가 500 MW를 20 $/MWh에 거래한 결과가 되었다. 시장가격이 20 $/MWh 미만이었다면 계약을 정산하기 위해 Syldavia Steel이 Quality Electrons에 차액을 지불했을 것이다.

2.5.6 가격위험의 관리

대량의 상품을 생산하거나 소비하는 기업은 다른 유형의 위험들에 노출되어 있기 때문에 일반적으로 선도, 선물, 옵션, 차액 계약을 조합하여 자신의 포지션을 헤징함으로써 가격위험에 대한 노출을 줄이려고 한다. 모든 주요 상품에 대해 이러한 다양한 유형의 계약에 대한 시장이 개설되어 있다. 기업들은 일반적으로 수요 또는 생산의 예측할 수 없는 변동으로 인해 발생하는 잔여 물량만을 현물시장에서 거래한다. 따라서 현물시장에서의 거래량은 일반적으로 다른 시장의 거래량 대비 매우 적다.

현물시장의 규모는 상대적으로 작을 수 있지만 현물가격은 다른 모든 시장을 움직이는 신호이다. 현물시장은 최후에 활용할 수 있는 시장이기 때문에 현물가격은 다른 기회들을 평가하는 기준이 된다. 따라서 현물가격의 지속적인 상승은 다른 시장가격을 상승시키며 하락은 다른 시장가격을 낮춘다.

2.5.7 시장효율성

이 장의 시작 부분에서 이야기한 이론에 따르면, 두 당사자가 동일한 재화에 대해 서로 다른 가치를 부여할 경우 거래가 이루어져야 한다. 이러한 거래가 빠르고 쉽게 이루어지려면 시장에 유동성이 있어야 한다. 상품을 구매하거나 판매할 의사가 있는 시장참여자가 충분히 많을 때 유동성이 있다고 한다. 시장가격이 발견되는 메커니즘 또한 신뢰할 수 있어야 한다. 시장 상황에 대한 포괄적이고 편향되지 않은 정보를 널리 제공할 수 있는 좋은 메커니즘은 가격 발견 과정에 필수적이다. 또한 시장의 운영이 투명할수록 시장참여자들은 시장의 공정성에 더 큰 신뢰를 가질 수 있다. 마지막으로 거래와 관련된 비용(수수료, 관리비용, 시장정보 수집비용)은 각 거래가 갖는 가치 대비 적어야 한다. 거래되는 상품을 수량과 품질 측면에서 표준화할 수 있다면 이러한 거래비용은 상당히 감소한다. 이러한 기준들을 충족하는 시장을 **효율적인 시장**이라고 한다.

2.6 불완전경쟁시장

2.6.1 시장지배력

지금까지는 개별 행동으로 시장가격에 영향을 미칠 수 있는 시장참여자가 없다고 가정했다. 이 가정은 시장참여자의 수가 많고 그들 중 누구도 생산 또는 소비에서 큰 비중을 차지하지 못하는 경우에만 유효하다. 이러한 상황에서는 시장가격보다 높은 가격을 요구하는 공급자나 시장가격보다 낮은 가격을 제안하는 소비자는 바로 무시될 것이다. 다른 참여자들이 이들의 시장에 대한 기여를 대체할 수 있기 때문이다. 따라서 가격은 일군의 구매자와 일군의 판매자간 상호작용에 의해 결정된다. 모든 참여자가 가격수용자가 되는 시장을 **완전경쟁시장**이라고 한다. 완전경쟁을 달성하거나 완전경쟁에 근접하는 것은 사회 전체적인 관점에서 매우 바람직한 목표이다. 완전경쟁은 생산자의 한계비용과 소비자의 한계가치가 같아지는 것을 보장하기 때문이다. 이러한 상황은 생산자와 소비자 모두가 효율적으로 행동하도록 한다.

농산물시장은 동일 상품에 대해 소규모 생산자와 소비자가 매우 많기 때문에 완전경쟁시장의 좋은 사례가 된다. 많은 다른 재화들의 경우, 일부 생산자와 소비자가 **시장지배력**을 행사할 수 있을 만큼 충분히 큰 시장점유율을 갖고 있다. 이런 시장지배력을 갖고 있는 시장참여자를 전략적 참여자라고 한다. 아래 예제에서 볼 수 있듯이 물량을 내놓지 않거나(물리적 보류) 요구하는 가격을 올리거나(경제적 보류) 해서 가격을 조작한다.

완전경쟁시장에서 시장가격은 기업이 조정할 수 없는 매개변수이다. 완전경쟁하에서 각 기업은 자신의 한계비용이 시장가격과 같아지는 지점까지 생산량을 늘려야 한다는 결론을 식 (2.15)로부터 도출했다. 완전경쟁이 아니라면 각 기업은 자신의 생산량이 시장가격에 어떤 영향을 미칠지 고려해야 한다. 반대로 기업이 선택한 가격이 판매수량에 어떤 영향을 미칠지도 고려해야 한다. 불완전경쟁의 모델링에 대해서는 4장에서 더 구체적으로 다룰 것이다.

예제 2.4

한 회사가 개당 $1,800의 시장가격으로 어떤 부품 10개를 판매한다고 가정하자. 이때 이 부품의 판매 수익은 $18,000가 된다. 이 회사가 부품을 9개만 판매하기로 결정하고 그 결과 부품의 시장가격이 상승한다면 이 회사는 시장지배력을 가지고 있는 것이다. 만일 가격이 개당 $2,000까지 오른다면 이 회사는 더 적은 수량의 부품을 판매하면서도 동일한 수익을 얻을 수 있다. 또한 10개가 아닌 9개를 생산하는 비용만 들기 때문에 이익은 더 커진다.

생산을 보류하지 않고 부품 10개를 생산해서 9개는 개당 $1,800의 가격으로 시장에 내놓고, 마지막 1개는 팔리기만 하면 더 많은 이익을 얻을 수 있다는 기대를 갖고 더 높은 가격에 내놓을 수도 있다.

2.6.2 독점

특정 산업부문의 기업의 **최소효율규모**(Minimum Efficient Size, MES)를 알면 이 산업부문의 상품시장에 존재하는 경쟁자의 수를 대략적으로 알 수 있다. 최소효율규모는 해당 산업의 전형적인 기업이 평균비용을 최소화할 수 있는 생산 수준과 같다. 이 곡선의 모양은 재화를 생산하는 데 사용되는 기술에 따라 달라진다. 그림 2.23a에서와 같이 최소평균비용에서 상품에 대한 수요보다 최소효율규모가 훨씬 작다면 시장은 더 많은 수의 경쟁자를 감당할 수 있을 것이다. 반면에 그림 2.23b에서와 같이 최소효율규모가 수요와 비슷하다면 시장에서 2개 이상의 기업이 이익을 얻는 것이 불가능하기 때문에 시장은 독점 상황으로 나아가게 된다.

기회가 주어진다면 독점기업은 생산량을 줄이고 가격을 한계생산비용 이상으로 인상하여 이익을 극대화할 것이다. 사회 전체적인 관점에서 볼 때 이러한 상황은 바람직하지 않다. 소비자는 경쟁시장에서 구매하는 것보다 더 적은 상품을 구매할 수밖에 없기 때문이다. 이 문제를 해결하는 한 가지 방법은 규제기관을 설립해서 생산자의 활동을 감시하고 가격을 수용 가능한 수준으로 설정하는 것이다. 이상적으로는 규제기관이 책정하는 가격이 독점기업의 한계생산비용과 같아야 한다. 규제기관은 독점기업과 동일한 양의 정보에 접근할 수 없기 때문에, 규제기관이 한계비용을 파악하기는 쉽지 않다. 규제기관이 한계생산비용을 정확하게 파악하는 데 성공한다 하더라도 한계생산비용으로 가격을 책정하지 못할 수도 있다. 그 가격으로 책정하면 해당 독점기

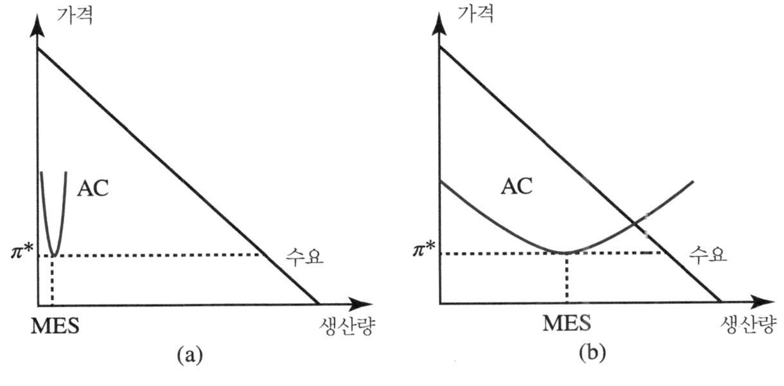

그림 2.23 최소효율규모의 개념: (a) 경쟁시장; (b) 독점상황

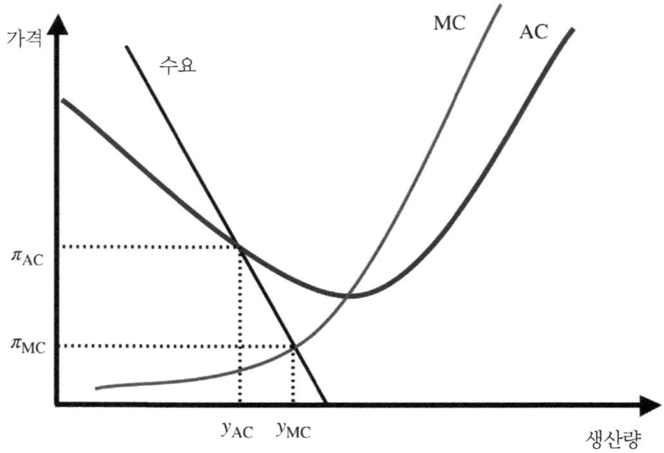

그림 2.24 자연독점에서의 공정가격 설정

업이 파산할 수도 있기 때문이다. 예를 들어 그림 2.24의 경우 수요곡선과 한계비용곡선의 교차점에서 가격은 평균생산비용보다 낮은 π_{MC}가 된다. 독점기업이 사업을 포기하는 것을 막기 위해서는, 규제기관은 적어도 수요곡선과 평균비용곡선 AC의 교차점에 의해 주어진 값 π_{AC} 이상으로 가격을 설정해야 한다. 이러한 상황을 **자연독점**이라고 한다. 자연독점은 상품을 생산하는 데 고정비용이 크고 변동비용이 상대적으로 작을 때 발생한다. 전기에너지의 송전, 배전 사업은 자연독점의 매우 좋은 예이다.

2.7 연습문제

2.1 한 제조업체가 어떤 상품을 제작하는 데 드는 변동비용을 다음 식으로 추정한다.

$$C(q) = 25\ q^2 + 2000\ q\ (\$)$$

여기서 C는 총 비용이고 q는 생산량이다.

a 한계생산비용에 대한 식을 유도하라.

b 이 상품을 한계비용으로 판매할 경우 수익과 이익에 대한 식을 유도하라.

2.2 어떤 상품 유형에 대한 소비자 그룹의 역수요함수는 다음과 같다.

$$\pi = -10q + 2000\ (\$)$$

여기서 q는 수요이고 π는 이 제품의 단위가격이다.

a 소비자의 최대 소비량을 구하라.

b 어떤 소비자도 이 상품을 구입하기 위해 지불하지 않을 가격을 구하라.

c 순 소비자 잉여의 최댓값을 구하라. 소비자가 이 최대 잉여를 실현할 수 없는 이유를 설명하라.

d 가격 π가 1,000 \$/단위일 때 소비량, 소비자의 총 잉여, 생산자의 수입, 소비자의 순 잉여를 계산하라.

e 가격 π가 20% 증가했을 때 생산자가 얻는 수입의 변화와 소비량의 변화를 계산하라.

f 가격 π가 1,000 \$/단위일 때 이 상품과 이 소비자 그룹에 대한 수요의 가격탄력성을 구하라.

g 총 소비자 잉여와 순 소비자 잉여를 수요에 대한 함수로 표현하라. 문제 d의 결과를 사용하여 이 식을 확인하라.

h 순 소비자 잉여와 총 소비자 잉여를 가격에 대한 함수로 표현하라. 문제 d의 결과를 사용하여 이 식을 확인하라.

2.3 경제학자들이 어떤 상품시장의 공급함수를 다음과 같이 추정한다.

$$q = 0.2 \cdot \pi - 40$$

a 수요가 문제 2.2에 정의된 것과 같을 때 시장균형에서의 수요와 가격을 계산하라.

b 이 균형에서 소비자의 총 잉여, 소비자의 순 잉여, 생산자의 수입, 생산자의 이익, 전체 후생을 계산하라.

2.4 다음과 같은 시장개입이 문제 2.3의 시장균형에 미치는 영향을 계산하라.

a 단위 상품당 최소 가격 \$900

b 단위 상품당 최고 가격 \$600

c 단위 상품당 \$450의 판매세 부과

각각의 경우에 시장가격, 거래량, 소비자의 순 잉여, 생산자의 이익, 전체후생을 계산하라. 그림을 사용하여 계산한 값을 설명하라. 문제 2.3의 결과와 비교하여 사중손실을 계산하라. 결과를 표로 정리하고 간략하게 논하라.

2.5 어떤 상품에 대한 수요곡선은 다음 식으로 추정된다.

$$q = 200 - \pi$$

수요가 0, 50, 100, 150, 200으로 주어질 때, 개별 수요 값에서의 가격과 수요의 가격탄력성을 계산하라.

수요곡선이 다음과 같이 주어질 때, 개별 수요 값에서의 가격과 수요의 가격탄력성을 계산하라.

$$q = \frac{10\,000}{\pi}$$

2.6 수직통합 전력회사들은 소비자들의 전기 소비를 첨두부하 시간대에서 경부하 시간대로 이전하기 위해 이부요금제를 사용하는 경우가 많다. 첨두부하 시간대의 전기에너지 소비와 경부하 시간대의 전기에너지 소비는 대체재 관계에 있다고 볼 수 있다. 아래 표는 Southern Antarctica Power and Light사가 이부요금제를 실험한 결과를 요약한 것이다. 이 결과를 이용하여 각 시간대에서 전기에너지 수요의 탄력성과 교차탄력성을 추정하라.

	첨두부하 시간대 가격 π_1 (\$/MWh)	경부하 시간대 가격 π_2 (\$/MWh)	첨두부하 시간대 평균 수요 D_1 (MWh)	경부하 시간대 평균 수요 D_2 (MWh)
기준 케이스	0.08	0.06	1000	500
실험 1	0.08	0.05	992	509
실험 2	0.09	0.06	985	510

2.7 평균생산비용을 최소화하는 생산량 값에서 한계생산비용과 평균생산비용이 같음을 증명하라.

2.8 한 부품생산 기업의 단기 비용함수는 다음과 같다.

$$C(y) = 10y^2 + 200y + 100\,000$$

a 부품 1개당 $2,400에 판매할 수 있는 경우, 이익을 얻을 수 있는 생산량의 범위를 계산하라. 이익을 최대화하는 생산량을 구하라.

b 단기 비용함수가 다음과 같이 주어질 때 위의 계산을 반복하고 결과를 설명하라.

$$C(y) = 10y^2 + 200y + 200\,000$$

2.9 Pretty Good Breakfast사는 새로운 아침식사용 음료 라인을 출시할 예정이다. 현물시장 가격에 대한 노출을 줄이기 위해 이 기업은 냉동 농축 오렌지 주스 150,000파운드에 대한 콜옵션을 매수했다(http://www.investopedia.com/university/commodities/commodities14.asp). 이 콜옵션의 옵션 수수료는 $3,000이고 행사가격은 $1.1515/lb이다. 만기일의 현물가격이 다음과 같은 경우 이 의사결정에 따른 결과에 대해 논하라.

a $1.10/lb

b $1.20/lb

c $1.1715/lb

2.10 Amazing Steel사는 전기에너지 소비자이고 Borduria Power사는 발전회사이다. Borduria 전력시장의 가격변동으로부터 자신을 보호하기 위해 이들 회사는 100 MWh를 10

\$/MWh에 매매하는 차액계약을 체결했다. Borduria 전력시장의 전기에너지 가격이 다음과 같을 때 어떤 결과가 나타나는지 논하라.

a 10 \$/MWh

b 9 \$/MWh

c 12 \$/MWh

2.11 한 투기자가 인도일이 3개월 후인 밀 1,000톤을 톤당 100달러어 구입했다. 그녀는 이 밀을 더 높은 가격에 재판매하여 이익을 내고자 한다. 그녀의 분석에 따르면 인도 시점의 밀 가격은 톤당 최저 \$80에서 최고 \$130에 걸쳐 균일한 확률분포를 따른다.[6] 그녀는 밀 가격 하락으로 인한 손실을 우려하고 있으며 손실을 제한하기 위해 풋옵션 구매를 고려하고 있다.

a 잠재적 손실을 \$10,000로 제한하려면 이 풋옵션의 행사가격이 얼마가 되어야 하는가? (이 계산에서 옵션 수수료는 고려하지 않는다.)

b 그녀가 이 옵션을 사지 않을 경우 그녀의 기대이익은 얼마인가?

c 밀 1톤당 \$1.50의 수수료를 지불하고 이 옵션을 구매하면 기대이익은 얼마인가?

d 상기 계산 결과들에 대해 논하라.

2.12 경제학자들은 Borduria 전력시장에서 전기에너지 생산의 변동비용을 다음과 같이 추정한다.

$$C(Q) = 20\,000 + 500Q + 10Q^2 + 0.001e^{(Q-85)}(\$)$$

여기서 Q의 단위는 MWh이다.

또한 그들은 전기 수요곡선이 다음과 같다고 추정한다.

최대 부하 시간: $Q = 110 - 0.0025\pi$(MWh)

최소 부하 시간: $Q = 50 - 0.002$(MWh)

여기서 π는 \$/MWh 단위로 표시된 가격이다.

최소 및 최대 부하 시간에서 시장균형에 이르렀을 때 다음 값을 구하다.

a 거래량

b 시장가격

c 생산자들이 얻은 수익

d 모든 생산자의 총 변동생산비용

e 생산자들이 얻은 경제적 이익

6 이 가정이 현실적이지는 않다. 그러나 더 현실적인 확률분포를 가정하면 계산이 너무 복잡하게 된다.

f 총 소비자 잉여

g 수요의 가격탄력성

2.13 Syldavia는 전기 공급부문에 경쟁 도입을 고려하고 있다. 정부의 경제학자들은 전기에너지의 발전비용을 다음 식과 같이 추정한다.

$$C = 1.5\,Q^2 + 100\,Q$$

여기서 Q는 생산량(MWh)이고 C는 총 비용($)이다.

그들은 또한 첨두부하 시간의 수요곡선을 다음 식과 같이 추정한다.

$$P = -20\,D + 4000$$

여기서 D는 수요(MWh)이고 P는 가격($/MWh)이다.

a 공급곡선을 그려라.

b 첨두부하 시간에서 시장이 청산되는 가격과 수량을 계산하라.

c 균형에서 수요탄력성을 계산하라.

d 소비자의 총 잉여와 순 잉여를 계산하라.

e 생산자의 수익과 경제적 이익을 계산하라.

f Syldavia 정부는 발전기에서 생산된 전력 1 MWh당 $20.00의 세금을 부과하는 방안을 고려하고 있다. 이 세금을 부과함으로써 첨두부하 시간에 정부가 얻는 수입과 전체후생에 미치는 영향을 계산하라.

g Syldavia 정부는 생산된 전력 1 MWh당 $20.00의 세금을 부과할 것을 고려하고 있다. 발전소가 이 세금을 소비자에게 완전히 전가한다고 가정할 때, 이 세금을 부과함으로써 첨두부하 시간에 정부가 얻는 수입과 전체후생에 미치는 영향을 계산하라.

소수점 이하 두 자리까지 계산하라.

2.14 계약의 주요 특징은 무엇인가?

2.15 현물계약, 선도계약, 선물계약, 옵션계약의 특징을 간략히 설명하라.

2.16 간단한 예를 사용하여 양방향 차액계약이 어떻게 작동하는지 설명하라.

2.17 가격 π(¢/kWh)의 함수로서 주어진, 소비자의 구매 수량 Q(kWh)로 표시된 특정 기간에서의 수요곡선이 다음 식과 같다.

$$\pi = -0.01\,Q + 5$$

a π = 3.5 ¢/kWh에서 소비량, 순 소비자 잉여, 소비자의 지불금액, 공급자의 수익을 계산하라.

b 생산자가 가격을 10% 인상하기로 결정했을 때 소비의 감소량과 생산자의 수익 증가량을 구하라.

c 이때 수요의 가격탄력성은 얼마인가?

문제 a에서 고려된 기간에 생산비용이 다음과 같이 주어졌을 때

$$C = 0.0075Q^2 + 1.3Q$$

d 한계비용의 식을 구하고, 사회후생이 최대화되는 균형가격과 수요를 구하라.

e 균형점에서 생산자 수익, 이익 및 평균비용을 계산하라.

2.18 경제학자들은 전력시장에서 전기에너지 생산의 변동비용을 다음과 같다고 추정한다.

$Q \leq 90\,\mathrm{MWh}$일 때 $C(Q) = 20\,000 + 500Q + 10Q^2(\$)$
$Q \geq 90\,\mathrm{MWh}$일 때 $C(Q) = 141\,400 + 287.5(Q - 86)^2(\$)$

그들은 또한 전기의 수요곡선이 다음과 같다고 추정한다.

최대 부하 시간: $Q = 100 - 0.00125\pi(\mathrm{MWh})$
최소 부하 시간: $Q = 55 - 0.001\pi(\mathrm{MWh})$

여기서 π는 \$/MWh 단위로 표시된 가격이다.

이 시장의 수요와 공급 곡선을 그려라.

최소 및 최대 부하 시간에 대해 시장균형에서 다음 값을 구하라.

a 거래량

b 시장가격

c 생산자가 얻은 수익

d 모든 생산자의 총 변동생산비용

e 생산자들이 얻은 경제적 이익

f 수요의 가격탄력성

g 공급의 가격탄력성

2.19 특정 상품에 대한 수요는 다음 수요곡선을 따른다.

$$\pi(Q) = a - bQ$$

이 상품에 대한 독점 공급자가 있고, 이 상품을 생산하는 데 드는 비용은 다음과 같다고 가정하자.

$$C(Q) = d + cQ$$

독점 공급자가 이익을 극대화하려면 이 상품을 얼마만큼 생산해야 하는지 계산하라. 이 시장이 완전경쟁시장이고 동일한 총 생산비용 곡선을 갖는다면 거래될 수량과 비교하라.

2.20 Borduria Power는 발전사업자이고 Syldavia Electricity는 판매사업자이다. 이 두 회사는 전력공급을 위한 장기 계약을 협상 중이며, 두 회사 모두 계약기간 동안 평균 현물가격을 20.00 \$/MWh로 예상하고 있다. Borduria Power가 Syldavia Electricity보다 위험을 회피하고자 하는 성향이 덜한 경우, 이들 간 협상 결과로 나타날 가능성이 높은 가격은 얼마인가?

a 21.00 \$/MWh

b 20.00 \$/MWh

c 19.00 \$/MWh

이 두 회사는 반드시 Southern Antarctica Power Pool을 통해 물리적 거래를 해야 한다. 하지만 이 두 회사는 100 MWh를 20.00 \$/MWh에 매매하는 양방향 차액계약을 체결했다. 모든 일이 계획대로 된다면, Southern Antarctica Power Pool의 가격이 23.00 \$/MWh일 때 거래가 어떻게 정산되는지 설명하라.

보충자료

미시경제학을 더 깊이 공부하고자 하는 독자는 매우 다양한 미시경제학 교과서들을 찾아볼 수 있을 것이다. 이들 교과서 대부분은 수준은 다를지라도 동일한 주제들을 다룬다. 공학자들에게는 입문용 교과서가 답답하게 느껴질 수 있다. 독자가 미적분을 모른다고 전제하다 보니 설명이 길고 장황하기 때문이다. Varian(2014) 같은 중급 수준의 교과서가 더 나은 선택지일 수 있다. 이 주제에 대한 더욱 엄밀하고 수학적인 접근은 Gravelle과 Rees(2007)에서 찾을 수 있다. Tirole(1988)은 기업이론을 상당히 깊이 있게 분석한다. Hunt와 Shuttleworth(1996)는 다양한 유형의 계약을 매우 쉽게 소개한다. Kirschen 등(2000)은 탄력성의 개념이 전력시장에 어떻게 적용되는가를 다룬다. 다양한 유형의 시장이 작동하는 방식과 이러한 시장에서 거래하여 돈을 버는(또는 잃는) 방법에 대한 풍부한 정보는 https://www.investopedia.com/dictionary/에서 찾을 수 있다.

Gravelle, H. and Rees, R. (2007). *Microeconomics*, 4e. Pearson Education.

Hunt, S. and Shuttleworth, G. (1996). *Competition and Choice in Electricity*. Wiley.

Kirschen, D.S., Strbac, G., Cumperayot, P., and Mendes, D.P. (2000). Factoring the elasticity of demand in electricity prices. *IEEE Trans. Power Syst.* 15 (2): 612–617.

Tirole, J. (1988). *The Theory of Industrial Organization*. MIT Press.

Varian, H.R. (2014). *Intermediate Microeconomics: A Modern Approach*, 9e. W. W. Norton.

3
전기에너지 시장 Markets for Electrical Energy

3.1 1메가와트시 전기에너지와 1배럴 원유의 차이는 무엇인가?

전력시장의 성장은 전기에너지가 재화처럼 취급될 수 있다는 전제에 기초하고 있다. 그러나 부셸(bushel) 단위의 밀, 배럴(barrel) 단위의 원유, 또는 심지어 입방미터 단위의 가스와 같은 재화들과 전기에너지 사이에는 중대한 차이가 존재한다. 이 차이점들이 전력시장의 구성 및 규칙에 심대한 영향을 미친다.

가장 근원적인 차이점들은 전기에너지 공급과 물리적 시스템이 불가분의 관계이며, 전기에너지 전송이 일괄적이 아닌 연속적으로 발생한다는 것이다. 이러한 물리적 전력계통에서 발전기들, 소비자들, 그리고 그들을 연계해 주는 전송선로는 상호의존적이며 완전히 독립적인 개체로 취급될 수는 없다. 특히 공급과 수요는—발전과 부하는—매초 단위로 균형이 이루어져야 한다. 이러한 균형이 유지되지 않거나 송전망 용량이 초과된다면 시스템은 파국을 초래하며 붕괴된다. 이러한 고장은 비단 거래만 중단되는 것이 아니라는 점에서 감내하기 어렵다. 완전 붕괴 이후 전력계통을 정상 동작으로 복구하는 것은 규모가 큰 산업 국가들에서는 24시간 이상 소요되는 복잡한 과정이기 때문에 전 지역, 즉 국가 전체에 수 시간 동안 전력공급이 중단될 수도 있다. 이러한 광역 정전의 사회적 · 경제적 손실은 매우 커서 어떠한 합리적 정부도 대규모 공급 지장의 가능성을 급증시킬 우려가 있는 시장 체계의 이행에 동조하지는 않을 것이다. 그러므로 전기에너지의 단기 수급균형은 단순히 시장과 같은 책임질 필요가 없는 개체에 맡길 수는 없는 과정이다. 단일 기관이 사실상 무슨 일이 있어도 이러한 수급균형을 궁극적으로 책임져야 한다.

중요하기는 하지만 다소 덜 근본적인, 전기에너지와 타 재화들 사이의 또 다른 차이점은 하나의 발전기에서 생산된 에너지가 특정 소비자에게 전달될 수는 없다는 것이다. 역으로 어떤 소비자도 단지 하나의 발전기에서만 에너지를 공급받을 수는 없다. 대신어 모든 발전기들이 생산한 전력은 취합되어 부하들에 공급된다. 서로 다른 발전기들에 의해 생산된 전기에너지의 구별이 불가능하기 때문에 이러한 취합(pooling)이 가능하다. 또한 취합은 의미심장한 규모의 경제성을 창출하기 때문에 바람직하다. 최대 발전설비 용량은 개별 최대수요의 합이 아닌 최대 총 수요(aggregated demand)에 상응해야 한다. 한편, 재화가 취합되는 시스템에서의 고장은 특정 거래 당사자만이 아닌 전체 모두에게 영향을 미친다.

마지막으로, 전기에너지 수요는 예측 가능한 일별, 주별 주기적 변동을 보여 준다. 전기는 주기적 수요를 갖는 유일한 재화는 아니다. 간단한 예를 들면, 커피 소비는 낮은 수요의 시간대들에 의해 구분되는 매일 두서너 번의 다소 급격한 최대치를 보여 준다. 그러나 커피 거래는 소비자들이 고체 또는 액체 형태로 쉽게 저장할 수 있기 때문에 특별한 체계를 필요로 하지는 않는다. 반면에 전기에너지는 생산과 동시에 소비가 이루어져야 한다. 전기에너지의 경우, 수요의 단기 가격탄력성이 매우 작기 때문에 수급균형을 위해서 하루 동안 발생하는 소비의 크고 급격한 변화를 추종할 수 있는 생산설비가 필요하다. 그러나 이러한 발전기들 모두가 하루 내내 가동되는 것은 아니다. 경부하일 때는 가장 효율적인 발전기들이 경쟁우위에 있을 것이고, 다른 발전기들은 일시적으로 정지될 것이다. 그 밖에 저효율 발전기들은 최대수요를 담당하기 위해서만 필요하다. 수요의 증감에 따라 한계발전기가 변화하므로, 전기에너지 생산에 따른 한계비용(결국 전기에너지 현물가격)의 일간 변동을 예상해야 한다. 재화의 비용 및 가격 측면에서 이러한 순간적인 주기적 변동은 매우 이례적인 것이다.

가스 거래 역시 재화가 취합되는 물리적 네트워크상에서 발생하고 수요가 주기적이라고 일견 주장할 수 있을 것이다. 그러나 송유관은 가압 기체의 형태로 상당한 양의 에너지를 저장한다. 그러므로 장시간 가스의 수급불균형에 의해서만 송유관 네트워크 붕괴를 유발하게 된다. 따라서 시장 체계를 통해서 해결 가능하다. 다른 한편으로 전력계통에서 실제 저장되어 기꺼이 가용한 유일한 에너지는 동기발전기들의 회전 질량에 내재되어 있다. 이러한 저장된 운동에너지는 매우 작기 때문에 갑작스러운 발전전력의 부족은 운동에너지를 매우 급속도로 소진하게 되어 종국에는 시장 체계에 의해서 신속하게 회복되기 어려운 주파수 저하를 야기한다.

전력시장에 대한 연구의 첫 단계로서 모든 발전기와 부하는 동일 모선에 접속되어 있거나 또는 무한 용량의 무손실 전력망을 통해 연계되어 있다고 가정한다. 그러므로 우선 전기에너지 거래에 초점을 맞출 것이다. 5장에서 송전망이 이러한 전력거래에 어떤 영향을 미칠 것인지에 대해서 논의하고, 6장에서는 안정적인 운영과 그에 따른 신뢰도를 유지할 필요성이 전력시장 설계에 어떻게 반영될 것인지에 대해서 검토할 것이다.

3.2 거래 주기

모든 기술자가 주지하다시피 전기는 전압, 전류, 전력, 에너지와 같은 몇 가지 물리적 변수에 의해서 완전히 규명된다. 이 모든 것들이 시스템 운영에 있어서 중요하지만, 거래 가능한 재화를 가장 잘 정의하는 물리량은 분명 공급 에너지이다. 소비자에게도 소비 에너지 양은 그들이 전기 소비를 통해 취득하는 가치와 가장 밀접하게 관련된 변수이다. 발전기에서 발전비용은 발전 에너지 양과 직접 관련되어 있다.

그러나 전력계통이라는 용어는 그것이 연속적으로 에너지, 다시 말해 전력을 공급하기 위해 설계되었다는 사실에 기인한다. 엄밀하게 말하면, 그러므로 전기는 에너지의 관점이 아닌 오히려 특정 시간 주기에 걸친 전력의 관점에서 거래되고 있다. 이것은 줄(joule)보다는 킬로와트시(kWh)를 활용하여 전력망을 흐르는 전기에너지 양을 계량화한다는 사실에 투영되어 있다.

따라서 전력시장을 설계하는 작업은 거래 주기로 사용할 시간간격을 선정하는 것과 관련된다. 그런 다음 매 시간간격마다 전력을 적분함으로써 전력은 거래 가능한 에너지로 해석된다. 이것을 다른 측면에서 볼 때, 주어진 시간 주기에 걸쳐 거래되는 특정 에너지 양은 해당 시간간격 동안 일정한(즉, 평균) 전력으로 전송된다고 할 수 있다. 매 거래 주기마다 물리적 및 시장 상황이 불변이라고 가정하기 때문에 매 거래 주기의 에너지 가격 역시 일정하다고 할 수 있다.

짧은 시간간격(예를 들어 5분)을 채택한다면, 실제 발전 또는 소비 전력이 매 거래 주기에 걸친 평균값으로부터 크게 차이가 나지 않을 것이기 때문에 거래는 물리적 시스템의 순시 조건들을 보다 정확하게 반영한다. 이것은 재생에너지원이 야기할 수 있는 공급의 빠르고 예상치 못한 변동 때문에 풍력 또는 태양광 발전량이 많은 시스템에서 특히 중요하다.

그러나 많은 짧은 시간간격들에 걸친 거래가 반드시 실용적인 것은 아니다. 예를 들어 발전회사가 수 시간 동안 대량의 전력을 생산할 수 있거나 판매회사가 일정한 기저부하를 공급해야 한다면, 그 회사들은 아마도 5분 간격으로 거래하는 것을 원하지 않을 것이다. 오히려 훨씬 긴 시간 주기에 걸친 고정된 양과 가격에 동조할 것이다. 왜냐하면 그것이 그들의 사업리스크를 낮추기 때문이다. 특히 대형 화력발전기를 가동하기에 앞서 발전회사는 이 발전기가 기동비용을 회수할 정도로 장시간 운전되고 기술적 운전 제약조건들을 준수할 것이라는 확신을 바랄 것이다.[1]

이러한 난관을 해소하기 위해 전력거래는 혁신적인 짧은 거래주기들을 갖는 선도시장의 연속 반복과 현물시장에서 이루어진다. 선도시장은 긴 시간 주기에 걸친 대량 에너지 거래를 다룬다. 그것들은 더디게 운영되고 인도 주기("실시간"이라고도 함) 시작 시점에 비해 훨씬 앞서 폐장된다. 보다 짧은 시간 주기 동안 소량의 에너지를 인도하기 위한 시장들은 훨씬 기민하게 운영되고 따라서 실시간에 근접한 시점까지 운영될 수 있다. 현물시장은 최후의 보루인 시장이며 따라서 최대한 실시간에 가까운 시점까지 운영된다. 이것은 통상적으로 전체 에너지 필요량의 극히 일부에 국한된 양만을 취급한다. 이러한 구성은 시장참여자들이 자신들의 리스크를 관리할 수 있도록 할 뿐만 아니라 시스템 운영상의 신뢰도에 영향을 줄 수 있는 상태를 진단할 수 있는 시간적 여유를 시스템 운영자에게 제공한다. 다음 절에서 전기에너지에 적합한 선도시장의 다양한 형태에 대해서 검토해 본다. 그리고 나서 현물시장의 필요성과 기타 재화의 현물시장과의 차이점을 분석해 본다. 후속 장들에서는 신뢰도 요구사항들을 충족하기 위해 다련된 계통 운영

1 주택용 수용가들의 전기요금 청구는 보다 긴 거래 주기의 또 다른 바람직한 사례이다. 최근까지 전기계량기는 한달 동안 소비된 전력의 기계적 적산을 이행했고, 소비자들에게는 해당 월에 적용 중인 소매가격에 기반하여 전기요금이 청구되었다. 한 달의 거래 주기는 거래비용(대체로 수동 검침 비용)을 합리적 수준으로 유지했고, 주택용 수용가들을 단기의 예측불허의 수급 변동으로부터 완전히 보호했다. 자동원격검침이 가능한 "지능형" 계량기 보급은 전기에너지의 소매거래가 보다 정확하게 실시간 상황을 반영한 가격에 의해 실현될 수 있는 기회를 제공한다.

보조 서비스들을 위한 시장, 발전설비 용량, 송전용량 등에 대해서 살펴본다.

3.3 선도시장

선도시장은 일반적으로 상당히 많은 수의 구매 입찰과 판매 입찰을 포함한다. 시간 경과에 따라 참여자들 사이에 반복된 상호작용은 결과적으로 쌍방거래를 유도하면서 시장을 청산한다. 전기에너지 대상의 다수 선도시장들은 이러한 분산형 모델에 기초하지만, 기타 선도시장들은 시장 균형을 단번에 결정하기 위해 참여자들의 구매 입찰과 판매 입찰을 함께 고려하는 중앙집중식을 채택한다.

3.3.1 쌍방 또는 분산형 거래

가용 시간 및 거래량에 따라서 구매자와 판매자는 다른 형태의 쌍방거래를 활용한다.

맞춤형 장기계약(Customized long-term contract): 양 당사자 간의 요구사항 및 목적을 충족하기 위해 이들 계약의 약관은 내밀하게 협의되고 따라서 매우 유동적이다. 대체로 장기(수개월에서 수년)에 걸친 대량의 전력(수백 내지 수천 MW) 판매와 관련된다. 이러한 계약 협상은 상당 수준의 거래비용을 초래하게 되어 당사자들이 대량의 에너지 거래를 희망할 때만 그것들이 가치가 있다. 예를 들면, 신규 발전소 건설을 계획하고 있는 발전회사가 이 사업에 소요되는 자금을 조달할 목적으로 해당 발전소 예상 출력의 상당 부분을 판매할 방안을 종종 마련해야 할 것이다. 그것이 수년에 걸쳐 기저부하용 적정가격을 대형 판매회사들에 보장한다면, 그들은 이러한 계약의 당사자가 되는 데 관심을 가질지도 모른다.

"장외시장" 거래(Trading "over the counter"): 이러한 거래들은 표준 양식, 즉 다양한 일간 · 주간 주기에 걸쳐 인도 · 인수되는 에너지에 대한 표준화된 정의에 따라 보다 적은 양의 에너지 전송에 관여한다. 이 형태의 거래는 훨씬 저렴한 거래비용이 소요되고 납기일이 가까워질수록 생산자와 소비자가 자신들의 포지션을 재정비하는 데 활용된다.

전자거래(Electronic trading): 참여자들은 판매 입찰 또는 구매 입찰을 공지하기 위해 전자거래 플랫폼을 사용한다. 이러한 전산화된 시장에서의 모든 참여자들은 타 참여자들이 제출한 물량과 가격을 확인할 수 있으나, 개별 구매 입찰 또는 판매 입찰을 제출한 당사자의 신원을 인지하지는 못한다. 참여자가 신규 구매 입찰에 참여하게 되면, 거래 지원용 소프트웨어는 희망 인수 시점에 부합하는 판매 입찰을 검색한다. 만약 구매 입찰 가격 이하에 해당하는 입찰 가격을 제출한 판매 입찰을 찾게 되면, 자동으로 계약이 체결되고 모든 참여자들이 확인할 수 있도록 가격 및 물량이 표시된다. 만약 찾지 못한다면, 새로운 구매 입찰은 미체결 구매 입찰 목록에 추가되어 부합되는 판매 입찰을 찾게 되거나 이 입찰이 철회될 때까지 목록에 남게 된다. 신규 판매 입찰이 시스템에 입력되는 경우도 유사 절차로 진행된다. 발전회사 및 판매회사는 인도 · 인수 시점에 앞서 자신들의 포지션을 미세조정하고자 하기 때문에 시장 폐장 전 몇 분, 몇 초 사이에 엄청난 양의 거래 활동이 때때로 발생한다. 이러한 형태의 거래는 매우 신속하고 저렴하다.

쌍방거래의 본질적인 특징은 개별 거래의 가격은 이해당사자들에 의해서 독립적으로 결정된다는 것이다. 그러므로 어떠한 "공식적인" 가격은 없으며, 거래는 "분산화"되어 있다고 규정할 수 있다. 협상된 장기계약의 세부사항은 통상 대외비에 해당하지만, 독립 보고 기관은 장외시장 거래에 대한 익명의 정보를 수집하고 관련 당사자들의 신원은 노출하지 않은 채로 가격 및 물량에 관한 요약 정보를 공시한다. 이러한 형태의 시장 보고 및 전산화된 시장에서 처리된 최종 거래의 게시는 참여자들에게 시장의 상황 및 방향성에 관한 명확한 지침을 제공함으로써 전력거래의 효율성을 도모하게 된다.

예제 3.1

Borduria Power는 쌍방계약 기반으로 운영되는 Borduria 전력시장에서 거래하고 있다. 이 회사는 표 3.1에 제시된 특성을 갖는 3기의 발전기를 보유하고 있다. 요컨대 운전 범위 내에서 이들 발전기들의 한계비용은 일정하다고 가정한다. 높은 기동비용으로 인해 Borduria Power는 발전기 A는 상시 운전하며, 발전기 B는 주간 시간대에 가동하여 최대로 발전하고자 한다. 발전기 C의 기동비용은 무시할 수준이다.

표 3.1 예제 3.1의 발전기 특성

발전기	유형	최소출력(MW)	최대출력(MW)	한계비용($/MWh)
A	대형석탄	100	500	10.0
B	중형석탄	50	200	13.0
C	가스터빈	0	50	17.0

6월 11일 오후 2시부터 3시까지의 거래 주기 동안에 Borduria Power의 계약 포지션에 주목하자. 표 3.2에서 알 수 있듯이, Borduria Power는 이 거래 주기에 해당하는 2건의 장기계약과 3건의 장외시장 거래를 체결했다.

표 3.2 Borduria Power의 계약 포지션

유형	계약일	구매자	판매자	양 (MWh)	가격 ($/MWh)
장기계약	1월 10일	Cheapo Energy	Borduria Power	200	12.5
장기계약	2월 7일	Borduria Steel	Borduria Power	250	12.8
장외거래	4월 7일	Quality Electrons	Borduria Power	100	14.0
장외거래	5월 31일	Borduria Power	Perfect Power	30	13.5
장외거래	6월 8일	Cheapo Energy	Borduria Power	50	13.8

Borduria Power는 판매한 에너지의 일부를 재구매하여 차익을 남기는 방식으로 선도시장에서의 가격 변동성을 활용했다는 사실에 유념하자. 6월 11일 오전 나절에 Borduria Power에서 근무 중인 거래 담당자 Fiona는 Borduria Power Exchange(BPeX)에서의 전자거래를 통해 포지션을 조정할 것인지에 대해서 결정해야 한다. 표 3.3을 참조하라. 현시점까지 Borduria Power는 750 MW의 가용 설비용량을 가지고 있는 상황에서 570 MWh를 해당 시간대에 인도하는 것으로 계약을 체결하였다. Fiona의 BPeX 거래 화면에는 가격 순으로 정렬된 다음과 같은 구매 입찰과 판매 입찰이 표시되어 있다.

표 3.3 오전 나절 BPeX에 제출된 구매 입찰과 판매 입찰

6월 11일 14:00~15:00	식별자	양(MW)	가격($/MWh)
에너지 판매 입찰	O5	20	17.50
	O4	25	16.30
	O3	20	14.40
	O2	10	13.90
	O1	25	13.70
에너지 구매 입찰	B1	20	13.50
	B2	30	13.30
	B3	10	13.25
	B4	30	12.80
	B5	50	12.55

이 시장에 대한 그녀의 경험에 비추어 볼 때, 구매 입찰 가격이 상승하지는 않을 것으로 Fiona는 확신한다. 발전기 B의 130 MW 예비력이 있는 상황에서, 그녀의 경쟁자들에 앞서 Fiona는 B1, B2, B3의 구매 입찰을 선점하기로 결정한다. 이들 입찰가격은 발전기 B의 한계비용보다 높기 때문에 이들 거래는 수익성이 있다. 이후 Fiona는 발전소에 해당 시간대의 수정된 발전 지령을 통보한다. 발전기 A는 정격출력(500 MW), 발전기 B는 130 MW의 출력으로 설정된다. 발전기 C는 대기 상태에 있다.

BPeX가 오후 2시에서 3시 사이 주기에 대한 거래(표 3.4 참조)를 종료하기 바로 직전에 Fiona는 발전기 B의 운영자로부터 전화를 받게 된다. 그는 발전기에서 예상하지 못한 몇 가지 기계적 문제점들을 발견했다고 Fiona에게 설명한다. 발전기 B는 저녁까지 가동은 가능하지만 80 MW 이상을 발전할 수는 없다. Fiona는 Borduria Power가 이 고장에 노출되어 있고, 세 가지 대안을 가지고 있다고 문득 생각한다.

1) 별다른 조치 없이 추후 Borduria Power는 50 MWh 부족분을 현물시장 가격으로 지불하여 구매
2) 발전기 C를 가동함으로써 부족분 보상
3) BPeX에서 대체전력을 구입하려고 노력

현물시장 가격이 최근 들어 다소 불안정하기 때문에 Fiona는 수급불균형의 상태로 남아 있는 것을 선호하지 않는다. 그러므로 Fiona는 발전기 C의 한계비용보다 낮은 가격으로 BPeX에서 에너지를 구입하는 대안에 대해서 검토하기로 결정한다. 그녀가 최종적으로 BPeX에서 거래했기 때문에 몇몇 구매 입찰은 사라지고 새로운 입찰들이 추가되었다.

표 3.4 점심 무렵 BPeX에 제출된 구매 입찰과 판매 입찰

6월 11일 14:00~15:00	식별자	양(MW)	가격($/MWh)
에너지 판매 입찰	O5	20	17.50
	O4	25	16.30
	O3	20	14.40
	O6	20	14.30
	O8	10	14.10
에너지 구매 입찰	B4	30	12.80
	B6	25	12.70
	B5	50	12.55

Fiona는 즉시 O8, O6, O3의 판매 입찰을 선택하는데, 왜냐하면 발전기 C의 가동으로 부족분을 보상하는 비용에 비해 상대적으로 저렴하게 그것들이 해당 시간대 Borduria Power의 수급균형을 복원해 줄 수 있기 때문이다. 해당 시간대의 거래가 종료될 때 Borduria Power는 580 MWh를 발전하는 것으로 계획된다. Fiona는 에너지 생산의 증분비용에 기초하여 의사결정을 했다는 사실을 기억하자. 일단 현물시장 운영에 관해 논의한 후 이 예제를 다시 언급하기로 한다.

3.3.2 중앙집중식 거래

3.3.2.1 중앙집중식 거래의 원칙

시장균형에 도달하기 위해 공급자와 소비자 사이의 반복된 상호작용들에 의존하기보다는 중앙집중식 전력시장은 체계적인 방식으로 이러한 균형을 결정하기 위한 체계를 제공한다. 많은 파생된 형태가 가능하기는 하지만, 중앙집중식 시장은 본질적으로 다음과 같이 운영된다.

- 발전회사는 고려 중인 주기에 대해 특정 가격으로 일정한 양의 전력을 공급하기 위해 판매 입찰을 제출한다. 이들 입찰은 가격에 대한 오름차순으로 정렬된다. 이러한 자리매김으로부터 입찰된 누적량에 대한 함수로 입찰가격을 나타내는 곡선이 도출될 수 있다. 이 곡선이 시장의 공급곡선이라고 할 수 있다.
- 마찬가지로 시장의 수요곡선은 소비자에게 필요로 하는 양과 지불할 용의가 있는 금액이 명시된 구매 입찰을 제출할 것을 요청함으로써 생성될 수 있다. 이들 입찰은 가격에 대한 내림차순으로 정렬되어 수요곡선을 형성하게 된다. 전력수요는 가격에 대해 매우 비탄력적이기 때문에 이러한 단계는 종종 생략되고 수요는 수요예측을 활용하여 결정된 값으로 설정된다. 다른 말로 하면, 수요곡선은 수요예측값에 해당하는 수직선으로 가정한다.
- 이렇게 구성된 공급곡선과 수요곡선의 교차점이 시장균형이다. 시장청산가격 이하의 가격으로 제출된 모든 판매 입찰은 낙찰되고 발전기들은 이들 낙찰된 입찰에 해당하는 에너지를 생

산하라는 지령을 받는다. 마찬가지로 시장청산가격 이상으로 제출된 모든 구매 입찰은 낙찰되고 소비자들은 계통에서 공급받을 수 있는 에너지 양을 통보받는다.

- 시장청산가격은 추가적인 1 MWh의 에너지에 대한 가격을 의미하고, 따라서 계통한계가격(System Marginal Price, SMP)이라고 통칭한다. 발전사업자들의 판매 입찰과 소비자들의 구매 입찰에 상관없이 발전사업자들은 자신들이 생산하는 모든 에너지에 대해 계통한계가격으로 정산을 받고, 소비자들은 자신들이 소비하는 모든 에너지에 대해 계통한계가격으로 지불하게 된다.
- 이렇게 구축된 공급곡선과 수요곡선 사이의 교차점을 찾는 과정은 시장 운영을 재현하고 결국에는 사회적 후생을 극대화한다. 수요는 일정하고 판매 입찰은 한계생산비용을 반영한다고 가정하면, 중앙집중식 시장은 경제급전을 수행한다. 즉, 최소비용으로 부하에 에너지를 공급하기 위해 각 발전기가 얼마를 생산해야 하는지를 결정한다.

낙찰된 모든 판매 입찰에 대해 계통한계가격으로 정산하는 것은 얼핏 보면 의아할 수도 있다. 발전사업자가 요구한 가격보다 왜 그들은 더 많이 지급받아야 하는가? 모든 발전사업자에게 그들의 요구 가격으로 정산해 주는 것이 전력 평균가격을 낮추는 것이 아닌가? 이러한 입찰가격으로 정산해 주는 방식(pay-as-bid scheme)을 채택하지 않는 주된 이유는 발전사업자가 한계생산비용을 반영한 판매 입찰을 제출하지 않도록 호도할 수 있기 때문이다. 모든 발전사업자는 계통한계가격이 어떻게 될지 추정해서 자신들의 수입을 극대화하는 수준에서 판매 입찰을 제출할 것이다. 그러므로 기껏 잘해야 계통한계가격이 불변일 것이다. 그러나 필연적으로 저비용의 발전사업자는 때때로 계통한계가격을 과다 계상하여 터무니없는 높은 가격으로 판매 입찰에 참여할 것이다. 이러한 발전기들은 급전 순위에서 밀려나게 되고 보다 높은 한계생산비용을 갖는 발전기들로 대체될 것이다. 모든 발전기가 동일가격으로 정산되는 경우의 계통한계가격에 비해 이러한 경우의 계통한계가격은 다소 높아질 것이다. 심지어 이러한 대체는 가용자원들의 최적 활용이 이루어진 것이 아니기 때문에 경제적으로 비효율적이다. 또한 발전사업자는 계통한계가격 추정 시 수반되는 불확실성에 의해 야기되는 수입 감소라는 추가적인 리스크를 보상하기 위해 입찰가격을 약간 높이려고 할 것이다. 그러므로 전력 가격을 낮추려는 시도가 오히려 가격상승을 유발할 수도 있는 것이다!

예제 3.2

Syldavia의 중앙집중식 선도시장은 6월 11일 오전 9시부터 10시까지의 거래 주기에 대해 표 3.5에 제시된 구매 입찰과 판매 입찰을 접수하였다.

그림 3.1은 공급곡선과 수요곡선을 각각 도출하기 위해 판매 입찰과 구매 입찰을 어떻게 축적하는지를 도식화한 것이다. 이들 두 곡선의 교차점은 해당 거래 주기에 계통한계가격이 16.00 $/MWh이고 거래량은 450 MWh라는 것을 보여 주고 있다. 표 3.6은 각 발전기가 얼마의 에너지를 생산하도록 지시받을지 그리고

표 3.5 Syldavia 중앙집중식 시장에서의 구매 입찰과 판매 입찰

	회사	양(MW)	가격($/MWh)
판매 입찰	Red	200	12.00
	Red	50	15.00
	Red	50	20.00
	Green	150	16.00
	Green	50	17.00
	Blue	100	13.00
	Blue	50	18.00
구매 입찰	Yellow	50	13.00
	Yellow	100	23.00
	Purple	50	11.00
	Purple	150	22.00
	Orange	50	10.0
	Orange	200	25.00

각 소비자가 얼마의 에너지를 공급받을 수 있는지를 정리한 것이다. 그리고 각 회사의 수입과 지출에 대해서도 요약되어 있다.

소비자에게 구매 입찰을 제출하도록 요청하는 대신에 Syldavia 선도시장은 수요 측을 대변하기 위해 수요예측에 의존하고 해당 주기의 예측 수요가 450 MWh라고 한다면, 정확히 동일한 결과들을 취득하게 될 것이다.

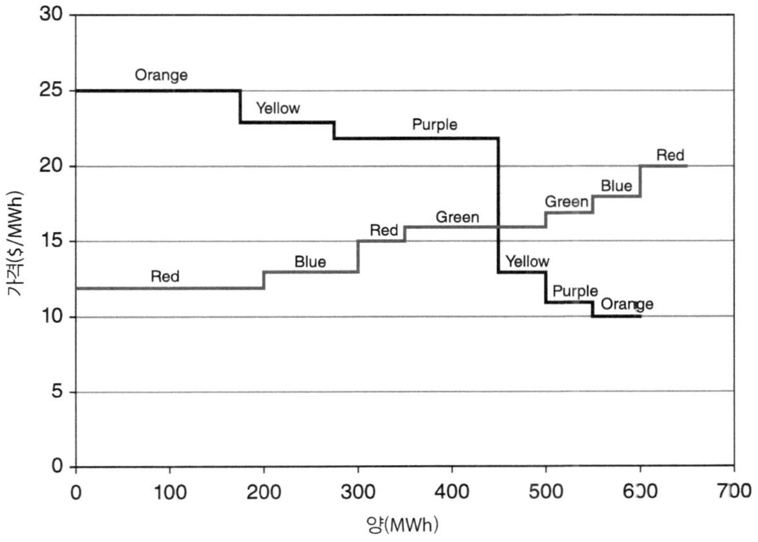

그림 3.1 예제 3.2의 구매 입찰과 판매 입찰의 더미들(stacks)

표 3.6 Syldavia 시장의 발전계획

회사	발전량(MWh)	소비량(MWh)	수입($)	지출($)
Red	250		4000	
Blue	100		1600	
Green	100		1600	
Orange		200		3200
Yellow		100		1600
Purple		150		2400
Total	450	450	7200	7200

3.3.2.2 하루전 중앙집중식 거래

예제 3.2는 중앙집중식 전력시장이 단일 거래 주기 1시간에 대해 어떻게 청산하는지를 보여 준 것이다. 매 시간대별 거래 주기를 따로 처리하는 것은 여러 가지 기술적, 경제적 이유로 인해 현실적이지 않다.

- 대형 화력발전기를 계통에 병입하는 작업은 수 시간이 소요될 수 있다.
- 일단 동기화되면, 이러한 발전기는 과도한 온도상승에 의해 야기되는 기계적 손상을 방지하기 위해 수 시간 동안 전력을 지속 생산해야 한다.
- 마찬가지로 일단 발전기가 정지하게 되면, 통상 발전기는 재가동되기 전에 수 시간 동안 대기하고 있어야 한다.
- 대형 발전기는 일반적으로 0으로 출력을 줄일 수 없다. 대신에 “최소 안정 발전량(minimum stable generation)” 한계 이상을 유지해야 하는데 이것은 정격출력의 상당 수준이 될 수 있다.
- 발전기가 증발 또는 감발할 수 있는 능력 역시 제한된다.

이러한 제약조건들로 인해 종종 발전기는 매 시간대별 시장청산에 기인하는 급전 지시를 따르는 것이 어려워진다. 그렇게 되면 발전기 소유주는 시장청산에 의해 발전해야 하는 양과 실제 발전할 수 있는 양과의 차이에 대처하기 위해 현물시장에서 에너지를 구매 또는 판매해야 한다. 심지어 대체로 대형 고효율 화력발전기는 전기에너지를 전력망에 주입하기에 앞서 상당한 양의 연료를 연소한다. 이러한 연료비는 이 발전기의 기동을 정당화하기 위해서 충분한 전기에너지 판매에 걸쳐 분할되어야 하는 고정된 “기동비용”을 의미한다.

이들 제약조건과 이러한 기동비용으로 인해 대형 화력발전기가 매 시간대별 시장에 참여하는 것은 다소 위태롭다. 그러므로 대부분의 중앙집중식 전력시장은 하루전 기반으로 운영되고, 이것은 시장이 매 거래 주기별로 따로 청산하는 것이 아니라 발전기의 운전과 관련된 제약조건들을 준용하면서 익일의 모든 거래 주기에 대해서 동시에 청산하는 것을 시사한다.

3.3.2.3 최적화 문제로서의 정식화

가격과 양으로 구성된 단순 판매 입찰을 제출하는 대신에 중앙집중식 하루전 시장에 참여하는 개별 발전기들은 복합 입찰을 제공해야 한다. 이 입찰은 증분비용곡선, 기동비용, 그리고 운전을 제한하는 제약조건의 매개변수로 구성된다. 이러한 입찰에서 "비용"이라고 하는 것은 실젯값일 필요는 없다는 것을 명심하자. 수익을 극대화하거나 리스크를 최소화할 목적으로 발전사업자가 자신의 비용을 부풀리거나 축소하기를 희망하는 상황에 대해서는 추후 논의하기로 한다.

계통운영자는 각 발전기의 기동정지 시점과 매 거래 주기별 발전량을 확정하기 위해 하루전 예측 수요와 함께 복합 입찰들을 결합한다. 실제로, 비록 실제 비용이 아닌 입찰에 기반한다고 할지라도 계통운영자는 수직통합형 독점 전력회사가 수행하는 것과 유사한 기동정지 계획을 수립한다. 수학적으로 이러한 최적화 문제는 다음과 같이 정식화된다.

목적함수: 익일 계통 운영에 소요되는 총 비용을 최소화한다.

$$\min_{x_i(t),u_i(t)} \sum_{i=1}^{N} \sum_{t=1}^{T} [C_i(P_i(t)) + \mathrm{SC}_i(u_i(t), u_i(t-1))] \tag{3.1}$$

여기서

$P_i(t)$는 주기 t 동안 발전기 i에 의해 생산되는 전력
$u_i(t)$는 주기 t 동안 발전기 i의 상태(발전기 i가 운전 중일 때 $u_i(t) = 1$, 그렇지 않으면 0)
N은 판매 입찰을 제출한 발전기 수
T는 하루를 분할한 거래 주기 총 개수
$C_i(P_i(t))$는 주기 t 동안 발전기 i의 일정 출력 $P_i(t)$에 수반되는 비용
$SC_i(u_i(t), u_i(t-1))$은 주기 t 동안 발전기 i의 기동에 소요되는 비용. 이 비용은 발전기가 주기 $t - 1$에 정지되어 있고, 주기 t에 기동되는 경우에 0이 아닌 값이다.

수급균형 제약조건: 모든 발전기에 의한 발전량은 총 수요와 같다.

$$\sum_{i=1}^{N} P_i(t) = L(t), \qquad \forall t = 1, \ldots, T \tag{3.2}$$

여기서 $L(t)$는 주기 t에서의 예측 수요이다.

발전 제약조건:

$$P_i^{\min} \le P_i(t) \le P_i^{\max}, \quad \forall t = 1, \ldots, T \& \forall i = 1, \ldots, N \tag{3.3}$$

여기서

$P_i^{\min}$은 발전기 i의 최소안정발전량 한계,
$P_i^{\max}$는 발전기 i의 최대출력 한계이다.

출력증감발 제약조건:

$$P_i(t) - P_i(t-1) \leq \Delta P_i^{\text{up}}, \quad \forall t = 1, \ldots, T \& \forall i = 1, \ldots, N \tag{3.4}$$

$$P_i(t-1) - P_i(t) \leq \Delta P_i^{\text{down}}, \quad \forall t = 1, \ldots, T \& \forall i = 1, \ldots, N \tag{3.5}$$

여기서

ΔP_i^{up}은 연속된 2개의 거래 주기 사이에서 발전기 i가 증발할 수 있는 최대량,

ΔP_i^{down}은 연속된 2개의 거래 주기 사이에서 발전기 i가 감발할 수 있는 최대량이다.

최소운전시간 제약조건: 발전기는 최소운전시간 $T_{\text{up}}^{\text{min}}$ 이상 운전되지 않으면 운전 정지될 수 없다.

$$\text{if } \left\{u_i(t-1) = 1 \& \exists \tau > t - T_{\text{up}}^{\text{min}} \text{ such that } u_i(\tau) = 0\right\} \Rightarrow u_i(t) = 1, \tag{3.6}$$
$$\forall t = 1, \ldots, T \& \forall i = 1, \ldots, N$$

최소정지시간 제약조건: 발전기는 최소정지시간 $T_{\text{down}}^{\text{min}}$ 이상 정지되지 않으면 가동될 수 없다.

$$\text{if } \left\{u_i(t-1) = 0 \& \exists \tau > t - T_{\text{down}}^{\text{min}} \text{ such that } u_i(\tau) = 1\right\} \Rightarrow u_i(t) = 0, \tag{3.7}$$
$$\forall t = 1, \ldots, T \& \forall i = 1, \ldots, N$$

3.3.2.4 시장청산가격

이러한 최적화에 의해 도출된 발전계획하에서 매 거래 주기별 시장청산가격을 계산할 수 있다. 경쟁시장에서 이 가격은 추가적인 1 MWh의 에너지를 생산하는 데 소요되는 비용을 반영해야 하기 때문에 이 가격은 매 거래 주기별로 전력을 생산하는 것으로 계획된 가장 비싼 발전기의 한계비용으로 설정되어야 한다. 수학적으로 말하자면 이들 한계비용은 제약조건 식 (3.2)와 관련된 라그랑주 승수(Lagrange multiplier)로 주어진다. 그러나 문제가 이산변수와 관련될 때에는 라그랑주 승수들을 직접 얻을 수는 없다. 이산결정변수가 기동정지 문제의 해로 주어진 이후 이 최적화 문제의 연속변수가 결정된다. 이러한 연속변수 결정 최적화 문제의 라그랑주 승수는 매 거래 주기별 전력 한계가격을 의미하고 π_t^*로 표기한다.

예제 3.3

3기의 발전기로 구성된 시장, 3시간의 발전계획 기간, 1시간의 거래 주기와 관련된 간단한 예제를 생각해 보자. 표 3.7과 3.8은 전체 발전계획 기간에 대한 발전기와 수요에 대한 데이터를 제공하고 있다.

편의상 최소운전시간 및 최소정지시간 제약조건뿐만 아니라 기동비용과 출력 증 · 감발 제약조건은 무시하기로 한다. 발전기의 비용함수는 단순히 고정비 α_i와 일정한 한계비용 β_i로 구성된다고 가정한다.

$$C_i(P_i(t), u_i(t)) = \alpha_i u_i(t) + \beta_i P_i(t) \tag{3.8}$$

그림 3.2는 이 기동정지 문제에 대한 최소비용 발전계획을 보여 주고 있다. 간략화한 가정들로 인해 각 주기별로 따로 고려할 수 있다.

표 3.7 발전기 데이터

발전기 i	최소발전 P_i^{min}(MW)	최대발전 P_i^{max}(MW)	한계비용 β_i($/MWh)	고정비 α_i($/h)
1	0	500	10	500
2	100	350	30	250
3	0	200	35	100

표 3.8 수요 데이터

시간 주기 t	1	2	3
$L(t)$ (MW)	550	750	1050

주기 1: 550 MW의 수요는 세 가지의 발전기 조합으로 충족될 수 있다: 1과 2, 1과 3, 2와 3.

- $P_1 = 450$ MW, $P_2 = 100$ MW, 주기 1의 총 비용: $500 + 10 \times 450 + 250 + 30 \times 100 = \$8{,}250$
- $P_1 = 500$ MW, $P_3 = 50$ MW, 총 비용: $500 + 10 \times 500 + 100 + 35 \times 50 = \$7{,}350$
- $P_2 = 350$ MW, $P_3 = 200$ MW, 총 비용: $250 + 30 \times 350 + 100 + 35 \times 200 = \$17{,}850$

발전기 1은 고정비는 가장 높지만 가장 낮은 변동비를 갖는다. 그러므로 최대한 많이 급전되어야 한다. 발전기 2는 발전기 3에 비해 한계비용은 더 낮지만 더 높은 고정비와 보다 큰 최소 안정 발전량 한계를 갖는다. 주기 1에 발전기 2를 운전하면 발전기 1의 출력을 450 MW로 줄여야 하고, 이로 인해 총 비용은 더욱 높아지게 된다. 따라서 주기 1의 최적 급전은 $P_1 = 500$ MW, $P_3 = 50$ MW이다. 발전기 3이 한계발전기이므로 주기 1의 시장가격은 발전기 3의 한계비용, 즉 $\pi_1^* = 35$ \$/MWh이다.

주기 2: 발전기 1은 더 큰 수요를 맞출 수 있도록 이 주기 동안 급전되어야 한다. 발전기 1과 발전기 3의

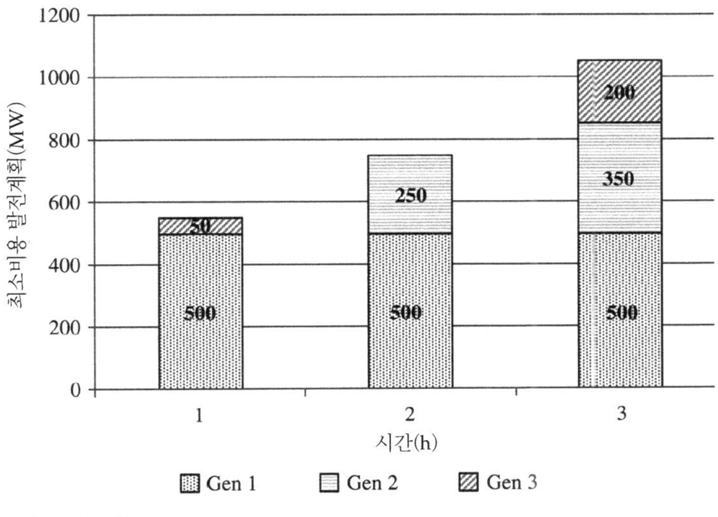

그림 3.2 최소비용 발전계획

조합으로는 이 수요를 감당할 수 없기 때문에 발전기 2가 급전되어야 한다. 발전기 2는 발전기 3에 비해 더 낮은 한계비용을 갖고, 발전기 1에 의해 충족되지 않는 모든 전력은 발전기 2가 공급할 수 있기 때문에 발전기 3을 추가하는 것은 불필요하다. 따라서 주기 2의 급전은 다음과 같다.

- $P_1 = 500$ MW, $P_2 = 250$ MW, 총 비용: $500 + 10 \times 500 + 250 + 30 \times 250 = \$13{,}250$

발전기 2가 한계발전기이므로 주기 2의 가격은 30 $/MWh의 한계비용으로 설정된다. 비록 수요는 주기 2가 주기 1에 비해 높지만, 오히려 가격은 주기 2가 주기 1에 비해 낮다는 점에 유의하자.

주기 3 : 이 주기 동안의 수요를 만족하기 위해서는 3기의 발전기 모두 필요하고 최적 급전은 다음과 같다.

- $P_1 = 500$ MW, $P_2 = 350$ MW, $P_3 = 200$ MW, 총 비용: $500 + 10 \times 500 + 250 + 30 \times 350 + 100 + 35 \times 200 = \$23{,}350$

발전기 1과 발전기 2는 최대출력으로 운전하고 있고 발전기 3은 한계발전기이므로 이 주기 동안의 가격은 $\pi_3^* = 35$ $/MWh이다.

3.3.2.5 고정비 회수

매 주기별 가격은 한계발전기의 한계비용에 의해 결정되고 고정비는 산입되지 않기 때문에 발전기들이 자신의 고정비(즉, 무부하 비용 및 기동비용)를 회수할 수 있다는 보장이 없다.

예제 3.4

모든 발전사업자들이 실제 비용을 입찰한다는 가정하에서 예제 3.3의 매 주기 동안의 각 발전기의 출력, 수입, 비용, 수익이 표 3.9에 요약되어 있다.

표 3.9 예제 3.4에 대한 발전계획

주기	가격($/MWh)		발전기 1	발전기 2	발전기 3
1	35	출력(MWh)	500	0	50
		수입($)	17 500	0	1 750
		비용($)	5 500	0	1 850
		수익($)	12 000	0	**−100**
2	30	출력(MWh)	500	250	0
		수입($)	15 000	7 500	0
		비용($)	5 500	7 750	0
		수익($)	9 500	**−250**	0
3	35	출력(MWh)	500	350	200
		수입($)	17 500	12 250	7 000
		비용($)	5 500	10 750	7 100
		수익($)	12 000	1 500	**−100**

부(−)의 값들은 진하게 표시되어 있다.

발전기 1은 매 주기 동안 흑자이지만, 발전기 2와 3은 자신들이 한계발전기인 주기에서는 적자를 내고 있는데 이것은 가격을 한계비용으로 설정하여 그들의 고정비를 회수하지 못하기 때문이다.

발전사업자가 가격 또는 생산해야 하는 에너지 양을 직접 제어하지 못하는 시장에서 입찰할 때, 모든 발전사업자가 적어도 그들의 비용을 회수할 수 있도록 보장하는 몇 가지 방법론이 시행되거나 제안되었다.

방식 1: 회수하지 못한 비용을 보상하는 부가정산금(uplift payments)

이 방식에서는 시장운영자가 발전기의 복합 입찰과 한계가격 π_t^*에 근거하여 매 주기별 개별 발전기에 의해 유발된 회수하지 못한 비용 $\Gamma_i(t)$를 계산한다. 이 비용을 발전기들에게 되돌려 주기 위하여 시장운영자는 한계비용을 활용해 계산된 가격 이상의 부가정산금을 소비자들에게 부과한다. 이 부가정산금은 대체로 매 주기별 개별 소비자의 수요에 기초하여 할당된다.

식 (3.9)에서와 같이 시간 주기 t 동안 소비자들이 지불해야 할 총 금액은 가격 π_t^*일 때의 에너지 요금과 부가정산금으로 구성된다.

$$K(t) = \pi_t^* L(t) + \sum_{i=1}^{N} \Gamma_i \times \frac{L(t)}{\sum_{t=1}^{T} L(t)}, \quad \forall t \in T \tag{3.9}$$

예제 3.5

예제 3.4의 결과에 기초하여 발전기 2와 발전기 3은 각각 $250와 $200의 부가정산금을 지급받아야 한다. 표 3.10은 식 (3.9)를 활용하여 매 시간대별로 소비자들이 지불해야 할 에너지 요금과 부가정산금을 나열한 것이다.

표 3.10 방식 1에 의한 소비자 지불 금액

시간 주기 t	1	2	3
π_t^*일 때 에너지요금($)	19 250	22 500	36 750
부가정산금($)	105.3	143.6	201.1

방식 2: 수익 준최적성(profit suboptimality)을 보상하는 부가정산금

이 문제에 접근하는 또 다른 방법은 개별 발전기를 중앙집중식 발전계획에 의해 제약되는 수익을 극대화하려는 속성을 지닌 수익추구형 개체로 간주하는 것이다. 그러므로 부가정산금은 최소비용 발전계획하에서 발전기들이 얻게 되는 수익과 중앙집중식 발전계획에 의해 결정된 시장가격 π_t^*하에서 자기발전계획(self-schedule)에 의해 실현할 수 있는 수익의 차이만큼 발전기에게 보상해 주어야 한다. 개별 발전기에 있어 이러한 가상의 자기발전계획은 제약조건

(3.3)~(3.7)하에서 다음과 같은 최적화 문제의 해로 주어진다.

$$\max_{P_i(t),u_i(t)} \sum_{t=1}^{T} \left[\pi_t^* P_i(t) - C_i(P_i(t), u_i(t))\right] \tag{3.10}$$

자기발전계획은 중앙집중식 발전계획에 비해 항상 더 높은 수익을 초래하기 때문에 이들 두 값의 차이를 수익 준최적성이라고 부른다. 이러한 방식하에서 수익 준최적성을 달성하지 못한 발전기는 수익 손실분에 상응하는 부가정산금을 지급받게 된다. 이 부가정산금은 앞선 방식과 동일하게, 즉 식 (3.9)에 의해 수요 측에 할당된다.

예제 3.6

그림 3.3은 예제 3.3의 조건하에서 자기발전계획이 어떻게 될 것인지를 보여 준다. 이것은 수급균형 제약조건을 위배하고 있기 때문에 확실하게 실현 가능한 발전계획은 아니다. 발전기 1은 최대출력으로 운전하고 한계발전기가 아니기 때문에 발전기 1에 있어서 자기발전계획은 차이가 없다. 반면에 중앙집중식 발전계획에서 주기 1 동안 발전하지 않는 것으로 계획된 발전기 2가 발전기 3에 의해서 설정된 한계가격 $\pi_1^* = 35$ $/MWh에서 최대출력으로 운전하게 되면, 이 가격은 고정비를 회수할 수 있을 정도로 높기 때문에 수익이 발생할 것이다. 자기발전계획하에서 발전기 2는 주기 2에서, 발전기 3은 주기 1과 주기 3에서 발전하지 않을 것인데, 이들 주기 동안에 그것들이 한계가격을 결정하여 고정비를 회수하지 못하기 때문이다. 표 3.11은 중앙집중식 발전계획 및 자기발전계획에서 개별 발전기의 수익을 요약한 반면, 표 3.12는 매 주기별로 필요한 추가 금액들이 수요 측에 어떻게 부과되는지를 보여 준다.

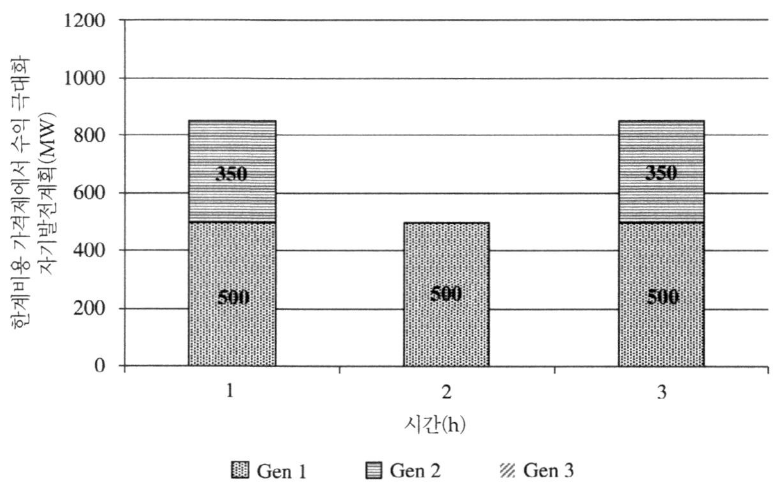

그림 3.3 중앙집중식 발전계획에서 계산된 한계가격에 의한 수익 극대화 자기발전계획

표 3.11 한계비용 가격제에서 최소비용 발전계획 및 자기발전계획 시 발전 수익

발전기	1	2	3
최소비용 발전계획 시 수익($)	33 500	1 250	−200
π_t^*일 때 자기발전계획 시 수익($)	33 500	3 000	0
π_t^*일 때 수익 준최적성($)	0	1 750	200

표 3.12 방식 2에 의한 소비자 지불 금액

시간 주기 t	1	2	3
π_t^*일 때 에너지요금($)	19 250	22 500	36 750
부가정산금($)	456.4	622.3	871.3

방식 3 : 볼록포 가격제(convex hull pricing)

부가정산금은 시장을 벗어난 개입을 시사하는 것이기 때문에 다소 논란의 여지가 있다. 볼록포 가격제로 알려진 또 다른 대안은 시장가격을 조정함으로써 총 부가정산금을 최소화하는 것을 목표로 하고 있다. 이 제도하에서 모든 발전기와 거래 주기에 걸쳐 수익 준최적성(즉, 자기발전계획과 중앙집중식 발전계획에 의한 수익의 차이)을 최소화하도록 전기에너지 가격은 설정된다. 이 가격을 볼록포 가격(convex hull price)이라고 명명하고, 중앙집중식 발전계획 문제의 쌍대문제에 대한 라그랑주 승수로 주어진다. 이것과 더불어 또 다른 대안에 대한 상세한 설명은 Gribik 등(2007)의 문헌을 참고하기 바란다.

3.3.3 중앙집중식과 분산형 전력거래의 비교

전기에너지 거래에 경쟁을 도입한 초기 당시에 쌍방 전력거래는 기존 관례로부터 상당히 벗어난 것으로 인식되었다. 전기에너지는 발전기로부터 부하에 전송될 때 중앙에서 취합되므로 전력거래는 중앙에서 관리되고 모든 생산자와 소비자와 관련되는 것이 당연하다고 간주되었다. 실제로 현재 운영 중인 몇몇 중앙집중식 전력시장들(예를 들면, PJM)은 인접 서비스 지역의 독점 전력회사들이 비용 절감의 기회를 활용할 목적으로 설립한 공동전력풀(collaborative electricity pools)로부터 진화하였다. 따라서 중앙집중식 또는 분산형 시장 모델의 채택 여부는 산업 조직들의 역사 및 특성에 좌우되었다.

하루전 중앙집중식 전력시장은 통상 계통운영자에 의해 운영된다. 후속 장들에서 학습하겠지만, 이것은 선도시장이 계통의 수급균형 유지와 운영 신뢰도 확보 목적에 기여하는 것을 용이하게 한다. 이러한 장점은 전력망 제약이 시장에 중대한 영향을 미치는 계통에서는 특히 중요하다. 이러한 역할 분담은 조직의 중복성을 방지하는 한편, 전력시장에서 수행될 필요가 있는 다양한

기능의 구분을 모호하게도 한다.

대부분의 중 · 소형 전기소비자들은 전력시장에 적극 참여할 유인이 거의 없다. 심지어 그들이 집합적으로 관리되더라도, 그들을 대변하는 판매사업자는 가격변동에 대응하는 소비를 조정하는 일부 제한적인 역할만 하게 된다. 그러므로 수요가 수동적이고, 많은 중앙집중식 시장들의 경우에서와 같이 수요예측에 의해서 표현된다면, 거래비용은 확연히 절감될 것이다. 많은 경제학자들은 효율적 가격에 도달하기 위해서는 소비자와 생산자 간의 직접 협상이 본질이라고 판단하고 있기 때문에 이러한 방식에 대해 우려를 표명하고 있다. 따라서 몇몇 경제학자들은 중앙집중식 시장은 진정한 시장이 아닌 단지 시장에 유사한 관제 형태에 불과하다는 이유로 그것들을 기피하고 있다.

중앙집중식 시장은 또한 발전사업자가 직면할 발전계획 리스크를 줄여 전기에너지 비용을 절감할 수 있는 체계를 제공한다. 발전사업자가 단순 입찰에 기초하여 매 시장 주기별로 따로 에너지를 판매할 때, 발전사업자는 특정 시기 동안 발전기를 가동하여 충분한 에너지를 판매하지 못하는 리스크를 겪을 수도 있다. 이때 발전사업자는 손해를 감수하면서 발전기를 가동하여 에너지를 판매할 것인지 아니면 운전을 정지하여 추후 기동비용 지출을 감당할 것인지를 결정해야 한다. 어떤 선택이든지 이 발전기의 에너지 생산비용 상승을 유발하여 발전사업자는 평균 판매 입찰 가격을 높일 것이다. 다른 한편으로 중앙집중식 시장에서 기동정지 계산에 의해 산출된 발전계획은 불필요한 발전기 운전정지를 회피하고, 일반적으로 시장 규칙들은 발전사업자가 기동비용과 무부하 비용을 회수하는 것을 보장한다. 이러한 요소들은 발전사업자가 접할 수 있는 리스크를 감소시키기 때문에 그들은 이론상 보다 저렴한 평균가격을 조성해야 한다. 그러나 이러한 리스크 감소는 한층 복잡하고 고도화된 시장 규칙들을 요구한다. 이러한 규칙들은 가격결정 절차의 투명성을 저해하고 가격조작 가능성을 야기하기도 한다.

하루전 중앙집중식 시장에 참여하는 발전사업자와 판매사업자는 전형적으로 이 시장을 통해서 총 생산량을 판매하거나 총 소비량을 구매해야 한다. 그러나 그들은 대체로 이러한 하루전 중앙집중식 시장에서 자신들이 마주하게 될 가격 리스크에 대처하기 위해 2.5.5절에 소개된 유형의 쌍방재무계약을 체결할 권리를 보유한다.

3.4 현물시장

판매사업자들과 대규모 수용가들은 자신들의 전기에너지 소비에 필요한 양을 완벽한 정확도로 예측할 수 없다. 마찬가지로 발전사업자는 특히 에너지의 전부 또는 일부가 풍력 또는 태양광과 같은 확률적 특성을 갖는 변동성 재생에너지원들로부터 생산되는 경우라면 선도시장에서 판매한 물량을 정확하게 생산할 수 있는지 보장할 수 없다. 인도 · 인수 시점에 임의의 시장참여자가 필요로 하는, 즉 구매 또는 판매하기로 계약한 물량 이상 또는 이하의 에너지를 갖는 경우, 물량

차이를 보정하기 위해 현물시장에서 거래할 수 있어야 한다.

다른 재화의 현물시장은 차이를 처리하기 위해 구매자와 판매자 사이의 직접적인 상호작용에 의존하지만, 이 방식은 전력계통의 운영 신뢰도를 보장할 목적으로 전적으로 의지하기에는 미흡하다. 수요와 공급 불균형의 물리적 대응 관계는 부하와 발전 사이의 불균형이고, 이것은 전력계통이 안정화되기 위해서는 신속하게 회복되어야 한다. 최근 금융상품용 전자시장은 극도로 신속하지만, 이러한 자동화 거래 형태는 제한된 수의 가격신호에 의존한다. 이와는 대조적으로 전력계통의 안정도를 유지하는 것은 다수의 물리적 양을 계측하고 진단하는 작업이 요구된다. 현 기술수준에서 충분히 많은 발전사업자와 소비자가 신뢰할 만한 방식으로 수급균형을 원상복귀하는 거래 계약을 체결할 수 있을 정도로 매우 신속하게 상기 물리적 정보를 처리할 수 있는 능력과 의도를 갖춘 체계를 수립하는 것은 어려운 실정이다.

그러므로 전기에너지에 대한 최후의 보루인 시장은 진정한 현물시장이 아닌 것이다. 오히려 계통운영자가 모든 거래의 당사자라는 점에서 "관제 현물시장(managed spot market)"이라고 부를 수 있을지 모른다. 이것은 시장참여자들이 서로 구매 또는 판매하는 것이 아니라 오로지 계통 안정도를 유지하기 위해 얼마의 전력을 구매 또는 판매할 필요가 있는지를 결정하는 계통운영자와 거래하는 것을 의미한다. 그런 다음 현물가격은 시장참여자들이 제출하고 계통운영자가 선택한 구매 입찰과 판매 입찰에 기반하여 계산된다. 각각의 계통운영자는 자신의 현물시장을 운영하고, 모든 발전사업자, 판매사업자, 대규모 수용가, 그리고 계통운영자의 관할 지역 내의 에너지 거래를 담당하는 중개사업자(speculator)는 계통운영자의 규칙을 준수해야 한다. 특히 시장참여자들의 계약 할당량과 실제 물량과의 차이는 현물시장 가격으로 정산된다. 예를 들어 발전사업자가 여러 판매사업자들에게 100 MW를 판매하기로 했으나 주어진 현물시장 거래 주기 동안 단지 97 MW만을 생산했다고 가정하자. 계통의 수급균형을 유지하기 위해 계통운영자는 현물시장에서의 구매를 통해 차이를 보전하였다. 재무적 관점에서 발전사업자는 현물가격으로 이와 동등한 양의 에너지를 구매한 것으로 볼 수 있다. 마찬가지로 100 MW를 구매하기로 계약했으나 거래 주기 동안 단지 96 MW만을 소비한 판매사업자는 현물시장 가격으로 차이만큼 판매할 것이다.

비록 현물시장 관리의 필요성은 기술적 고려에 기인한 것이지만, 이러한 현물시장은 경제적으로 효율적 방식으로 운영되어야 한다. 수급불균형은 생산자와 소비자 모두 불가피하며, 이에 따른 비용이 수반되기 마련이다. 효율적 행위를 장려하기 위해 수급불균형에 직면한 생산자와 소비자 모두 부하와 발전의 수급균형으로 복귀하기 위해 현물시장에서 구매 또는 판매되는 전기에너지의 실제 비용을 지불해야 한다. 다만 계약물량 대비 과잉생산한 생산자나 소비절감한 소비자는 보상받아야 한다는 점에 유의하자.

효율적인 현물시장은 시장참여자에게 수급불균형이 공정하게 정산될 것이라는 확신을 심어준다. 일단 이러한 체계가 정착되면 전기에너지는 다른 재화들과 같이 선도시장에서 거래될 수 있다. 지리적 위치에 따라 현물시장을 "실시간 시장(real-time market)", "수급조정 시장(balancing market)", "일중 시장(intraday market)", 또는 "수급조정 메커니즘(balancing mechanism)"이라고 지칭하며, 현물시장의 거래 주기는 1시간에서부터 5분까지의 범위를 갖는다.

다음 절에서 일반적인 전력 현물시장의 기능에 대해 살펴보기로 한다. 실제 구현은 이러한 청사진으로부터 확연하게 달라질 수 있다.

3.4.1 수급조정 자원 확보

시장참여자들이 충분한 선행 기간과 완벽한 정확도에 의해 자신들이 소비하거나 생산할 에너지의 양을 예측할 수 있으면 계통운영자는 수급균형 조치들을 취할 필요가 없을 것이다. 참여자 자신들은 부족분을 메우고 잉여분을 소진하기 위해 거래할 것이다. 실제로 항시 소규모 불균형이 발생하여 계통운영자는 발전 또는 부하에서 조정량을 확보해야 한다. 시간에 따라 누적된 이들 조정량은 여분의 에너지를 공급 또는 흡수할 시장의 의향을 반영한 현물시장 가격으로 정산될 수 있는 전기에너지의 구매량 및 판매량으로 환산된다. 자유시장 철학에 동조하여 생산 또는 소비를 조정하려는 당사자에게 경쟁 기반으로 그렇게 실행하는 것을 허용해야 한다. 이러한 방식으로 인해 계통운영자는 수급조정 방안들을 가장 포괄적으로 선택할 수 있고 따라서 이것은 수급조정 비용을 낮추는 데 기여해야 한다. 수급조정 자원(balancing resources)은 특정 기간 또는 장기간에 걸쳐 공급될 수 있다. 일반적으로 특정 거래 기간 동안의 자원들은 해당 주기에 대한 선도시장이 종료된 직후 현물시장을 통해 시장참여자들에 의해 공급된다. 최대출력으로 운전되고 있지 않는 발전기들은 출력을 증가시키는 입찰을 제출할 수 있다. 물론 발전기는 감발할 수 있는 입찰을 제출할 수도 있다. 이 발전기가 지불해야 하는 가격이 이 발전기에 의한 에너지 생산 증분 비용보다 낮다면 이 입찰은 흑자의 포지션이 될 것이다. 이러한 입찰을 제출하는 발전기는 결과적으로 자신의 발전량을 현물시장에서 보다 저렴한 전력을 구매하여 대체하려고 노력하는 것이다.

수요 측 또한 수급조정 자원들을 제공할 수 있다. 소비자는 소비 감축 조치를 통한 보상 가격이 해당 주기 동안의 전력소비에 대한 가치보다 크다고 한다면 소비 감축에 대한 입찰을 제출할 수 있다. 이러한 수요 감축은 순식간에 이행될 수 있다는 장점이 있다. 또한 소비자들은 가격이 충분히 낮다고 한다면 자신들의 소비를 늘리기 위한 입찰을 제출할 수도 있다.

이러한 수급조정 자원의 입찰은 실시간 바로 직전에 제출되므로 계통운영자는 공급 예정인 수급조정 자원의 물량과 가격에 대해 염려할 수 있다. 충분한 물량의 수급조정 자원을 확보하지 못한다든가 수급조정 자원에 대해 매우 높은 가격을 지불해야 하는 등의 리스크를 줄이기 위해 계통운영자는 장기적 관점에서 수급조정 자원을 구매할 수 있다. 이러한 계약하에서 공급자들은 가용 발전용량 확보를 위해 고정가격(종종 옵션 수수료로 통칭)을 지급받는다. 계약은 이 용량을 통해 생산된 MWh에 대해 지급받는 가격, 즉 행사 수수료를 규정한다. 계통운영자는 단기로 제공되는 유사 수급조정 자원에 대해 지불해야 하는 금액 대비 행사 수수료가 낮다고 한다면 이 계약을 행사하려고 할 것이다. 용어가 암시하듯이 이들 계약은 금융 및 상품 시장에서 통용되는 옵션 계약과 동등하다. 그것들의 목적은 같다. 즉, 공급자에게 일정 수입을 보장함과 동시에 구매자(이 경우 계통운영자)에게 유연성과 높은 가격으로부터의 보호막을 제공하는 것이다.

참여자들의 예측 오차로 인한 수급불균형은 상대적으로 작기는 하지만 점점 증가하는 추세이고, 이것은 기지의 확률분포를 갖는다. 이와는 대조적으로 발전기 고장에 의한 수급불균형은 종종 규모도 크고 예측 불가능하며 급작스러운 경우가 많다. 많은 발전기들은 1차의 불균형을 대처할 정도의 충분한 비율로 출력을 조정할 수 있다. 2차의 불균형을 다루는 것은 발전출력을 신속하게 늘리고 충분히 긴 시간 동안 증가된 출력을 유지할 수 있는 자원들을 필요로 한다. 6장에서 운영 신뢰도를 소개할 때 예비력 주제를 더 상세히 언급할 것이다. 그 전까지 계통의 수급균형에 기여하기 위해 거래되는 에너지가 동일한 가치를 갖는 것은 아니라는 사실에 유념할 필요가 있다. 대형 화력발전소의 출력을 약간 높여 확보한 1 MW의 비용은 계통붕괴를 방지하기 위해 1 MW의 수요를 삭감하는 것에 비해서는 훨씬 저렴하다. 따라서 최소비용으로 계통 수급균형을 맞추기 위해서는 계통운영자는 다양한 종류의 수급조정 자원들 고려해야 한다. 생산자와 소비자가 수급조정 자원들을 공급하기 위해 입찰할 때 그들의 입찰은 물량과 가격 외에 전력투입의 변화분을 전송하는 데 있어 참여자들의 능력을 제한하는 제약조건들이 무엇인지를 규정해야 한다.

3.4.2 폐장

앞서 논의했던 바와 같이 선도시장은 계통운영자가 계통 내에 발생하는 상황을 통제할 수 있도록 실시간 바로 직전 어느 시점에 폐장해야 한다. 폐장과 실시간 사이에 어느 정도의 시간간격을 유지해야 하는지는 시장에 대한 관점에 달려 있다. 계통운영자들은 수급조정 자원들의 선택에 있어서 계획과 유연성을 확보하는 데 유리한 보다 긴 시간간격을 선호한다. 예를 들어 실시간 30분 전에 폐장한다면, 발전 부족분을 보상하기 위해 대형 석탄발전소를 기동하는 것은 시간상 충분하지 않다. 이와는 반대로 발전사업자와 판매사업자는 대체로 리스크에 대한 노출을 줄일 수 있다는 점에서 폐장과 실시간 사이 보다 짧은 시간간격을 선호한다. 수요 또는 풍력 발전량은 실시간 1시간 전에 예측하는 것이 4시간 전에 예측하는 것에 비해 대체로 훨씬 정확하다. 발전기가 폐장 이후 고장 날 경우 소유주는 현물시장 가격이 그다지 높지 않기를 바라는 것 외에는 할 수 있는 것이 없다. 이와는 달리 만약 발전기가 폐장 전에 고장이 나면 발전기 소유주는 전자거래에서 가장 적정가격으로 구매함으로써 발전 부족분을 보전하려고 노력할 수 있다. 그러므로 시장참여자들은 그들의 예상 수요 또는 발전하에서 계약 포지션에 부응하기 위해 최후의 순간까지 전자거래의 이행을 선호한다. 시장참여자들은 그들이 통제하지 못하는 가격에 노출되는 현물시장에 의존하기보다는 이것을 우선시한다. 더 나아가 중개사업자들도 전력계통 운영에 대

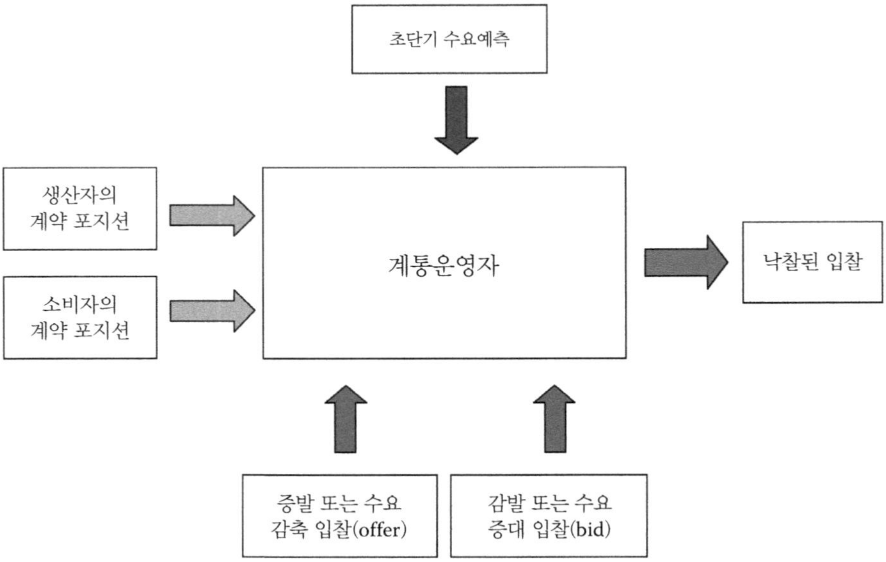

그림 3.4 전력 대상의 관리형 현물시장(managed spot market) 운영에 관한 개략도

한 복잡한 고려사항들에 의해 크게 영향받는 현물시장보다는 전적으로 시장의 힘에 의해 견인되는 진정한 시장에서 거래하는 것을 선호한다.

3.4.3 현물시장 운영

그림 3.4는 전기에너지에 대한 현물시장 운영을 개략적으로 나타낸 것이다. 폐장 시 생산자들과 소비자들은 계통운영자에게 자신들의 계약 포지션, 즉 다가오는 거래 주기 동안에 얼마의 전력을 생산하거나 소비할 계획인지를 통보해야 한다. 계통운영자는 이 정보를 총 수요 예측과 결합하여 계통 불균형이 어느 정도일지를 결정한다. 발전이 수요를 초과하게 되면, 계통은 "과하다(long)"라고 한다. 반대 경우가 유지되면, 계통은 "부족하다(short)"라고 한다. 그러고 나서 계통운영자는 불균형을 해소하기 위해 어떤 수급조정 구매 입찰과 판매 입찰을 사용할 것인지를 확정해야 한다.

중앙집중식 전력시장에서 종종 수급조정 기능은 에너지 시장 기능과 매우 긴밀하게 연계되어 있어서 이들을 구분하는 것은 어렵다.

예제 3.7

예제 3.1의 Borduria Power의 거래 담당자 사례로 회귀하여 그녀가 현물시장에서 어떻게 대응하는지 살펴보기로 하자. 쌍방거래에 대한 시장이 종료될 때 Fiona는 고려 중인 주기 동안 580 MWh를 순발전하는 계약을 체결한 상황이 된다. 그녀는 계통운영자에게 자신의 회사의 다음과 같은 발전계획을 통보한다.

발전기	계획 발전량(MW)
A	500
B	80
C	0

Fiona는 현물시장에서 어떤 구매 입찰과 판매 입찰을 제출할 것인지를 결정해야 한다. 이러한 결정을 지원하기 위해서 그녀는 Borduria Power 발전기들의 계획 출력 및 특성을 고려한다.

발전기	계획 발전량(MW)	최소출력(MW)	최대출력(MW)	한계비용($/MWh)
A	500	100	500	10.0
B	80	50	80	13.0
C	0	0	50	17.0

발전기 A와 B는 최대출력으로 운전하는 것으로 계획되어 있기 때문에 발전기 C에 의해 출력을 증가시킬 수 있는 입찰만을 그녀는 제출할 수 있다. 발전기 C의 기동비용을 무시한다고 가정할 때, 이 입찰은 최대 50 MWh 규모이고, 수익을 창출하기 위해서는 가격은 17.00 $/MWh 이상이 되어야 할 것이다.

물론 Fiona는 발전기 A와 B의 감발 가능성에 대해서도 고려한다. 그녀는 발전기 A의 출력을 줄이기 위해서는 최대 10 $/MWh, 발전기 B에 대해서는 최대 13 $/MWh를 지불할 용의가 있는데, 그것이 이 발전기들의 전력 생산 증분 비용이기 때문이다. 이 발전기들의 출력 증 · 감발률 제약이 없다고 가정할 때, 다음 주기들에 대한 계획에 영향을 미치지 않고 각각 400 MW, 30 MW만큼 출력을 줄일 수 있다. 추가 감발은 운전정지를 필요로 하고, Borduria Power가 후속 거래 주기에 대한 발전계획에서 배제될 여지도 있다. 그 외에 이 발전기들을 재기동하는 데 소요되는 비용은 그들의 수익성을 더욱 악화시키게 될 것이다.

완전경쟁시장에서 각 참여자의 최적 전략은 증분비용으로 판매 입찰하거나 증분 가치로 구매 입찰을 하는 것이라고 2장에서 학습하였다. 다음 장에서 언급하겠지만 전력시장은 통상 완전경쟁적이지는 않다. 몇몇 참여자들은 한계비용 이상으로 판매 입찰 또는 한계가치 이하로 구매 입찰함으로써 수익을 확대시킬 수 있다. 경험에 비추어 볼 때 Fiona는 다음과 같은 증발 입찰과 감발 입찰이 Borduria Power의 수익을 극대화할 것이라고 판단한다.

유형	식별자	가격($/MWh)	양(MW)
증발 입찰	SMB-1	17.50	50
감발 입찰	SMO-1	12.50	30
감발 입찰	SMO-2	9.50	400

정산 과정에 대한 내용을 설명할 때 다시 한번 이 예제를 검토할 것이다.

3.4.4 현물시장과 선도시장 간의 상호작용

현물시장은 최후의 보루인 시장이기 때문에 선도시장에 막대한 영향을 끼친다. 현물가격이 낮은 추세라면 에너지 구매자들은 현물시장에서 합리적 가격으로 부족분을 만회할 수 있기 때문에 계통의 공급부족 상황에 대해서 덜 걱정하게 된다. 그러므로 그들은 선도시장에서 자신들이 필요로 하는 물량보다 다소 덜 구매할 것이고, 이것은 결국 이들 시장에서의 가격을 낮추게 할 것이다. 이와는 반대로 현물가격이 높은 경향이라면 동일한 구매자들은 보다 나은 가격으로 자신들의 필요량을 충족할 수 있도록 선도시장에서의 구매가 보다 증가함에 따라 가격을 끌어올릴 것이다. 전기가 단순 재화라고 한다면 이러한 차이는 시간이 경과함에 따라 자연스럽게 상쇄되어야 하고 선도가격은 현물가격의 예상 가치를 반영해야 한다. 몇몇 중앙집중식 전력시장은 선도가격과 현물가격의 수렴을 용이하게 하기 위하여 "가상 입찰(virtual bidding)"을 지원한다. 가상 입찰은 물리적 설비들을 보유하고 있지 않는 참여자들에 의해 제출되며 따라서 전력을 생산하거나 소비할 의도는 없다. 대신 그들은 하루전 시장에서 구매하기 위한(또는 판매하기 위한) 입찰을 제출하고 현물시장에서 판매하기 위한(또는 구매하기 위한) 동등의 입찰을 제출한다. 이러한 가상 거래를 허용하는 것은 시장참여자의 수를 늘리고, 이것은 하루전 가격이 현물가격을 향해 수렴하는 데 기여한다는 몇몇 근거가 있다. 또한 이것은 시장지배력의 남용 가능성을 낮출 수 있다.

전기는 현물가격의 변동성이 매우 큰 유일한 재화는 아니다. 브라질 커피 재배 지역에서의 서리를 예상하는 기상예보는 커피의 현물가격을 급상승시킬 것이다. 예보가 부정확한 것으로 판명되거나 작황 손실이 우려했던 바에 비해 제한적이라고 한다면 익일에 해당 가격은 급락할 수도 있다. 커피와 전기에너지의 차이는, 현물시장에서 거래되는 커피는 장기계약에 의해 판매되는 커피와 정확히 동일한 방식으로 생산된다는 것이다. 반면에 현물시장에서 판매되는 1 MWh는 그 시점에 소비되는 대량의 에너지를 발전하는 발전소가 아닌 훨씬 더 유연한(flexible) 발전소에 의해 생산된 것일 수 있다. 유연한 발전소들은 선도시장에서는 경쟁열위일 수 있지만 자신들의 유연성이라는 특성으로 인해 틈새시장을 공략하는 것이 가능하다. 그러나 그것들이 공급하는 전기에너지의 양이 종종 상대적으로 적기 때문에 사업을 지속하기 위해 충분한 수입을 회수하려면 매우 높은 MWh당 가격을 부과해야 할 것이다. 현물가격 계상에서 이러한 유연한 에너지 비용을 산입하는 것은 때때로 가격급등(price spike)을 유발한다. 이러한 가격급등은 시장에서 전기에너지의 예기치 못한 부족을 반영한 것은 아니다. 그것은 극심하지만 일시적인 유동성 부족의 결과인 것이다. 단기에 에너지를 공급할 수 있는 참여자들의 수가 극소수이고, 소비자들이 즉시 수요를 절감할 수 없거나 의지가 없기 때문에 가격급등은 발생한다. 가격급등은 현물시장에서 구매해야 하는 회사가 직면하는 리스크이고, 그들에게 선도시장에서 더 많은 양을 구매하도록 장려함으로써 결국은 선도가격을 상승시키게 된다. 그러므로 이들 선도가격은 시급하게 전체 에너지 수요의 작은 일부를 발전해야 할 필요성에 의해 인위적으로 상승하게 된다.

3.5 정산 과정

일반적으로 상업 거래는 관련 두 당사자 사이에서 직접 정산된다. 판매자로부터 구매자로 재화가 인도된 다음에 구매자는 판매자에게 합의된 가격을 지불한다. 인도 물량이 계약 물량보다 적으면 구매자는 지급액의 일부를 보류할 권리가 있다. 마찬가지로 구매자가 합의된 물량 이상으로 소비한다면 판매자는 추가 보상을 받을 권리가 있다. 생산자에서 소비자로 전송되는 동안 전기에너지는 취합되기 때문에 이러한 과정이 전력시장에서는 훨씬 복잡하다. 중앙집중식 정산시스템이 필요한 이유가 이것에서 비롯된다.

전기에너지의 쌍방거래에서는 마치 계약 물량이 정확하게 인도 · 인수된 것으로 간주하여 구매자가 판매자에게 합의된 가격을 지불한다. 마찬가지로 화면 기반의 거래(screen-based trading)를 통해 처리된 익명 거래들은 마치 정확하게 이행된 것으로 가정하여 전력거래소(power exchange)라는 중개 매체를 통해서 정산된다. 그러나 계약 완료 시에는 항상 오차가 발생하기 마련이다. 발전사업자가 판매하기로 계약한 물량을 생산하지 못하면, 단지 이 발전사업자의 고객들에게 부족분을 주지 않는 것으로 끝낼 수는 없다. 대신 계통의 안정도를 유지하기 위해 계통운영자는 발전사업자를 대신하여 현물시장에서 대체에너지를 구매한다. 마찬가지로 대규모 수용가 또는 판매사업자가 구매하기로 계약한 물량보다 덜 소비하게 된다면 계통운영자는 현물시장에서 잉여분을 판매한다. 이러한 수급조정 활동은 모든 쌍방계약이 완벽하게 성료된 것처럼 보이게 한다. 물론 거기에는 비용이 따른다. 대부분의 경우 대체에너지를 구매하기 위해 계통운영자가 지불한 금액은 잉여에너지를 판매함으로써 벌어들이는 금액과 일치하지 않는다. 불균형 책임의 당사자는 이러한 수급조정 활동의 비용을 지불해야 한다.

그러므로 정산 과정의 첫 단계는 모든 시장참여자의 순수 포지션을 결정하는 데 있다. 이를 위해 각 발전사업자는 매 주기마다의 판매하기로 계약한 순 에너지량을 정산시스템에 입력해야 한다. 실제 생산한 에너지량에서 이 양이 차감된다. 그 결과가 양이면 발전사업자는 계통에 이 여분의 에너지를 판매할 수 있게 된다. 반면에 그 결과가 음이면 발전사업자는 계통으로부터 차이만큼 구매한 것으로 간주된다.

마찬가지로 모든 대규모 수용가와 판매사업자는 매 주기마다의 구매하기로 계약한 순 에너지량을 보고해야 한다. 실제 소비한 양에서 이 양이 차감된다. 결과의 부호에 따라 소비자 또는 판매사업자는 계통에 에너지를 판매하거나 계통으로부터 에너지를 구매해야 할 것이다.

이 불균형은 현물시장 가격으로 부과된다. 시장이 적절하게 경쟁적이라고 한다면, 이 가격은 에너지 수급조정의 증분비용을 반영해야 한다.

중앙집중식 전력시장에서의 정산은 모든 물리적 거래가 계통운영자에 의해 취급되기 때문에 훨씬 직관적이다. 통상 이러한 시장은 이른바 "2부정산시스템(two-settlement system)"을 구현한다. 이러한 시스템에서 하루전 시장에서 계획된 물량은 하루전 가격으로 정산되고, 매 주기마다의 계획량과 실제 양과의 편차는 해당 시장 주기 동안의 현물시장 (실시간) 가격으로 정산된다.

예제 3.8

예제 3.1과 3.7에서 6월 11일 오후 2시부터 3시까지 거래 주기 동안의 쌍방 시장 및 현물시장에서의 Borduria Power의 거래 활동에 대해서 살펴보았다. 폐장 이후 다음과 같은 사건들이 발생했다고 가정하자.

- 발전 부족분에 직면한 계통운영자는 Borduria Power의 현물시장 입찰(SMB–1)의 40 MWh를 요청하였다.
- Borduria Power의 발전기 B의 고장이 예상보다 심각한 것으로 판명되어 주기 시작 후 곧바로 강제 운전 정지를 해야 한다. 생산하기로 계획된 80 MWh 중에서 10 MWh만 공급할 수 있어 Borduria Power에 70 MWh의 발전 부족분이 남게 된다.
- 해당 거래 주기 동안 전기에너지 현물가격은 18.25 $/MWh이었다.

표 3.13은 Borduria Power의 거래내역을 상세히 보여 준다.

표 3.13 Borduria Power의 거래내역

시장	식별자	양 (MWh)	가격 ($/MWh)	수입 ($)	지출 ($)
선물계약 및 선도계약	Cheapo Energy	200	12.50	2500.00	
	Borduria Steel	250	12.80	3200.00	
	Quality Electrons	100	14.00	1400.00	
	Perfect Power	−30	13.50		405.00
	Cheapo Energy	50	13.80	690.00	
전력거래소	B1	20	13.50	270.00	
	B2	30	13.30	399.00	
	B3	10	13.25	132.50	
	O3	−20	14.40		288.00
	O6	−20	14.30		286.00
	O8	−10	14.10		141.00
현물시장	SMB-1	40	18.25	730.00	
	Imbalance	−70	18.25		1277.50
총계		550		9321.50	2397.50

쌍방거래는 Borduria Power와 그 당사자들 사이에서 직접 정산된다. 전력거래소 거래는 익명이기 때문에 BPeX(전력거래소를 운영하는 회사)를 통해 정산된다. 최종적으로 현물시장에서의 활동(자발적 및 강제적)은 계통운영자 또는 현물시장 정산 대리인을 통해 정산된다. 표의 마지막 행은 이 주기 동안 Borduria Power의 순 거래 수입이 $6,924.00에 해당한다는 것을 보여 준다. 이 거래 주기의 수익성을 분석하기 위해 Borduria Power가 인도하는 에너지를 생산하는 데 소요되는 비용을 계산해야 할 것이다. 그러나 단일 거래 주기에 대해 이 계산을 수행하는 것은 발전기들의 기동비용을 배분하는 명확한 방식이 전혀 없기 때문에 무의미할 수 있다.

3.6 연습문제

3.1 충분한 정보를 취득한 전력시장을 선정하되 가급적 1장의 연습문제에서 검토했던 동일한 시장이면 한층 바람직하다. 이 시장의 이행 과정에 대해서 설경하라. 특히, 쌍방거래에 기초한 측면과 중앙집중적으로 운영되는 내용을 구분하라. 현물시장에서 가격을 결정하기 위해 활용되는 체계를 상술하라.

3.2 Syldavia 전력시장 규칙에는 모든 참여자가 오로지 전력풀(power pool)을 통해서만 에너지를 거래해야 한다고 규정되어 있다. 그러나 Syldavia Aluminum Company(SALCo)와 Northern Syldavia Power Company(NSPCo)는 16 $/MWh의 행사가격(strike price)으로 200 MW의 지속 공급에 대한 차액계약(contract for difference)을 체결하였다.

a 풀 가격이 16 $/MWh, 18 $/MWh, 13 $/MWh일 때 이 회사들 사이의 전력과 자금의 흐름을 기술하라.

b 1시간 동안 Northern Syldavia Power Company가 단지 50 MWh를 인도할 수 있고, 풀 가격이 18 $/MWh라고 한다면, 어떤 상황이 발생하는가?

c 1시간 동안 Syldavia Aluminum Company가 단지 100 MWh를 소비하고, 풀 가격이 13 $/MWh라고 한다면, 어떤 상황이 발생하는가?

3.3 다른 회사들과 함께 다음 6개 회사들이 Southern Antarctica 전력시장에 참여하고 있다.

- Red: 최대용량 1,000 MW인 발전기들의 조합을 보유한 발전회사
- Green: 최대용량 800 MW인 발전기들의 조합을 보유한 또 다른 발전회사
- Blue: 전기에너지 판매사업자
- Yellow: 또 다른 전기에너지 판매사업자
- Magenta: 발전설비와 부하설비가 없는 중개사업자
- Purple: 물리적 설비들이 전무한 또 다른 중개사업자

2016년 2월 29일 월요일 오후 1시에서 2시 사이의 전력시장 운영에 적용되는 정보는 다음과 같다.

수요예측

Blue와 Yellow는 해당 시간 동안 각각 1,200 MW와 900 MW를 자신들의 소비자들이 소비할 것으로 예측한다.

장기계약

2015년 6월: Red는 2015년 1월 1일부터 2020년 12월 31일까지 매시간 15 $/MWh의 가격으로 600 MW를 공급하는 계약을 체결한다.

2015년 7월: Blue는 2016년 2월 1일부터 2016년 12월 31일까지 매시간 700 MW를

구매하는 계약을 체결한다. 가격은 비첨두부하 시간대에는 12 $/MWh, 첨두부하 시간대에는 15.50 $/MWh로 설정된다.

2015년 8월: Green은 2016년 2월 첨두부하 시간대에 16 $/MWh로 500 MW를 공급하는 계약을 체결한다.

2015년 9월: Yellow는 전기에너지 구매에 대한 계약을 체결한다. 그 계약에는 일별 · 주별 물량 및 일별 · 주별 가격이 명시되어 있다. 특히 주중 오후 1시에서 2시 사이에 550 MW의 물량이 16.25 $/MWh로 구매약정 되어 있다.

선물계약: 2016년 2월 29일 오후 1시에서 2시 사이의 인도에 대한 모든 계약이 열거되어 있다.

일시	회사	유형	양	가격
10/9/15	Magenta	Buy	50	14.50
20/9/15	Purple	Sell	100	14.75
30/9/15	Yellow	Buy	200	15.00
10/10/15	Magenta	Buy	100	15.00
20/10/15	Red	Sell	200	14.75
30/10/15	Green	Sell	250	15.75
30/10/15	Blue	Buy	250	15.75
10/11/15	Purple	Buy	50	15.00
15/11/15	Magenta	Sell	100	15.25
20/11/15	Yellow	Buy	200	14.75
30/11/15	Blue	Buy	300	15.00
10/12/15	Red	Sell	200	16.00
15/12/15	Red	Sell	200	15.50
20/12/15	Blue	Sell	50	15.50
15/1/16	Purple	Sell	200	14.50
20/1/16	Magenta	Buy	50	14.25
10/2/16	Yellow	Buy	50	14.50
20/2/16	Red	Buy	200	16.00
25/2/16	Magenta	Sell	100	17.00
28/2/16	Purple	Buy	250	14.00
28/2/16	Yellow	Sell	100	14.00

옵션 계약

2015년 11월, Red는 14.75 $/MWh의 행사가격에 200 MWh에 대한 풋옵션을 구매하였다. 옵션 수수료는 $50이었다.

2015년 12월, Yellow는 15.50 $/MWh의 행사가격에 100 MWh에 대한 콜옵션을 구

매하였다. 옵션 수수료는 $25이었다.

결과

- 2016년 2월 29일 오후 1시에서 2시 사이 Southern Antarctica 전력시장의 현물가격은 15.75 $/MWh로 설정되었다.
- 주요 발전소 중의 하나에 문제가 발생하여 Red는 800 MW만을 발전할 수 있었다. 평균 발전비용은 14.00 $/MWh이었다.
- Green은 평균비용 14.25 $/MWh로 770 MW를 발전하였다.
- Blue의 수요는 1,250 MW이었고, 평균 소매가격은 16.50 $/MWh이었다.
- Yellow의 수요는 850 MW이었고, 평균 소매가격은 16.40 $/MWh이었다.

모든 불균형은 현물시장 가격으로 정산된다고 가정할 때, 개별 참여자들의 수익 또는 손실을 산출하라.

3.4 중앙집중식 전기에너지 시장의 운영자는 주어진 주기에 대한 표 3.14에 제시된 전기에너지 공급 입찰을 접수하였다.

a 공급곡선을 생성하라.

b 시장이 단방향으로 운영된다고 가정한다. 즉, 수요는 입찰이 아닌 수요예측에 의해 표현된다고 가정하자. 400 MW, 600 MW, 875 MW의 수요하에서 시장가격, 개별 회사의 발전량 및 수입을 계산하라.

c 일정한 수요라고 가정하는 대신에 수요는 다음의 역수요함수로 가정한다.

$$D = L = 4.0 \cdot \pi$$

여기서 D는 수요, L은 예측 수요, π는 가격이다. 수요의 가격탄력성이 시장가격과 거래량에 미치는 영향을 논하라.

표 3.14 문제 3.4의 중앙집중식 시장에서의 판매 입찰

회사	양(MWh)	가격($/MWh)
Red	100	12.5
Red	100	14.0
Red	50	18.0
Blue	200	10.5
Blue	200	13.0
Blue	100	15.0
Green	50	13.5
Green	50	14.5
Green	50	15.5

3.5 Syldavia Power and Light라는 회사는 하나의 발전소를 보유하고 부하에 전력을 공급하고 있다. 전력시장 거래에 적극 가담하여 6월 11일 오전 10시에서 11시 사이 다음과 같은 포지션을 구축하였다.

- 첨두부하 시간대에 20.00 $/MWh의 가격으로 600 MW 구매에 대한 장기계약
- 비첨두부하 시간대에 16.00 $/MWh의 가격으로 400 MW 구매에 대한 장기계약
- 19.00 $/MWh의 고정가격으로 50 MW 판매에 대한 주요 산업용 수용가와의 장기계약
- 나머지 수용가들은 21.75 $/MWh의 요금제로 전력을 구매한다.
- 21.00 $/MWh의 가격으로 200 MWh 판매에 대한 선물계약
- 22.00 $/MWh의 가격으로 100 MWh 구매에 대한 선물계약
- 20.50 $/MWh의 행사가격으로 150 MWh에 대한 콜옵션
- 23.50 $/MWh의 행사가격으로 200 MWh에 대한 풋옵션
- 24.00 $/MWh의 행사가격으로 300 MWh에 대한 콜옵션

모든 옵션에 대한 옵션 수수료는 1.00 $/MWh이다. 첨두부하 시간대는 오전 8시부터 오후 8시까지로 정의한다.

6월 11일 오전 10시에서 11시 사이의 결과는 다음과 같다.

- 현물가격은 21.50 $/MWh로 설정된다.
- 대규모 산업용 수용가를 포함하여 Syldavia Power and Light라는 회사의 총 수요는 1,200 MW이다.
- 발전소는 평균비용 21.25 $/MWh로 300 MWh를 생산한다.

a 모든 불균형은 현물시장 가격으로 정산된다고 가정할 때, 해당 시간 동안 회사의 수익 또는 손실을 계산하라.

b 회사의 수익 또는 손실을 0으로 만들기 위한 현물시장 가격은 얼마인가? 이 현물시장 가격의 변화는 상기 옵션 계약들에 영향을 미치는가?

3.6 Borduria Energy는 전기에너지와 관련된 몇 가지 상업적 활동에 관여하고 있다. 발전, 대규모 수용가에 대한 전력 판매, 소규모 수용가에 대한 소매 판매, 다른 시장참여자들과의 에너지 거래가 바로 그것이다. 7월 21일 오전 10시에서 11시 사이의 거래 주기 동안에 다음과 같은 거래들이 유효하다.

- 첨두부하 시간대에 23.00 $/MWh의 가격으로 500 MW 구매에 대한 발전회사와의 장기계약
- 비첨두부하 시간대에 14.00 $/MWh의 가격으로 300 MW 구매에 대한 장기계약
- 전기에너지 판매에 대한 타 에너지 판매 사업자와의 장기계약. 그림 P3.6a는 매 시간별 판매량, 그림 P3.6b는 가격을 제시하고 있다.

- 22.00 $/MWh의 가격으로 200 MWh 판매에 대한 선물계약
- 24.00 $/MWh의 가격으로 100 MWh 구매에 대한 선물계약
- 23.50 $/MWh의 행사가격으로 250 MWh에 대한 콜옵션
- 22.50 $/MWh의 행사가격으로 200 MWh에 대한 풋옵션
- 21.75 $/MWh의 행사가격으로 300 MWh에 대한 콜옵션
- 소규모 주택용 및 상업용 수용가에 적용되는 요금제는 26.00 $/MWh이다.

해당 시간에 대한 시장이 폐장될 때 현물가격은 22.25 $/MWh로 설정된다. Borduria Energy가 해당 시간 동안 공급해야 할 소규모 수용가의 총 수요는 800 MWh이고, 회사가 소유하고 있는 발전소는 평균비용 21.25 $/MWh로 300 MWh를 생산했다. 모든 옵션에 대한 옵션 수수료는 2.00 $/MWh이고, 첨두부하 시간대는 오전 8시부터 오후 8시까지로 지정되어 있다는 사실에 주목하자.

모든 불균형은 현물시장 가격으로 정산된다고 가정할 때, 해당 시간 동안 회사의 수익 또는 손실을 계산하라.

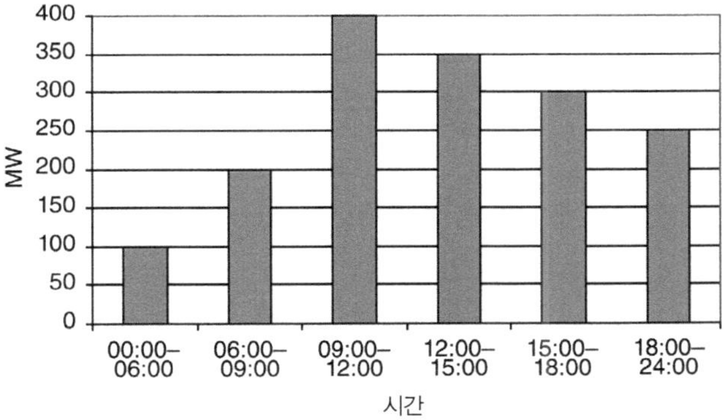

그림 P3.6a 장기계약에 의한 판매량

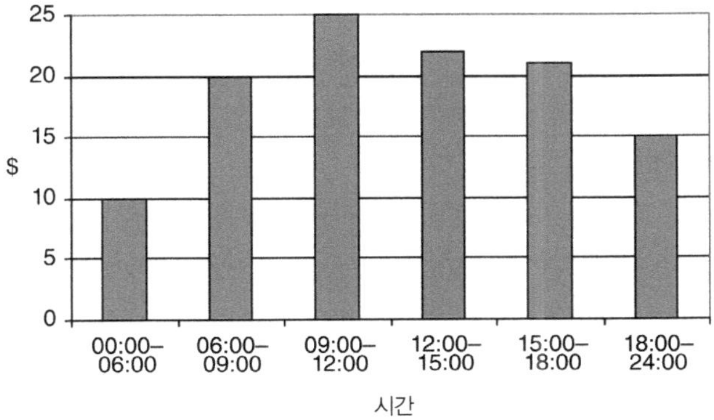

그림 P3.6b 장기계약에 대한 가격($/MWh)

3.7 Borduria Energy라는 회사는 원자력발전소와 LNG 복합화력발전소를 보유하고 있다. 회사의 거래 부서는 1월 25일에 해당하는 다음 계약들을 체결하였다.

T-1. 21.00 $/MWh의 가격으로 50 MW 판매에 대한 선도계약. 이 계약은 모든 시간에 적용된다.

T-2. 14.00 $/MWh의 가격으로 비첨두부하 시간대의 300 MW 판매에 대한 장기계약

T-3. 첨두부하 시간대에 20 $/MWh의 가격으로 350 MW 판매에 대한 장기계약

추가적으로 거래 부서는 1월 25일 오후 2시에서 3시 사이의 거래 주기에 해당하는 다음과 같은 계약들을 체결하였다.

T-4. 20.00 $/MWh의 가격으로 600 MWh 구매에 대한 선물계약

T-5. 22.00 $/MWh의 가격으로 100 MWh 판매에 대한 선물계약

T-6. 23.50 $/MWh의 행사가격으로 250 MWh에 대한 풋옵션

T-7. 22.50 $/MWh의 행사가격으로 200 MWh에 대한 콜옵션

T-8. 18.75 $/MWh의 행사가격으로 100 MWh에 대한 풋옵션

T-9. LNG 복합화력발전소를 활용하여 50 MW를 생산하는 19.00 $/MWh 가격의 현물시장 입찰

T-10. LNG 복합화력발전소를 활용하여 100 MW를 생산하는 22.00 $/MWh 가격의 현물시장 입찰

콜옵션과 풋옵션에 대한 옵션 수수료는 $2.00/MWh이다. 첨두부하 시간대는 오전 8시부터 오후 8시로 정의되어 있다.

Borduria Energy는 또한 소매담당 부서를 통해 직접 소규모 수용가에 전기에너지를 판매한다. 주택용 수용가는 25.50 $/MWh의 요금제, 상업용 수용가는 25.00 $/MWh의 요금제에 의해 전기요금을 지불한다. Borduria Energy는 산업용 수용가에게는 전기에너지를 판매하지 않는다.

그림 P3.7의 그래프는 1월 25일 오후 2시부터 3시 사이의 거래 주기에 대해 현물시장 운영자가 접수한 입찰 더미들을 나타낸 것이다. 수급균형을 위해서 해당 시간 동안 가격의 오름차순으로 정렬했을 경우 225 MW의 입찰이 낙찰되었다. 현물시장 가격은 낙찰된 입찰의 최고가격으로 설정되었다.

해당 시간 동안 Borduria Energy에 의해서 공급되는 상업용 수용가는 200 MW를 소비한 반면, 주택용 수용가는 300 MW를 소비하였다. 원자력발전소는 평균비용 16.00 $/MWh로 400 MWh를 생산하였다. LNG 복합화력발전소는 평균비용 18.00 $/MWh로 200 MWh를 생산하였다. 모든 불균형은 현물시장 가격으로 정산된다.

a 해당 시간 동안 Borduria Energy의 수익 또는 손실을 계산하라.

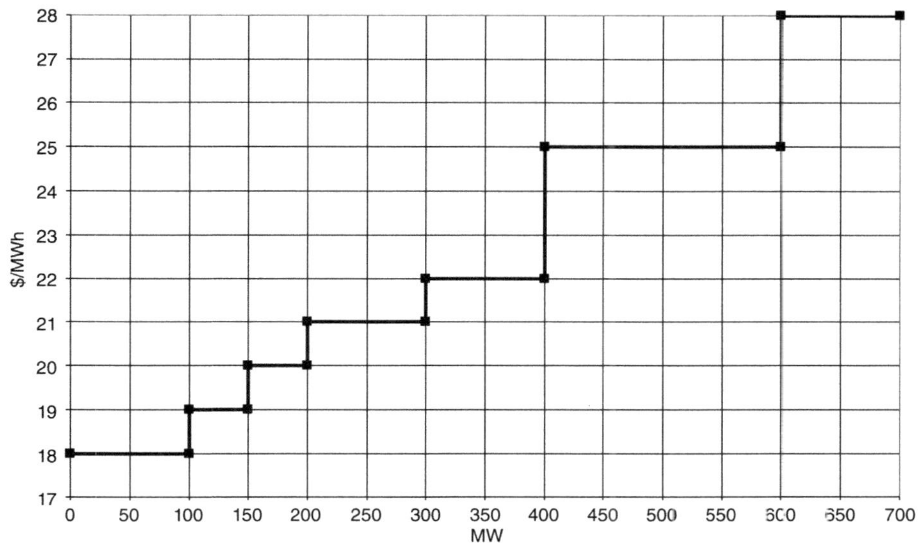

그림 P3.7 판매 입찰 더미들

b 1월 25일 오후 2시 원자력발전소의 불시 고장이 해당 시간 동안 Borduria Energy의 수익(또는 손실)에 미치는 영향을 계산하라.

3.8 Dragon Power라는 회사는 그림 P3.8에 주어진 비용함수와 운전한계를 갖는 1기의 발전기를 보유하고 있다. 이 회사는 Syldavia 전력시장에 참여하고 있는데 이것은 쌍방거래와 선도시장 폐장 이후의 관제 현물시장으로 구성되어 있다.

6월 11일 오전 9시부터 10시까지의 거래 주기를 고려하자. 해당 거래 주기에 대한 시장 폐장 직전에 Dragon Power는 다음과 같은 적절한 쌍방거래 계약들을 체결하였다.

구분	유형	양(MWh)	가격($/MWh)
A1	Sold	200	0.16
A2	Sold	100	0.22
A3	Sold	75	0.30
A4	Bought	125	0.28
A5	Sold	25	0.25

Dragon Power는 관제 현물시장에서 에너지 생산을 증가 또는 감소시킬 수 있는 입찰을 제출할 수 있다. Dragon Power가 체결한 쌍방거래 계약들을 고려하여 제출될 수 있는 경쟁력 있는 입찰들의 물량과 가격을 결정하라. 관제 현물시장은 완전경쟁적이고 발전기들은 운전정지될 수 없다고 가정하자.

이 거래 주기에 대한 정산 과정 동안 다음과 같은 내용이 확인된다.

- Dragon Power가 관리형 현물시장에 제출한 어떠한 입찰도 낙찰되지 않았다.
- Dragon Power가 보유한 발전기는 해당 시간 동안 225 MWh를 생산하였다.
- 관리형 현물시장의 현물가격은 0.35 $/MWh이었다. 모든 불균형은 이 현물가격으로 거래된다.

해당 시간 동안 Dragon Power의 전체 운영 수익 또는 손실을 계산하라.

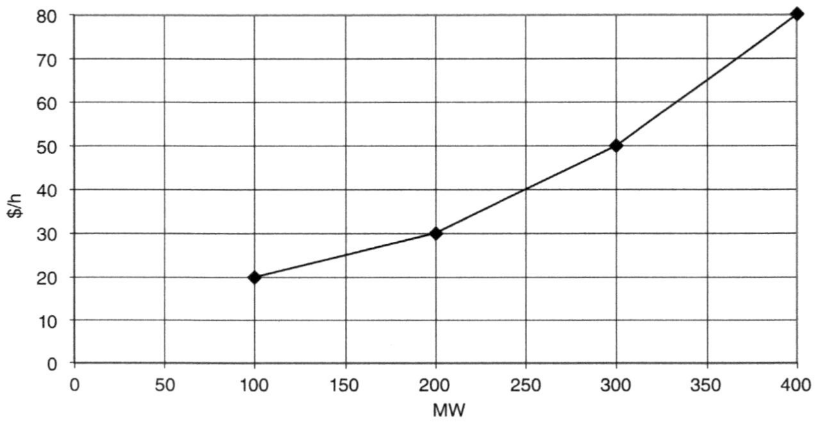

그림 P3.8 발전기 비용함수

3.9 현물시장, 선물계약, 그리고 옵션 시장이 Syldavia의 전기에너지 거래를 위해 구축되었다. 이 시장에는 다수의 참여자가 있지만, 다음과 같은 세 참여자들만 고려하기로 하자.

Syldavia Genco: 최대용량 800 MW인 발전기들의 조합을 보유한 발전회사

Syldavia Power and Light: 최대용량 500 MW인 발전소 하나를 보유하고, 하나의 산업용 수용가 및 주택용 수용가들에 전력을 공급하는 회사

Borduria Investment: 발전설비 및 부하설비가 없는 전력거래 회사

5월 14일 오후 1시에서 2시 사이의 인도 계약에 주안점을 둔다. 이 회사들은 이 주기에 해당하는 다음과 같은 거래에 대한 당사자들이다.

장기계약

2011년 6월 11일: Syldavia Genco는 20.00 $/MWh의 가격으로 첨두부하 시간대에 600 MW를 공급하는 계약을 체결하였다.

2012년 7월 4일: Syldavia Genco는 16.00 $/MWh의 가격으로 비첨두부하 시간대에 400 MW를 공급하는 계약을 체결하였다.

2013년 8월 4일: Syldavia Power and Light는 19.00 $/MWh의 고정가격으로 50

MW 판매에 대한 장기계약을 산업용 수용가와 체결하였다.

2015년 1월 1일: 규제기관은 Syldavia Power and Light가 주택용 수용가들에 21.75 $/MWh의 요금제로전력을 판매하도록 하였다.

2009년 6월 11일: Syldavia Power and Light는 2015년 1월 1일부터 12월 31일까지 매시간 800 MW를 구매하는 계약을 체결하였다. 비첨두부하 시간대의 가격은 18 $/MWh, 첨두부하 시간대의 가격은 21 $/MWh이다.

선물계약

회사	유형	양	가격
Borduria Investment	Buy	50	17.50
Borduria Investment	Buy	100	19.00
Syldavia Genco	Sell	200	22.75
Syldavia Power and Light	Buy	100	22.00
Borduria Investment	Sell	100	20.25
Syldavia Power and Light	Sell	150	24.00
Syldavia Genco	Buy	200	19.25
Syldavia Power and Light	Sell	50	19.25
Borduria Investment	Buy	50	18.25
Syldavia Genco	Buy	200	19.00
Borduria Investment	Sell	100	20.00
Borduria Investment	Sell	100	22.00

옵션계약

- 2015년 3월 1일, Syldavia Genco는 $20.75/MWh의 행사가격으로 200 MWh에 대한 풋옵션을 구매하였다.
- 2015년 5월 1일, Syldavia Power and Light는 20.50 $/MWh의 행사가격으로 150 MWh에 대한 콜옵션을 구매하였다.
- 2015년 5월 7일, Syldavia Power and Light는 23.50 $/MWh의 행사가격으로 200 MWh에 대한 풋옵션을 구매하였다.
- 2015년 5월 10일, Syldavia Power and Light는 24.00 $/MWh의 행사가격으로 300 MWh에 대한 콜옵션을 구매하였다.

현물시장

2015년 5월 14일 오후 1시에서 2시 사이의 결과

- 현물가격은 21.50 $/MWh이었다.
- Syldavia Power and Light사의 대규모 산업용 수용가를 포함한 총 수요는 1,400

MW이었다.

- Syldavia Power and Light의 발전소는 21.25 $/MWh의 평균비용으로 300 MWh를 생산하였다.
- Syldavia Genco는 21.20 $/MWh의 평균비용으로 730 MW를 발전하였다.

모든 옵션에 대한 옵션 수수료는 1.00 $/MWh이다.
첨두부하 시간대는 오전 8시부터 오후 8시까지로 정의되어 있다.

a 모든 불균형은 현물시장 가격으로 정산된다고 가정할 때, 해당 시간 동안 개별 회사들의 수익 또는 손실을 계산하라.

b Syldavia Genco의 수익 또는 손실을 0으로 만드는 현물시장 가격은 얼마인가?

c Syldavia Power and Light가 보유한 발전소는 $C = 0.015P^2 + 9P + 2325$의 비용함수를 가지고 있고, 이 회사는 해당 시간 동안 발전소 출력을 제어하는 전권을 가지고 있다고 가정하자. 해당 주기 동안 이 발전기가 300 MWh를 생산하는 것이 최적이었는가? 만약 그렇지 않다면 얼마를 생산했어야 하는가?

3.10 표 3.15에 제시된 수요는 표 3.16에 요약된 특성을 갖는 발전기들에 의해 충당되어야 한다. 표 3.17에는 이 문제에 대한 세 가지 해가 요약되어 있다. 각각의 해의 실현가능성을 검증하라. 만약 해가 실현 불가능하면 만족하지 않는 모든 제약조건을 표시하라. 60 MW의 예비력은 항시 확보되어야 한다고 가정한다. 그림 P3.10에 주어진 각 발전기들의 비용곡선을 활용하여 모든 실현 가능한 해들의 총 비용을 산출하라.

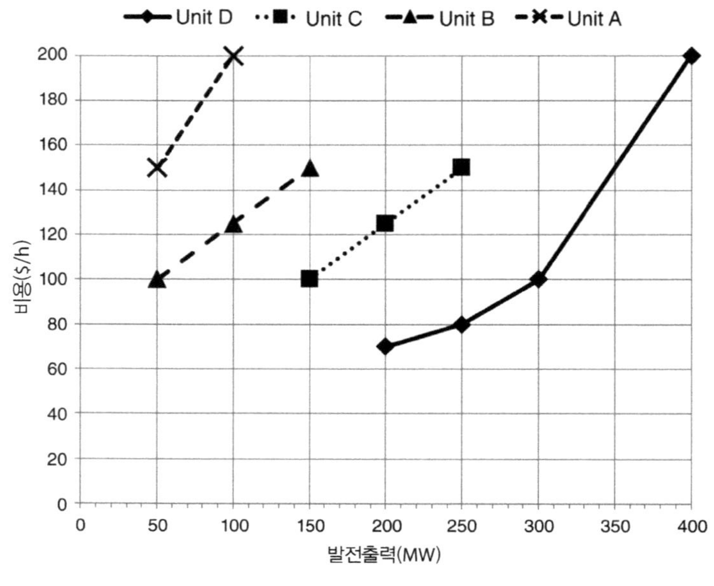

그림 P3.10 발전기들의 비용곡선

표 3.15 문제 3.10의 수요 데이터

시간	1	2	3	4
수요(MW)	400	500	600	400

표 3.16 문제 3.10의 발전기 특성

발전기	최소출력 (MW)	최대출력 (MW)	최소운전 시간(h)	최소정지 시간(h)	기동비용 ($)	초기상태
A	25	100	1	1	5	6시간 동안 정지
B	50	150	3	3	200	1시간 동안 정지
C	150	250	3	3	600	6시간 동안 운전
D	200	400	6	6	800	12시간 동안 운전

표 3.17 문제 3.10의 발전기 기동정지 해

해	발전기	시간 1	시간 2	시간 3	시간 4
S1	A	OFF	OFF	OFF	OFF
	B	OFF	100	OFF	OFF
	C	100	250	200	200
	D	250	150	400	200
S2	A	OFF	OFF	100	OFF
	B	OFF	OFF	OFF	OFF
	C	150	250	250	200
	D	250	250	250	200
S3	A	OFF	50	OFF	OFF
	B	OFF	OFF	40	100
	C	150	OFF	110	150
	D	250	450	450	150

3.11 소형 전력계통에서 3기의 발전기가 전력을 공급하고 있다. 표 3.18은 이 발전기들의 기술적 특성 및 비용 특성 자료를 보여 준다.

이 발전기들이 표 3.19의 수요를 감당해야 한다. 예비력은 불필요하다고 가정한다. (이것은 바람직하지 않지만 문제를 간략화한다!)

a 매 시간별 실현 가능한 발전기들의 조합을 탐색하라.

b 계통의 초기상태, 최소운전시간 및 최소정지시간 제약조건들을 고려할 때 실현 가능한 상태들 사이의 전이(transition)를 도출하라.

c 각 실현 가능한 상태에 대한 운전비용을 계산하라.

표 3.18 문제 3.11의 발전기들의 특성

발전기	최소출력 (MW)	최대출력 (MW)	최소운전 시간(h)	최소정지 시간(h)	무부하 비용($)	한계비용 ($/MWh)	기동비용 ($)	초기상태
A	180	250	3	3	0	10	1000	5시간 동안 정지
B	70	100	2	2	0	12	600	3시간 동안 운전
C	10	50	1	1	0	20	150	3시간 동안 운전

표 3.19 문제 3.11의 수요 데이터

시간	1	2	3
수요(MW)	320	250	260

d 각 실현 가능한 전이와 관련된 기동비용을 산출하라.

e 각 실현 가능한 상태에 대한 누적 비용을 계산하라. Bellman의 최적원리에 입각하여 각 상태에 도달하는 비용이 가장 저렴한 유일한 방안을 고려하라.

f 문제에 대한 비용이 가장 저렴한 해를 구하라.

3.12 Western Antarctica 발전회사는 3기의 발전기를 활용하여 1,000 MW의 부하에 전력을 공급하고 있다. 이 발전기들의 비용 특성들은 다음 수식들에 의해 표현된다(여기서 전력은 MW로 표시).

$$C_1 = 200 + 8P_1 + 0.07\,P_1^2(\$/\mathrm{h})$$
$$C_2 = 300 + 9P_2 + 0.10\,P_2^2(\$/\mathrm{h})$$
$$C_3 = 350 + 5P_3 + 0.09\,P_3^2(\$/\mathrm{h})$$

a 발전기들의 운전 한계를 무시할 때, 최적 경제급전을 도출하라.

b 발전기들에 다음과 같은 운전 한계가 규정될 때 경제급전은 어떻게 영향을 받는가? 이 전력량을 생산하기 위한 총 비용은 얼마인가?

$$200 \le P_1 \le 600\ \mathrm{MW}$$
$$100 \le P_2 \le 200\ \mathrm{MW}$$
$$200 \le P_3 \le 600\ \mathrm{MW}$$

c Eastern Antarctica 전력회사가 Western Antarctica 발전회사로부터 200 MW를 구매하는 데 $12,000를 지불하고자 한다. 발전기들의 출력 제약을 고려할 때, Western Antarctica 발전회사가 이 거래에 동의해야 하는가?

참고문헌

Gribik, P.R., Hogan, W.W., and Pope, S.L. (2007). Market-clearing electricity prices and energy uplift. www.hks.harvard.edu/fs/whogan/Gribik_Hogan_Pope_Price_Uplift_123107. pdf.

보충자료

Schweppe 등(1988)에 의해 현물가격제 이론이 최초로 전기에너지에 적용되었다. Schweppe 도서는 전력시장에 경쟁을 도입하는 이론적 근거를 제공한 것으로 알려져 있다. Baldick 등(2005)과 O'Neill 등은 시장 설계와 관련된 핵심적인 사항들을 상세하게 분석하고 있다. 전력시장 구성과 관련된 상당한 양의 자료들은 미국의 FERC(Federal Energy Regulatory Commission), 영국의 OFGEM(Office of Gas and Electricity Markets), 유럽연합의 CEER(Council of European Energy Regulators) 같은 규제기관, 또는 PJM과 같은 시장운영자들로부터 취득할 수 있다. Gribik 등(2007)과 Galiana 등은 일괄지불금(make-whole payments)에 대한 세부 논의 내용을 제공한다. Isemonger(2006)는 가상 입찰의 장단점을 논한다. 이 주제와 관련된 추가적인 정보는 PJM 보고서(2015)에서 확인할 수 있다.

Baldick, R., Helman, U., Hobbs, B.F., and O'Neill, R.P. (2005). Design of efficient generation markets. *Proc. IEEE* 93 (11): 1998–2012.

CEER. http://www.ceer.eu (accessed 14 March 2018).

FERC. http://www.ferc.gov (accessed 14 March 2018).

Galiana, F.D., Motto, A.L., and Bouffard, F. (2003). Reconciling social welfare, agent profits and consumer payments in electricity pools. *IEEE Trans. Power Syst.* 18 (2): 452–459.

Isemonger, A.G. (2006). The benefits and risks of virtual bidding in multi-settlement markets. *Electr. J.* 19 (9): 26–36. doi: 10.1016/j.tej.2006.09.010.

OFGEM. http://www.ofgem.gov.uk/public/adownloads.htm#retabm (accessed 14 March 2018).

O'Neill, R.P., Helman, U., Hobbs, B.F., and Baldick, R. (2006). Independent system operators in the United States: history, lessons learned, and prospects (Chapter 14). In: *Electricity Market Reform: An International Perspective, Global Energy Policy and Economics Series* (ed. F. Sioshansi and W. Pfaffenberger), 479–528. Elsevier.

PJM. http://www.pjm.com (accessed 14 March 2018).

PJM Interconnection (2015). Virtual transactions in the PJM energy markets. https://www.pjm.com/~/media/documents/reports/20151012-virtual-bid-report.ashx (accessed 12 October 2015).

Schweppe, F.C., Caramanis, M.C., Tabors, R.D., and Bohn, R.E. (1988). *Spot Pricing of Electricity*. Kluwer Academic Publishers.

Wood, A.J. and Wollenberg, B.F. (1996). *Power Generation, Operation and Control*, 2e. Wiley.

4
전기에너지 시장 참여 Participating in Markets for Electrical Energy

4.1 개요

이전 장에서 우리는 전기에너지 시장의 기본 원칙에 대해 논의했으며 시장참여자가 시장과 어떻게 상호작용하는지 몇 가지 예를 통해 설명했다. 이 장에서는 발전회사, 소비자 및 기타 참여자들이 전기에너지를 판매하거나 구매함으로써 얻을 수 있는 이점을 최적화하기 위해 택하는 결정들에 대해 더 자세히 논의하겠다.

우리는 먼저 소비자가 전력시장에서 발전회사 즉 생산자보다 훨씬 더 수동적인 역할을 하는 이유와 판매업체가 시장에서 어떻게 생산자와 소비자 사이의 중개자 역할을 하는지 논의할 것이다.

그다음에 발전회사가 완전경쟁시장에 직면한 상황에 대해 생각해 보고자 한다. 완전경쟁시장에서 생산자의 행동은 시장가격에 영향을 미치지 않기에 다른 생산자나 소비자와 독립적으로 자신의 행동을 최적화할 수 있다. 하지만 이 가정은 전력시장에서는 다소 비현실적이다. 전력수요의 단기 가격탄력성은 매우 낮으며 대부분의 시장에서 전력 생산의 많은 부분을 소수의 생산자에 의지하고 있기 때문이다. 따라서 우리는 불완전경쟁시장 운영기법과 함께 시장지배력 행사를 억제하기 위한 방법에 대해 논의할 것이다.

마지막으로 재생에너지, 저장장치, 수요 반응과 같은 비전통적인 자원이 전력시장에 어떤 영향을 미치는지 살펴보겠다.

4.2 소비자의 관점

미시경제 이론에 따르면 다른 모든 상품의 소비자와 마찬가지로 전기 소비자 역시 전기로부터 얻는 한계편익이 지불해야 하는 가격과 같을 때까지 수요를 증가시킨다. 예를 들어 제조업체는 제품을 만드는 데 필요한 전기에너지 비용으로 인해 더 이상 판매 수익이 발생하지 않는 경우 제품을 생산하지 않을 것이다. 마찬가지로 패션 부티크의 소유자는 추가적인 고객을 받을 정도까지만 조명의 밝기를 올릴 것이다. 마지막으로, 추운 겨울에 우리 대부분은 난방온도를 올려서 매우 큰 전기요금을 지불하기보다 옷을 껴입고 전기요금을 아끼는 것을 선택하기도 한다. 이 장에서 우리는 소비자의 단기 행동만을 다루기 때문에 에너지원이나 소비 패턴을 변화시킬 새로운 기기나 기계 또는 기타 시설을 구매하는 옵션은 고려하지 않겠다.

만약 산업, 상업 및 주거 고객이 그들이 소비하는 전기에 대해 kWh당 고정 요금을 지불한다면 현물시장 가격으로부터 단절됨을 의미하며 전기 수요는 오로지 그들의 활동에 의해서만 영향을 받게 된다. 몇 주 혹은 몇 달에 걸친 평균 수요는 소비자의 고정 요금에 대한 지불 용의만을 반영하게 된다. 하지만 전기요금이 더 빠르게 변동하게 된다면 어떻게 될 것인가? 실제 적용례에 따르면 단기적인 전기 가격 인상은 수요 감축을 유발하지만, 그 효과는 상대적으로 작게 나타난다. 이는 전력수요의 가격탄력성은 작다는 것을 의미하며, 따라서 수요곡선의 기울기는 매우 가파르게 된다. 전기에너지와 같은 상품은 수요곡선의 모양을 정확하게 결정하는 것이 사실상 불가능하다. 그러나 전력 도매시장에서 판매되는 전기에너지의 평균 시장가격과 소비자가 전기에너지의 가용성에 부여하는 가치를 비교하는 것은 주목할 만하다. 전기에너지 가용성 측정치 중 하나는 전력공급지장가치(VoLL)로, 예고 없는 정전을 피하게 위해 지불할 의향이 있는 MWh당 평균가격을 의미하며 이는 소비자 설문조사를 통해 얻어진다. 예를 들어, 2007년부터 2013년까지 MISO 거래 허브의 평균 하루전 에너지 가격은 35.85 $/MWh인 반면 VoLL은 3,500 $/MWh로 추정된다. 더 자세한 VoLL 개념은 6장에서 운영 안정성에 대해 논의할 때 다시 살펴보도록 하겠다.

수요곡선의 낮은 탄력성은 경제적, 사회적 요인에 의해 설명될 수 있다. 첫째, 전기에너지 비용은 대부분의 산업재 생산 총 비용의 작은 부분만을 차지하며 대부분의 가정에서도 생활비의 작은 부분에 불과하다. 동시에 전기는 제품 제조에 있어서 없어서는 안 될 필수 요소이며 산업화된 지역의 대부분의 개인들은 전기가 삶의 질에 있어 필수라고 생각한다. 따라서 산업 소비자는 전기 소비를 줄임으로써 얻는 절감액이 이익 손실로 상쇄되거나 오히려 더 적을 수 있기에 전기요금의 단기 상승을 피하기 위해 생산량을 크게 줄이지는 않을 것이다. 비슷하게, 대부분의 주거 소비자는 전기요금을 조금이라도 줄이기 위해 편안함과 편리함을 줄이지 않을 것이다. 수요곡선의 낮은 탄력성에는 역사적 요인도 존재한다. 100여 년 전 상업적 발전 산업 초창기부터 전기는 사용하기 쉽고 항상 접근 가능한 상품으로 판매되어 왔다.[1] 이러한 편리함은 매우 깊숙이 자리 잡고 있어서 조명을 켤 때마다 비용/편익 분석을 수행하는 사람은 거의 없다고 해도 과언이 아니다.

소비자는 전기에너지 가격의 급격한 상승에 대응하여 단순히 수요를 줄이는 대신 가격이 더 낮아지는 시점까지 전기 사용을 연기할 수 있다. 예를 들어 제조업체는 특정 에너지 집약적인 생산공정을 전기 가격이 낮을 것으로 예상되는 야간 시간대로 연기할 수 있다. 유사하게, 일부 국가의 주거 소비자는 더 낮은 야간 전기요금을 이용하기 위해 밤이나 새벽시간까지 기다려서 세탁/건조를 하거나 급탕을 하기도 한다. 시간에 대한 수요 이동은 소비자가 중간재, 열, 전기에너

1 실제로 벽걸이 조명 스위치가 최초의 킬러 앱이라고 주장할 수 있다.

지 또는 빨랫감을 저장 및 보관할 수 있는 경우에만 가능하다. 높은 가격 시간대와 낮은 가격 시간대 사이의 시차가 아주 크지 않다면, 주거 및 상업 수요의 일부분만 편리함 혹은 수익에 상당한 손실을 일으키지 않고 시간에 따라 이동할 수 있기 때문에 소비자가 실제로 절감할 수 있는 비용은 그리 크지 않을 수 있다. 따라서 대부분의 소규모 주거 및 상업 소비자는 매시간 또는 더 빠르게 변하는 가격을 기준으로 전기요금이 청구되는 것에 그다지 관심이 없을 것이다. 그렇다면 전기부하는 가격정보를 수신하고 각 소비자의 선호도를 반영하도록 프로그래밍된 "소비자 에너지 관리 시스템"에 의해 자동으로 제어되어야 할 것이다. 우리는 이 장의 뒷부분에서 유연한 수요를 가진 소비자의 관점에 대해 더 자세히 논의할 것이다.

향후 당분간 소비자의 대다수는 연간 최대 단지 몇 번 정도 조정되는 kWh당 고정가격으로 전기에너지를 계속 구매할 것이다. 이러한 요금체계는 도매가격의 변동으로부터 그들을 보호하므로 수요의 단기 가격탄력성에 대한 기여를 0으로 줄이게 된다. 매우 낮은 탄력성은 전기에너지 시장의 운영에 바람직하지 않은 영향을 미친다. 특히 이 장의 뒷부분에서 그것이 생산자에 의한 시장지배력 행사를 용이하게 한다는 것을 보게 될 것이다.

4.3 판매업자의 관점

피크 수요가 최소 수백 kW인 소비자는 전문 인력을 고용하여 수요를 예측하고 전력시장에서 낮은 가격에 전력을 거래하여 전력 구매비용을 상당히 절감할 수 있다. 이러한 소비자들은 시장에 직접적이고 적극적으로 참여할 것이다. 반면에 전력 사용이 적은 소규모 소비자는 이러한 적극적인 거래보다는 일반 전기요금을 선호할 것이다. 전기 판매업자는 이러한 도매시장과 소규모 소비자 사이의 간극을 메우기 위한 역할을 한다.

전기 판매업자들이 겪는 어려움은 도매시장에서 변동하는 가격으로 에너지를 구매하고 소비자에게는 고정가격으로 판매한다는 점이다. 에너지에 대해 지불해야 하는 가격이 해당 에너지를 재판매하는 가격보다 높을 경우 판매업자들은 손해를 본다. 반면에, 소매 판매 가격이 구매가격보다 높은 기간에는 이익을 얻게 된다. 사업을 유지하기 위해서는 전기에너지를 구매하는 수량의 가중평균 가격이 고객에게 청구하는 요금보다 낮아야 한다. 이러한 조건은 판매업체가 고객이 소비하는 에너지의 양을 직접 제어할 수 없기 때문에 항상 달성할 수 있는 것은 아니다. 각 판매업자는 계량기를 통해 측정된 전력량을 고객에게 판매한 것으로 간주한다. 특정 기간 동안 모든 고객이 소비한 전력량이 선물계약 등을 통해서 구매하기로 한 계약량을 초과한다면 판매업자는 해당 기간의 현물가격 수준과 관계없이 현물시장에서 차액량에 대해 구매를 해야 한다. 마찬가지로, 계약량이 고객의 총 소비량을 초과하는 경우 판매업자는 그 차액을 현물시장에서 판매하는 것으로 간주한다.

따라서 판매업자는 현물시장 가격의 예측 불가능성과 관련된 위험에 대한 노출을 줄이기 위해 고객의 수요를 가능한 한 정확하게 예측하려고 노력한다. 이후, 이 예측량만큼 선도시장에서 에너지를 구매한다. 따라서 판매업자는 고객의 소비 패턴을 이해하려는 강력한 동기를 갖게 된다. 이는 판매업자들이 때때로 고객들에게 일정 기간마다 전력 사용량을 기록하는 계량기를 설치하도록 권장하여, 가령 피크 가격 시간대에 에너지 소비를 줄이는 고객들에게 더 매력적인 요금을 제공할 수 있게 한다. 전력 소비에 영향을 미치는 기상, 천문학, 경제, 문화 및 특수 요소들을 고려함과 동시에 사용 가능한 가장 정교한 예측 기술을 사용하여 평균적으로 약 1.5~2% 오차율로 모든 시간대의 수요량을 예측할 수 있다. 그러나 이러한 정확도는 무작위 변동성의 상대적 영향력을 줄여 주는 집계 효과가 적용될 수 있는 대규모 소비자 그룹에서만 가능하다. 특정 지역의 전력공급에 대한 독점권이 없는 판매업자는 독점기업이 달성할 수 있는 정확도와 같은 수준으로 고객의 수요를 예측할 수는 없다. 이 문제는 예상할 수 있듯이, 고객이 더 나은 요금을 선택하기 위해 판매업자를 변경할 기회가 있을 때 악화된다. 불안정한 고객 기반은 판매업자가 수요예측을 개선하기 위한 신뢰할 수 있는 통계 데이터를 수집하는 것을 훨씬 더 어렵게 만든다.

예제 4.1

Pretty Smart Energy는 소비자의 수요를 예측하고 이 수요를 충당하기 위해 선도시장(장기 양자, 선도, 선물, 스크린 기반 거래)에서 에너지를 구매하고 이 에너지를 소매 요금으로 소비자에게 재판매하는 판매업체이다. 먼저 이 소매 요금이 균일하다고 가정해 보자. 즉, 소비자는 매시간 소비하는 에너지에 대해 동일한 요금이 부과되게 된다. 그림 4.1의 막대그래프는 12시간 동안 Pretty Smart Energy의 수요예측을 보여 주고 꺾은선 그래프는 해당 에너지를 구매하기 위해 선도시장에서 지불해야 하는 평균가격을 나타낸다. 이 평균가격은 수요가 많은 기간에는 소매가격인 37.00 $/MWh보다 높고 다른 기간에는 이보다 낮다. 그림 4.2는 도매가격이

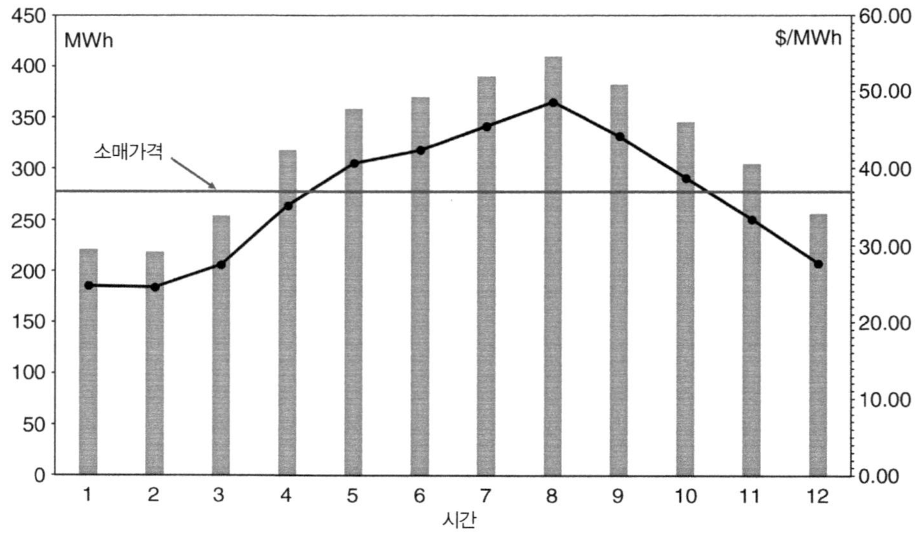

그림 4.1 고정 소매 요금일 때, 예측 수요, 평균 선도 구매 가격 및 소매 요금

낮은 시기에는 Pretty Smart Energy가 이익을 내지만 도매가격이 높은 시기에는 적자를 낸다는 것을 보여 준다. 표 4.1은 전기 판매업체의 12시간 동안의 판매 사업 운용을 보여 주며 $2 846의 손실이 생기는 것을 확인할 수 있다. 판매업체는 해당 기간이 일반적인 상황이 아니며 다른 날에는 평균 전기 구매 비용이 더 낮기를 희망해야 한다. 이것이 일반적인 상황인 것으로 판명되면 소매 요금은 수요 가중 평균 에너지 구매비용 이상으로 인상되어야 한다. 이 경우에는 37.08 $/MWh로 계산된다.

그리고 Pretty Smart Energy는 첨두/비첨두 요금을 제공하여 고객의 소비 패턴 변화를 시도할 수 있다. 그림 4.3은 소매 요금이 1, 2, 3, 12시간대(첨두시간이 아닌 시간)에 36 $/MWh로 설정되고 첨두시간에 38 $/MWh로 설정된 경우 발생할 수 있는 상황을 보여 준다. 이러한 유형의 요금은 소비자의 수요 프로필을 평평하게 하여 소매업체가 높은 가격의 시간대에 구매해야 하는 에너지의 양을 줄일 수 있게 한다. 그림 4.4는 해당 시간대에서의 선도 구매 비용과 수익을 보여 준다. 표 4.2는 관련 세부 정보들을 나타내며 정교하게 설정된 요금을 통해 $1,399의 이익이 산출됨을 보여 준다. 12시간 동안 소비된 에너지의 총량은 그대로 유지되었다는 것을 유념할 필요가 있다.

지금까지 우리는 Pretty Smart Energy가 선도시장에서 고객이 각 시간대에 소비하는 에너지의 정확한 양을 예측하여 구매한다고 가정했다. 하지만 실제로는 수요예측에는 오류가 존재하며 판매업체는 선도시장에서 구매한 양과 고객이 실제로 소비한 양의 차이를 현물시장에서 구매하거나 판매해야 한다. 그림 4.5는 이러한 불균형과 그림 4.6에 표시된 현물시장 가격을 감안할 때 현물시장에서의 거래 결과 비용을 보여 준다. 표 4.3은 37 $/MWh의 고정 요금의 경우를 기준으로 세부 정보들을 제공한다. 표 4.3에서 선도시장 구입량과 고객 수요 사이의 불균형이 판매업체의 손실을 크게 증가시키는 것을 확인할 수 있다.

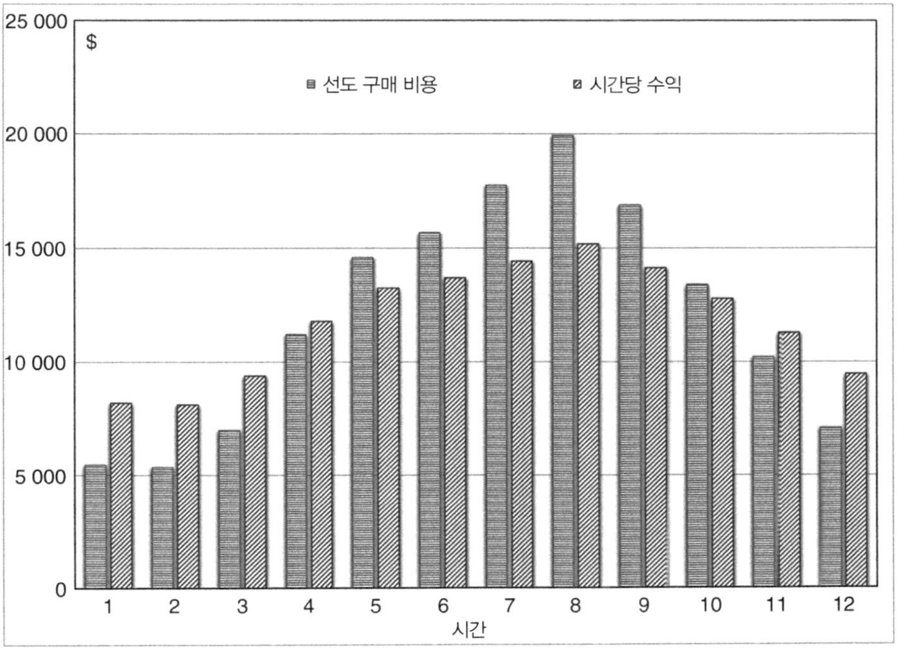

그림 4.2 고정 소매 요금일 때, 선도 구매 비용 및 시간당 판매 수익

표 4.1 37 $/MWh의 고정 소매 관세일 때, 12시간 동안의 판매 사업 운영 결과

시간	1	2	3	4	5	6	7	8	9	10	11	12	Totals
부하 예측(MWh)	221	219	254	318	358	370	390	410	382	345	305	256	3 828
선도 구매량(MWh)	221	219	254	318	358	370	390	410	382	345	305	256	3 828
평균 선도가격 ($/MWh)	24.70	24.50	27.50	35.20	40.70	42.40	45.50	48.60	44.20	38.80	33.40	27.70	
선도 구매 비용($)	5 459	5 366	6 985	11 194	14 571	15 688	17 745	19 926	16 884	13 386	10 187	7 091	144 482
수익($)	8 177	8 103	9 398	11 766	13 246	13 690	14 430	15 170	14 134	12 765	11 285	9 472	141 636
이익($)	2 718	2 737	2 413	572	−1 325	−1 998	−3 315	−4 756	−2 750	−621	1 098	2 381	**−2 846**

표 4.2 38 $/MWh의 첨두 소매 요금 및 36 $/MWh의 비첨두 소매 요금에 대해 12시간 동안의 판매 사업 운영 결과

시간	1	2	3	4	5	6	7	8	9	10	11	12	Totals
부하 예측(MWh)	264	262	297	299	337	348	367	385	359	324	287	299	3 828
선도 구매량(MWh)	264	262	297	299	337	348	367	385	359	324	287	299	3 828
평균 선도가격 ($/MWh)	24.70	24.50	27.50	35.20	40.70	42.40	45.50	48.60	44.20	38.80	33.40	27.70	
선도 구매 비용($)	6 521	6 419	8 168	10 525	13 716	14 755	16 699	18 711	15 868	12 571	9 586	8 282	141 821
수익($)	9 504	9 432	10 692	11 362	12 806	13 224	13 946	14 630	13 642	12 312	10 906	10 764	143 220
이익($)	2 983	3 013	2 524	837	−910	−1 531	−2 753	−4 081	−2 226	−259	1 320	2 482	**1 399**

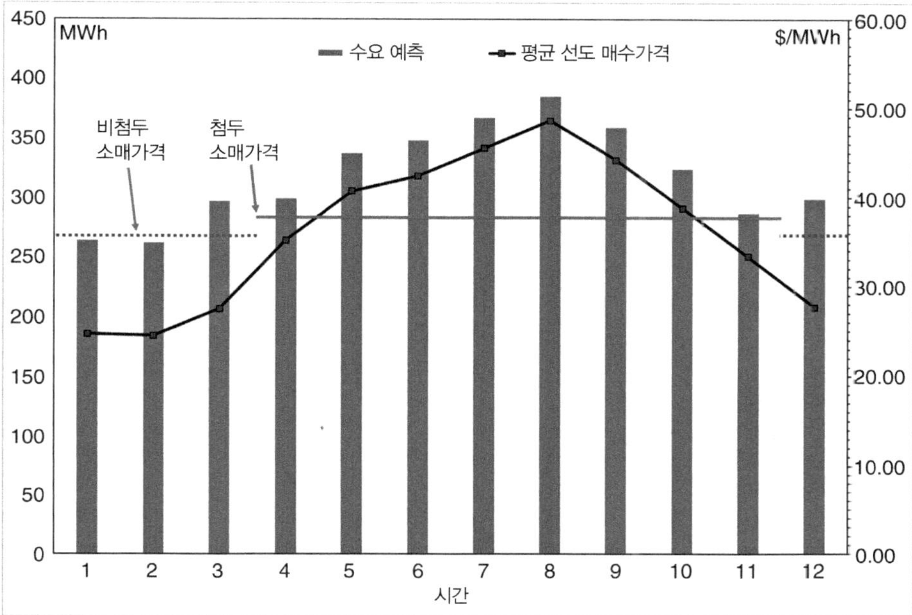

그림 4.3 첨두/비첨두 요금일 때, 수요예측, 평균 선도 매수가격, 소매 요금 가격

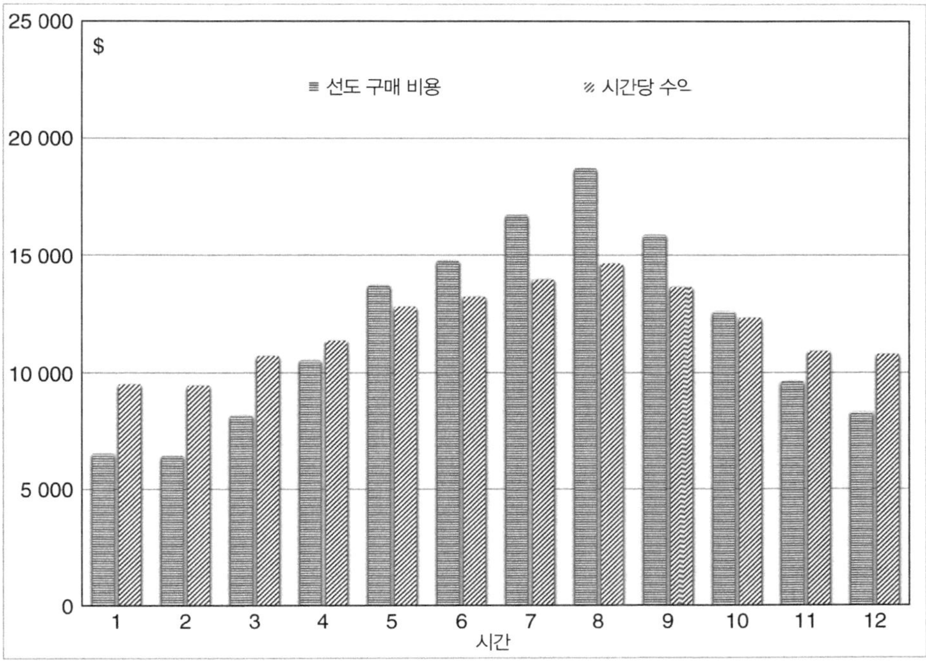

그림 4.4 첨두/비첨두 요금일 때, 선도 구매 비용 및 시간당 판매 수익

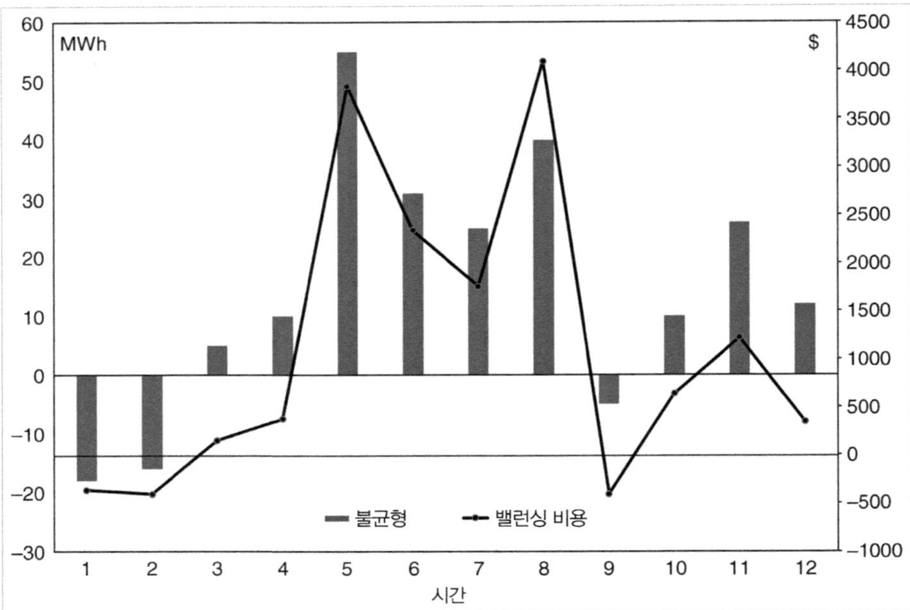

그림 4.5 선도 구매와 실제 에너지 소비 사이의 불균형과 그에 상응하는 밸런싱 비용

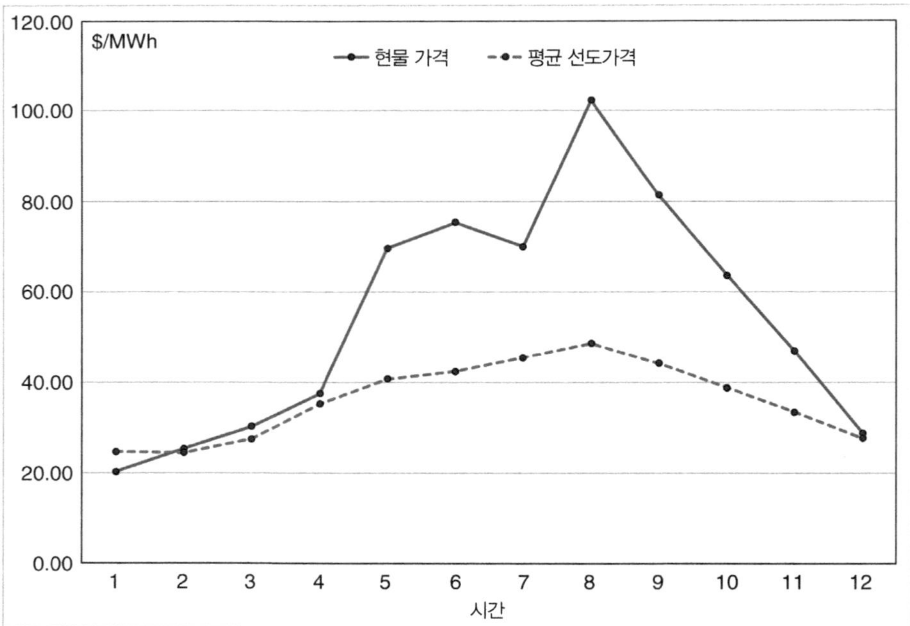

그림 4.6 현물 가격 및 평균 선도 가격

표 4.3 수요예측 오류와 현물시장 거래를 고려한 12시간 동안의 판매 사업 운영 결과(소매 요금은 37 $/MWh로 가정)

시간	1	2	3	4	5	6	7	8	9	10	11	12	Totals
부하 예측	221	219	254	318	358	370	390	410	382	345	305	256	3 828
선도 에너지 구매량	221	219	254	318	358	370	390	410	382	345	305	256	3 828
평균 선도가격	24.70	24.50	27.50	35.20	40.70	42.40	45.50	48.60	44.20	38.80	33.40	27.70	
선도 에너지 구매비용	5 459	5 366	6 985	11 194	14 571	15 688	17 745	19 926	16 884	13 386	10 187	7 091	144 482
실제 부하	203	203	259	328	413	401	415	450	377	355	331	268	4 003
불균형	−18	−16	5	10	55	31	25	40	−5	10	26	12	175
현물 가격	20.30	25.40	30.30	37.50	69.70	75.40	70.10	102.30	81.40	63.70	46.90	28.90	
밸런싱 비용	−365	−406	152	375	3 834	2 337	1 753	4 092	−407	637	1 219	347	13 568
총 시간당 비용	5 094	4 960	7 137	11 569	18 405	18 025	19 498	24 018	16 477	14 023	11 406	7 438	158 050
수익	7 511	7 511	9 583	12 136	15 281	14 837	15 355	16 650	13 949	13 135	12 247	9 916	148 111
이익	2 417	2 551	2 446	567	−3 124	−3 188	−4 143	−7 368	−2 528	−888	841	2 478	**−9 939**

4.4 생산자의 관점

이 장에서는 단일 발전기에서 생산된 전기에너지를 판매하여 얻는 이익을 극대화하려는 발전회사의 관점을 채택하여 설명한다. 먼저 완전경쟁시장의 맥락에서 살펴본 후 발전기가 시장지배력을 행사할 수 있을 때 입찰 행동을 모델링할 수 있는 방법에 대해 논의한다.

4.4.1 완전경쟁

4.4.1.1 기본 급전

1시간 동안 발전기 i가 이익을 최대화하는 방법에 대해 살펴보자. 1시간 동안 발전량이 일정하다고 가정하겠다. 이익은 생산한 에너지의 판매로 인한 수익과 이 에너지를 생산하는 비용의 차이로 계산된다.

$$\max\Omega_i = \max[\pi \cdot P_i - C_i(P_i)] \tag{4.1}$$

여기서 P_i는 해당 시간 동안 발전기 i에서 생산한 전력이고, π는 이 에너지가 판매되는 가격이며, $C_i(P_i)$는 에너지 생산 비용이다. 발전회사가 직접 통제할 수 있는 유일한 변수가 생산된 전력이라고 가정하면 최적화 필요조건은 다음과 같다.

$$\frac{\mathrm{d}\Omega_i}{\mathrm{d}P_i} = \frac{\mathrm{d}(\pi \cdot P_i)}{\mathrm{d}P_i} - \frac{\mathrm{d}C_i(P_i)}{\mathrm{d}P_i} = 0 \tag{4.2}$$

이 식의 첫 번째 항은 발전기 i의 한계수익, 즉 회사가 이 시간 동안 추가 MW를 생산하여 얻을 수 있는 수익을 나타낸다. 두 번째 항은 이 추가 MW를 생산하는 비용, 즉 한계비용을 나타낸다. 따라서 이윤을 극대화하기 위해 단위 i의 생산은 한계수익이 한계비용과 동일한 수준까지 조정되어야 한다.

$$\mathrm{MR}_i = \mathrm{MC}_i \tag{4.3}$$

완전경쟁(또는 단위의 잠재적 생산량이 시장규모에 비해 매우 작은 경우)에서 시장가격 π는 P_i의 변화에 영향을 받지 않는다. 따라서 발전기 i의 한계수익은 다음과 같다.

$$\mathrm{MR}_i = \frac{\mathrm{d}(\pi \cdot P_i)}{\mathrm{d}P_i} = \pi \tag{4.4}$$

이것은 단순히 가격수용(price-taking) 발전기가 MWh당 시장가격을 받아들인다는 사실을 나타낸다. 이러한 조건에서 한계비용이 생산된 전력에 대해 단조 증가함수인 경우 발전기는 한계생산비용이 시장가격과 동일한 지점까지 생산량을 증가시켜야 한다.

$$\frac{\mathrm{d}C_i(P_i)}{\mathrm{d}P_i} = \pi \tag{4.5}$$

한계비용에는 연료, 유지관리 및 장치에서 생산되는 전력에 따라 달라지는 기타 모든 항목의 비용이 포함된다. 생산된 전력량의 함수가 아닌 비용(예: 발전소 건설의 상각비용 또는 고정 운영비용)은 한계비용에 포함되지 않으므로 단기 발전 급전 결정을 내릴 때 영향을 미치지 않는다.

완전경쟁에서 각 발전기의 출력은 식 (4.5)를 이용하여 결정되어야 한다. 시장가격이 주어지기 때문에 발전회사가 1기 이상의 발전기를 소유하더라도 모든 발전기의 발전량은 독립적으로 결정이 될 수 있다. 추후의 장에서 우리는 단일 회사가 소유한 발전기들의 총 용량이 에너지 가격에 영향을 미칠 만큼 충분히 큰 경우에 대해 논의할 것이다.

예제 4.2

화석연료 연소 발전기는 1시간 동안 일정한 전력 출력을 생산하는 데 필요한 연료의 양(일반적으로 MJ/h 또는 MBTU/h로 표시)을 지정하는 입출력 곡선 특징을 갖고 있다.

안정적으로 지속적인 출력을 낼 수 있는 최소전력량이 100 MW이고 최대출력이 500 MW인 석탄화력 증기장치를 고려한다. 발전소에서 측정한 값을 기반으로 이 발전기의 입출력 곡선은 다음과 같이 추정된다.

$$H_1(P_1) = 110 + 8.2P_1 + 0.002P_1^2\,(\text{MJ/h})$$

이 발전기를 작동하는 시간당 비용은 입출력 곡선에 연료비용 F(\$/MJ)를 곱하여 구해진다.

$$C_1(P_1) = 110F + 8.2FP_1 + 0.002F\ \ P_1^2\,(\$/\text{h})$$

석탄 비용이 1.3 \$/MJ라고 가정하면 이 단위의 비용곡선은 다음과 같다.

$$C_1(P_1) = 143 + 10.66P_1 + 0.0026P_1^2\,(\$/\text{h})$$

전기를 판매할 수 있는 가격이 12 \$/MWh인 경우 이 발전기가 생산해야 하는 출력은 다음과 같다.

$$\frac{\mathrm{d}C_1(P_1)}{\mathrm{d}P_1} = 10.66 + 0.0052P_1 = 12\,(\$/\text{MWh})\ \ \text{혹은}\ \ P_1 = 257.7\ \ \text{MW}$$

실제로 단일 발전기 사례에서도 최적 급전 결정을 하는 것은 식 (4.5)에서 제안하는 것보다 더 복잡하다. 다음 하위 절들에서 발전기의 비용 및 기술적 특성이 기본 급전에 어떤 영향을 미치는지 다루도록 하겠다.

4.4.1.2 발전기 제약

발전기 i에 의해 생산될 수 있는 최대 전력 $P_i^{\max}$가 다음과 같다고 가정한다.

$$\left.\frac{\mathrm{d}C_i(P_i)}{\mathrm{d}P_i}\right|_{P_i^{\max}} \leq \pi \tag{4.6}$$

이때, 발전기는 $P_i^{\max}$를 생산하게 된다. 반면에 발전기 i의 최소출력이 다음과 같은 경우

$$\left.\frac{\mathrm{d}C_i(P_i)}{\mathrm{d}P_i}\right|_{P_i^{\min}} > \pi \tag{4.7}$$

이 발전기는 해당 가격으로 수익성을 낼 수 없으며, 운영으로 인한 손실을 피할 수 있는 유일한 방법은 발전기를 기동하지 않는 것이다.

예제 4.3

예제 4.2의 발전기는 전기에너지 가격이 다음보다 크거나 같을 때 최대출력으로 전력을 생산해야 한다.

$$\left.\frac{\mathrm{d}C_i(P_i)}{\mathrm{d}P_i}\right|_{500\mathrm{MW}} = 10.66 + 0.0052 \cdot 500 = 13.26\,\$/\mathrm{MWh}$$

반면에 아래의 가격보다 낮게 된다면 이 발전기는 수익성 있게 동작할 수 없다.

$$\left.\frac{\mathrm{d}C_i(P_i)}{\mathrm{d}P_i}\right|_{100\mathrm{MW}} = 10.66 + 0.0052 \cdot 100 = 11.18\,\$/\mathrm{MWh}$$

4.4.1.3 조각별 선형 비용 곡선

입출력 곡선은 발전기가 다양한 출력 수준에서 동작하는 동안 수행한 측정을 기반으로 도출된다. 이러한 측정을 가능한 한 정확하게 하기 위한 모든 노력을 다하더라도 측정된 데이터 포인트는 일반적으로 부드러운 곡선의 형태를 갖지 못한다. 따라서 측정 데이터의 조각별 선형 보간은 이차함수만큼 허용된다. 그림 4.7은 조각별 선형 비용 곡선과 이와 관련된 한계비용곡선을 보여준다.

비용곡선의 각 부분은 선형이므로 각 구간에서의 한계비용곡선은 일정하다. 이것은 전기에너지 가격에 대응하여 급전을 결정하는 과정을 매우 간단하게 만든다.

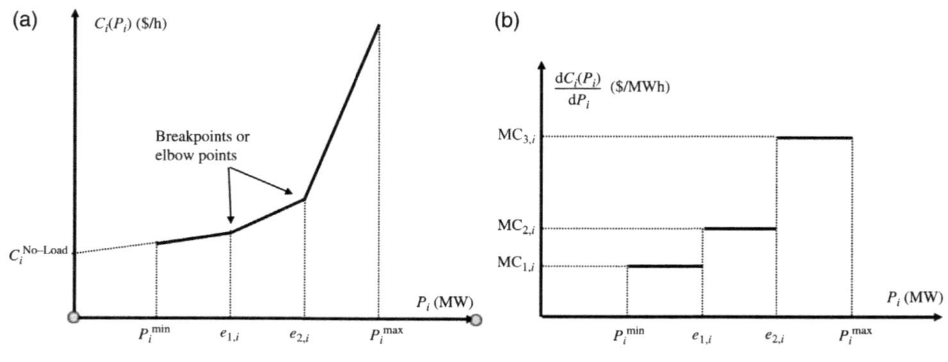

그림 4.7 조각별 선형 비용 곡선 및 조각별로 일정한 증분 비용 곡선

$$\begin{aligned}
&\pi < \mathrm{MC}_{1,i} \Rightarrow P_i = P_i^{\min} \\
&\mathrm{MC}_{1,i} < \pi < \mathrm{MC}_{2,i} \Rightarrow P_i = \mathrm{e}_{1,i} \\
&\mathrm{MC}_{2,i} < \pi < \mathrm{MC}_{3,i} \Rightarrow P_i = \mathrm{e}_{2,i} \\
&\mathrm{MC}_{3,i} < \pi \Rightarrow P_i = P_i^{\max}
\end{aligned} \tag{4.8}$$

가격이 곡선 구간 중 하나의 한계비용과 정확히 같으면 발전기는 해당 구간 내에서 모든 값을 취할 수 있다. 곡선 구간이 만나는 중단점에서의 한계비용은 다음 구간의 기울기와 같게 된다. 이는 한계비용은 전통적으로 이전 MW의 비용이 아니라 다음 MW의 비용으로 정의되기 때문이다.

예제 4.4

예제 4.2의 2차 비용곡선은 다음 3분할 조각별 선형 비용 곡선으로 근사할 수 있다.

$$\begin{aligned}
100 \le P_1 \le 250 &: C_1(P_1) = 11.57P_1 + 78.0 \\
250 \le P_1 \le 400 &: C_1(P_1) = 12.35P_1 - 117.0 \\
400 \le P_1 \le 500 &: C_1(P_1) = 13.00P_1 - 377.0
\end{aligned}$$

그림 4.8은 전기에너지 가격 변화에 따라 이 발전기가 얼마만큼의 전력을 생산해야 하는지 보여 준다.

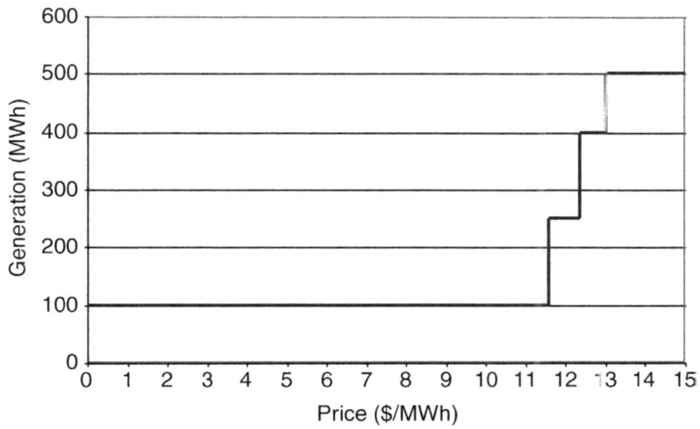

그림 4.8 전기에너지 가격에 따른 발전기 급전량

4.4.1.4 무부하비용

앞에서 도출된 최적화 조건이 최대 이익을 보장하지만, 발전기가 손실 없이 운영되지 않는다는 것을 보장하지는 못한다. 생산자는 발전기의 작동과 관련된 의사고정비용(pseudo-fixed cost), 즉 발전기가 발전하는 경우에 발생하지만 생성된 전력량과 무관한 비용 또한 고려해야 한다. 의사고정비용의 첫 번째 유형은 무부하비용이다. 전력을 공급하지 않는 동안 발전기가

전력계통에 연결된 상태를 유지하는 것이 가능한 경우, 무부하비용은 장치를 계속 작동시키는 데 필요한 연료비용을 의미한다. 이러한 동작 모드는 대부분의 화력발전기에서 가능하지 않다. 따라서 무부하비용은 단순히 비용함수에서의 상수를 나타내는 용어이며 물리적 의미는 없다고 할 수 있다.

2장에서 논의했듯이 한계비용으로 판매하는 것은 이 한계비용이 **평균**생산비용보다 클 때에만 수익성이 있다.

예제 4.5

예제 4.4의 발전기가 전기에너지의 시장가격의 변화에 맞추어 항상 최적으로 생산한다고 가정하자. 이는 그림 4.8에 따라 급전됨을 의미한다. 그림 4.9는 전기에너지 가격에 따라 이익이 부분적으로 선형 방식으로 증가함을 보여 준다. 무부하비용으로 인해 가격이 11.882 $/MWh에 도달할 때 수익이 발생하게 된다.

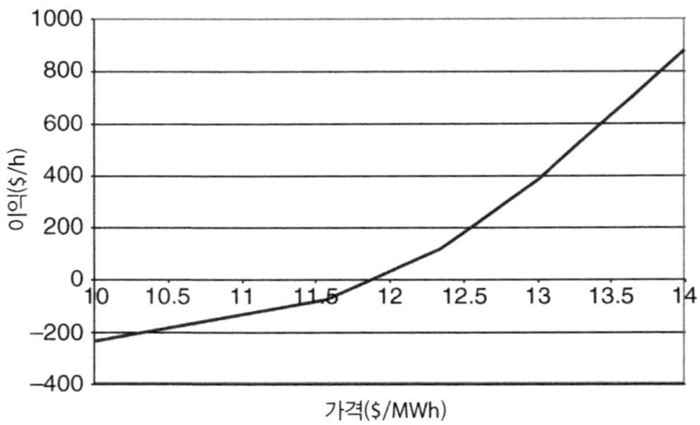

그림 4.9 전기에너지의 가격이 변동함에 따라 최적 급전 시 발생하는 이익

4.4.1.5 스케줄링

전력수요는 시간이 지남에 따라 변하기 때문에 발전기가 직면하게 되는 가격은 변화하게 된다. 이전 장에서 보았듯이 전기에너지의 가격은 시장에 따라 수분에서 1시간까지의 시장 단위 기간 동안 일반적으로 일정하게 유지된다. 하루 이상의 가격 프로필이 주어지면, 각 시장 단위 기간별로 위에서 설명한 방법을 통해 최적의 급전량을 계산할 수 있다. 그러나 이렇게 결정된 급전 계획은 발전기 기동비용을 고려하지 않기 때문에 최적의 결과가 아니다. 또한 이 접근방식은 발전기의 운전 상태 변화와 관련된 제약조건들을 반영하지 않기 때문에 종종 기술적으로 실행 불가능하다. 또한 다른 경제적 기회와 환경적 제약도 전기에너지 판매 최적화에 영향을 미칠 수 있다. 이러한 다양한 유형의 제약조건이 아래에 설명되어 있다.

초기비용이 크거나 운영 제약이 있는 발전기는 출력이 각 기간에 걸쳐 개별적으로 최적화되면 이익을 극대화하지 못한다. 대신에 이러한 발전기들의 운전은 하루에서 1주일 또는 그 이상의 범위에 걸쳐 미리 계획되어야 한다. 이 문제는 독점 유틸리티가 그들의 발전기들로 수요 프로필을 충족하는 방법을 결정하기 위해 해결하는 기동정지 문제와 몇 가지 유사점이 있다. 본질적으로 두 문제는 제약조건을 충족하면서 비용의 의사고정요소와 가변요소의 균형을 유지한다. 기동정지 문제에서는 총 생산량이 총 부하와 같아야 하기 때문에 모든 단위의 생산이 함께 최적화된다. 반면에 발전기가 가격수용자라고 가정하면 다른 발전기의 생산과 독립적으로 자신의 발전량을 최적화할 수 있다. 가격수용자로 가정을 하더라도 이익을 최대화하기 위한 발전량 일정 계산은 복잡하다. 일부 결정 변수의 On/Off 특성은 최적화 문제를 볼록하지 않게 만들고 제약조건을 엄격하게 고려하게 된다면 문제의 복잡도가 크게 증가하게 된다. 이러한 문제를 해결하는 데 동적 또는 혼합 정수 프로그래밍과 같은 기술이 성공적으로 사용되어 오고 있다.

4.4.1.6 기동비용

발전기의 기동비용은 이 장치를 기동하고 정지상태에서 생산할 준비를 하는 비용을 나타낸다. 따라서 이는 의사고정비용의 또 다른 유형이다. 디젤발전기와 개방형 가스터빈은 빨리 작동할 수 있기 때문에 기동비용이 낮다. 반면에 대형 화력발전기는 전력 생산을 유지하기 의해 증기가 충분한 온도와 압력을 유지하게 만들어야 한다. 이를 위해 상당한 양의 연료를 연소해야 하기에 이러한 발전장치들은 높은 기동비용을 갖는다. 화력발전기의 수익성을 극대화하려면 기동비용을 장기간에 걸쳐 분할하여 상각해야 한다. 여기에는 발전기를 정지시키고 전기 가격이 증가할 때 다시 기동하여 기동비용을 지불하는 대신 발전기를 지속적으로 운영시켜 수 시간 동안 손실을 감수하는 방법 또한 포함된다.

예제 4.6

예제 4.2의 석탄화력발전소 운영이 수 시간에 걸쳐 어떻게 계획되어야 하는지 살펴보자. 전기에너지를 판매할 수 있는 가격이 시간 단위로 설정되어 있고, 앞으로 몇 시간 동안의 가격이 그림 4.10처럼 주어져 있다고 가정한다. 또한 발전기가 시간 1에서 기동이 시작되며 관련 기동비용이 $600라고 가정한다. 표 4.4는 발전소 운영 결과를 요약한 것이다.

가장 먼저 주목해야 할 것은 최적의 발전량이 전기에너지의 가격이 변동함에 따라 크게 달라진다는 것이다. 장치는 시간 3과 6에 최대용량으로, 시간 4에는 최소용량으로 발전한다. 시간 1에는 기동비용으로 인해 적자를 기록한다. 시간 3이 지나면 기동비용이 회수되고 발전기가 수익을 내기 시작한다. 시간 4에서는 전기에너지 가격이 너무 낮기 때문에 최소용량으로 기동함에도 손실을 겪게 된다. 그러나 이 시간대에 발전기를 종료하지 않는 것이 시간 5에 다시 기동비용을 유발하는 것을 피할 수 있기에 최선의 결정이라고 할 수 있다. 시간 7에는 발전기가 최소용량으로 실행되지 않음에도 불구하고 적자를 기록한다. 이는 장치가 무부하비용을 회수할 만큼의 충분한 양의 전력을 생산하지 않기 때문이다. 다음 몇 시간 동안 가격이 계속 하락한다면 가장 좋은 전략은 시간 6이 끝날 때 발전기를 정지시키고 가격이 더 올라갈 떄까지 기다렸다가 다시 기동하는 것이다.

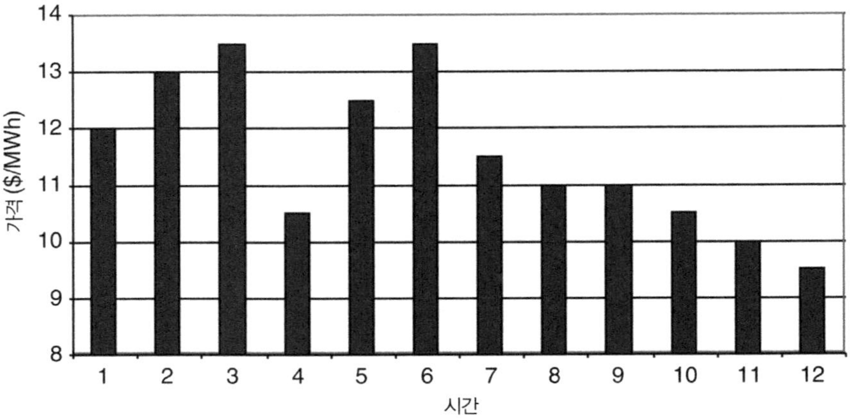

그림 4.10 전기에너지의 가격

표 4.4 예제 4.6의 석탄화력발전소의 운영 및 수익성

Hour	1	2	3	4	5	6	7
Price ($/MWh)	12.0	13.0	13.5	10.5	12.5	13.5	11.5
Generation (MW)	257.7	450.0	500.0	100.0	353.8	500.0	161.5
Revenue ($)	3092	5850	6750	1050	4423	6750	1858
Running cost ($)	3063	5467	6123	1235	4240	6123	1933
Startup cost ($)	600	0	0	0	0	0	0
Total cost ($)	3663	5467	6123	1235	4240	6123	1933
Profit ($)	−571	383	627	−185	183	627	−75
Cumulative profit ($)	−571	−188	439	254	437	1064	989

4.4.1.7 운영 제약

화력발전기를 기동 혹은 정지하거나 출력을 소량 이상 늘리거나 줄이는 경우에도 원동기에 상당한 양의 기계적 스트레스를 주게 된다. 과도한 스트레스는 발전기를 손상시키고 수명을 단축시킨다. 따라서 이러한 값비싼 자산의 손상을 방지하기 위해 운전 상태나 출력량의 변경에 제한을 두는 경우가 많다. 이러한 안전조치들은 장기적인 이점을 가져다주지만 단기적인 비용을 발생시킨다. 특히 발전기가 생산량을 늘리거나 줄일 수 있는 비율을 제한하면 연이은 시간대에서 경제적으로 최적의 발전량을 생산하지 못할 수도 있다. 이러한 발전기 증감발 속도제한에 의한 비용을 최소화하려면 발전기 운영이 최소 몇 시간에 걸쳐 최적화되어야 한다.

잦은 기동 및 정지로 인한 손상을 제한하기 위해 화력발전기가 기동한 후 계통에 연계된 상태를 유지해야 하는 시간에 대해 최소 시간 제약을 두는 경우가 많다. 발전기가 정지한 후 유휴상태를 유지해야 하는 시간에 대해서도 유사한 제한이 일반적으로 설정된다. 이러한 제한은 터빈의 온도가 가라앉는 데 충분한 시간을 가질 수 있게 보장한다. 이러한 최소가동시간 및 최소가동중지시간 제약은 발전기의 상태를 변경할 기회를 줄이게 되어 발전기의 최적 스케줄링에 상당한 영향을 미칠 수 있다. 예를 들어, 최소가동중단시간 제약은 나중에 가격이 높은 시간대에서 큰 수익을 얻기 위해 가격이 낮은 시간대에서 적자를 감수하고 발전기 기동을 지속적으로 유지하게 할 수 있다.

4.4.1.8 환경적 제약

발전소는 환경 규정을 준수해야 하며 이는 발전기를 경제적으로 최적 운영하는 데 영향을 줄 수 있다. 화석연료 화력발전소에 의한 특정 오염물질의 배출은 점점 더 규제되고 있다. 어떤 경우에는 특정 오염물질이 대기 중으로 방출되는 속도가 제한되어 발전소의 최대출력이 감소하게 된다. 또 어떤 경우에는 1년에 걸쳐 배출되는 오염물질의 총량으로 상한선이 지정되어 발전소 운영에 복잡한 통합 제약이 부과되게 된다.

수력발전소는 오염물질을 배출하지 않고 화력발전소보다 유연한 운영이 가능하지만, 발전을 위한 물 사용에 제약이 있을 수 있다. 이러한 제약은 수상레저를 위한 물의 가용성을 보장하거나 멸종위기에 처한 물고기 종의 보호를 위해 설계될 수 있다. 또한 관개나 타 수력발전소의 물 가용성도 보장할 수 있어야 한다. 특히 여러 발전소가 상호 연결된 강 유역에서 수력발전소의 운영을 최적화하는 것은 매우 복잡한 문제이다.

4.4.1.9 기타 경제적 기회

열병합발전소에서 생산되는 전력량은 종종 관련 산업 공정의 필요에 따라 결정된다. 따라서 이러한 발전소들이 전력시장에서 에너지를 판매할 수 있는 기회를 활용하는 것은 제한적일 수 있다.

전기에너지 외에도 발전기는 예비력 제공, 부하 추종, 주파수 조절 및 전압 조절과 같은 기타 서비스를 제공할 수 있다. 일반적으로 보조 또는 시스템 서비스라고 하는 이러한 기타 서비스는 전기에너지 판매와 구별되는 수익원을 구성한다. 이러한 서비스 제공과 관련된 문제는 6장에서 논의할 것이다. 이 시점에서 생산자의 전기에너지 거래 능력은 보조 서비스 제공을 위해 체결한 계약에 의해 영향을 받을 수 있다는 점에 유의해야 한다. 반대로, 전기에너지의 생산은 발전기가 보조 에너지를 제공하는 능력을 저해할 수 있다.

4.4.1.10 예측 오류

일정 기간 동안 발전기의 생산을 최적화하려면 각 기간의 전기에너지 가격을 예측해야 한다. 이러한 예측은 결코 완벽하게 정확하지 않으며 예측 오류로 인해 스케줄링 및 급전 결정이 최적이 아닌 것들로 결정될 수 있다. 전기에너지 가격 예측은 가격 결정에 영향을 미치는 요인들이 너무 많다는 점 그리고 정보가 부족하다는 점 때문에 정확하기 어렵다. 전기에너지의 가격은 시장균형에 의존하기 때문에 부하와 발전 모두에 영향을 받는다. 부하 측에서는 부하 예측에 사용되는 모든 시간적, 기상학적, 경제적 및 특수 요인도 가격을 예측할 때 고려되어야 한다. 일부 이벤트는 무작위로 발생하고(예: 발전기의 고장) 어떤 이벤트는 사전에 공개되지 않을 수 있기 때문에(예: 유지보수를 위한 계획된 정전) 발전 측면을 고려하는 것은 더 어려운 일이다.

4.4.2 생산자 대 구매 결정

1시간 동안 부하 L에 대한 전력공급 계약을 체결한 발전회사를 가정해 보자. 먼저 이 회사가 N개의 발전소 포트폴리오를 사용하여 이 부하를 공급하는 계약상의 의무를 이행하기로 결정했다고 가정해 보겠다. 그렇다면 발전회사는 최소한의 비용으로 필요한 에너지를 자체적으로 생산하려고 노력할 것이다. 발전기의 작동에 대한 제약을 무시하면 수학적으로 다음과 같은 최적화 문제로 공식화될 수 있다.

$$\text{Minimize} \sum_{i=1}^{N} C_i(P_i) \quad \text{subject to} \sum_{i=1}^{N} P_i = L \tag{4.9}$$

여기서 P_i는 발전기 i의 생산을 나타내고 $C_i(P_i)$는 전력을 생산하는 비용함수를 나타낸다. 미적분학에서 우리는 목적함수와 제약조건을 결합하는 라그랑주 함수 ℓ를 형성하는 것이 이러한 최적화 문제를 해결하는 가장 쉬운 방법이라는 것을 알고 있다.

$$\ell(P_1, P_2, \ldots, P_N, \lambda) = \sum_{i=1}^{N} C_i(P_i) + \lambda\left(L - \sum_{i=1}^{N} P_i\right) \tag{4.10}$$

여기서 λ는 **라그랑주 승수**라고 하는 새로운 변수이다.

이 라그랑주 함수의 편도함수를 0으로 설정하면 최적성을 위한 조건을 도출할 수 있으며 이러한 방정식을 풀면 최적해를 구할 수 있다.

$$\begin{aligned} \frac{\partial \ell}{\partial P_i} &\equiv \frac{\mathrm{d}C_i}{\mathrm{d}P_i} - \lambda = 0, \quad \forall i = 1, \ldots, N \\ \frac{\partial \ell}{\partial \lambda} &\equiv \left(L - \sum_{i=1}^{N} P_i\right) = 0 \end{aligned} \tag{4.11}$$

이러한 최적성 조건에서 우리는 모든 발전기가 동일한 한계비용으로 운영되어야 하고 이 한계비용이 라그랑주 승수 λ의 값과 같다는 결론을 내릴 수 있다.

$$\frac{dC_1}{dP_1} = \frac{dC_2}{dP_2} = \ldots \frac{dC_N}{dP_N} = \lambda \tag{4.12}$$

따라서 라그랑주 승수 값은 모든 발전기가 1 MWh를 추가로 생산하는 비용과 같다. 따라서 이 라그랑주 승수는 종종 전기에너지의 그림자가격(shadow price)이라고 한다.

이제 이 발전회사가 에너지 가격이 π인 전력 현물시장에 참여할 수 있다고 가정해 보겠다. 시장가격이 에너지를 생산할 수 있는 그림자가격 λ보다 낮으면 발전회사는 시장에서 에너지를 구매하고 다음과 같은 지점까지 생산을 줄여야 한다.

$$\frac{dC_1}{dP_1} = \frac{dC_2}{dP_2} = \ldots \frac{dC_N}{dP_N} = \pi \tag{4.13}$$

거래를 위한 에너지의 양이 상당한 경우 시장은 가격 π의 인상 없이 이 거래를 처리하기에 충분한 유동성을 갖지 못할 수 있다. 이 문제는 이 장의 뒷부분에서 더 자세히 설명하겠다.

심각한 재정 손실 없이 전력공급을 중단할 수 있는 산업 소비자가 점점 더 많아지고 있다. 이러한 소비자는 정전기간 동안 적어도 부하의 일부를 공급할 수 있도록 비상 발전기를 설치하는 경우가 많다. 전력계통이 정상적으로 작동하지만 가격이 높을 때 이러한 소비자는 비상 발전기를 운영하는 데 드는 한계비용이 높더라도 전기에너지의 현물가격보다 낮다는 것을 알 수 있다. 이러한 조건에서 그들은 수요를 줄이고 시장에서 잉여분을 판매하기 위해 비상 발전기를 가동하기를 원할 수 있다.

예제 4.7

소규모 전력계통에 존재하는 300 MW 부하가 2대의 화력발전기와 소규모 수력발전소를 통해 최소비용으로 공급되어야 한다. 수력발전소는 40 MW를 일정하게 생산하고 화력발전소의 비용함수는 다음 식으로 주어진다.

$$\text{Unit A}: \quad C_A = 20 + 1.7P_A + 0.04P_A^2 \ \$/\text{h}$$

$$\text{Unit B}: \quad C_B = 16 + 1.8P_B + 0.03P_B^2 \ \$/\text{h}$$

수력 장치의 변동비는 무시할 수 있으므로 이 최적화 문제의 라그랑주 함수는 다음과 같이 쓸 수 있다.

$$\ell = C_A(P_A) + C_B(P_B) + \lambda(L - P_A - P_B)$$

여기서 L은 화력발전기가 제공해야 하는 260 MW 부하를 나타낸다.

라그랑주 함수의 편도함수를 0으로 설정하면 최적화를 위한 조건을 얻게 된다.

$$\frac{\partial \ell}{\partial P_A} \equiv 1.7 + 0.08P_A - \lambda = 0$$

$$\frac{\partial \ell}{\partial P_B} \equiv 1.8 + 0.06P_B - \lambda = 0$$

$$\frac{\partial \ell}{\partial \lambda} \equiv L - P_A - P_B = 0$$

λ에 대해 위 방정식들을 풀면 해당 부하 조건에 대해 전기에너지의 한계비용을 얻게 된다.

$$\lambda = 10.67\,\$/\text{MWh}$$

우리는 다음과 같은 화력발전기의 출력량을 얻게 된다.

$$P_A = 112.13\,\text{MW}$$
$$P_B = 147.87\,\text{MW}$$

비용함수를 사용하면 총 비용을 다음과 같이 계산할 수 있다.

$$C = C_A(P_A) + C_B(P_B) = 1651.63\,\$/\text{h}$$

4.4.3 불완전경쟁

경쟁이 완벽하지 않을 때 일부 기업(전략적 행위자)은 행동을 통해 시장가격에 영향을 미칠 수 있다. 전력시장이 소수의 전략적 참여자와 다수의 가격수용자로 구성되는 것은 매우 일반적이다. 하나 이상의 발전기를 소유한 회사는 전체 발전기들의 출력을 최적화하는 경우 시장가격에 더 큰 영향을 미칠 가능성이 있다. 여러 발전기를 소유한 회사의 총 이윤은 다음과 같다.

$$\Omega_f = \pi \cdot P_f - C_f\left(P_f\right) \tag{4.14}$$

여기서 P_f는 그 회사가 운영하는 모든 발전기의 전체 발전량을 나타내고 $C_f(P_f)$는 이 회사가 이 해당 전력량을 생산할 수 있는 최소비용을 나타낸다. 이 장에서는 시장가격 π가 어떤 시장참여자의 독립적인 행위에 영향을 받지 않는다고 가정하지 않는다. 시장가격이 더 이상 주어졌다고 가정하지 않기 때문에, f 회사가 판매하는 전력량의 결정은 자신의 행위뿐만 아니라 경쟁자의 행위에도 의존하게 된다. 이러한 종속성을 나타내기 위해 식 (4.14)를 다음과 같이 다시 작성한다.

$$\Omega_f = \Omega_f\left(X_f, X_{\text{-}f}\right) \tag{4.15}$$

여기서 X_f는 기업 f의 행동을 나타내고 X_{-f}는 f를 제외한 나머지 경쟁자들의 행동을 나타낸다.

식 (4.15)는 f 회사가 단독으로 이윤을 최적화할 수 없음을 보여 준다. f는 다른 회사가 무엇을 할 것인지 고려해야 한다. 이는 경쟁업체인 데다가 정보교환 또한 법적으로 허용되지 않을 수 있기 때문에 타 회사의 행위를 안다는 것은 언뜻 보기에 매우 어려워 보인다. 그러나 모든 기업이 합리적인 방식으로 행동하고 있다고, 즉 이익을 최대화하기 위해 노력한다고 가정하는 것은 합리적인 추론이다. 따라서 우리는 다음을 만족하는 각 회사 f의 행위 X_f^*를 찾아야 한다.

$$\Omega_f\left(X_f^*, X_{-f}^*\right) \geq \Omega_f\left(X_f, X_{-f}^*\right), \qquad \forall f \tag{4.16}$$

여기서 X_{-f}^*는 타 기업들의 최적 행동들의 집합을 나타낸다.

이러한 상호작용하는 최적화 문제는 게임이론에서 **비협조적 게임**이라고 하는 것을 형성한다. 그러한 게임의 해가 존재한다면 **내쉬 균형**이라고 하며 불완전경쟁하에서의 시장균형을 나타낸다.

일반 변수 X_f로 기업의 가능한 행동이나 결정을 표현함으로써 문제를 우아하게 공식화할 수 있었지만, 식 (4.16)의 해는 기업 간의 전략적 상호작용을 모델링하는 방법에 달려 있다는 사실을 명확히 보여 주지 않는다. 다음 하위 절들에서는 불완전경쟁을 모델링하는 데 사용되는 네 가지 접근방식에 대해 논의한다.

불완전경쟁은 기업이 생산량을 결정한다고 가정하는 쿠르노 모델이나 기업이 생산물을 판매할 가격을 결정한다고 가정하는 베르트랑 모델을 사용하여 모형화할 수 있다.

4.4.3.1 베르트랑 모델

베르트랑 모델에서 우리는 각 회사가 전기에너지를 제공하는 가격이 유일한 결정변수라고 가정한다.

$$X_f = \pi_f, \quad \forall f \tag{4.17}$$

따라서 f 회사가 판매하는 에너지의 양은 자체 입찰가격과 경쟁자의 입찰가격의 함수이다. 회사 f의 수익은 다음과 같이 주어진다.

$$\pi \cdot P_f = \pi \cdot P_f\left(\pi_f, \pi_{-f}^*\right) \tag{4.18}$$

모델에 따르면 전기에너지와 같이 차별화되지 않은 제품의 경우 f 회사는 경쟁업체에 비해 가격경쟁력이 있는 경우 원하는 만큼 판매할 수 있다.

$$P_f\left(\pi_f, \pi_{-f}^*\right) = \begin{cases} P_f, & \text{if} \quad \pi_f \le \pi_{-f}^* \\ 0, & \text{otherwise} \end{cases} \tag{4.19}$$

예제 4.8

2개의 발전회사만 있는 전력시장의 경우를 생각해 보자. 이것을 **이중 과점**이라고 한다. 우리는 먼저 이 두 회사가 다음과 같은 일정한 한계생산비용을 가지고 있다고 가정한다.

$$MC_A = 35\ \$/\text{MWh}$$
$$MC_B = 45\ \$/\text{MWh}$$

베르트랑 모델에서는 기업들이 가격을 설정하고 시장에서 각 기업들이 얼마나 판매할지 결정됨으로써 기업들이 경쟁한다고 가정한다. 이 경우 발전기 A는 가격을 45 $/MWh 바로 아래로 설정하여 전체 시장을 장악할 것이다. 이 시장가격은 발전기 B가 손실을 보면서 A가 최대의 수익을 낼 수 있도록 어떠한 작은 ε에 대해 $(45 - \varepsilon)$ $/MWh로 결정되게 된다.

예제 4.9

이번에는 두 발전회사가 정확히 같은 한계가격을 갖고 있다고 가정하자.

$$MC_A = 35\ \$/MWh$$
$$MC_B = 35\ \$/MWh$$

어느 발전회사도 한계비용 이상으로 가격을 설정할 수 없다. 그렇게 된다면 다른 회사는 보다 저가로 판매하게 되어 전체 시장을 장악하게 될 것이기 때문이다. 지속 가능한 균형은 두 회사가 제공하는 가격(따라서 시장청산가격)이 한계생산비용과 동일한 35 $/MWh일 때에만 도달할 수 있다.

이 두 가지 예의 결과는 직관적이지 않다. 첫 번째 예제에서는 한 회사가 전체 시장을 장악했고 그다음 예제에서는 완전경쟁시장에서와 똑같은 시장가격이 결정되었기 때문이다. 이중 과점에서의 경쟁자는 완전경쟁시장에서보다 더 높은 가격을 얻을 수 있다고 기대할 것이다.

4.4.3.2 쿠르노 모델

쿠르노 경쟁 모델에서 각 기업은 생산하려는 수량을 결정한다. 이를 살펴보기 위해 이중 과점을 다시 살펴보자. 두 회사가 동시에 얼마나 생산할지 결정해야 하는 경우 각 회사는 서로의 예상 생산량을 추정하게 된다. 기업 1이 기업 2가 수량 y_2^e를 생산할 것이라고 추정한다면, 다음의 수식과 같이 예상이익을 최대화하도록 생산량 y_1을 결정할 것이다.

$$\max_{y_1} \pi(y_1 + y_2^e)y_1 - c(y_1) \tag{4.20}$$

여기서 $\pi(y_1 + y_2^e)$는 예상 총 생산량 $y_1 + y_2^e$에서의 시장가격을 나타낸다. 따라서 기업 1의 최적 생산은 기업 2의 생산 추정치에 따라 달라지게 된다. 이 관계를 **반응함수**(reaction function)의 형태로 다음과 같이 표현할 수 있다.

$$y_1 = f_1(y_2^e) \tag{4.21}$$

회사 2의 생산 최적화 역시 유사한 프로세스를 따르기 때문에 다음과 같이 쓸 수 있다.

$$y_2 = f_2(y_1^e) \tag{4.22}$$

처음에는 각 기업이 경쟁업체의 생산량을 추정하는 것이 정확하지 않을 수 있다. 그러나 후속 시장에서 지속적으로 더 많은 정보를 수집하게 되어 추정치를 수정하게 되고 이에 따라 생산량을 조정하게 된다. 궁극적으로 기업들의 생산은 **쿠르노 평형**에 도달한다.

$$\begin{aligned} y_1^* &= f_1(y_2^*) \\ y_2^* &= f_2(y_1^*) \end{aligned} \tag{4.23}$$

이 균형에 도달하게 되면 어느 회사도 생산량을 균형점에서 변경하는 것이 수익성이 있다고 생각하지 않게 된다.

이제 시장에서 n개의 기업이 경쟁하는 경우를 생각해 보자. 이때 총 산업 생산량은 다음과 같다.

$$Y = y_1 + \cdots + y_n \tag{4.24}$$

다른 회사와 마찬가지로 회사 i는 이익을 최대화하는 것을 추구할 것이다.

$$\max_{y_i} \{y_i \cdot \pi(Y) - c(y_i)\} \tag{4.25}$$

여기서 시장가격 $\pi(Y)$는 전체 시장 거래량의 함수로 표현된다. 이익은 다음의 경우에 최대화가 된다.

$$\frac{\mathrm{d}}{\mathrm{d}y_i}\{y_i \cdot \pi(Y) - c(y_i)\} = 0 \tag{4.26}$$

혹은

$$\pi(Y) + y_i \frac{\mathrm{d}\pi(Y)}{\mathrm{d}y_i} = \frac{\mathrm{d}c(y_i)}{\mathrm{d}y_i} \tag{4.27}$$

$\pi(Y)$로 위의 수식을 묶어 주고 두 번째 항에 Y/Y를 곱해 주면 다음의 수식을 얻을 수 있다.

$$\pi(Y)\left\{1 + \frac{y_i}{Y}\frac{Y}{\mathrm{d}y_i}\frac{\mathrm{d}\pi(Y)}{\pi(Y)}\right\} = \frac{\mathrm{d}c(y_i)}{\mathrm{d}y_i} \tag{4.28}$$

이 방정식의 우변은 기업 i의 한계생산비용과 같다. 회사 i의 **시장점유율**을 $s_i = y_i/Y$로 정의하고 식 (2.3)에 주어진 탄력성의 정의를 사용하면 식 (4.28)을 다음과 같이 쓸 수 있다.

$$\pi(Y)\left\{1 - \frac{s_i}{|\varepsilon(Y)|}\right\} = \frac{\mathrm{d}c(y_i)}{\mathrm{d}y_i} \tag{4.29}$$

이 표현은 기업의 시장점유율이 무시할 수 없는 수준일 때 한계비용이 시장가격보다 낮은 수준에서 생산량을 결정하여 이윤을 극대화한다는 것을 보여 준다. 따라서 생산을 하지 않음으로써 시장지배력을 행사하는 것이다. 식 (4.29)는 낮은 탄력성과 높은 시장집중도가 시장지배력 행사를 용이하게 함을 시사한다. 한 기업이 시장지배력을 행사할 수 있는 능력이 가격수용 기업이 판매하는 가격 역시 높이기 때문에 결과적으로 시장에 있는 모든 기업들에게 혜택을 준다는 점이 흥미롭다. 따라서 시장지배력을 줄이기 위한 조치는 고객의 이익을 대표하는 규제당국에서 취해야 한다. 이러한 조치는 일반적으로 생산자로부터 지지를 받지 못한다.

식 (4.29)는 기업이 독점인 경우($s_i = 1$) 그리고 시장점유율을 무시할 수 있는 경우($s_i \approx 0$)에도 적용할 수 있다. 독점인 경우 가격과 한계비용이 차이가 가장 크게 발생한다. 독점의 경우 가격인상 능력이 수요의 탄력성에 의해서만 제한된다. 시장점유율이 매우 낮은 기업의 경우 식

(4.29)는 식 (4.5)와 같은 형태로 축소되고 결과적으로 기업은 가격수용자가 된다.

쿠르노 모델은 기업이 한계생산비용보다 높은 가격을 유지할 수 있어야 하며 둘 간의 차이는 수요의 가격탄력성에 의해 결정된다고 말한다. 쿠르노 모델로 얻은 수치 결과는 이 탄력성에 매우 민감하다. 특히 전기에너지와 같이 탄력성이 매우 낮은 상품의 경우 쿠르노 모델을 이용하여 계산한 균형가격이 실제 시장에서 관찰되는 가격보다 높은 경향이 있다.

예제 4.10

두 회사(A와 B)가 전기에너지 공급을 놓고 경쟁하는 시장의 경우를 생각해 보자. 경험적 연구에 따르면 특정 시간의 역수요곡선은 다음과 같이 표시된다.

$$\pi = 100 - D \quad (\$/\text{MWh}) \tag{4.30}$$

여기서 D는 이 시간의 전기에너지 수요이다. 또한 기업 A가 기업 B보다 더 저렴하게 에너지를 생산할 수 있다고 가정해 보자.

$$\begin{aligned} C_{\text{A}} &= 36 \cdot P_{\text{A}}\,(\$/\text{h}) \\ C_{\text{B}} &= 46 \cdot P_{\text{B}}\,(\$/\text{h}) \end{aligned} \tag{4.31}$$

이 시장에서 베르트랑 경쟁 모델을 가정하면 기업 A는 기업 B의 한계생산비용보다 약간 낮은 가격(즉, 46 $/MWh)으로 가격을 책정하고 전체 시장을 장악할 것이다. 그 가격에서 수요는 54 MWh이고 기업 A는 $540의 이익을 얻을 것이다. 기업 B는 판매하게 되면 손실을 볼 것이기에 생산하지 않을 것이며 따라서 이익이 역시 발생하지 않을 것이다.

반면에 쿠르노 경쟁 모델을 가정하면 시장은 각 기업의 생산량 결정에 의해 결정된다. 기업 A와 B가 모두 5 MWh를 생산하기로 했다고 가정해 보자. 쿠르노 모델에 따르면 시장가격은 수요가 총 생산량과 같아지는 지점에서 결정된다. 총 생산량이 10 MWh이므로 총 수요도 10 MWh이며 식 (4.30)에 따라 시장가격은 90 $/MWh이어야 한다. 시장가격과 각각의 생산량을 감안할 때 우리는 회사 A의 이윤이 $270이고 회사 B의 이윤이 $220라고 쉽게 계산할 수 있다. 다음 셀은 이러한 시장 현황을 요약한다.

10	270
220	90

두 회사의 다른 생산 조합에 대해 유사한 셀들을 생성할 수 있으며 표 4.5에 표시된 대로 배열할 수 있다. 이 표는 쿠르노 경쟁 모델에서 두 기업의 상호작용을 보여 준다. 표의 왼쪽 상단 모서리를 향해 갈수록 발전기가 생산을 제한하여 가격을 높이고 있다. 생산량이 증가함에 따라(즉, 테이블에서 오른쪽 또는 아래로 이동함에 따라) 가격은 하락하고 수요는 증가한다. 표의 오른쪽 하단으로 갈수록 시장에서의 거래량은 넘쳐 나게 되며 가격은 기업 B의 한계생산비용 아래로 떨어져 손실을 입게 된다. 표 4.5에 나타난 사례들에서 기업 A는 30 MWh를 생산하고 B는 5 MWh를 생산하는 상황을 선호할 것이다. 왜냐하면 이것이 그들의 이윤을 극대화하는 것이기 때문이다. 유사하게, 기업 B는 A가 25 MWh를 생산하고 자신의 이윤을 극대화할 수 있도록 5 MWh만 생산하기를 원한다. 게임이론에 따르면 이러한 생산량들은 타 회사들에게는 최선의 생산량이 아니기 때문에 균형을 이루지 못할 것이다. 그 대신 시장은 각 기업이 스스로의 행동으로 이윤을 늘릴 수 없는

지점에서 균형을 이룰 것이다. 표 4.5에서 강조표시 된 셀은 이 균형점에 해당한다. 기업 A의 이윤($600)은 해당 행에서, 즉 자체적으로 생산을 조정함으로써 얻을 수 있는 가장 큰 이익이다 유사하게, 기업 B의 이윤($210)은 이 열에서 가장 크다. 따라서 이 균형점에서는 어느 회사도 다른 양을 생산할 유인이 없다. 기업 A는 한계생산비용이 더 낮기 때문에 시장에서 더 많은 점유율을 차지하지만 기업 B를 시장에서 완전히 제외시키지는 않는다. 이 기업들은 함께 한계생산비용보다 훨씬 높은 가격을 유지하도록 조정한다. 해당 시장가격은 베르트랑 모델에서 예측한 값보다 높다.

표 4.5 예제 4.10의 두 기업의 쿠르노 경쟁 결과를 나타낸 셀들

Production of firm B \ Production of firm A	5		10		15		20		25		30		35	
5	10	270	15	490	20	660	25	780	30	850	35	870	40	840
	220	90	195	85	170	80	145	75	120	70	95	65	70	60
10	15	245	20	440	25	585	30	680	35	725	40	720	45	665
	390	85	340	80	290	75	240	70	190	65	140	60	90	55
15	20	220	25	390	30	510	35	580	40	600	45	570	50	490
	510	80	435	75	360	70	285	65	210	60	135	55	60	50
20	25	195	30	340	35	435	40	480	45	475	50	420	55	315
	580	75	480	70	380	65	280	60	180	55	80	50	−20	45
25	30	170	35	290	40	360	45	380	50	350	55	270	60	140
	600	70	475	65	350	60	225	55	100	50	−25	45	−150	40
30	35	145	40	240	45	285	50	280	55	225	60	120	65	−35
	570	65	420	60	270	55	120	50	−30	45	−180	40	−330	35
35	40	120	45	190	50	210	55	180	60	100	65	−30	70	−210
	490	60	315	55	140	50	−35	45	−210	40	−335	35	−560	30

각 셀의 숫자는 다음을 의미한다.

Demand	Profit of A
Profit of B	Price

가능한 모든 생산 조합에 대한 표를 작성하는 대신 다음과 같이 이 문제를 수학적으로 공식화하고 해결할 수 있다. 각 기업은 자신이 생산하는 수량을 결정변수로 사용하기 때문에 각 기업이 벌어들인 이윤은 다음 식으로 표시된다.

$$\Omega_A(P_A, P_B) = \pi(D) \cdot P_A - C_A(P_A) \tag{4.32}$$

$$\Omega_B(P_A, P_B) = \pi(D) \cdot P_B - C_B(P_B) \tag{4.33}$$

여기서 $\pi(D)$는 역수요곡선을 나타낸다. 각 회사가 이윤을 극대화하려고 하면 두 가지 개별 최적화 문제가 존재한다. 이 두 최적화 문제는 두 회사가 동일한 시장에서 경쟁하고 공급이 수요와 같아야 하기 때문에 독립적으로 해결할 수 없다. 따라서 다음 사항도 갖추어야 한다.

$$D = P_A + P_B \tag{4.34}$$

이러한 각 문제에 대해 최적 조건을 작성할 수 있다.

$$\frac{\partial \Omega_A}{\partial P_A} = \pi(D) - \frac{dC_A}{dP_A} + P_A \cdot \frac{d\pi}{dD} \cdot \frac{dD}{dP_A} = 0 \tag{4.35}$$

$$\frac{\partial \Omega_B}{\partial P_B} = \pi(D) - \frac{dC_B}{dP_B} + P_B \cdot \frac{d\pi}{dD} \cdot \frac{dD}{dP_B} = 0 \tag{4.36}$$

식 (4.34)~(4.36)에 식 (4.30) 및 (4.31)에 의해 주어진 값을 삽입하면 다음 반응함수를 얻는다.

$$P_A = \frac{1}{2}(64 - P_B) \tag{4.37}$$

$$P_B = \frac{1}{2}(54 - P_A) \tag{4.38}$$

이 두 방정식을 풀게 되면 다음을 얻을 수 있다.

$$D = P_A + P_B + \cdots + P_N$$

이는 우리가 표 4.5에서 얻은 균형점에서의 P_A와 P_B와 비슷한 값을 갖는다.

예제 4.11

예제 4.10의 데이터를 사용하여 시장에서 경쟁하는 회사의 수가 증가할 때 어떤 일이 발생하는지 살펴보자. 단순화를 위해, 기업 A가 기업 B와 동일한 특징을 가진 회사들과 경쟁하는 경우를 고려하자. 식 (4.35) 또는 식 (4.36)처럼 최적 조건은 기업 각각에 대해 작성될 수 있으며, 이로부터 도출되는 방정식들은 역수요곡선(식 4.30)과 모든 기업이 동일한 시장에서 경쟁함을 나타내는 다음의 수식을 이용하여 함께 풀릴 수 있다.

$$D = P_A + P_B + \cdots + P_N \tag{4.39}$$

여기서 N은 이 시장에서 경쟁하는 기업의 수를 나타낸다. 이러한 방정식들은 기업 B에서 N까지가 동일하고 따라서 동일한 양의 에너지를 생산하기 때문에 임의의 수의 기업에 대해 쉽게 해결할 수 있다. 기업 A는 다른 기업보다 저렴한 비용으로 전기에너지를 생산하기 때문에 시장에서 경쟁우위가 있다. 그림 4.11은 항상 다른 어떤 기업보다 더 많이 생산한다는 것을 보여 준다. 경쟁기업의 수가 증가함에 따라 기업 A의 시장점유율은 감소하지만 다른 기업의 개별 점유율과 마찬가지로 0이 되지는 않는다. 그림 4.12는 새로운 기업이 기존 기업과 동일한 한계생산비용을 가지고 있더라도 경쟁기업의 수가 증가하면 시장가격이 하락한다는 것을 보여 준다. 그러나 이 경우 가격은 A를 제외한 기업들의 한계생산비용인 46 \$/MWh로 점근적으로 수렴

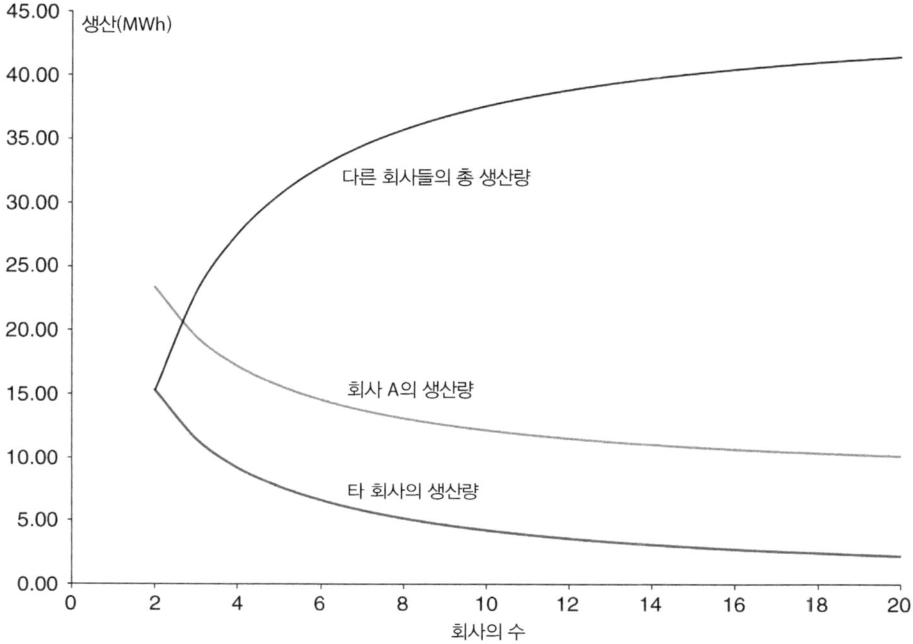

그림 4.11 쿠르노 모델에서 경쟁자 수의 증가에 따른 각 회사의 생산량의 변화

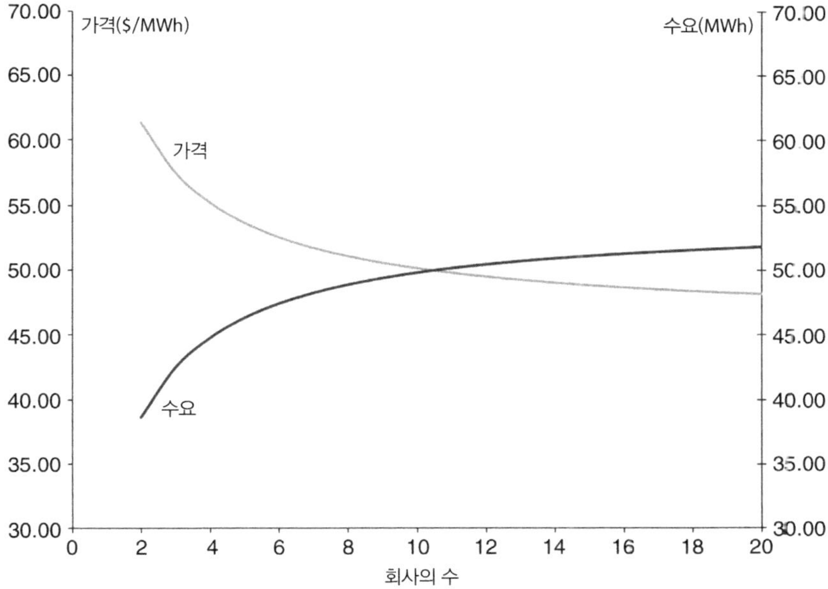

그림 4.12 쿠르노 모델에서 경쟁자 수의 증가에 따른 시장가격과 수요의 변화

하는 경향이 있다. 이러한 경쟁 심화는 수요 증가를 유도하므로 소비자에게 이익이 된다. 마지막으로 그림 4.13에서 볼 수 있듯이 이러한 경쟁 심화는 각 기업의 이윤도 감소시킨다. 기업 A의 이윤은 비용우위 때문에 다른 모든 기업의 이윤을 합친 것보다 크며, 경쟁우위가 낮은 기업들의 이윤과 달리 경쟁자의 수가 증가해도 0으로 수렴하는 경향을 보이지 않는다.

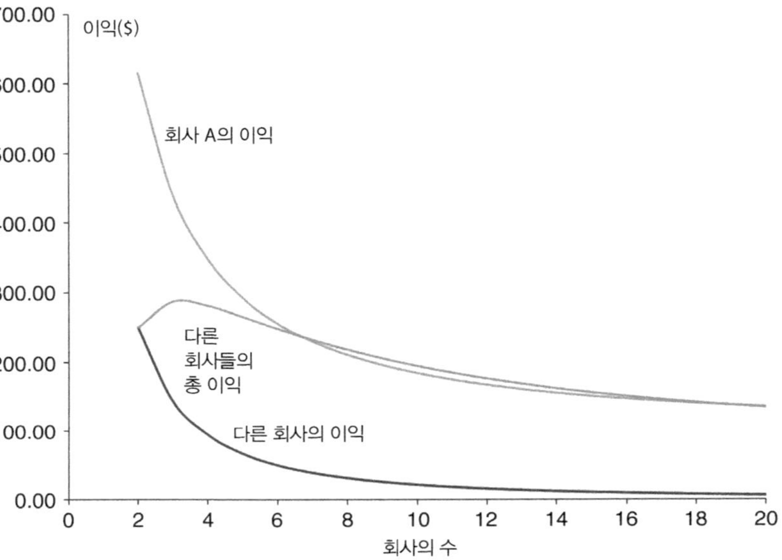

그림 4.13 쿠르노 모델에서 경쟁자 수의 증가에 따른 각 회사의 이익의 변화

4.4.3.3 공급함수 균형

쿠르노 모델은 불완전한 경쟁이 있는 시장의 운영에 대한 흥미로운 통찰력을 제공하지만 전력시장에 적용하면 시장가격에 대해 터무니없이 높은 예측을 초래한다. 따라서 보다 현실적인 시장 모델을 얻기 위해 발전회사의 전략적 행동에 대한 보다 복잡한 표현이 개발되었다. 이 모델에서 기업이 제공하고자 하는 에너지의 양은 **공급함수**를 통해 시장가격과 관련이 있다고 가정한다.

$$P_f = P_f(\pi), \quad \forall f \tag{4.40}$$

따라서 이 경우 각 기업의 의사결정 변수는 가격도 수량도 아닌 공급함수의 매개변수가 된다. 균형 상태에서 총 수요는 모든 기업이 생산한 수량의 합과 같아야 한다.

$$D(\pi) = \sum_f P_f(\pi) \tag{4.41}$$

각 기업의 이익은 다음과 같이 표현될 수 있다.

$$\begin{aligned}\Omega_f &= \pi \cdot P_f - C_f\left(P_f\right) \\ &= \pi \cdot \left[D(\pi) - \sum_{\neq f} P_{\neq f}(\pi)\right] - C_f\left(D(\pi) - \sum_{\neq f} P_{\neq f}(\pi)\right), \qquad \forall f\end{aligned} \tag{4.42}$$

이러한 이익함수는 최적화를 위한 필요조건을 얻기 위해 가격에 대해 차별화될 수 있으며, 몇 가지 과정을 거친 후에 다음 형식으로 표현할 수 있다.

$$P_f(\pi) = \left(\pi - \frac{\mathrm{d}C_f\left(P_f\right)}{\mathrm{d}P_f}\right) \cdot \left(-\frac{\mathrm{d}D}{\mathrm{d}\pi} + \sum_{\neq f} \frac{\mathrm{d}P_{\neq f}(\pi)}{\mathrm{d}\pi}\right), \quad \forall f \tag{4.43}$$

이 연립방정식의 해는 모든 기업이 동시에 이윤을 극대화하는 균형점이다. 이러한 최적화를 위한 조건은 공급함수의 매개변수가 미지수이기 때문에 미분방정식으로 주어지게 된다. 이 일련의 미분방정식에 대한 고유한 솔루션을 찾기 위해 공급 및 비용 함수는 일반적으로 각각 선형 및 이차 형식을 갖는 것으로 가정된다.

$$P_f(\pi) = \beta_f\left(\pi - \alpha_f\right), \quad \forall f \tag{4.44}$$

$$C_f\left(P_f\right) = \frac{1}{2} a_f P_f^2 + b_f P_f, \quad \forall f \tag{4.45}$$

결정변수는 따라서 공급함수와 비용함수의 매개변수가 된다.

$$X_f = \left\{\alpha_f, \beta_f\right\}, \quad \forall f \tag{4.46}$$

이 변수들의 최적값은 식 (4.44)와 (4.45)와 역수요함수를 식 (4.43)에 대입하여 계산할 수 있다. 이러한 최적값이 반복 프로세스를 사용하여 계산되면 각 기업의 시장가격, 수요 및 생산을 계산할 수 있다. 역수요함수가 선형(affine)이면(즉, 선형 항과 절편을 포함하는 경우) 공급함수는 수요의 실제 수준에 의존하지 않게 된다.

4.4.3.4 에이전트 기반 모델링

이전 절들에서 설명한 모델링 기술은 시장참여자의 경쟁 행동에 대한 비교적 단순한 가정에 의존한다. 그것들은 시장지배력의 효과에 대한 유용한 통찰력을 제공하지만 일반적으로 시장참여자가 행동할 가능성이 있는 다양한 방식을 식별할 수 있을 만큼 충분히 세부적으로 시장 규칙을 모델링하지 않는다.

모든 참가자의 행동 방식을 가정하는 대신 에이전트 기반 모델링은 각 시장참여자가 자신의 이익을 최대화하려고 노력하며 이전 경험에서 배울 수 있는 독립적인 소프트웨어 주체라고 간주한다. 이러한 에이전트는 시장의 규칙을 복제한 환경 속에서 반복적으로 상호작용하도록 만들어진다. 이러한 반복적인 상호작용을 통해 각 에이전트는 자신이 대표하는 시장참여자의 특성에 가장 적합한 입찰 전략을 찾게 된다.

이 접근방식의 주요 이점은 시장의 다양한 측면(예: 선도시장과 현물시장 간의 상호작용, 전송 제약)에 대한 자세한 표현을 통합할 수 있다는 것이다. 그러나 더 상세한 시장 모델은 에이전트가 최적의 전략에 도달하기 위해 더 많은 반복적인 상호작용을 필요로 하므로 더 많은 컴퓨팅 시간이 필요하다. 또한 이러한 시뮬레이션에서 최적의(또는 흥미로운) 동작이 반드시 도출될 것이라고 보장할 수 없다. 마지막으로 에이전트의 학습능력은 사용된 알고리즘과 조정 가능한 매개변수들에 의해 제한된다.

4.4.3.5 실험 경제학

소프트웨어 에이전트로 시장참여자를 나타내는 대신 인간을 대상으로 시장 시뮬레이션을 수행할 수도 있다. 그들은 자신이 대표하는 회사의 자산을 이용하여 시장에서 가능한 최선을 다한 대가로 인센티브를 받을 수 있다.

소프트웨어 에이전트가 각 시장참여자를 대표하는 대신 인간 대상(일반적으로 학생)을 사용하여 시장 시뮬레이션을 수행할 수도 있다. 그들 각자는 자신이 대표하는 회사의 자산을 사용하여 시장에서 가능한 한 잘할 수 있는 재정적 인센티브를 받는다.

인간의 행위를 통해 시뮬레이션을 한다면 프로세스가 느려지고 주어진 시간에 수행할 수 있는 실험 반복횟수가 줄어들지만 기계가 달성할 수 있는 것을 넘어서는 인간의 추론 능력과 창의력에 기반한 결과를 얻을 수 있다.

4.4.3.6 모델의 한계

앞에서 설명한 모델들의 전력시장에의 적용은 지금까지 대부분 몇 년 동안의 시장점유율 예측을 다루었다. 이러한 모델들은 각 발전회사의 총 용량에 대해 작동하며 개별 발전기의 일일 최적화에 유용할 만큼은 정교하지 않을 수 있다. 특히 무부하 및 기동 비용과 같은 비선형성과 각 장치의 출력에 대한 동적 제약을 고려하지 않는다.

더욱이 문제를 단기적 이윤 극대화로 공식화하는 것은 아마도 지나친 단순화일 것이다. 경우에 따라 시장지배력이 있는 발전회사가 시장가격을 제한하거나 낮추는 경우도 있다. 그러한 행동 과정은 시장점유율을 높이거나 유지하려는 욕구, 새로운 참가자의 시장진입을 억제하는 전략 또는 규제 개입을 유인하는 것에 대한 두려움에 의해 정당화될 수 있다.

4.5 화석연료를 사용하지 않는 발전기의 관점

지금까지 석탄, 석유, 천연가스와 같은 화석연료를 연소시켜 화학에너지를 전기에너지로 바꾸는 발전소의 시장참여에 초점을 맞추었다. 따라서 이러한 발전소의 한계비용은 연료비 때문에 중요하게 여겨진다. 화석연료를 태우지 않는 공장은 훨씬 낮거나(예: 원자력) 한계비용을 무시할 수 있을 정도(예: 수력발전, 풍력, 태양열)로 낮다. 그러나 이러한 발전소는 설비용량당 훨씬 더 높은 투자비용을 요구하는 경향이 있다. 따라서 투자자의 관심은 투자를 회수하기에 충분한 이익을 내는 것이다.

4.5.1 원자력발전소

원자력 장치는 출력을 조정하는 것이 기술적으로 어렵기 때문에 주로 거의 일정한 발전 수준에서 운영된다. 원자력발전소는 재가동이 느리고 비용이 많이 들기 때문에 12~18개월마다 연료 주입을 위해 기동이 정지된다. 중앙집중식 시장에서 원자력발전소는 전체 출력을 생산할 수 있도록 하기 위해 종종 0.00 $/MWh에 입찰한다. 따라서 그들은 가격수용자 역할을 한다. 즉, 다른 참가자가 시장청산가격을 설정하도록 한다. 쌍무계약 시장에서 원자력발전 소유자는 기본부하에 대해 장기 계약을 체결한다.

원자력발전소의 계획되지 않은 가동 중단은 소유주에게 매우 큰 비용을 유발할 수 있다. 이는 원자력발전소의 용량이 크기 때문이며 만약 정전기간이 긴 경우 현물시장이나 단기 선도시장에서 많은 양의 대체전력을 구입해야 하기 때문이다. 이러한 대량 구매는 전력 시장가격을 크게 높일 수 있다.

4.5.2 수력발전소

수력발전소에 사용되는 기술은 발전 출력을 쉽게 조정할 수 있는 능력을 제공한다. 넓은 범위에서 매우 빠르게 생산을 늘리거나 줄일 수 있으며 발전소 수명에 큰 영향을 주지 않고 자주 중단할 수 있다. 6장에서 보게 되겠지만, 이러한 유연성은 전력계통 운영에 매우 중요하다. 그러나 수력발전소는 종종 전력 측면에서 느슨한 제약조건을 가진다. 하지만 수력발전소가 생산할 수 있는 시간당 최대/최소 에너지 양은 상당히 제한될 수 있다. 최대 발전량은 강 유역에 내리는 비나 눈의 양에 따라 결정된다. 최소 에너지 양은 저수지가 과도하게 채워지는 것을 방지하기 위해 또는 환경적 이유(예: 물고기 보존을 위한 적절한 양의 물 제공) 또는 다른 용도(예: 관개, 교통, 레크리에이션)에 의해 영향을 받게 된다. 물이 터빈을 거치지 않고 댐을 흘러가도록 할 수 있지만, 한계비용이 0이기 때문에 이러한 물 유출은 금전적으로 낭비라고 볼 수 있다.

계단식 댐이 있는 강 유역에서는 특정 식물이 생산할 수 있거나 생산해야 하는 에너지가 상류 및 하류에 위치한 식물이 생산한 에너지의 함수이기 때문에 이러한 제약이 훨씬 더 복잡해진다. 따라서 주어진 강 유역의 모든 수력발전소의 운영은 생산되는 전기에너지의 가치를 최대화하기 위해 함께 최적화되어야 한다. 전기에너지 가격 예측이 주어지면 이 최적화는 제약조건을 준수하면서 수집된 수익을 최대화하기 위해 각 발전소가 생산해야 하는 양을 결정한다. 수력발전 용량이 전체 설치 용량의 극히 일부에 불과하다면 가격수용자로 취급될 수 있다. 그렇지 않으면 시장청산가격에 대한 수력 생산의 영향을 고려해야 한다.

에너지 생산에 사용할 수 있는 물의 양은 강수에 따라 달라지고 강수는 계절에 따라 달라지므로 이 최적화는 1년이라는 기간을 고려하여 수행되어야 한다.[2] 그러나 계산 복잡도를 낮추기 위해 일반적으로 2단계 접근방식이 채택된다. 첫 번째 단계는 1개월 또는 1주일의 해상도로 1년 동안 물 사용량을 최적화한다. 두 번째 단계는 첫 번째 단계의 결과를 목표로 사용하고 훨씬 더 미세한 시간 분해능으로 최적화를 개선하여 각 기간에 시장에 얼마나 많은 에너지를 판매할 수 있는지 결정한다.

오랜 시간이 소요되기 때문에 시장가격과 물 가용성에 대한 예측은 꽤 정확하지 않을 수 있다. 따라서 수력발전 일정은 일반적으로 결정론적 최적화 기술보다는 확률론적 방법을 사용하여 수행된다.

4.5.3 풍력 및 태양광 발전

4.5.3.1 간헐성과 확률

다른 형태의 발전과 경쟁할 때 풍력 및 태양열 발전소 소유자는 1차 에너지원이 공짜라는 큰 이점이 있다. 반면에 그들은 두 가지 중요한 문제를 해결해야 한다. 첫째는 간헐성이다. 대부분의 장소에서 바람은 항상 불지 않고 태양도 항상 빛나지 않는다. 이것은 이러한 재생에너지 발전기가 전기에너지를 생산할 시기를 선택할 수 없다는 것을 의미한다. 지역과 계절에 따라 바람과 태양광의 이용 가능한 패턴은 첨두 수요 기간과 일치하거나 일치하지 않을 수 있다. 그들이 할 수 있는 최선은 선도시장에서 이 에너지를 생산하고 판매할 것으로 예상하는 시기와 양을 예측하는 것이다. 이것은 우리를 두 번째 문제로 이끈다. 이러한 에너지원은 확률론적이기 때문에 바람이 언제 불기 시작하고 멈출지, 얼마나 세게 불지, 또는 언제 그리고 얼마나 큰 구름이 드리울지 완벽하게 정확하게 예측하는 것은 불가능하다. 따라서 풍력 및 태양열 발전기는 판매한 에너지의 양과 실제로 생산한 에너지 사이의 불균형에 직면하는 경우가 많다. 현물시장에서 이러한 불균형을 해결하는 비용이 상당히 클 수 있기 때문에 재생 가능 발전 사업자는 여러 완화 기술을 사용한다. 첫째, 수치적 기상예보(풍력발전용)와 구름의 위성 이미지(태양광발전용)를 사용하여 발전 예측의 정확성을 향상시키기 위해 노력한다.[3] 둘째는 예측이 개선됨에 따라 예상되는 불균형을 단기 선도시장에서 거래하는 것이다. 셋째, 유연한 재래식 발전기 또는 에너지 저장장치와 협력할 수 있다. 이러한 장치들은 재생 가능한 발전의 적자 또는 잉여를 보상하기 위해 에너지 출력을 증가, 감소할 수 있고 또는 잉여전력을 저장할 수도 있다. 이들 장치와 함께 에너지 전달을 위한 "확실한" 계약을 체결할 수 있다. 이 유연한 장치가 생산한 에너지가 현물시장에서 구매하는 것보다 항상 저렴하다고 할 수는 없겠지만 이러한 조합은 재생에너지 발전기가 갖는 시장가격 리스크를 줄일 수 있게 한다.

---

2 저수지가 1년치 이상의 비와 눈을 저장할 수 있는 경우 1년 이상의 최적화가 필요함.

3 이러한 예측의 정확성에 상당한 진전이 있었음에도 불구하고 숙련된 예측 기술자들은 실제 비즈니스에서는 예측이 완전히 틀릴 경우를 받아들여야 한다고 한다.

4.5.3.2 정부 정책 및 보조금

이러한 문제는 종종 재생 가능한 자원에서 전기에너지 생성을 장려하여 이산화탄소 배출량을 줄이는 것을 목표로 하는 정부 정책에 의해 완화된다. 이러한 정책은 재생가능 에너지 구매를 의무화하거나 재생 가능 발전 용량 또는 이러한 시설에서 생산되는 에너지에 대한 투자를 보조함으로써 재생 가능 발전기를 돕는 것을 목표로 한다. 즉, 채찍과 당근이라고 할 수 있다.

재생에너지 포트폴리오 표준(renewable portfolio standards) 또는 **재생에너지 표준**(renewable energy standards)에 따라 소매업체는 판매하는 전력의 일부에 대해 특정 종류의 재생에너지원을 이용하여 생산하거나 구매해야 한다. 이 비율은 종종 시간이 지날수록 증가한다. 예를 들어 캘리포니아주에서 재생에너지 의무 공급 비율은 2020년까지 33%, 2024년까지 40%, 2027년까지 45%, 2030년까지 50%로 설정되었다. 이러한 기준은 때때로 재생에너지 기술별로 다른 비율을 지정하기도 한다.

투자세액공제(investment tax credits)는 설치된 재생가능 에너지 발전 용량의 각 kW에 대해 투자자에게 세금환급을 제공함으로써 재생가능 에너지에 대한 높은 투자비용을 줄이는 데 도움이 된다.

재생에너지 생산 보조금은 다음과 같은 다양한 형태가 있다.

생산세 공제는 재생 가능한 발전소 소유자가 이 발전소에서 생산된 kWh당 세금에 대해 받는 리베이트이다.

FIT(Feed-in Tariffs)는 재생에너지를 통해 생산된 모든 전기에너지가 kWh당 높은 가격으로 구매되도록 보장한다.

차액계약(contract for difference)은 재생 가능 발전기와 정부 간에 이루어진다. 도매시장의 평균 전기에너지 가격이 합의된 행사가격보다 낮을 때 정부는 차액을 발전기에 지불한다. 평균 시장가격이 행사가격을 초과하면 발전기는 차액을 정부에 지불한다. 이러한 유형의 계약을 통해 재생 가능한 발전기는 여전히 도매시장에 적극적으로 참여해야 하지만 보다 안정적인 수익 흐름이 보장된다.

재생에너지 인증서는 재생에너지 발전으로 생성되는 MWh당 에너지에 대해 재생에너지 발전사업자에 부여된다. 이러한 인증서는 자발적 시장 또는 규정 준수 시장에서 판매될 수 있다. 자발적 시장의 구매자는 자신이 소비하는 것과 동일한 양의 에너지가 재생에너지원에서 생산되었는지 확인하려는 회사 또는 개인이 된다. 규정 준수 시장의 구매자는 재생에너지 포트폴리오 표준을 충족해야 하는 소매업체가 된다.

세액공제, FIT 및 차액계약의 행사가격은 일반적으로 재생에너지 종류에 따라 달라지며 일반적으로 시간이 지남에 따라 줄어들게 된다. 이는 이러한 재생에너지 기술의 가격이 시장에서 기존 발전 기술들과 경쟁하기 위해 더 이상 보조금이 필요하지 않은 "그리드 패리티"를 달성하는 지점까지 감소할 것이라는 기대를 반영하는 것이다. 이러한 보조금의 비용은 사회화되어 납세자나 전기 소비자가 부담한다.

4.5.3.3 시장에 대한 영향

풍력과 태양광 발전 용량의 비율이 증가함에 따라 전력시장에 미치는 영향이 커진다. 주요 결과는 재생에너지 발전기가 한계생산비용이 매우 낮기 때문에 낮은 가격에 입찰할 것이며 그들의 목적은 큰 설비 투자 비용을 회수하는 것이기 때문에 결과적으로 시장 평균 비용이 하락한다는 것이다. 따라서 재생에너지는 다른 형태의 발전소를 대체하며 때에 따라서는 설비 폐쇄를 유발할 것이다. 반면에 바람이 불지 않거나 햇빛이 약할 경우 전력시장 가격은 매우 높아질 수 있다.

보조금은 환경정책에 근거하여 정당화되지만, 시장을 왜곡하기도 한다. 예를 들어 생산세 공제를 받는 재생 가능 발전기는 기본적으로 그들이 생산하는 모든 MWh에 대해 시장가격 외에 고정된 금액을 받는다. 수요가 낮고 재생 가능한 자원이 풍부한 경우 이는 마이너스 시장가격으로 이어질 수 있다(즉, 발전기는 생산을 위해 비용을 지불해야 함). 재생에너지 발전기는 마이너스 시장가격의 절대치가 생산 세액 공제를 초과하지 않는 한 계속해서 수익을 거두기 때문에 다른 발전소보다 마이너스 가격을 보다 잘 견딜 수 있다.

주거 및 상업 소비자가 지붕에 설치한 루프탑 태양광 발전 용량의 양이 일부 지역에서 중요해졌다. 이러한 소비자들은 일반적으로 도매 전력시장에 직접 참여하지 않지만 이러한 분산 태양광의 집합체가 태양빛이 강한 한낮에 수요를 크게 하락하게 하여 시장에 간접적인 영향을 미치게 된다.

4.6 저장장치 소유자의 관점

수직통합 유틸리티는 수십 년 동안 양수식 수력발전소를 사용하여 원자력발전소의 사용을 촉진하고 부하 프로필을 평평하게 하여 시스템 운영비용을 줄였다. 이 발전소는 경부하 기간 동안 물을 위로 펌핑하여 에너지를 소비하고 고부하 기간 동안 터빈을 통해 이 물을 방출하여 에너지를 생산한다. 이러한 방식으로 소비와 생산을 조정함으로써 수요곡선의 최고점과 최저점 간의 차이를 줄일 수 있다. 이는 원자력발전소가 일정한 전력출력으로 작동할 수 있게 하고 기존 발전소의 잦은 기동/정지 그리고 최적 효율보다 낮은 지점에서 운영하는 것과 같은 비효율성을 줄여 전체 시스템 운영비용을 감소시킨다.

더 많은 저장용량을 사용할 수 있다면 재생에너지원의 간헐성과 확률성을 다루는 것이 훨씬 용이할 것이다. 이런 이유로 최근 몇 년 동안 배터리 에너지 저장 시스템의 개발에 상당한 노력을 기울이고 있다. 이러한 장치는 펌프식 양수 저장장치보다 저렴하고 효율적이며 환경친화적이다.

이 절에서는 배터리 또는 기타 에너지 저장장치가 가격이 낮을 때 에너지를 구매 및 저장하고 가격이 높을 때 이 에너지를 방출 및 판매하는 일시적 차익거래만 수행한다고 가정한다. 이후 절들에서는 에너지 저장의 유연성이 시스템 운영자에게 제공하는 추가적인 이점에 대해 논의할 것이다.

경쟁환경에서 일시적 차익거래는 높은 가격 기간에 에너지를 판매해서 생성된 수익이 낮은 가격 기간에 소비된 에너지 비용보다 크면 수익성이 있을 수 있다. 이 계산은 에너지 저장장치의 손실로 인해 구매 및 저장한 모든 에너지를 되팔 수 없다는 사실을 고려해야 한다.

4.6.1 자체 스케줄링

먼저 다음 T 시간에 대해 미리 가격 예측에 기반하여 저장장치를 충방전하는 운영자의 입장에서 고려해 보자. 이 운영자는 영업이익을 최대화하려고 하며, 이는 다음 표현식으로 제공된다.

$$\Omega = \sum_{t=1}^{T} \pi(t)(P_{\mathrm{D}}(t) - P_{\mathrm{C}}(t))\Delta t \tag{4.47}$$

여기서

$\pi(t)$는 기간 t 동안의 예측 시장가격($/MWh)
$P_{\mathrm{D}}(t)$는 기간 t 동안의 저장장치의 방전 비율(MW)
$P_{\mathrm{C}}(t)$는 기간 t 동안의 저장장치의 충전율(MW)
Δt는 각 기간의 지속시간(h)이다.

매시간 동안 배터리는 충전, 방전, 또는 유휴상태이므로 $P_{\mathrm{C}}(t)$와 $P_{\mathrm{D}}(t)$가 동시에 양수일 수 없다. 저장된 에너지의 양(즉, 저장장치의 충전상태)은 다음 식으로 제공된다.

$$E(t) = E(t-1) + [\eta P_{\mathrm{C}}(t) - P_{\mathrm{D}}(t)]\Delta t \tag{4.48}$$

여기서

$E(t)$는 기간 t가 끝날 때의 충전상태(MWh)
η는 저장장치의 왕복 효율이다.

최적화 문제는 다음 제약조건을 가진다.

$$0 \leq E(t) \leq E^{\max}, \quad \forall t = 1, \ldots, T \tag{4.49}$$

$$0 \leq P_{\mathrm{D}}(t) \leq P^{\max}, \quad \forall t = 1, \ldots, T \tag{4.50}$$

$$0 \leq P_{\mathrm{C}}(t) \leq P^{\max}, \quad \forall t = 1, \ldots, T \tag{4.51}$$

$$E(T) = E(0) = E_0 \tag{4.52}$$

여기서

$E^{\max}$는 저장장치의 에너지 용량
$P^{\max}$는 저장장치의 전력 용량
E_0는 초기 충전상태이다.

4.6.2 중앙집중식 운영

저장장치는 또한 시스템 운영자가 최소비용으로 부하를 충족하는 데 사용할 수 있는 또 다른 자원으로 취급될 수 있다. 시스템 운영자가 시장을 청산하기 위해 해결해야 하는 최적화 문제는 아래와 같이 수정된 수요-공급 균형 제약조건을 제외하고 3.3.2.4절에서 논의된 최적화 문제와 유사하다.

$$\sum_{i=1}^{N} P_i(t) + P_{\mathrm{D}}(t) - P_{\mathrm{C}}(t) = L(t), \quad \forall t = 1, \ldots, T \tag{4.53}$$

여기서

$P_i(t)$는 기간 t 동안 발전기 i에 의해 생산된 전력
N은 발전기의 수
$L(t)$는 기간 t에 대한 부하 예측이다.

각 기간 동안 저장장치의 충전 또는 방전량은 식 (4.48)~(4.52)에 설명된 저장장치 작동에 대한 제약조건이 적용되게 된다.

수학적 관점에서 저장장치의 가용성은 최적화 문제에 추가적인 결정변수를 제공하기에 시스템 운영의 전체 비용을 줄이는 데 기여할 수 있다. 그러나 이것이 저장장치가 식 (4.47)에 의해 측정된 대로 영업이익을 창출한다는 것을 보장하지는 않는다.

예제 4.12

시장에 3대의 발전기가 있으며 1시간의 거래 간격으로 3시간 동안 시장을 청산하는 간단한 예를 살펴보자. 표 4.6과 4.7은 발전기의 특성과 일정 기간 동안의 수요를 보여 준다.

단순화하기 위해 기동비용, 증감발 속도제한, 최소가동시간 및 최소가동중지시간 제약을 무시한다. 따라서 각 기간을 독립적으로 고려하면 된다. 또한 발전기의 비용함수에는 한계비용 α_i와 일정한 고정비용 β_i만 포함된다고 가정한다.

$$C_i(P_i(t), u_i(t)) = \alpha_i u_i(t) + \beta_i\, P_i(t) \tag{4.54}$$

표 4.8은 중앙집중식 시장 운영자가 최소비용으로 수요를 충족시키기 위해 발전기를 스케줄링하는 방법을 보여 준다. 동시에 각 거래시간의 시장가격과 각 발전기의 수입, 운영비용 및 이익을 제공한다. 이 기간 동안 시스템을 운영하는 데 드는 총 비용은 \$23,300이다. 발전기 1은 첫 번째 시간에서만 한계발전기로서역할을 하기에 상당한 이익을 얻는 것을 확인할 수 있다.

이 시장에 왕복 충방전 효율이 0.83인 1 MW/10 MWh 배터리를 추가해 보자. 이 배터리는 초기에 에너지량은 0이라고 가정한다. 배터리는 차익거래를 위해 공시된 가격을 기반으로 자체 스케줄링을 하게 된다. 우리는 배터리의 충방전량이 시스템의 나머지 발전 용량에 비해 충분히 작아서 가격에 영향을 미치지 않는다고 가정한다. 표 4.9는 이러한 조건에서의 시장 정산을 요약한 것이다. 배터리는 기간 1 동안의 저렴한 가

격을 이용하여 최대 1 MW 속도로 충전한다. 기간 2 동안 손실을 보상하고 기간 3의 높은 가격으로 1.0MWh를 완전히 방전할 수 있도록 0.2 MW의 속도로 충전한다. 이 차익거래로 인하여 배터리는 $35의 이익을 냈으며 배터리가 없는 경우에 비해 총 발전비용을 $50 감소시켰다.

1 MW의 정격전력 대신 이 배터리의 정격이 10 MW인 경우 가격차이를 이용하기 위해 기간 1 동안 완전히 충전되고 기간 3 동안 완전히 방전된다. 그러나 이 경우에는 배터리 충방전량이 가격과 수요–송급 밸런스에 영향을 미치지 않을 것이라는 기존의 가정이 못 미더울 수 있다. 표 4.10은 이 10 MW/10 MWh 배터리가 최소비용으로 부하를 충족시키기 위해 발전기와 함께 최적으로 계획된 경우 이 시장이 어떻게 정산되는지 보여 준다. 이 경우 배터리는 기간 1 동안 5 MW, 기간 2 동안 1 MW의 속도로 충전된다. 기간 1에서 발전기

표 4.6 발전기 데이터

발전기 i	최소발전 $P_i^{\min}$ (MW)	최대발전 $P_i^{\max}$ (MW)	한계비용 α_i ($/MWh)	고정비용 β_i ($/h)
1	0	500	10	500
2	100	350	25	250
3	0	200	50	100

표 4.7 수요 데이터

시간	1	2	3
$L(t)$ (MW)	495	750	505

표 4.8 저장장치가 없을 때 시장 정산

시간	가격($/MWh)		발전기 1	발전기 2	발전기 3
1	10	출력(MWh)	495	0	0
		수입($)	4 950	0	0
		비용($)	5 450	0	0
		이익($)	−500	0	0
2	25	출력(MWh)	500	250	0
		수입($)	12 500	6 250	0
		비용($)	5 500	6 500	0
		이익($)	7 000	−250	0
3	50	출력(MWh)	500	0	5
		수입($)	25 000	0	250
		비용($)	5 500	0	350
		이익($)	19 500	0	−100
		총 이익($)	26 000	−250	−100
		총 비용($)		23 300	

표 4.9 1 MW/10 MWh 배터리가 있을 때 시장 정산

시간	가격($/MWh)		발전기 1	발전기 2	발전기 3	배터리
1	10	출력(MWh)	496	0	0	−1
		수입($)	4 960	0	0	−10
		비용($)	5 460	0	0	0
		이익($)	−500	0	0	−10
2	25	출력(MWh)	500	251	0	−0.2
		수입($)	12 500	6 275	0	−5
		비용($)	5 500	6 525	0	0
		이익($)	7 000	−250	0	−5
3	50	출력(MWh)	500	0	4	1
		수입($)	25 000	0	200	50
		비용($)	5 500	0	300	0
		이익($)	19 500	0	−100	50
		총 이익($)	26 000	−250	−100	35
		총 비용($)		23 265		

표 4.10 10 MW/10 MWh 배터리가 있을 때 시장 정산

시간	가격($/MWh)		발전기 1	발전기 2	발전기 3	배터리
1	25	출력(MWh)	500	0	0	−5
		수입($)	12 500	0	0	−125
		비용($)	5 500	0	0	0
		이익($)	7 000	0	0	−125
2	25	출력(MWh)	500	251	0	−1
		수입($)	12 500	6 276	0	−26
		비용($)	5 500	6 526	0	0
		이익($)	7 000	−250	0	−26
3	30.12	출력(MWh)	500	0	0	5
		수입($)	15 060	0	0	151
		비용($)	5 500	0	0	0
		이익($)	9 560	0	0	151
		총 이익($)	23 560	−250	0	0
		총 비용($)		23 026		

1이 최대출력을 내고 있기 때문에 이 발전기는 가격을 결정하지 않는다. 대신에 부하가 약간 증가하게 되면 배터리 충전이 기간 1에서 2로 이동하기 때문에 가격은 25 $/MWh로 설정된다. 발전기 2는 기간 2에서 한계발전기이므로 기간 2뿐만 아니라 기간 1의 가격을 설정하게 된다. 배터리는 기간 3에서 5 MWh의 방전을

할 수 있기 때문에 발전기 3은 기간 3에서 투입이 될 필요가 없다. 기간 3에서의 부하가 약간 증가하면 기간 2에서 배터리를 더 많이 충전해야 한다. 따라서 기간 3의 가격은 30.12 $/MWh이며, 이는 25 $/MWh를 0.83 왕복 효율로 나눈 값이다. 배터리는 이 기간 동안 이익을 얻지 못하지만 저장장치가 없는 경우에 비해 부하 프로필을 평평하게 하고 시스템 운영비용을 $274 줄이게 된다.

4.7 유연한 소비자의 관점

4.7.1 유연한 수요 대 저장장치

자체 스케줄링을 통해 또는 시스템 운영자에게 이러한 기능을 제공하여 시간에 따라 수요를 변경할 수 있는 소비자는 어떤 면에서 에너지 저장과 유사한 자원을 제공한다. 이러한 소비자는 에너지를 화학에너지 또는 중력 형태로 저장하는 대신 열, 제조 과정의 중간제품 또는 식기세척기 등을 통해 저장한다. 유연한 수요의 주요한 이점은 저장능력이 이미 갖추어져 있기 때문에 배터리 혹은 양수 저장장치 건설에 필요한 대규모 투자가 필요하지 않다는 것이다. 단점은 이러한 유연 수요의 주요 목적이 전력계통에 서비스를 제공하는 것이 아니라는 것이다. 따라서 제조공정에 대한 제약이나 거주자의 편안함은 전력계통 자원으로서의 사용이 되는 데 제한적일 수밖에 없다. 일부 대규모 산업 소비자는 시스템 수준에서 중요할 만큼 충분히 큰 부하를 이동할 수 있다. 반면에 소규모 소비자의 유연한 수요는 측정 가능한 효과를 가지기 위해 합쳐져서 집계되어야 한다. 주어진 시간에 특정 소비자는 수요를 변경할 의지가 있거나 그렇지 않을 수 있으므로 소비자를 개별적으로 조사하는 대신 가용용량을 확률적으로 정량화하여 집계할 수도 있다.

4.7.2 유연한 수요에 대한 보상

유연한 수요를 가진 소비자가 시시각각 변하는 가격에 노출된다면, 생산 효율성이나 편안함에 대한 요구를 충족시키면서 비용을 최소화하는 방식으로 소비 일정을 잡는 것이 재정적으로 가치가 있다는 것을 알게 될 것이다. 이 최적화 문제는 4.6.1절에서 논의된 저장장치 자체 스케줄링 문제와 매우 유사하다. 이 경우 유연한 수요에 대한 보상은 **가격 기반**이다.

시시각각 변하는 가격에 노출되지 않은 소비자는 유틸리티, 판매업체 또는 애그리게이터의 신호에 따라 부하를 줄이거나 옮기는 데 동의할 수 있다. 유연하게 소비하는 대가로 이러한 소비자는 요금 혜택을 받을 자격이 있다. 이를 **인센티브 기반**이라고 한다. 인센티브 외에도 유연한 소비자와 가격신호를 보내는 판매업체 간의 계약은 다음을 반영해야 한다.

- 소비자가 응답할 것으로 예상되는 빈도
- 부하 감소는 얼마나 커야 하는지
- 소비자가 정상적인 소비 패턴으로 돌아가 에너지 사용량을 회복하기까지 얼마나 많은 시간이 경과해야 하는지

- 소비자의 반응을 어떻게 측정할 것인지

소비자의 반응을 측정하는 것은 사소한 문제가 아니다. 인센티브를 지급하는 기업은 소비자 수요의 무작위적인 변동이 아니라 실제 수요 변화를 확인하기를 원하기 때문이다. 이는 일반적으로 소비자의 실제 부하 프로필을 비슷한 날의 프로필과 비교하여 수행된다.

4.7.3 구현 문제

유연한 수요는 두 가지 방식으로 에너지 시장에 통합될 수 있다. 중앙집중식 최적 스케줄링 과정에서 공급과 함께 고려되거나 소비자가 시장운영자가 공개한 가격을 기반으로 유연한 수요를 자체 스케줄링할 수 있다.

중앙집중식 패러다임에서 소비자는 유연성의 기술적, 경제적 특성을 시장운영자에게 제출하고 시장운영자는 글로벌 최적화 문제를 통해 발전기와 함께 운영 일정을 결정하게 된다. 그런 다음 급전 신호가 개별 유연 부하 및 발전기로 전송된다. 이 중앙집중식 최적 일정은 이론적으로 최적의 경제적 결과를 얻을 수 있지만 수천 개 또는 심지어 수백만 개의 유연한 기기들을 처리할 수 있도록 확장이 가능한지 의문이다. 통신 및 계산 요구사항은 실제로 너무 심각해지고 구현 비용이 너무 많이 든다. 이러한 중앙집중식 메커니즘은 또한 소비자가 전기가 필요한 시기와 방법에 대한 상당한 양의 정보를 공개해야 하기 때문에 개인정보보호 문제를 제기할 수 있다.

전력시장의 유연한 수요를 통합하는 대안적 접근방식은 소비자가 게시된 가격에 따라 수요를 스스로 계획할 수 있는 기회를 제공함으로써 중앙집중식 아키텍처의 확장성 및 개인정보보호 문제를 방지한다. 그런 다음 소비자는 가격차이를 활용하여 전기요금을 줄일 수 있다. 가격은 피크 수요 기간 동안 더 높고 오프 피크 수요 기간 동안 더 낮기 때문에 소비자는 피크 기간에서 오프 피크 기간으로 수요를 전환할 유인을 갖게 된다. 그러나 이러한 가격책정 체계의 단순한 적용은 가격에 대한 기기의 자동응답과 결합되어 가장 낮은 가격의 기간에 수요를 집중시킬 수 있으며 잠재적으로 원래 수요가 낮은 기간에 새로운 수요 피크를 생성하여 전체 시스템 운영에 비효율적인 결과를 초래할 수 있다. 유사하게, 유연한 수요는 높은 가격을 갖는 시간이 지난 후 한꺼번에 반등할 수 있다.

다음의 간단한 예로 위에서 언급한 문제와 이를 해결할 수 있는 방법에 대해 설명하겠다.

예제 4.13 유연성 기기들의 중앙집중식 스케줄링

1시간을 단위 거래기간으로 하는 중앙에서 스케줄링하는 전력시장에서 2시간을 대상으로 한다. 시장참여자는 다음과 같다.

- 비용함수 $C(P_t) = 100^* P_t^2$($) 및 최대출력 $P^{\max} = 8$ MW로 시간 t에서 P_t(MW)를 생성하는 발전기,
- 기간 1 동안 $D_1 = 1$ MW, 기간 2 동안 $D_2 = 2$ MW를 소비하는 비탄력적인 수요,
- 지속적으로 조정 가능한 1,000개의 동일한 유연한 기기 d_t. 이러한 각 기기는 두 시간 동안 $E = 6$ kWh를

소비한다. 하지만 각 기간 동안 $d^{max} = 5$ kWh 이상을 소비할 수 없다.

중앙집중식 스케줄링의 목적은 총 발전비용을 최소화하는 두 기간 각각 동안 유연한 기기의 수요를 결정하는 것이다. 발전기의 비용함수는 2차이므로 이 총 비용을 최소화하는 것은 이 두 기간 동안 발전기에서 생성된 전력 차이의 절댓값을 최소화하는 것과 같다.

$$\min|P_1 - P_2| \tag{4.55}$$

매시간 동안 수요와 공급은 일치해야 하므로

$$P_1 = D_1 + 1000^* d_1 \tag{4.56}$$

$$P_2 = D_2 + 1000^* d_2 \tag{4.57}$$

식 (4.56)과 (4.57)을 목적함수 식 (4.55)에 삽입하면 다음 식을 얻는다.

$$\min|(D_1 + 1000^* d_1) - (D_2 + 1000^* d_2)| \tag{4.58}$$

발전기 운영 제약조건은 다음과 같다.

$$D_1 + 1000^* d_1 \le P^{max} \tag{4.59}$$

$$D_2 + 1000^* d_2 \le P^{max} \tag{4.60}$$

유연성 기기는

$$d_1 \le d^{max} \tag{4.61}$$

$$d_2 \le d^{max} \tag{4.62}$$

$$d_1 + d_2 = E \tag{4.63}$$

표 4.11은 두 거래기간 동안의 해당 총 발전비용뿐만 아니라 두 거래기간에 걸쳐 유연한 수요를 계획하기 위한 가능한 옵션 세트를 보여 준다. $d_1 = 3.5$ 및 $d_2 = 2.5$ kWh를 스케줄링하여 수요 프로필을 평탄화하면 제약조건을 충족하면서 총 발전비용이 최소화된다.

표 4.11 가능한 소비 유연성 옵션들

d_1	d_2	P_1	P_2	$C(P_1) + C(P_2)$
5.0	1.0	6.0	3.0	4500
4.5	1.5	5.5	3.5	4250
4.0	2.0	5.0	4.0	4100
3.5	**2.5**	**4.5**	**4.5**	**4050**
3.0	3.0	4.0	5.0	4100
2.5	3.5	3.5	5.5	4250
2.0	4.0	3.0	6.0	4500
1.5	4.5	2.5	6.5	4850
1.0	5.0	2.0	7.0	5300

최적값은 굵은 글씨로 표기

예제 4.14 유연성 기기들의 무제한 자체 스케줄링

가격이 기간 1 동안 π_1, 기간 2 동안 π_2가 될 것이라는 정보를 각 유연 기기에 미리 알려 준다고 가정한다. 유연하지 않은 수요가 기간 1에서 더 낮기 때문에 시장운영자는 $\pi_1 < \pi_2$로 설정하여 기간 2에서 기간 1로 수요 이동을 장려할 것이다. 만약 우리가 가정하는 것처럼 기기가 완전히 가격에 반응한다면, 가능한 한 많은 유연한 수요가 낮은 가격의 기간, 즉 기간 1에 재할당될 것이다. 그러면 우리는 다음의 결과를 갖게 될 것이다.

$$d_1 = d^{\max} = 5\,\text{kW} \tag{4.64}$$

$$d_2 = E - d_1 = 1\ \text{kW} \tag{4.65}$$

공급과 부하의 균형을 유지하려면 다음을 만족해야 한다.

$$P_1 = D_1 + 1000^* d_1 = 6\ \text{MW} \tag{4.66}$$

$$P_2 = D_2 + 1000^* d_2 = 3\ \text{MW} \tag{4.67}$$

그러면 기간 1은 더 이상 비첨두 기간이 아니게 되며 총 발전비용은 다음과 같다.

$$100{P_1}^2 + 100{P_2}^2 = \$4500 \tag{4.68}$$

이는 가격 π_1과 π_2가 실제 스케줄링 일정과 일치하지 않기 때문에 최적의 중앙집중식 스케줄링 사례에서의 비용보다 훨씬 높다.

위의 예는 유연한 수요에 가격을 보내는 순진한 접근방식이 해당 수요가 제한되지 않은 방식으로 응답하도록 허용되는 경우에 역효과를 가져올 수 있음을 보여 준다. 다음 예는 유연한 수요를 최적의 솔루션으로 조정하는 두 가지 가능한 접근방식을 보여 준다.

예제 4.15 유연성 기기들의 자체 스케줄링에 대한 외부 제약

이 접근방식에서 시장운영자는 일련의 가격뿐만 아니라 상대적 유연성 제한 신호 ω를 기기에 보낸다. 이 신호의 범위는 0에서 1까지이며 이는 각 기간 동안 기기가 소비할 수 있는 최대수요의 비율을 나타낸다. 따라서 가전제품이 전체 에너지 사용의 너무 많은 부분을 최저가격 기간으로 전환하는 것을 방지한다. 1에 가까운 ω 값은 기기가 수요를 전환하려는 것을 충분히 제한하지 않을 수 있다. 반면 0에 가까운 ω 값은 기기의 유연성을 과도하게 제한하여 수요 프로필의 충분한 평탄화를 방해할 수 있다. 따라서 원하는 결과를 얻으려면 ω를 적절하게 조정해야 한다.

예제 4.14에서와 동일한 시스템을 고려하되, 시스템 운영자가 가격 $\pi_1 < \pi_2$와 함께 기기에 유연성 제한 신호 ω를 보낸다고 가정한다. 각 유연한 기기가 1시간 동안 소비할 에너지의 양은 이제 다음과 같이 주어진다.

$$d_1 = \omega^* d^{\max} \tag{4.69}$$

기간 2에서의 유연한 수요의 양은

$$d_2 = E - d_1 \tag{4.70}$$

그러나 우리는 다음 조건을 만족해야 한다.

표 4.12 외부 제약이 있을 때 유연한 기기의 자체 스케줄링

ω	d_1	d_2	P_1	P_2	$C(P_1) + C(P_2)$
1	5.0	1.0	6.0	3.0	4500
0.9	4.5	1.5	5.5	3.5	4250
0.8	4.0	2.0	5.0	4.0	4100
0.7	**3.5**	**2.5**	**4.5**	**4.5**	**4050**
0.6	3.0	3.0	4.0	5.0	4100
0.5	2.5	2.5	실행 불능: 제약조건 $d_1 + d_2 = E$를 만족하지 않음		
0.4	2.0	2.0			
0.3	1.5	1.5			
0.2	1.0	1.0			
0.1	0.5	0.5			

$$d_2 \leq \omega^* d^{\max} \tag{4.71}$$

그렇다면 발전기는 수요를 만족하기 위해 다음과 같이 급전된다.

$$s_1 = D_1 + 1000^* d_1 \tag{4.72}$$

$$s_2 = D_2 + 1000^* d_2 \tag{4.73}$$

표 4.12는 각 기간에서 유연한 수요의 양, 발전기 급전량, 그리고 유연성 제한 신호 ω의 변화에 따른 전체 발전 가격을 나타낸다.

값 $\omega = 1$은 수요 유연성에 대한 제약이 없음을 의미하며 예제 4.14와 같이 비효율적인 결과로 이어진다. 0.8~0.9 사이의 큰 ω의 값은 수요가 기간 1로 집중되는 기기의 유연성을 충분히 제한하지 않는다. 반면에 $\omega = 0.6$은 기기의 유연성을 필요한 것보다 더 제한하므로 2시간 동안 적절하게 수요를 배분하는 데 실패한다. 0.1~0.5 사이의 낮은 ω는 기기가 사용할 수 있는 전력이 너무 낮아 총 에너지 제약(E = 6 kWh)을 충족할 수 없기 때문에 실행 불가능한 솔루션을 생성한다. ω의 최적값은 0.7이다. 이는 전체 수요 드로필을 평탄화하고 유연한 기기의 중앙집중식 스케줄링으로 생성된 것과 동일한 총 발전비용을 초래하기 때문이다.

예제 4.16 이차함수 형태의 페널티가 있을 때 유연성 기기들의 자체 스케줄링

예제 4.15에 설명된 것처럼 기기 작동에 대한 외부 제한을 부과하는 것은 많은 소비자가 수용할 수 없을 것이다. 대신 수요의 제곱에 비례하는 비선형 가격 페널티를 추가해 보자. 이러한 페널티는 소비자의 비용을 비선형적으로 만들어 소수의 거래기간에 수요가 집중되는 것을 방지한다. 이 페널티는 원하는 결과를 얻기 위해 인자 α를 사용하여 변조될 수 있다.

$\pi_1 = 1$, $\pi_2 = 2$ $/kWh라고 가정한다. 예제 4.13의 시스템을 다시 한번 고려하며 총 발전비용을 최소화하는 페널티 계수 α의 값을 결정하자. 이 페널티로 소비자가 지불한 총 금액은 다음과 같다.

$$\pi_1{}^*d_1 + \pi_2{}^*d_2 + \alpha^*(d_1)^2 + \alpha^*(d_2)^2 \tag{4.74}$$

제약조건 $d_1 + d_2 = E$를 사용하여 식 (4.74)는 단일 결정변수 d_1에 대한 함수로서 다음과 같이 다시 작성될 수 있다.

$$\pi_1{}^*d_1 + \pi_2{}^*(E - d_1) + \alpha^*(d_1)^2 + \alpha^*(E - d_1)^2 \tag{4.75}$$

모든 소비자는 지불하는 총 금액을 최소화하려고 노력하므로 d_1에 대한 이 금액의 도함수를 0으로 설정하여 d_1의 최적값을 찾을 수 있다.

$$\frac{\mathrm{d}\left[\pi_1{}^*d_1 + \pi_2{}^*(E - d_1) + \alpha^*(d_1)^2 + \alpha^*(E - d_1)^2\right]}{\mathrm{d}[d_1]} = 0 \tag{4.76}$$

수식을 정리하여 다음 결과를 얻는다.

$$d_1 = \frac{2^*\alpha^*E + \pi_2 - \pi_1}{4^*\alpha} \tag{4.77}$$

이것은 작동 제약 $d_1 \le d^{\max}$가 충족되는 한 d_1의 최적값이다. 식 (4.77)의 값이 $d_1 > d^{\max}$인 경우 d_1은 $d^{\max}$와 동일하게 설정된다. d_2는 항상 $E - d_1$과 같다.

표 4.13은 페널티 계수 α의 변화에 따라 유연성 기기의 급전과 총 발전비용이 어떻게 변하는지를 보여 준다. $\alpha = 0$일 때 페널티가 부과되지 않으며 결과는 예제 4.14의 비효율적인 솔루션과 동일하다. $\alpha = 0.1$의 값은 $d_1 = 5.5$ kW를 산출하며, 이는 실행 불가능하므로 d_1은 $d^{\max} = 5$ kW와 동일하게 설정된다.

α 값이 작으면(0.1~0.4) 가장 저렴한 시간 1에 수요가 집중되는 것을 충분히 억제하지 못하므로 피크 수요가 기간 2에서 기간 1로 이동한다. α 값이 클수록(0.6~0.9) 필요 이상으로 기기의 유연성을 제한한다. α의 최적값은 0.5이다. 왜냐하면 전체 수요 프로필을 평평하게 하고 중앙집중식 스케줄링과 동일한 최적의 총 발전비용을 산출하기 때문이다.

표 4.13 이차함수 형태의 페널티가 있을 때 유연성 기기들의 자체 스케줄링

α	d_1	d_2	P_1	P_2	$C(P_1) + C(P_2)$
0	5.0	1.0	6.0	3.0	4500.0
0.1	5.0	1.0	6.0	3.0	4500.0
0.2	4.25	1.75	5.25	3.75	4162.5
0.3	3.833	2.167	4.833	4.167	4072.2
0.4	3.625	2.375	4.625	4.375	4053.1
0.5	**3.5**	**2.5**	**4.5**	**4.5**	**4050.0**
0.6	3.417	2.583	4.417	4.583	4051.4
0.7	3.357	2.643	4.457	4.643	4054.0
0.8	3.313	2.687	4.313	4.687	4057.0
0.9	3.278	2.722	4.278	4.722	4059.9

4.8 인접 유틸리티의 관점

경쟁적인 전력시장이 도입된 일부 전력계통은 수직으로 통합된 유틸리티에 의해 운영되는 인접 시스템과 상호 연결된다. 이러한 유틸리티는 종종 경쟁시장에 참여한다. 전기에너지에 대해 지불하는 가격이 한계생산비용보다 높으면 이 시장에서 생산자처럼 행동할 것이다. 반면에 가격이 한계생산비용보다 낮으면 그들의 발전기의 출력을 낮추고 경쟁시장에서 전력을 수매하는 것이 최선이다.

4.9 전반적인 시장 관점

4.9.1 시장청산

그림 4.14는 ISO–뉴잉글랜드 웹사이트에서 수집된 데이터에서 파생된 입찰 곡선을 보여 준다. 이 곡선은 생산자가 제출한 556개의 가격/수량 입찰을 가격 오름차순으로 누적하여 작성되었다. 이 데이터는 익명으로 처리되기 때문에 특정 유형의 입찰을 제출한 발전기 그룹의 특성만 추측할 수 있다. 이 곡선에서 다음과 같은 네 가지 뚜렷한 부분을 식별할 수 있다.

1) 약 750 MW의 용량이 0 또는 마이너스 가격으로 제공된다. 이러한 입찰 중 일부는 원자력, 수력발전, 쓰레기 소각, 그리고 시장가격에 상관없이 반드시 발전을 해야 하는 발전기에 의해 제출된다. 이런 유형의 입찰은 보조금을 받게 되어 마이너스 가격에서도 수익성을 유지할 수 있는 재생에너지 발전기에서도 제출될 수 있다.
2) 약 750 MW에서 약 19,000 MW로 입찰가격이 점차 증가하며 각 발전기의 한계생산비용을

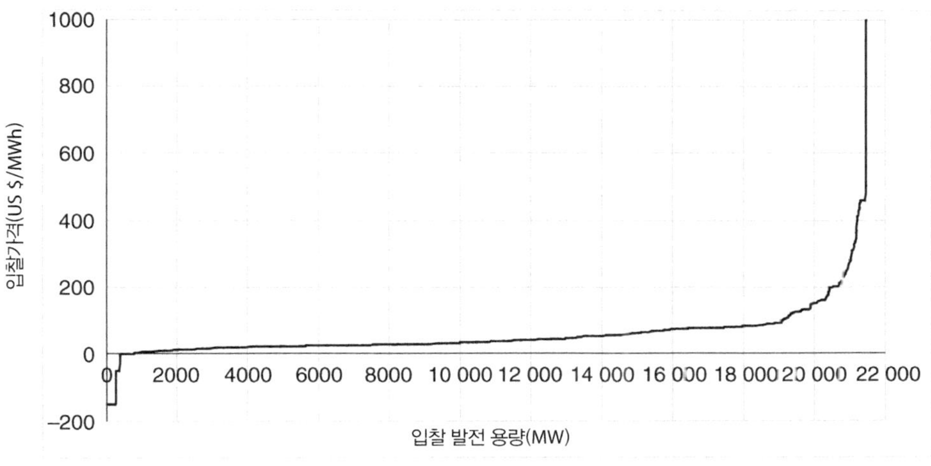

그림 4.14 ISO–뉴잉글랜드 하루전 시장(2016년 3월 30일)의 입찰 곡선

반영할 가능성이 높다. 일부 발전기는 단일 가격/수량 쌍을 제출하는 반면 다른 발전기는 시장 규칙에서 허용하는 최댓값인 10개의 세그먼트로 입찰을 블록 형태로 제출한다.

3) 19,000 MW에서 21,400 MW로 입찰가격이 훨씬 더 가파르게 증가한다. 이러한 입찰은 한계비용이 훨씬 더 높은 발전기 또는 드물게 가동되어 고정비용을 회수하기 위해 훨씬 더 높은 가격이 필요한 발전기에 의해 제출된다.
4) 일부 발전기는 1,000 $/MWh의 상한가격으로 입찰한다.

이 전형적인 모양의 곡선은 종종 "하키스틱"이라고 불린다.

그림 4.15는 동일한 웹사이트의 데이터를 사용하여 작성된 2개의 수요곡선을 보여 준다. 왼쪽 곡선은 오전 3시에 종료되는 거래 기간(즉, 해당 날짜의 최소 수요에 근접함)이고 오른쪽 곡선은 오전 11시에 종료되는 거래 기간(즉, 해당 날짜의 최대 수요에 근접함)에 대한 것이다. 오전 3시에 약 7,550 MW 그리고 오전 11시에 10,500 MW에 해당하는 수요에 대한 입찰가격이 제출되지 않았다. 이는 소비자가 가격에 민감하지 않음을 나타낸다. 반면에 대략 2,800 MW와 4,000 MW의 가격 민감 입찰이 각각 오전 3시와 11시에 제출되었기 때문에 수요곡선은 약간의 가격탄력성을 나타낸다. 그러나 이러한 수요탄력성의 상당 부분은 실제 수요의 유연성에 의한 것이기보다는 하루전 시장에 제출된 가상 입찰에서 비롯된 것일 수 있다.

그림 4.16과 같이 수요 입찰 곡선과 공급 입찰 곡선을 중첩한다면 여러 전력거래 기간에서의 시장청산가격이 비교적 좁은 범위 내에서 변할 것임을 알 수 있다. 이는 2016년 3월 30일이 전기 난방이나 냉방이 많이 필요하지 않은 비교적 온화한 봄날이었기 때문이다. 시장에서 제공되는 발전 용량은 수요보다 훨씬 많았으며 높은 가격에 입찰하는 발전기가 필요하지 않았다. 반면

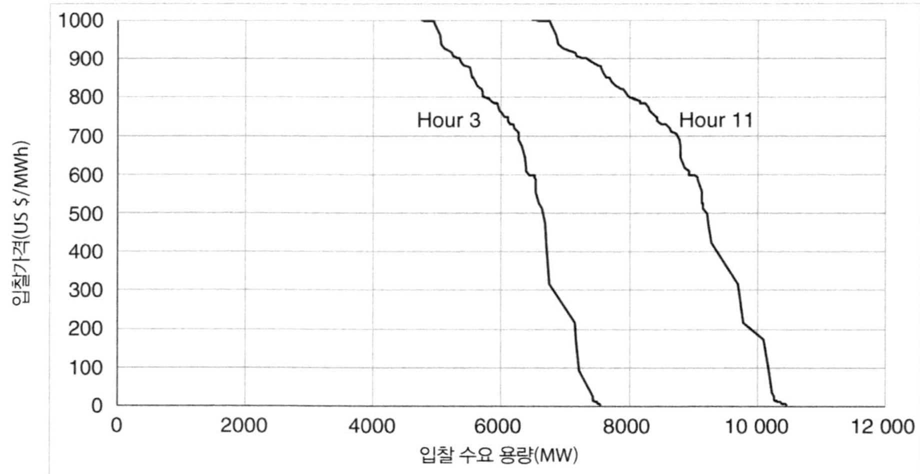

그림 4.15 2016년 3월 30일 오전 3시와 11시에서의 ISO–뉴잉글랜드 하루전 시장의 입찰 곡선

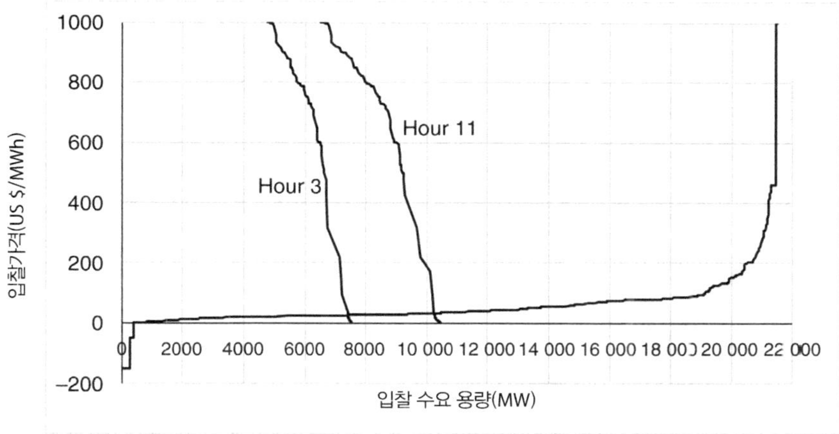

그림 4.16 2016년 3월 30일 오전 3시와 11시에서의 ISO–뉴잉글랜드 하루전 시장에 대한 시장청산

에 유별나게 덥거나 추운 날에는 수요곡선이 훨씬 오른쪽으로 이동하게 된다. 상대적인 모양 때문에 수요와 공급 곡선의 교차점은 피크 시간의 약간의 부하 증가에 대해 매우 높은 가격까지 치솟게 되어 가격급등을 일으킬 수 있다.

그림 4.17은 가격지속곡선, 즉 시장청산가격이 주어진 값을 초과한 시간의 백분율을 보여 주는 그래프를 사용하여 2015년 한 해 동안 ISO–뉴잉글랜드 시장 청산 결과를 보여 준다. 그림 4.18은 캐나다 앨버타주의 전력시장 가격지속곡선을 보여 준다. 비교를 해 보면, 캐나다 앨버트주의 전력시장 가격은 일반적으로 좁은 범위에서 변화하나, ISO–뉴잉글랜드 시장에 비해 수 %의 경우 가격이 훨씬 더 높은 값으로 급등한다는 것을 알 수 있다.

4.9.2 시장지배력 행사

발전사업자는 시장청산가격을 높이기 위해 종종 경제적 또는 물리적인 수단을 사용한다. 2.5.1절에서 논의한 바와 같이, 경제적 유예 수단은 일부 용량이 시장을 청산하는 데 필요할 것으로 예상하여 해당 용량을 높은 가격에 입찰하는 행위를 포함한다. 그림 4.14와 4.16을 보면 이러한 행위는 입찰 곡선의 가파른 부분을 더 가파르게 만들어 수요곡선과의 교차점을 밀어 올리는 것을 의미한다. 물리적 유예 수단은 시장에 상당한 양의 발전량을 제공하지 않는 것이다. 따라서 입찰 곡선의 나머지 부분을 왼쪽으로 이동시켜 다시 시장청산가격을 높인다. 입찰 및 수요 곡선의 모양은 수요가 높은 기간에 시장지배력 행사가 더 중요한 이유를 직관적으로 설명한다. 앞서 언급한 바와 같이 수요의 가격탄력성이 높을수록 시장지배력 행사는 덜 효과적이다. 그림 4.19는 최대 부하 기간 동안 시장가격을 크게 낮추기 위해 총 수요의 비교적 적은 부분만이 가격에 민감해야 한다는 사실을 보여 준다.

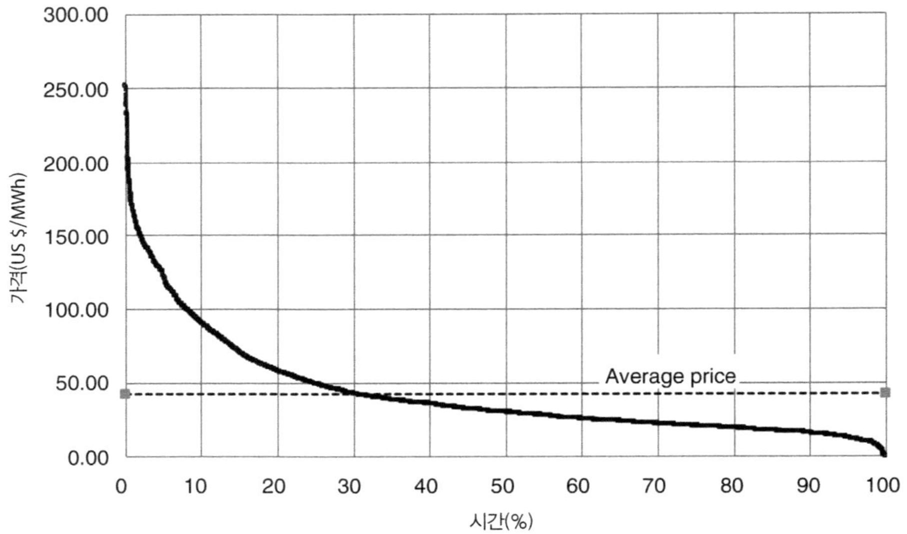

그림 4.17 2015년 ISO–뉴잉글랜드 보스턴 지역에 대한 하루전 시장가격 지속곡선(가격은 미국 달러)

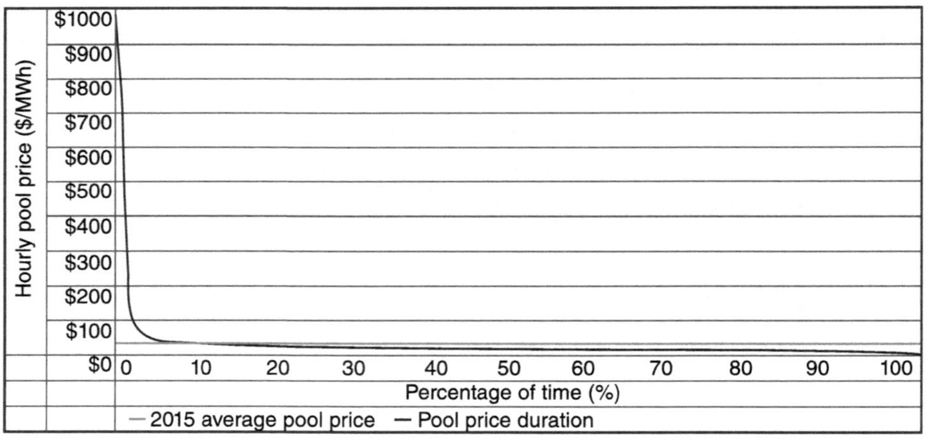

그림 4.18 2015년 앨버타 전력시장의 가격지속곡선(가격은 캐나다 달러 기준)(출처: www.aeso.ca)

5장에서는 송전망 용량의 제한이 시장지배력을 행사할 수 있는 추가적인 기회를 어떻게 유발하는지 논의할 것이다.

4.9.3 시장지배력에 대한 제재

기업들이 카르텔을 결성하고 담합하여 시장을 분열시키고 높은 가격을 유지하는 것은 드문 일이

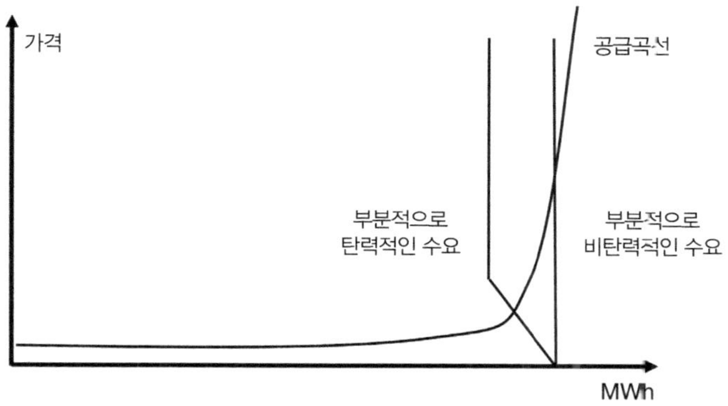

그림 4.19 부분적으로 가격탄력적인 수요가 시장청산에 미치는 영향

아니다. 시장지배력 행사가 금지된 것은 아니지만 담합은 불법이며 적발되면 규제당국에서 엄중한 제재를 가한다. 그러나 담합은 종종 더 미묘하고 암묵적인 형태를 취한다. 시장을 조작하는 방법을 논의하는 대신 정기적으로 경쟁하는 회사들끼리 공시된 가격을 통해 서로 담합을 위한 신호를 보낼 수 있다. 기업은 경쟁업체의 가격을 인하하여 단기적으로 더 큰 이윤을 얻을 수 있지만 장기적으로는 그렇게 하지 않는 것이 자신의 이익임을 깨달을 수 있게 된다.

시장지배력은 심각한 문제이기 때문에 전력시장 설계자들은 그 영향을 완화하기 위해 다양한 메커니즘을 마련하였다. 가장 간단한 기술은 가격상한제를 부과하는 것이다. 즉, 규제당국이 설정한 값으로 가격을 자동으로 제한한다. 이 가격상한은 상대적으로 높게 설정되어야 한다. 왜냐하면 가격은 신규 발전용량 투자 신호를 제공하며 발전사업자가 고정비용을 회수할 수 있도록 도와주기 때문이다. 일부 시장은 또한 입찰가 상한제, 즉 발전소가 제출할 수 있는 입찰가격에 대한 제한을 두기도 한다. 일부 시장에서는 입찰가 완화 기법을 사용한다. 시장지배력의 행사가 의심되는 경우, 문제가 되는 입찰은 발전기의 특성과 현재 연료비용을 기반으로 하는 표준 입찰로 대체된다. 그런 다음 이러한 표준 입찰을 사용하여 가격을 다시 계산하고 원래 가격과 비교한다. 이렇게 결정된 새로운 가격이 이전 가격보다 현저히 낮은 경우 입찰가는 표준 입찰로 제한된다.

시장지배력 행사를 방지하기 위한 이러한 사전 조치 외에도 규제당국은 때때로 가해자를 처벌하기도 한다. 그러나 발전사업자가 규제기관보다 발전소에 대해 잘 알고 있다고 쉽게 주장할 수 있어 시장지배력 남용을 입증하기 어렵다. 예를 들어 규제기관이 발전소가 시장가격 인상을 위해 충분한 용량을 공급하지 않고 있다고 주장하는 경우, 발전사업자는 해당 발전소가 유지보수 또는 수리가 긴급하게 필요한 상황이라고 반박할 수 있다. 유사하게, 발전사업자는 규제기관이 피크 발전소를 운영하는 비용을 과소평가하고 있다고 주장할 수도 있다. 그럼에도 불구하고 큰 벌금의 존재는 시장지배력의 가장 노골적인 남용을 막는 데 도움이 될 수 있다.

4.10 연습문제

4.1 Cheapo Electrons는 전기 판매업체이다. 표 4.14는 소비자가 6시간 동안 사용할 것으로 예측하는 부하를 보여 준다. Cheapo Electrons는 선도시장에서 구매했으며 구매량은 소비자 사용량 예측을 만족하기에 충분한 에너지이다. 표는 시간당 에너지에 대해 지불한 평균가격을 보여 준다. 고객의 실제 소비량은 예상 부하량과 정확히 일치하지 않았기 때문에 표시된 가격으로 현물시장에서 차액을 매매해야 한다. Cheapo Electrons가 24.00 $/MWh의 고정 요금으로 고객에게 에너지를 판매한다고 가정하고 이 6시간 동안 발생한 손익을 계산하라. 손익분기점을 맞추기 위해 고객에게 청구해야 하는 요금은 얼마인가?

4.2 가스화력 발전기의 입출력 곡선은 다음 함수로 근사된다.

$$H(P) = 120 + 9.3P + 0.0025P^2 \text{ (MJ/h)}$$

이 발전기는 200 MW의 최소출력과 500 MW의 최대출력을 갖고 있다. 가스 가격은 1.20 $/MJ이다. 표 4.15에 6시간 동안의 전력시장 가격이 주어져 있다.

이 발전기가 최적으로 급전되었고 초기에 온라인 상태였으며 정지할 수 없다고 할 때, 6시간 동안의 영업손익을 계산하라.

4.3 비용곡선이 200, 300, 400, 500 MW에 대한 이차함수에 의해 주어진 값과 일치하는 3-세그먼트 조각별 선형 근사로 대체되었다고 가정하고 문제 4.2의 계산을 반복하라.

4.4 문제 4.2의 발전기는 기동비용이 $500이고 초기에 꺼져 있다고 가정한다. 문제 4.2와 동일한 시장가격이 주어졌을 때, 이 발전기를 언제 가동(online)하고 언제 가동을 중지해야 운영 이익을 극대화할 수 있는가? 동적 제약조건(예: 증감발 제약)이 이 발전기의 최적 급전에 영향을 미치지 않는다고 가정한다.

표 4.14 문제 4.1의 데이터

시간	1	2	3	4	5	6
수요예측(MWh)	120	230	310	240	135	110
평균가격($/MWh)	22.5	24.5	29.3	25.2	23.1	21.9
실제 수요(MWh)	110	225	330	250	125	105
현물시장 가격($/MWh)	21.6	25.1	32	25.9	22.5	21.5

표 4.15 문제 4.2의 데이터

시간	1	2	3	4	5	6
가격($/MWh)	12.5	10	13	13.5	15	11

4.5 이 장치의 최소 가동시간(minimum up-time)을 고려하여 문제 4.4를 반복하라.

4.6 Borduria Generation은 3대의 발전기를 소유하고 있으며 전력 생산비용은 다음과 같다.

Unit A: $15 + 1.4\ P_A + 0.04\ P_A^2$ \$/h
Unit B: $25 + 1.6\ P_B + 0.05\ P_B^2$ \$/h
Unit C: $20 + 1.8\ P_C + 0.02\ P_C^2$ \$/h

Borduria Generation이 350 MW 수요를 가장 적은 가격에 공급하려면 어떻게 급전이 되어야 하는가?

4.7 문제 4.6에서 Borduria Generation이 현물시장에서 8.20 \$/MWh로 전기를 구입할 수 있다면 어떻게 급전이 바뀔 것인가?

4.8 350 MW 부하를 공급하는 것 외에도 Borduria Generation이 전력시장에서 10.20 \$/MWh의 가격으로 에너지를 판매할 기회가 있다면, 판매해야 하는 최적의 전력량은 얼마인가? 이 판매로 어떤 이익을 얻을 수 있는가?

4.9 각 발전기의 최대 출력량이 아래와 같을 때, 문제 4.8을 반복하라.

$P_A^{max} = 100\ \text{MW}$
$P_B^{max} = 80\ \text{MW}$
$P_C^{max} = 250\ \text{MW}$

4.10 2대의 발전장치로 전력이 공급되는 시장을 고려하자. 발전장치의 비용은 다음과 같다.

$C_A = 36 \cdot P_A$ (\$/h)

$C_B = 31 \cdot P_B$ (\$/h)

시장의 역수요곡선은 아래와 같이 추정이 된다.

$\pi = 120 - D$ (\$/MWh)

쿠르노 경쟁 모델을 가정하고 예제 4.10에서 사용한 것과 유사한 표를 사용하여 이 시장의 균형점(각 기업의 가격, 수량, 생산량, 이익)을 계산하라.
(힌트: 스프레드시트를 사용하라. 5 MW의 단위 사용이 허용된다.)

4.11 문제 4.10에서의 최적화 조건을 적고 최적화 문제를 해결하라.

4.12 에너지 저장 용량이 1,000 MWh이고 효율이 75%인 양수 수력발전소를 고려하자. 설비가 정격용량으로 작동하고 상부 저수조가 초기에 비어 있는 경우 이 설비의 상부 저수조를 완전히 비우거나 채우는 데 4시간이 걸린다고 가정한다. 이 발전소의 운영자가 매우 간단한 전략을 사용하여 12시간 동안 전체 사이클을 운영하기로 결정했다고 가정하자. 즉, 4시간 동안 가장 낮은 에너지 가격으로 물을 상부 저수조로 펌핑하고 가장 높은 가격

표 4.16 문제 4.12의 데이터

시간	1	2	3	4	5	6
가격($/MWh)	40.92	39.39	39.18	40.65	45.42	56.34
시간	7	8	9	10	11	12
가격($/MWh)	58.05	60.15	63.39	59.85	54.54	49.50

에서 4시간 동안 물을 방출한다. 표 4.16은 12시간 동안의 가격을 보여 준다.

이 발전소가 운영 주기 동안 벌어들일 손익을 계산하라. 발전소의 효율이 얼마일 때 이익 또는 손실이 0이 되는가?

(힌트: 스프레드시트를 사용하라.)

4.13 Dragon Power Ltd.는 Syldavia 전력시장에서 이미 운영 중인 50 MW 발전소 외에 새로운 발전소 건설을 고려하고 있다. 신규 발전소의 가능한 용량은 50, 100, 150 MW이다. 기존 공장과 새 공장의 한계생산비용은 25 $/MWh이다. Syldavia 시장에 대한 Dragon Power의 분석은 다음과 같다.

- 경쟁업체는 현재 200 MW의 발전 용량을 운영하고 있다.
- 경쟁사 발전 용량의 증분 운영비용은 30 $/MWh이다.
- 수요는 수요곡선 $\pi = 450 - D$로 나타낼 수 있다. 여기서 D는 총 수요이고, π는 시장 가격이다.

a 쿠르노 모델을 사용하여 Dragon Power의 총 시간당 영업이익을 최대화할 새 공장의 용량을 결정한다. 신규 공장을 가동함으로써 얻는 Dragon Power의 총 영업이익은 얼마인가?

b Dragon Power의 최적 용량의 신규 발전소 건설이 경쟁사의 시간당 이익에 미치는 영향은?

c 신규 발전소가 건설되고 수요가 300 MW라고 가정하면 Syldavia 시장의 불완전경쟁이 시간당 소비자에게 얼마나 많은 비용을 초래하는지 계산하라.

d 다른 분석가 팀은 Syldavia 시장의 수요곡선이 $\pi = 440 - 1.2D$인 것으로 추정한다. 이 수정된 추정이 최적의 신규 공장의 수익성에 어떤 영향을 주는가? (공장이 고정비용을 충당하기 위해 시간당 $6,000의 이익을 내야 한다고 가정한다.) 쿠르노 모델의 견고성에 대해 결론을 내릴 수 있는 것은 무엇인가? 쿠르노 모델의 안전성에 대해 어떻게 결론을 내릴 수 있는가?

보충자료

Bunn(2000)은 부하 및 가격 예측을 위한 기술을 조사하며 Bushnell과 Mansur(2001)는 전기 시장가격에 직면했을 때 소비자가 어떻게 반응하는지에 대한 일부 데이터를 제공한다. 가격수용 발전기의 이윤을 극대화하기 위한 기술은 Arroyo와 Conejo(2001)에서 논의되고 Conejo 등(2010)은 불확실성하에서의 의사결정을 위한 기술에 대해 논의한다. Baldick 등(2005)은 시장지배력 완화의 주제를 다룬다. 공급함수 균형에 관심이 있는 독자는 Day 등(2002)의 문헌에서 이 주제에 대한 논의를 찾을 수 있다. Kirschen(2003)은 전력시장에서 수요측 참여의 다양한 측면에 대해 논의한다. Bunn과 Oliveira(2001), 뿐만 아니라 Yu 등은 에이전트 기반 모델링을 사용하여 시장 설계를 연구하는 방법을 설명한다. Wood와 Wollenberg(2014)는 발전 스케줄링에 대한 고전적인 참고자료이다.

Arroyo, J.M. and Conejo, A.J. (2000). Optimal response of a thermal unit to an electricity spot market. *IEEE Trans. Power Syst.* 15 (3): 1098–1104.

Baldick, R., Helman, U., Hobbs, B.F., and O'Neill, R.P. (2005). Design of efficient generation markets. *Proc. IEEE* 93 (11): 1998–2012.

Bunn, D.W. (2000). Forecasting loads and prices in competitive power markets. *Proc. IEEE* 88 (2): 163–169.

Bunn, D.W. and Oliveira, F.S. (2001). Agent-based simulation – an application to the new electricity trading arrangements of England and Wales. *IEEE Trans. Evol. Comput.* 5 (5): 493–503.

Bushnell, J.B. and Mansur, E.T. (2001). The impact of retail rate deregulation on electricity consumption in San Diego. Working Paper PWP-082, Program on Workable Energy Regulation. University of Californian Energy Institute, April 2001. https://ei.haas.berkeley.edu/research/papers/PWP/pwp082r.pdf.

Conejo, A.J., Carrión, M., and Morales, J.M. (2010). *Decision Making under Uncertainty in Electricity Markets*, International Series in Operations Research & Management Science. Springer.

Day, C.J., Hobbs, B.F., and Pang, J.-S. (2002). Oligopolistic competition in power networks: a conjectured supply function approach. *IEEE Trans. Power Syst.* 17 (3): 597–607.

Kirschen, D.S. (2003). A demand-side view of electricity markets. *IEEE Trans. Power Syst.* 18 (2): 520–527.

Wood, A.J. and Wollenberg, B.F. (2014). *Power Generation, Operation and Control*, 3e. Wiley.

Yu, N.P., Liu, C.C., and Price, J. (2010). Evaluation of market rules using a multi-agent system method. *IEEE Trans. Power Syst.* 25 (1): 470–479.

5

송전망과 전력시장 Transmission Networks and Electricity Markets

5.1 개요

발전기와 부하가 모두 동일한 하나의 모선에 연결된 상태에서 전력거래가 이루어진다는 가정은 대부분의 전력시장에서 설득력을 확보하기 어렵다. 발전기와 부하를 연결하는 계통망에서 발생하는 송전제약과 송전손실이 적절히 고려되지 않으면 전력시장에 상당한 왜곡을 초래할 수 있다. 더욱이 넓은 지역에 걸쳐서 운영되는 도매 전력시장의 경우에는 지리적으로 멀리 떨어진 시장참여자 간의 전력거래가 증가되어 계통혼잡을 증가시키는 경우가 빈번하여 이러한 문제가 더욱 심각해진다.

이 장에서는 전력망이 전력거래에 미치는 영향과 이러한 전력망에 의하여 발생하는 여러 가지 제약조건과 가격변동으로 인한 재무적 위험(financial risks)을 완화시키는 데 활용될 수 있는 특수한 기법들을 소개한다. 계통 안정도(stability)를 포함하여 전력계통의 신뢰도(reliability)를 유지하기 위하여 계통운영자(system operator)가 수행해야 하는 일들에 대해서는 6장에서 보다 자세하게 논의하도록 하고, 이 장에서는 문제를 간단하게 하기 위하여 각 선로에 흐르는 유효전력의 값이 주어진 상한값을 넘지 않으면 계통의 안정도가 보장된다고 가정한다. 만약 계통 수요가 매우 낮아서 시장참여자가 체결한 일련의 전력거래 계약이 안정도 조건을 자연스럽게 만족시키는 경우에는 특별히 추가적인 조치는 필요하지 않으며 송전망의 상태가 전력시장의 운영 결과에 큰 영향을 미치지 못한다. 반면에 체결된 전력공급 계약이 하나 이상의 안정도 제약을 위반하는 경우에는 전력시장의 운영 결과에 영향을 미치게 된다. 쌍방계약(bilateral contract) 기반의 전력거래, 즉 비중앙식(decentralized) 전력거래 체계에서는 이러한 경우 해당 거래의 전체 또는 일부가 제한되어야 함을 의미한다. 중앙집중식(centralized) 전력거래 체계에서는 시장운영자에 의하여 발전기의 발전량이 조정되고 각 모선에서의 시장청산가격이 서로 다른 값을 가지게 됨을 의미한다.

5.2 송전망을 통한 비중앙식 전력거래

비중앙식 즉 쌍방계약 기반 전력거래 시스템에서의 모든 거래는 기본적으로 구매자와 판매자의 두 당사자에 의해서 결정된다. 이 두 당사자는 해당 전력거래의 거래량, 가격과 거래와 관련된 여러 가지 부가조건에 대하여 합의를 한다. 계통운영자는 이러한 거래와 거래가격을 결정하는 역무에는 관여하지 않는 것이 원칙이다. 계통운영자의 역할은 전력계통의 수급과 운전 신뢰도를 유지하는 데 국한되며, 일반적으로 다음과 같은 사항들이 포함된다.

- 부하와 발전의 수급균형을 위한 전력의 구입과 판매. 일반적인 상황에서는 이러한 수급균형을 위한 거래량은 크지 않다.
- 다른 방법으로는 운전 신뢰도를 유지할 수 없는 경우 발전기와 수요자 간의 거래를 제한할 수 있다.

그림 5.1과 같이 모든 전력거래가 쌍방계약 기반으로 이루어지는 2-모선 전력계통을 살펴보도록 하자. 그림에서 발전기 G_1은 부하 L_1에 300 MW를 공급하는 계약을 체결하고, 발전기 G_2는 부하 L_2에 200 MW를 공급하는 계약을 체결했다고 가정한다. 모든 거래는 쌍방계약 기반으로 이루어지고 있기 때문에 계약에 따른 거래가격은 판매자와 구매자만이 알 수 있는 정보로 간주되며 계약당사자들은 그 내용을 공개할 필요가 없다. 다만, 시장참여자 간에 거래로 인하여 발생하는 전력 송전은 모든 시장참여자들에게 개방된 송전망을 통해 이루어지기 때문에 계통운영자에게 보고되어야 한다. 계통운영자는 이러한 모든 거래들을 고려했을 때 송전망의 허용 용량 내에서 운영될 수 있는지 확인해야 한다. 그림과 같은 전력계통에서 모선 A와 B를 연결하는 송전선로의 용량이 500 MW 이상이라면 문제가 되지 않는다. 그러나 계통의 신뢰도를 유지할 수 있는 상태에서 모선 A와 B 사이에 전송될 수 있는 최대전력이 500 MW 미만이라면 송전망 내에 혼잡이 발생하여 계통운영자가 개입해야 하는 상황이 발생하며 모선 A의 발전기들과 모선 B의 부하들 간에 체결된 쌍방거래는 조정이 필요하다.

5.2.1 물리적 송전권(Physical Transmission Rights)

어떤 거래의 조합이 송전제약의 범위를 벗어나게 만드는지 판단하는 것은 많은 계산을 요구하는 작업이긴 하지만 개념적으로는 단순하며, 최근에 널리 사용되는 전력계통 해석용 소프트웨어를 활용할 수 있다. 그러나 이러한 송전제약을 위반하지 않도록 하기 위하여 어떤 거래를 제한

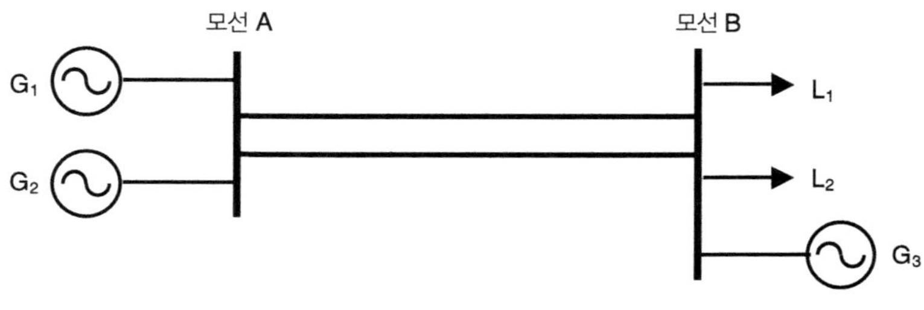

그림 5.1 2-모선 전력계통에서의 쌍방거래

하거나 축소해야 하는지를 결정하는 문제는 훨씬 더 복잡하다. 거래를 제한하는 순서를 결정하기 위하여 거래의 성격(확정된 거래 또는 아직 확정되지 않은 거래), 전력시장에 등록된 순서, 또는 일부 역사적 요인 등을 고려하여 사전에 규정에 의하여 정해진 행정절차를 이용하는 경우도 있다. 그러나 이러한 사전 절차를 이용하는 방법은 쌍방거래의 특성상 개별 전력거래가 가지는 경제적인 이점을 고려하기 위하여 반드시 필요한 정보를 취득하는 것이 불가능하기 때문에 어떤 결정이 경제적으로 더 이익이 되는지 판단하기가 불가능하다는 문제가 발생한다. 따라서 사전 절차를 통하여 계약을 제한하는 방식은 경제적으로 비효율적이며 가능하면 피해야 하는 제도이다.

쌍방거래 기반의 비중앙식 전력거래 제도를 선호하는 사람들은 송전권 제도를 통하여 전력거래의 당사자들이 송전망 사용 여부를 직접 결정하는 것이 가장 바람직하다고 주장한다. 이러한 송전권 제도하에서는 모선 A의 생산자들과 모선 B의 소비자들이 체결한 거래 계약이 계통혼잡으로 인해 실현 불가능한 상황이 되는 것을 방지하기 위하여 해당 거래가 실제 성립되기 위한 송전망을 사용할 수 있는 권리, 즉 송전권을 구매해야 한다. 이러한 송전권은 공개된 경매(auction)를 통하여 추가적인 비용을 지불하고 구매할 수 있는데, 각 당사자들은 이러한 추가적인 비용을 지불하고 송전권을 구매할 필요가 있는지에 대해서 스스로 판단하고 결정할 수 있게 된다.

예를 들어 발전기 G_1과 부하 L_1 간에는 30.00 \$/MWh의 가격으로 계약이 체결되어 있고, 발전기 G_2와 부하 L_2 간에는 32.00 \$/MWh의 가격으로 계약이 체결되어 있다고 가정하자. 또한, 발전기 G_3는 35.00 \$/MWh에 전력을 판매할 의사가 있다고 가정한다. 부하 L_2는 발전기 G_3로부터 구매할 수 있는 가격인 35.00 \$/MWh보다 더 비싸지기 때문에 발전기 G_2와의 거래를 위하여 구매해야 하는 송전권에 대하여 3.00 \$/MWh 이상의 가격을 지불하지는 않을 것이다. 반면에 부하 L_1의 경우는 송전권의 가격이 5.00 \$/MWh 이상으로 상승할 경우 발전기 G_3로부터 구매하는 것이 더 저렴해지는 상황이 발생하게 된다. 이러한 송전권의 가격은 모선 B에 연결된 발전기들에게 판매가격을 더 낮추도록 설득하는 데 활용될 수도 있다.

이러한 유형의 송전권은 주어진 송전선로를 통하여 실제 정해진 용량을 전송하는 데 사용되기 때문에 **물리적 송전권**(Physical Transmission Rights)이라고 불린다.

5.2.2 물리적 송전권의 문제점

앞에서 논의한 간단한 사례에서는 물리적 송전권이 적용이 매우 간단한 것처럼 보인다. 그러나 실제로는 송전선로를 통하여 흐르는 조류의 경로가 물리법칙에 의하여 결정되며 시장참여자가 원하는 대로 흐르지 않는다는 현실적인 문제점이 발생한다. 그리고 두 번째로는 일부 시장참여자에 의하여 시장지배력이 행사될 가능성이 매우 높다는 문제점이 발생한다. 이 두 문제에 대하여 차례대로 검토해 보도록 하자.

5.2.2.1 병렬 경로의 문제

전기회로망에서의 전류 또는 전력의 흐름은 키르히호프의 전류법칙(KCL)과 전압법칙(KVL)이라는 두 가지 물리법칙에 의하여 결정된다. KCL은 한 노드에 유입되는 전류의 합은 해당 노드에서 유출되는 전류의 합과 같다는 법칙이다. 즉, KCL은 각 노드에서 유효전력과 무효전력의 수요와 공급이 항상 균형을 이루어야 한다는 것을 의미한다. 반면에 KVL은 어떤 폐회로(loop)를 구성하는 모든 가지(branch)에서 발생하는 전압강하의 합은 0이어야 한다는 법칙이다. 이러한 전압강하는 각 가지에 흐르는 전류에 비례하기 때문에 KVL은 각 회로에 전류(그리고 유효전력과 무효전력의 조류)가 어떻게 배분되는지를 결정하기도 한다. 그림 5.2에 나타낸 간단한 예에서 볼 수 있듯이, 노드 1에서 나온 전류는 임피던스 값이 각각 z_A와 z_B인 2개의 병렬 경로를 통하여 노드 2로 흘러가게 된다. 따라서 두 노드 간의 전압차는 다음과 같다.

$$\overline{V_{12}} = z_A \overline{I_A} = z_B \overline{I_B}$$

이때 $\bar{I} = \overline{I_A} + \overline{I_B}$이므로 각 경로에 흐르는 전류값은 다음과 같다.

$$\overline{I_A} = \frac{z_B}{z_A + z_B} \bar{I} \tag{5.1}$$

$$\overline{I_B} = \frac{z_A}{z_A + z_B} \bar{I} \tag{5.2}$$

따라서 병렬 경로로 흐르는 전류는 각 경로의 임피던스 값에 반비례하는 성질을 가진다. 이후의 논의를 간단하게 하기 위하여 각 분기의 저항값은 리액턴스 값보다 훨씬 작다고 가정한다. 즉,

$$Z = R + jX \approx jX \tag{5.3}$$

또한, 선로에 흐르는 무효전력과 송전손실을 무시하면, 그림 5.2에 나타낸 회로는 그림 5.3에 나타낸 전력계통에서의 유효전력의 흐름으로 표현될 수 있다. 따라서 병렬 경로를 통하여 흐르는 유효전력의 조류는 다음 식으로 나타낼 수 있다.

$$F^A = \frac{x_B}{x_A + x_B} P \tag{5.4}$$

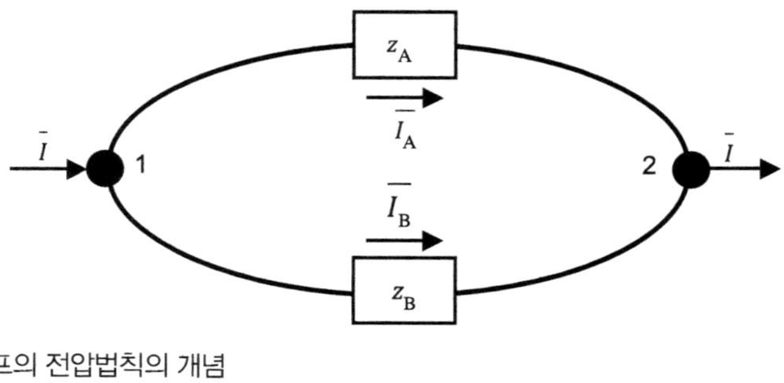

그림 5.2 키르히호프의 전압법칙의 개념

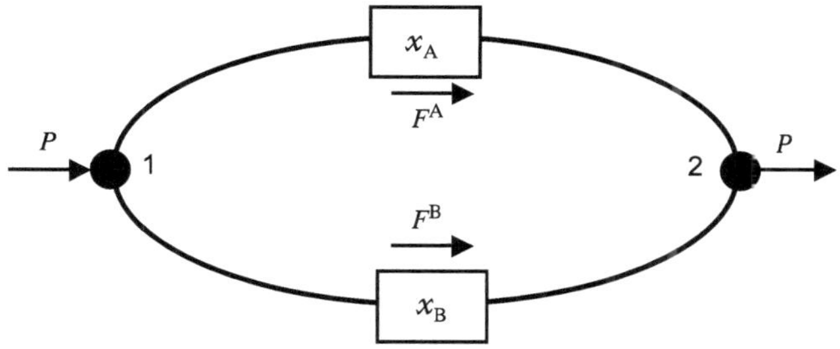

그림 5.3 병렬 경로에 대한 유효전력의 흐름

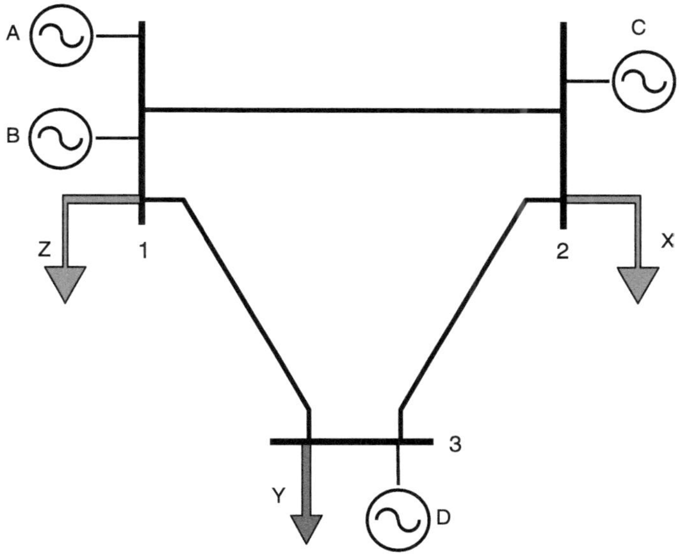

그림 5.4 간단한 3-모선 전력계통 사례

$$F^B = \frac{x_A}{x_A + x_B} P \tag{5.5}$$

이렇게 어떤 모선에 유입된 유효전력의 값과 각 선로에 흐르는 유효전력의 값 사이의 관계를 나타내는 비율을 전력전송분포계수(Power Transfer Distribution Factor, PTDF)라고 불린다.

5.2.2.2 사례

2-모선 계통 예제에서는 유효전력이 흘러갈 수 있는 경로가 하나만 존재하기 때문에 KVL의 영향을 설명할 수 없다.[1] 따라서 그림 5.4에 나타낸 바와 같이 폐회로가 하나이면서 모선의 수가 3

1 문제를 간단하게 하기 위하여, 2개의 동일한 선로가 병렬로 연결되어 있는 경우 이는 하나의 선로로 간주한다.

표 5.1 그림 5.4의 3−모선 전력계통에 대한 선로 데이터

선로	리액턴스(p.u.)	송전용량(MW)
1−2	0.2	126
1−3	0.2	250
2−3	0.1	130

개인 전력계통을 예로 살펴보자. 표 5.1은 주어진 계통의 각종 파라미터들을 보여 준다. 문제를 단순하게 하기 위하여, 각 선로에 흐를 수 있는 유효전력의 상한값은 상수이며 선로의 저항값은 매우 작다고 가정한다.

발전기 B와 부하 Y가 400 MW에 대한 전력거래 계약을 체결하려 하는 상황을 가정해 보자. 만약 발전기 B가 모선 1에서 400 MW를 주입하고 부하 Y가 모선 3에서 동일한 전력을 인출하려고 하면, 이 전력은 그림 5.5에 나타낸 바와 같이 두 병렬 경로를 통하여 흐르게 되며, 경로 I과 II에 흐르는 조류는 각각 다음과 같은 식으로 계산된다.

$$F^{\mathrm{I}} = \frac{0.2}{0.2 + 0.3} \times 400 = 160\,\mathrm{MW}$$

$$F^{\mathrm{II}} = \frac{0.3}{0.2 + 0.3} \times 400 = 240\,\mathrm{MW}$$

따라서 이러한 계약이 실제로 성립되려면, 각 당사자들은 선로 1−3에 대한 송전권 240 MW

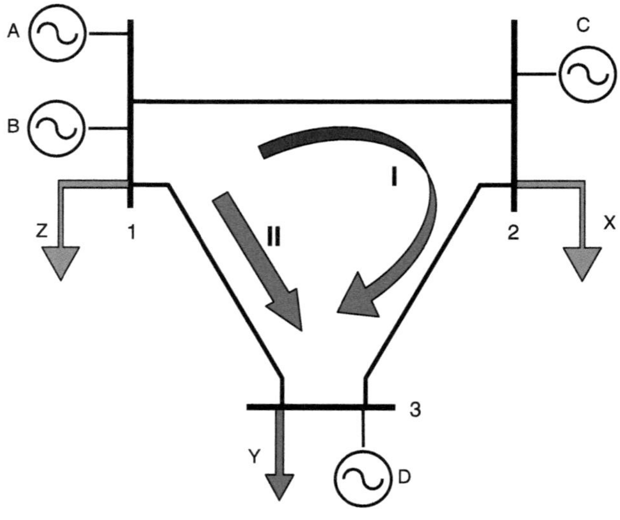

그림 5.5 발전기 B와 부하 Y 간에 체결된 전력거래를 위한 경로

와 선로 1−2와 선로 2−3에 대한 송전권 160 MW를 모두 확보해야 한다. 그러나 선로 1−2와 2−3의 최대 송전용량은 각각 126 MW와 130 MW이기 때문에 필요한 송전권을 충분히 확보하는 것은 이 상황에서는 불가능하다. 만약 해당 계통 내에 (해당 조류의 값을 줄여 줄 수 있는) 다른 거래가 없다면, 발전기 B와 부하 Y가 거래할 수 있는 최댓값은 선로 1−2의 용량에 의하여 결정되며 그 값은 다음과 같다.

$$P^{\max} = \frac{0.5}{0.2} \times 126 = 315\,\text{MW}$$

그러나 부하 Z가 발전기 D로부터 200 MW를 구매하는 계약이 추가로 이루어진다고 가정해 보자. 이러한 거래로 인하여 발생하는 조류는 그림 5.6에 나타낸 바와 같으며 그 값은 다음과 같은 비율로 나누어진다.

$$F^{\text{III}} = \frac{0.2}{0.2+0.3} \times 200 = 80\,\text{MW}$$
$$F^{\text{IV}} = \frac{0.3}{0.2+0.3} \times 200 = 120\,\text{MW}$$

이러한 두 가지의 전력거래가 동시에 이루어진다면 계통망 내의 조류가 어떻게 형성되는지 계산해 보자. 전력조류와 유입되는 전력량 사이에는 선형의 관계가 있다고 단순화하였기 때문에 이와 같은 조류의 계산을 위하여 중첩 정리(superposition theorem)를 적용할 수 있다. 따라서 각 선로에 흐르는 조류는 다음과 같이 계산된다.

$$F_{12} = F_{23} = F^{\text{I}} - F^{\text{III}} = 160 - 80 = 80\,\text{MW}$$
$$F_{13} = F^{\text{II}} - F^{\text{IV}} = 240 - 120 = 120\,\text{MW}$$

발전기 D와 부하 Z 간의 전력거래는 발전기 B와 부하 Y의 거래로 인하여 발생하는 조류와 반대방향의 "역조류"가 만들어지며, 이로 인하여 결과적으로 발전기 B와 부하 Y가 거래할 수 있는 전력을 증가시키는 역할을 하게 된다.

만약 송전망이 불필요하게 거래 기회를 제한하는 것을 원치 않는다면, 이용 가능한 물리적 송전권의 양은 모든 역조류를 고려하여 계산되어야 한다. 계통운영자는 시장참여자들이 체결하고자 하는 모든 전력거래 계약을 고려했을 때 전력계통 내에 제약이 발생하는지 여부에 대해서만 확인하는 것이 쌍무계약 기반의 비중앙식 전력거래의 설계 원칙이라고 할 수 있다. 만약 제약이 발생하는 경우라면, 시장참여자들은 계통의 운전 상태가 수용 가능한 상태가 될 때까지 쌍방계약의 내용을 지속적으로 변경해 나가야만 한다. 따라서 전력의 쌍방거래는 물리적 송전권과 매우 밀접하게 연동되어야 한다.

이론적으로, 시장이 효율적이면 시장참여자는 반복되는 상호작용을 통하여 경제적 최적 상태를 만족시키는 전력 및 송전권의 쌍방거래 조합을 만들어 낼 수 있다. 그러나 실제로는, 용량 제약

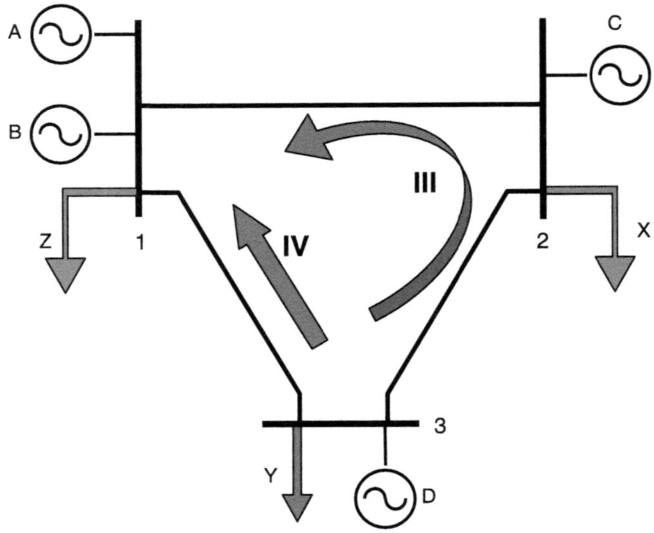

그림 5.6 발전기 D와 부하 Z 간의 전력거래를 위한 경로

이 발생하는 송전선로가 단 몇 개만 존재하더라도 교환되어야 하는 정보의 양이 지나치게 많아서 충분히 빠른 시간 내에 쌍방거래의 조정을 통한 최적 상태에 이르는 것은 거의 불가능하다고 볼 수 있다.

5.2.2.3 물리적 송전권과 시장지배력(Market Power)

어떤 선로에 대한 물리적 송전권을 가지고 있다는 것은 해당 송전선로를 통하여 특정한 시간에 특정한 양의 전력을 송전할 수 있는 권한을 가진다는 것을 의미한다. 만약 이러한 물리적 송전권을 다른 종류의 재산권과 동일하게 취급할 수 있다면, 그 소유자는 송전권을 사용하거나 다른 사람에게 판매할 수도 있어야 한다. 또한 그 소유자는 송전권을 사용하지도 않고 판매하지 않을 수도 있다. 완전경쟁시장에서는 물리적 송전권을 구매한 후에 이를 사용하지 않는 것은 합리적인 결정이라고 볼 수 없다. 그러나 완전경쟁이 아닌 시장에서는 송전권을 보유함으로써 특정 사업자에게는 시장지배력을 행사할 수 있는 기회가 될 수 있다. 예를 들어 그림 5.1과 같은 2-모선 계통에서 발전기 G_3가 모선 B에 연결된 유일한 발전기인 경우, 이 발전기의 소유자는 모선 A와 모선 B를 연결하는 선로의 모든 송전권을 구매하는 상황을 생각해 볼 수 있다. 발전기 G_3는 해당 송전권을 구매한 후 사용하지 않음으로써 다른 지역의 발전기들이 모선 B의 부하에 전력을 판매하는 것을 효과적으로 방해할 수 있게 된다. 이렇게 송전용량을 인위적으로 감소시킴으로써 발전기 G_3는 모선 B에서의 시장지배력을 증가시킬 수 있으며, 그들이 판매하는 전력에 대한 이윤을 증가시키는 것이 가능해진다. 이러한 행위는 계통 전체의 경제적 효율성에 해로운 영향을 미치게 된다. 이러한 문제에 대한 보다 포괄적인 논의는 Joskow와 Tirole(2000)의 연구를 참조하기 바란다.

이러한 문제를 방지하기 위하여, 물리적 송전권에 대하여 "사용하지 않으면 소유권을 박탈(use them or lose them)"하는 조항이 일반적으로 적용된다. 이 경우 시장참여자가 보유한 송전권을 사용하지 않으면 이를 사용하기를 원하는 다른 시장참여자에게 재분배된다. 이론적으로는 이러한 접근방식은 시장참여자가 시장지배력을 증가시키는 목적으로 송전용량을 매점하는 행위를 막을 수 있다. 그러나 사용되지 않은 송전권의 재분배가 실제 거래가 이루어지는 시점에 임박해서 이루어지는 경우가 대부분이기 때문에 다른 시장참여자들이 거래 내용을 재조정하여 재분배된 송전권을 활용하는 것은 현실적으로 쉽지 않다.

5.3 송전망을 통한 중앙집중식 전력거래

중앙집중식 또는 풀(pool) 기반의 전력거래시스템에서는 생산자와 소비자는 계통운영자(일반적으로 시장운영자를 겸함)에게 입찰가격을 제출한다. 다른 시장참여자와는 독립적인 관계를 유지해야 하는 계통운영자는 송전망의 제약조건을 고려하면서 최적으로 시장을 청산하는 입찰량과 시장청산가격(market clearing price)을 결정하는 역무를 담당한다. 이제 송전망에서 발생하는 송전손실과 송전혼잡을 고려할 경우 전력시장 가격은 발전기와 부하가 연결된 모선에 따라 서로 다른 값을 가지게 된다는 사실을 이해하게 될 것이다. 중앙집중식 전력거래시스템에서는 소비자와 생산자가 동일한 모선에 연결되어 있는 경우 각각이 지불하거나 지불받는 금액은 정확히 일치하게 되는 반면, 쌍방계약 또는 비중앙식 전력거래시스템에서는 체결된 계약에 따라 가격이 달라질 수 있으므로 동일 모선에 연결되어 있다고 해서 정산 금액이 반드시 동일하지는 않다는 점에 유의해야 한다. 중앙집중식 전력거래에서는 비중앙식 거래에 비하여 계통운영자가 훨씬 더 적극적인 역무를 수행하므로 더 효율적이라고 생각될 수 있다. 그러나 이러한 논의는 송전망의 사용을 어떻게 최적화하느냐에 따라 경제적 효율성이 크게 차이가 나므로 심도 있는 논의가 필요하다.

5.3.1 2-모선 계통에서의 중앙집중식 전력거래 사례

Borduria와 Syldavia[2]라고 하는 가상의 두 국가 간의 간단한 전력거래 예를 통하여 송전망의 각종 기술적 제약이 중앙집중식 전력거래에 미치는 영향을 분석하려고 한다. 두 국가는 수년간의 적대적인 관계를 중단하고 경제적 협력을 증진하기 위한 일환으로 두 국가 사이에 연계선로를 건설하는 프로젝트를 진행하고자 한다. 실제로 이 프로젝트를 추진하기에 앞서 두 정부는 양국

2 (역자 주) Borduria와 Syldavia는 벨기에 만화가 에르제가 제작한 만화 시리즈인 「땡땡의 모험(The Adventure of Tintin)」에 나오는 가상의 국가이다. 만화에서 Borduria는 파시스트국가, Syldavia는 군주국가로 묘사되고 있으며 두 나라는 서로 앙숙 관계이다.

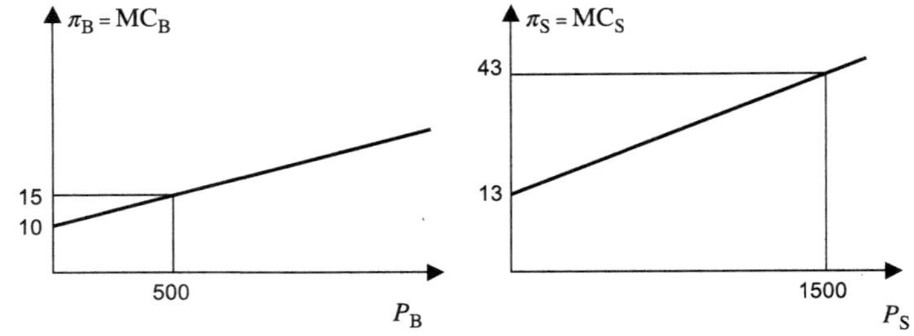

그림 5.7 Borduria와 Syldavia의 전력시장의 공급곡선

과 이해관계가 없는 저명한 경제학자인 Bill에게 이러한 계통 연계가 양국의 전력시장에 미치는 영향과 각국에 가져올 편익(benefit)을 평가하도록 요청하였다.

Bill은 양국의 전력계통을 분석하는 것으로 그의 연구를 시작하였다. 양국은 상당히 경쟁적인 중앙집중식 전력시장을 발전시켜 왔으며 따라서 각 시장의 전력 가격은 한계생산비용과 가까운 값으로 결정되고 있는 상황임을 알게 되었다. 두 국가는 모두 수요에 비하여 충분한 발전설비 용량을 확보하고 있는 상황이다. Bill은 회귀분석을 통하여 두 국가의 전력시장의 공급곡선을 추정했으며, 추정된 Borduria와 Syldavia의 공급곡선은 각각 다음과 같다.

$$\pi_B = MC_B = 10 + 0.01P_B \ \ (\$/MWh) \tag{5.6}$$

$$\pi_S = MC_S = 13 + 0.02P_S \ \ (\$/MWh) \tag{5.7}$$

그림 5.7에 나타낸 바와 같이 다른 대부분의 공급곡선과 마찬가지로 이 두 국가의 공급곡선 역시 전력수요가 증가함에 따라 단조 증가하는 형태를 가지고 있다. 문제를 단순하게 하기 위하여 Bill은 Borduria와 Syldavia의 수요는 상수이며 각각 500 MW 및 1,500 MW이고, 또한 각국의 전력수요는 가격탄력성이 없다고 가정하였다. 만약 두 국가의 전력시장이 독립적으로 운영될 경우, 각국의 전력시장 가격은 다음과 같다.

$$\pi_B = MC_B = 10 + 0.01 \times 500 = 15\$/MWh \tag{5.8}$$

$$\pi_S = MC_S = 13 + 0.02 \times 1500 = 43\$/MWh \tag{5.9}$$

두 국가 모두 다른 나라와 전력 연계는 이루어지지 않고 있는 상태이다. 각 나라의 송전망 인프라는 매우 강인한 상태이어서 전력시장의 운영에 미치는 영향은 거의 없는 상태이다. Bill은 두 나라의 계통 연계를 분석하기 위하여 그림 5.8에 나타낸 바와 같은 단순한 모델을 사용하기로 결정하였다.

5.3.1.1 송전제약이 없는 경우

정상적인 운전조건에서 연계선로는 1,600 MW의 전력을 전송할 수 있다. 만약 Syldavia의 모든 발전기가 정지되더라도 해당 국가의 모든 부하는 Borduria로부터 연계선로를 통하여 전력을 공

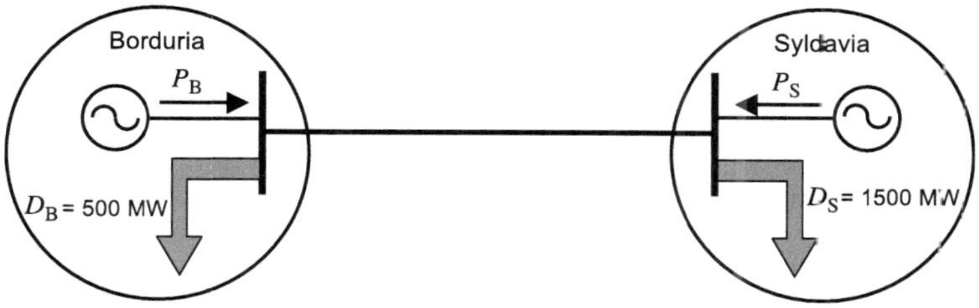

그림 5.8 Borduria와 Syldavia 간의 계통 연계를 분석하기 위한 모델

급받을 수 있다. 즉, 설치될 연계선로의 용량은 최대로 전송되어야 하는 값보다 큰 상태이다.

식 (5.8) 및 (5.9)로부터 Borduria의 전력 가격이 Syldavia보다 훨씬 낮은 것을 알 수 있다. 따라서 Borduria의 발전기들은 해당 국가의 수요뿐만 아니라 Syldavia의 수요까지도 모두 공급하는 것이 경제적으로 이익이라고 판단할 수 있다. 만약 이러한 가정을 적용하면, 각 국가에서 공급하는 전력은 다음과 같다.

$$P_B = 2000\,\text{MW} \tag{5.10}$$

$$P_S = 0\,\text{MW} \tag{5.11}$$

이 값들을 식 (5.6)과 (5.7)에 대입하면 각 국가의 전력 생산을 위한 한계생산비용은 다음과 같다.

$$MC_B = 30\,\$/\text{MWh} \tag{5.12}$$

$$MC_S = 13\,\$/\text{MWh} \tag{5.13}$$

따라서 Borduria의 발전기들은 30 $/MWh의 가격을 요구하는 반면, Syldavia의 발전기들은 13 $/MWh에 전력을 판매할 의향이 있기 때문에 이러한 상황은 실현될 수 없다. 즉, 계통 연계로 인하여 다음 식과 같이 가격균등화 과정이 발생하기 때문에 Borduria의 발전기들이 두 국가의 시장 전체를 장악할 수 없다. 다시 말해서, 계통 연계는 두 국가의 전력시장을 마치 하나의 단일한 전력시장으로 결합시키는 역할을 하게 되며, 이 경우 양국의 전력시장에는 단일가격이 적용된다.

$$\pi = \pi_B = \pi_S \tag{5.14}$$

즉, 양 국가의 발전기 전체가 양 국가의 수요를 합한 전체 수요에 전력을 공급하기 위하여 경쟁하므로 다음과 같은 식이 성립된다.

$$P_B + P_S = D_B + D_S = 500 + 1500 = 2000\,\text{MW} \tag{5.15}$$

양국의 발전기는 한계생산비용이 시장청산가격과 같아지는 지점까지 전력 생산을 증가시킬 것이므로 여기에서도 식 (5.6)과 (5.7)은 적용 가능하다. 시장 균형점을 결정하기 위하여 Bill은 식 (5.6), (5.7), (5.14), (5.15)를 동시에 만족시키는 해를 찾았으며, 그 결과는 다음과 같다.

$$\pi = \pi_{\mathrm{B}} = \pi_{\mathrm{S}} = 24.30\,\$/\mathrm{MWh} \tag{5.16}$$

$$P_{\mathrm{B}} = 1433\,\mathrm{MW} \tag{5.17}$$

$$P_{\mathrm{S}} = 567\,\mathrm{MW} \tag{5.18}$$

연계선로를 통하여 흐르는 조류는 Borduria의 발전량에서 수요를 차감한 잉여분, 또는 Syldavia의 부족분과 같으므로 다음과 같다.

$$F_{\mathrm{BS}} = P_{\mathrm{B}} - D_{\mathrm{B}} = D_{\mathrm{S}} - P_{\mathrm{S}} = 933\,\mathrm{MW} \tag{5.19}$$

계통 연계가 없을 때 Borduria의 전력 가격이 Syldavia보다 저렴하기 때문에 연계 이후에 전력조류가 Borduria에서 Syldavia로 흐르는 것은 직관적으로 타당한 결과라고 볼 수 있다.

그림 5.9는 이러한 단일시장의 운전 상태를 그래프로 나타낸 것이다. Borduria 발전기의 생산량은 좌측에서 우측 방향으로, 그리고 Syldavia 발전기의 생산량은 우측에서 좌측 방향으로 나타내었다. 2개의 수직축 간의 거리는 계통 전체의 부하를 의미하므로, 수평축의 각 점은 계통 부하가 두 국가의 발전기에 어떻게 분배되었는지를 나타낸다. 또한 이 도표는 두 국가의 전력시장의 공급곡선을 의미하기도 한다. Borduria와 Syldavia의 전력 가격은 각각 좌측과 우측의 축에 표시하였다.

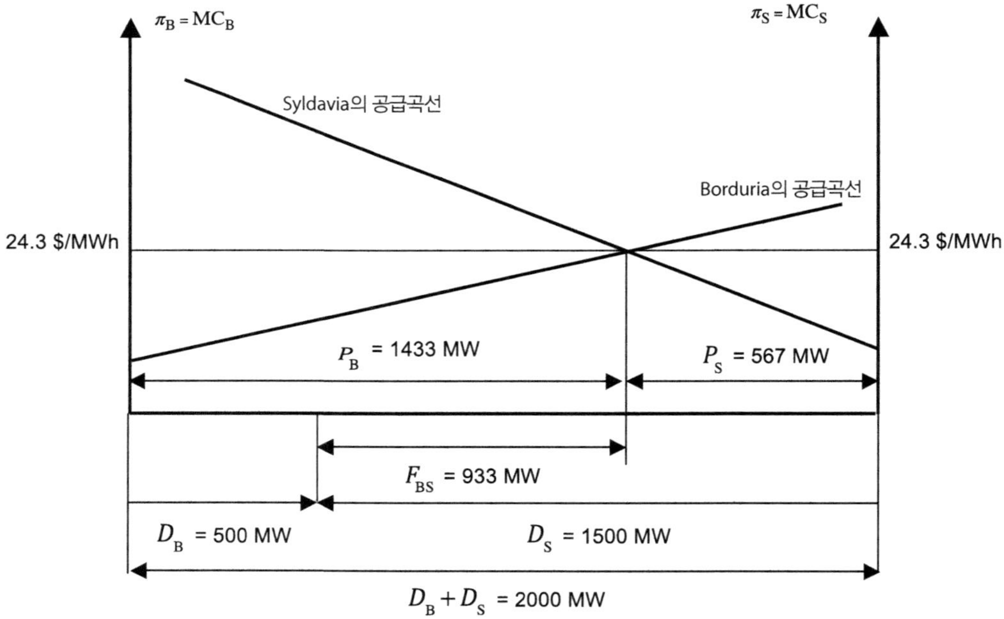

그림 5.9 Syldavia와 Borduria의 전력시장이 하나의 시장으로 결합된 상황의 그래프 표현

두 국가의 전력시장이 연결되어 하나의 시장으로 운영될 때 양국의 시장가격은 동일해야 한다. 앞의 그림과 같이 양쪽 국가의 공급곡선을 하나의 다이어그램에 나타내면, 두 공급곡선이 만나는 점이 바로 이 단일시장의 시장가격이 된다. 또한 이 다이어그램으로부터 각 국가의 생산량을 계산할 수 있으며, 연계선로를 통하여 흐르는 조류량 역시 계산이 가능하다.

5.3.1.2 송전제약이 있는 경우

송전계통을 구성하는 여러 요소들은 연중 수시로 정비를 위해 사용이 중지되어야 한다. 이러한 구성요소들에는 송전선로나 변압기뿐만 아니라 무효전력을 공급하기 위해서 사용되는 일부 발전기들도 포함된다. 따라서 Borduria와 Syldavia의 계통 연계는 항상 정격용량인 1,600 MW를 송전할 수 있는 것이 아니다. Bill은 송전 기술자에게 문의한 결과 상당한 기간 동안 연계선로를 통하여 최대 400 MW만 송전할 수 있는 경우가 발생한다는 사실을 알게 되었다. 따라서 이러한 상황에서는 시장이 어떻게 작동하는지 분석할 필요가 있다.

연계선로의 송전용량이 400 MW로 제한될 때, Borduria에서 생산되는 전력은 900 MW로 감소(Borduria 내부에서 소비되는 500 MW와 Syldavia로 전송되는 400 MW)되어야 한다. 반면 Syldavia에서 생산되는 전력은 1,100 MW(Syldavia의 부하 1,500 MW에서 Borduria로부터의 송전량 400 MW를 차감한 양)가 된다. 식 (5.6)과 (5.7)을 이용하여 각 국가의 한계생산비용은 다음과 같이 계산된다.

$$\pi_B = MC_B = 10 + 0.01 \times 900 = 19\,\$/\text{MWh} \tag{5.20}$$

$$\pi_S = MC_S = 13 + 0.02 \times 1100 = 35\,\$/\text{MWh} \tag{5.21}$$

그림 5.10은 계통혼잡이 양국의 전력시장에 미치는 영향을 보여 준다. 양국을 연결하는 송전선로의 용량 제약으로 인해 Borduria와 Syldavia의 전력 가격 사이에는 16 $/MWh의 차이가 발생한다. 만약 전기가 일반적인 재화라면 전력 거래자들은 이러한 가격의 차이를 이용하여 수익을 창출할 수 있는 새로운 비즈니스의 기회를 활용하려고 할 것이다. 즉, Borduria에서 생산된 전력을 Syldavia로 운반할 수 있는 적당한 방법을 찾아 판매함으로써 이익을 창출하려는 것이다. 그러나 이러한 **지역 간의 차익거래**(spatial arbitrage)는 반드시 송전선로를 통해서만 송전이 가능하고, 해당 선로가 최대로 사용되고 있는 전력계통에서는 실현 불가능한 상황이다. 연계송전선로의 용량이 자유로운 전력거래를 위한 수준 미만으로 유지되는 한 이러한 가격차이는 지속될 수밖에 없다. 따라서 송전계통의 조류에 제약이 존재하는 경우 전력시장은 가격이 다른 여러 개의 시장으로 나누어지는 효과가 발생하게 된다. 이러한 계통혼잡으로 인해 각 국가의 수요 중 일부는 발전 단가에 상관없이 해당 지역의 발전기에 의해서 전력을 공급받게 되며, 각 국가의 전력을 생산하는 한계비용은 서로 다른 값을 가지게 된다. 만약 이렇게 분리된 각각의 시장들에 충분한 경쟁이 유지될 수 있다면 각 시장의 전력 가격은 각 시장의 한계생산비용으로 결정될 것이다. 이렇게 지역별로 결정되는 시장가격을 **지역별 한계가격**(locational marginal price,

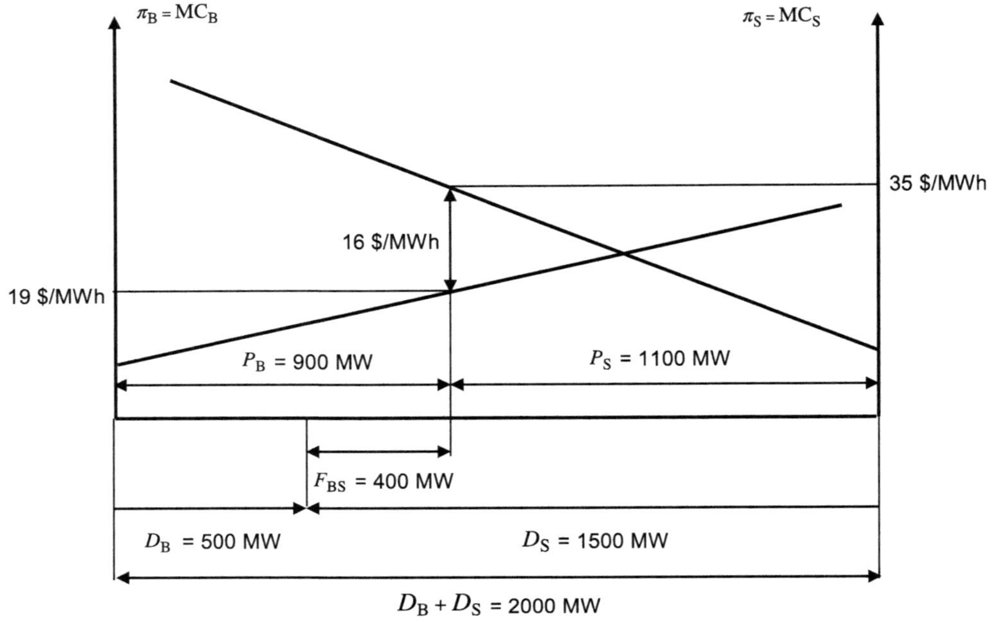

그림 5.10 계통혼잡이 Syldavia와 Borduria 전력시장에 미치는 영향

LMP)이라고 부른다. 만약 이러한 지역별 한계가격이 각 모선마다 서로 다른 가격으로 정의되는 경우에는 "모선별 시장가격" 또는 "**노드 가격**(nodal price)"이라고 부른다. 앞의 사례에서 볼 수 있듯이 일반적으로 지역별 한계가격이 상대적으로 높은 지역은 전력을 다른 지역으로부터 수입하며, 반대로 지역별 한계가격이 상대적으로 낮은 가격을 유지하는 지역은 전력을 다른 지역으로 수출하는 경향이 발생한다.

Bill은 지금까지 알게 된 내용을 다음과 같은 기호를 사용하여 표 5.2에 요약하였다.

- R: 전체 발전기들이 전력 판매를 통하여 창출한 수입
- E: 전체 수요가 전력을 구매하기 위하여 지불한 금액
- 첨자 B와 S: 각각 Borduria와 Syldavia의 발전기 그룹과 수요 그룹을 의미
- F_{BS}: 연계선로를 통하여 전송되는 전력으로, Borduria에서 Syldavia의 방향으로 흐를 때 양의 값을 가지는 것으로 가정

표 5.2에 나타낸 바와 같이 두 국가 간의 계통 연계로 인한 가장 큰 수혜자는 Borduria의 발전기와 Syldavia의 수요자로 볼 수 있다. 반면에 Borduria의 수요자는 전력 요금의 상승으로, Syldavia의 발전기들은 시장점유율의 하락으로 각각 손실이 발생하게 된다. 전체적으로 계통 연계는 소비자가 전력 구매를 위하여 지불하는 금액의 총액이 감소하기 때문에 긍정적인 효과가 더 큰 것으로 볼 수 있다. 이러한 전력구매비 총액의 감소는 효율이 낮은 발전기에 의해서 생산

표 5.2 시장의 결합 정도에 따른 Borduria와 Syldavia 연계선로의 운전 현황

	완전 분리 상태	완전 결합 상태	혼잡이 존재하는 상태
P_B (MW)	500	1 433	900
π_B (\$/MWh)	15	24.33	19
R_B (\$/h)	7 500	34 865	17 100
E_B (\$/h)	7 500	12 165	9 500
P_S (MW)	1 500	567	1 100
π_S (\$/MWh)	43	24.33	35
R_S (\$/h)	64 500	13 795	38 500
E_S (\$/h)	64 500	36 495	52 500
F_{BS} (MW)	0	933	400
$R_{TOTAL} = R_B + R_S$	72 000	48 660	55 600
$E_{TOTAL} = E_B + E_S$	72 000	48 660	62 000

되던 전력이 보다 효율이 높은 (다른 지역의) 발전기로 대체되는 것에 기인한다. 반대로 연계선로의 혼잡은 계통 연계로 인하여 발생할 수 있는 이익을 감소시키는 작용을 하며, Syldavia의 발전기들이 Borduria의 발전기들과 경쟁하는 것을 막아 주는 역할을 한다.

우리는 지금까지 두 국가의 전력시장이 완전경쟁시장임을 가정하였다. 만약 완전경쟁 상태가 아니라면 연계선로의 혼잡은 Syldavia의 발전기들이 시장가격을 한계비용 이상으로 올리는 것을 가능하게 만들며, Borduria의 시장은 경쟁을 더 심화되게 만들 것이다. 한편, 계통 연계는 시장참여자의 수를 증가시킴으로써 결합된 단일시장의 경쟁을 더 증가시킨다.

5.3.1.3 혼잡잉여(Congestion Surplus)

Bill은 연계선로의 혼잡이 양국의 생산자와 소비자에게 미치는 영향을 정량화할 필요가 있다고 생각하였다. 그는 Borduria와 Syldavia의 시장가격을 다음 식과 같이 연계선로에 흐르는 조류의 함수로 나타내었다.

$$\pi_B = MC_B = 10 + 0.01\,(D_B + F_{BS}) \tag{5.22}$$

$$\pi_S = MC_S = 13 + 0.02\,(D_S - F_{BS}) \tag{5.23}$$

Bill은 소비자들이 그들이 소비하는 전력이 어디에서 생산되는지에 상관없이 해당 국가의 현행 가격을 지불한다고 가정하였다. 따라서 소비자들이 지불하는 전체 금액은 다음과 같다.

$$E_{TOTAL} = \pi_B \cdot D_B + \pi_S \cdot D_S \tag{5.24}$$

식 (5.22)~(5.24)를 연립하면 소비자가 지불하는 총 지불금액을 F_{BS}에 대한 함수로 표현할 수 있다. 그 결과 Bill이 예상한 대로 총 지불금액은 양국 간에 흐르는 조류가 증가할수록 단조 감소

한다는 사실을 확인하였다. 이 곡선은 F_{BS}가 933 MW 이상일 때는 경제적으로 의미가 없기 때문에(Borduria의 한계가격이 Syldavia의 한계가격보다 높아지므로) 그 이상의 값에서는 정의되지 않는다.

마찬가지로 각 발전기들은 그들이 생산한 전력에 대하여 해당 국가의 현행 가격으로 지불받는 것으로 가정을 하였다. 따라서 양 국가의 발전기들의 총 수입은 다음과 같다.

$$R_{\text{TOTAL}} = \pi_B \cdot P_B + \pi_S \cdot P_S = \pi_B \cdot (D_B + F_{BS}) + \pi_S \cdot (D_S - F_{BS}) \tag{5.25}$$

이러한 총 수입을 연계선로에 흐르는 조류에 대한 함수로 나타내면 그림 5.11과 같다. 그림에서 알 수 있는 바와 같이 연계선로가 혼잡이 발생하지 않거나(즉, F_{BS} = 933 MW) 연계선로가 사용되지 않을 때(즉, F_{BS} = 0 MW)를 제외하면 발전기의 총 수입은 소비자가 지불하는 금액보다 항상 작은 값을 가진다. 연계선로에 흐르는 조류의 값은 각 국가의 부하보다 초과 생산되는 전력과 동일하다는 점을 이용하여 식 (5.24)와 (5.25)를 결합하면 다음과 같은 식으로 표현된다.

$$\begin{aligned} E_{\text{TOTAL}} - R_{\text{TOTAL}} &= \pi_S \cdot D_S + \pi_B \cdot D_B - \pi_S \cdot P_S - \pi_B \cdot P_B \\ &= \pi_S \cdot (D_S - P_S) + \pi_B \cdot (D_B - P_B) \\ &= \pi_S \cdot F_{BS} + \pi_B \cdot (-F_{BS}) \\ &= (\pi_S - \pi_B) \cdot F_{BS} \end{aligned} \tag{5.26}$$

이러한 지불액과 수입액의 차이를 **상품화 잉여**(merchandising surplus)라고 부르며, 식 (5.26)에 나타낸 바와 같이 양 시장의 가격차이에 연계선로의 조류값을 곱한 값으로 계산된다. 이 경우 이러한 잉여는 계통혼잡으로 인하여 발생하는 것으로 볼 수 있기 때문에 **혼잡잉여**(con-

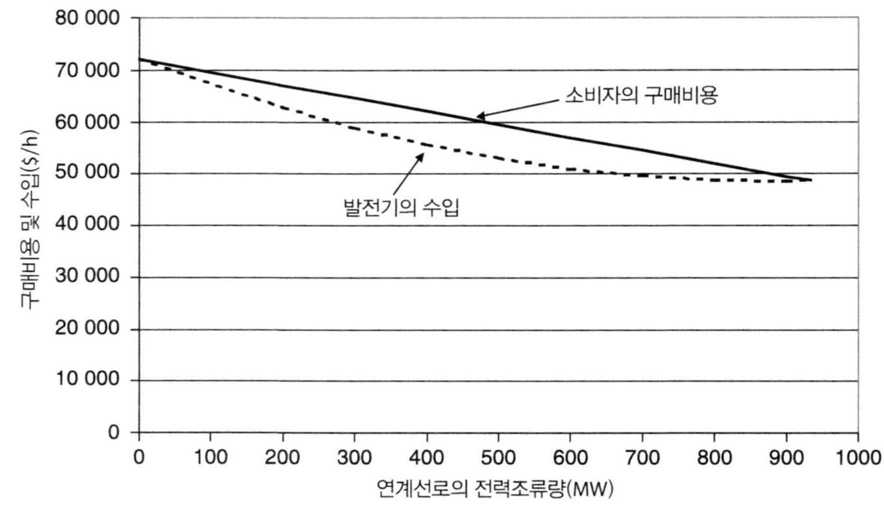

그림 5.11 Borduria와 Syldavia 간의 연계선로에 흐르는 조류에 따른 소비자의 구매비용(실선)과 발전기의 수입(점선)

gestion surplus)라고 불리기도 한다.

특히, 연계선로에 흐를 수 있는 용량이 400 MW로 제한되어 있는 사례에서의 혼잡잉여는 다음과 같이 계산된다.

$$E_{\text{TOTAL}} - R_{\text{TOTAL}} = (\pi_S - \pi_B) \cdot F_{BS} = (35 - 19) \cdot 400 = \$6400 \tag{5.27}$$

이 값은 표 5.2의 마지막 열에 나타낸 총 지불액과 총 수익의 차이와 같은 값을 가진다는 점에 유의해야 한다.

모든 시장참여자의 거래가격을 중앙집중 방식으로 결정하는 풀 시장에서는 이러한 혼잡잉여는 시장운영자가 징수하게 된다. 그러나 이는 시장운영자가 오히려 혼잡을 증가시켜 혼잡잉여를 증가시키거나 최소한 혼잡을 해소하려는 노력을 하지 않도록 만드는 동기가 될 수 있으므로 이 잉여가 시장운영자의 최종수익이 되도록 해서는 안 된다. 반면, 이러한 혼잡잉여를 단순하게 시장참여자에게 재분배하는 것은 모선별 시장제도가 가지고 있는 경제적 효율성의 긍정적인 효과를 감소시키므로 이 또한 바람직하지 않다. 이에 대해서는 이 장의 뒷부분에서 계통혼잡으로 인한 위험을 완화하기 위하여 도입되는 재무적 송전권(Financial Transmission Rights, FTR)을 논의할 때 다시 다루도록 하겠다.

5.3.2 3-모선 계통에서의 중앙집중식 전력거래

비중앙식 또는 쌍방계약 기반의 전력거래를 논의하는 과정에서 모선이 2개 이상이 존재하는 송전계통에서는 KCL과 KVL에 의해서 전력조류가 어떻게 흐르는지 결정된다는 것을 설명한 바 있다. 따라서 이러한 물리법칙이 중앙집중식 전력거래에서는 어떠한 영향을 미치는지에 대해서도 검토할 필요가 있다. 쌍방계약 기반의 전력거래를 분석할 때 사용했던 3-모선 계통과 동일한 계통을 사용하도록 한다. 그림 5.12는 이러한 전력계통의 구성을 나타낸 것이고, 표 5.3은 이 전력계통에 대한 각종 파라미터들을 보여 준다. 여기에서도 마찬가지로 각 선로의 제약은 유효전력의 제약만 상수의 형태로 존재하며 선로의 저항은 무시할 수 있을 정도로 작은 값을 가진다고 가정한다.

쌍방계약 기반의 전력거래 환경에서는 계약 가격 또는 비용에 대한 정보는 거래당사자들만이 접근할 수 있는 정보라고 가정했으므로, 이러한 정보를 전력시장 분석에 사용할 수는 없었다. 그러나 중앙집중 방식의 전력거래에서는 생산자와 소비자가 입찰가격을 계통운영자에게 제시해야 하므로, 계통운영자는 계통 운영을 최적화하는 데 이 정보를 활용할 수 있다. 따라서 계통운영자는 표 5.4에 나타낸 발전기의 정보를 분석에 활용할 수 있다고 가정한다. 또한 전력시장이 완전경쟁 상태라고 가정한다면, 발전기의 입찰가격은 한계비용과 동일하다고 가정할 수 있다. 문제를 단순화하기 위하여 각 발전기의 한계비용은 상수라고 가정하며, 수요는 그림 5.12에 나타낸 것과 같이 항상 일정하다고 가정한다.

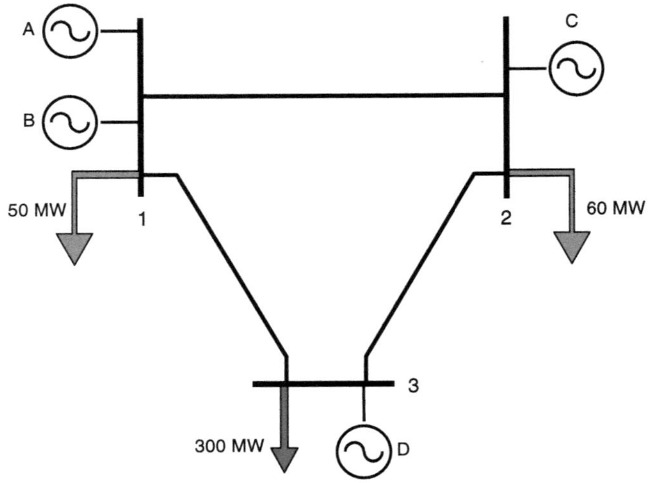

그림 5.12 중앙집중식 전력거래를 설명하기 위한 간단한 3–모선 계통

표 5.3 그림 5.12의 3–모선 전력계통에 대한 선로 데이터

선로	리액턴스(p.u.)	송전용량(MW)
1–2	0.2	126
1–3	0.2	250
2–3	0.1	130

표 5.4 그림 5.12의 3–모선 전력계통에 대한 발전기 데이터

발전기	발전용량(MW)	한계비용($/MWh)
A	140	7.5
B	285	6
C	90	14
D	85	10

5.3.2.1 경제급전(Economic Dispatch)

만약 계통과 관련된 제약조건들을 무시한다면, 총 410 MW의 수요는 오로지 발전기의 입찰가격, 즉 한계비용을 기반으로 전체 비용을 최소화하도록 급전이 이루어질 것이다. 발전기는 모든 운전 범위에서 상수의 한계비용을 가지고 있으며 수요는 가격 민감도가 없다고 가정하고 있기 때문에 이러한 급전량을 계산하는 것은 간단한 문제이다. 즉, 발전기를 한계비용에 따라 오름차순으로 정리한 후 그 누적 용량이 수요와 일치하는 값을 찾으면 되며, 다음과 같은 결과를 얻을 수 있다.

$$\begin{aligned} P_A &= 125\,\text{MW} \\ P_B &= 285\,\text{MW} \\ P_C &= 0\,\text{MW} \\ P_D &= 0\,\text{MW} \end{aligned} \tag{5.28}$$

따라서 경제급전의 전체 비용은 다음과 같다.

$$C_{ED} = MC_A \cdot P_A + MC_B \cdot P_B = 2647.50\,\$/\text{h} \tag{5.29}$$

이러한 급전 결과로 발생하는 전력조류가 선로의 용량을 초과하지 않는지를 확인할 필요가 있다. 대형 계통에서는 선로에 흐르는 조류를 계산하기 위하여 조류 계산 프로그램을 이용해야 하지만, 여기서 다루는 간단한 계통에서는 간단한 수계산으로 가능하며 선로에 흐르는 조류에 대한 보다 직관적인 이해가 가능하다. 그림 5.13에 나타낸 바와 같이 조류의 방향을 가정한 후 각 모선에서의 조류의 수급에 대한 식을 다음과 같이 나타낼 수 있다.

$$\text{Node 1} : F_{12} + F_{13} = 360 \tag{5.30}$$

$$\text{Node 2} : F_{12} - F_{23} = 60 \tag{5.31}$$

$$\text{Node 3} : F_{13} + F_{23} = 300 \tag{5.32}$$

이 경우, 3개의 식과 3개의 변수로 구성된 연립방정식을 구성할 수 있다. 그러나 이 3개의 식은 추가적으로 계통 전체의 수급조건을 만족시켜야 하므로 이 식들은 선형 종속이 된다. 예를 들어 식 (5.30)에서 식 (5.31)을 빼면 식 (5.32)와 정확히 일치하게 된다. 즉, 이 식들 중의 하나는

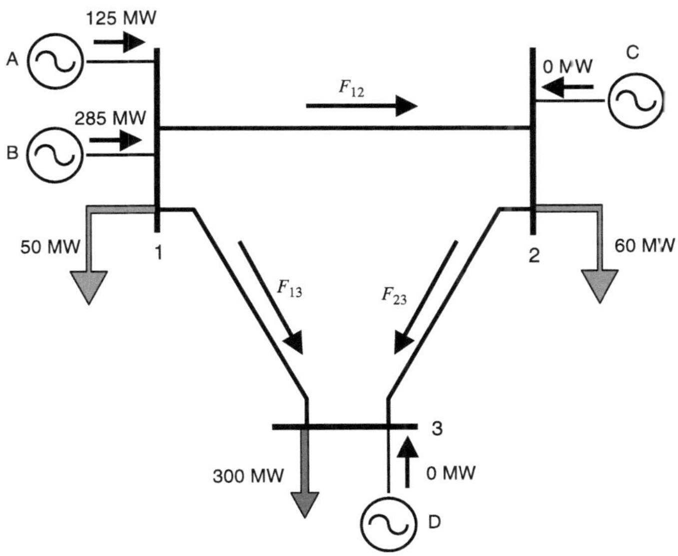

그림 5.13 3-모선 계통에 대한 선로 제약을 고려하지 않은 경제급전

정보의 손실 없이 제거될 수 있으므로 결국 식 2개와 미지수 3개가 남게 된다. 이는 선로의 임피던스 정보를 활용하지 않았기 때문에 자연스러운 결과로 볼 수 있다.

(선로의 임피던스 정보를 활용하기 위하여) 단순히 KVL 기반의 식을 추가하는 대신에 중첩 정리(superposition theorem)를 사용한다. 그림 5.14는 원 문제를 보다 단순한 2개의 문제로 분해하는 방법을 보여 준다. 만약 이러한 2개의 간단한 문제들로부터 각각의 경우에 대한 조류를 결정할 수 있다면, 중첩 정리를 이용하여 다시 원 문제의 조류를 다음과 같이 계산할 수 있게 된다.

$$F_{12} = F_1^A + F_2^A \tag{5.33}$$

$$F_{13} = F_1^B + F_2^B \tag{5.34}$$

$$F_{23} = F_1^A - F_2^B \tag{5.35}$$

우선 첫 번째 문제를 생각해 보자. 모선 1에 300 MW가 주입되고 모선 3에서 인출되는 상황이다. 이 전력은 A와 B 두 경로를 통해서 흐르게 되므로 다음과 같은 식이 성립된다.

$$F_1^A + F_1^B = 300 \tag{5.36}$$

경로 A와 B의 리액턴스는 각각 다음과 같다.

$$x_1^A = x_{12} + x_{23} = 0.3\,\text{p.u.} \tag{5.37}$$

$$x_1^B = x_{13} = 0.2\,\text{p.u.} \tag{5.38}$$

300 MW의 전력은 식 (5.4)와 (5.5)에 의하여 두 경로에 분배되는 값이 정해지므로 다음과 같이 계산된다.

$$F_1^A = \frac{0.2}{0.3 + 0.2} \cdot 300 = 120\,\text{MW} \tag{5.39}$$

$$F_1^B = \frac{0.3}{0.3 + 0.2} \cdot 300 = 180\,\text{MW} \tag{5.40}$$

마찬가지로 두 번째 문제에서는 모선 1에 60 MW의 전력이 주입되고 모선 2에서 인출된다. 이때 두 경로의 임피던스는 다음과 같다.

$$x_2^A = x_{12} = 0.2\,\text{p.u.} \tag{5.41}$$

$$x_2^B = x_{13} + x_{23} = 0.3\,\text{p.u.} \tag{5.42}$$

따라서 각 경로에 흐르는 조류는 다음과 같다.

$$F_2^A = \frac{0.3}{0.3 + 0.2} \cdot 60 = 36\,\text{MW} \tag{5.43}$$

$$F_2^B = \frac{0.2}{0.3 + 0.2} \cdot 60 = 24\,\text{MW} \tag{5.44}$$

식 (5.33)~(5.35)로부터 원 문제의 조류는 다음과 같이 계산된다.

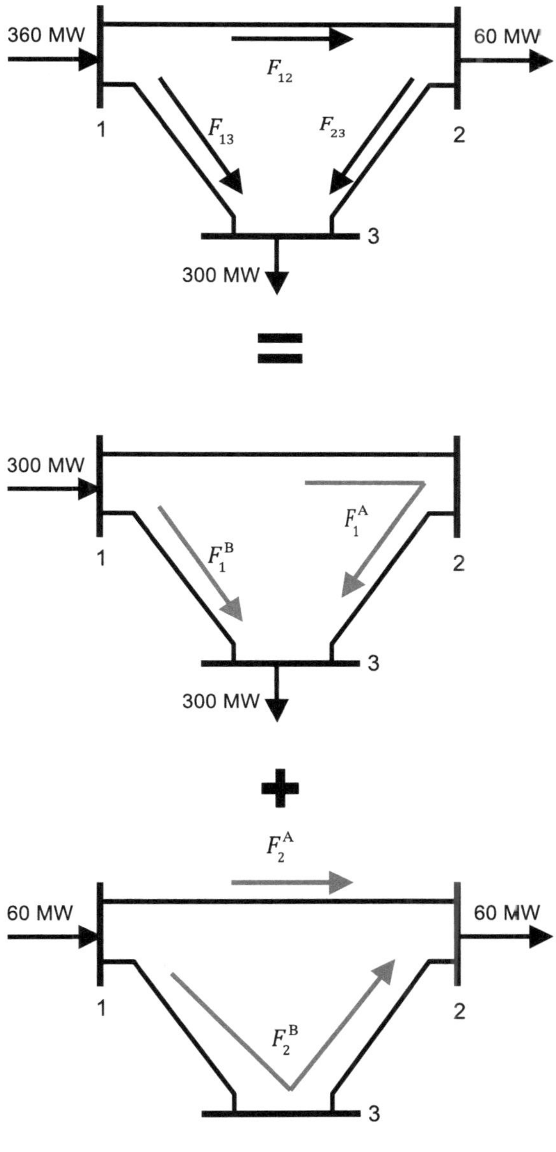

그림 5.14 3-모선 계통의 조류 계산을 위한 중첩 정리의 적용

$$F_{12} = F_1^A + F_2^A = 120 + 36 = 156\,\text{MW} \tag{5.45}$$

$$F_{13} = F_1^B + F_2^B = 180 + 24 = 204\,\text{MW} \tag{5.46}$$

$$F_{23} = F_1^A - F_2^B = 120 - 24 = 96\,\text{MW} \tag{5.47}$$

그림 5.15는 이러한 계산 결과를 나타낸다. 이 결과로부터 우리는 경제급전에 의한 조류가 선

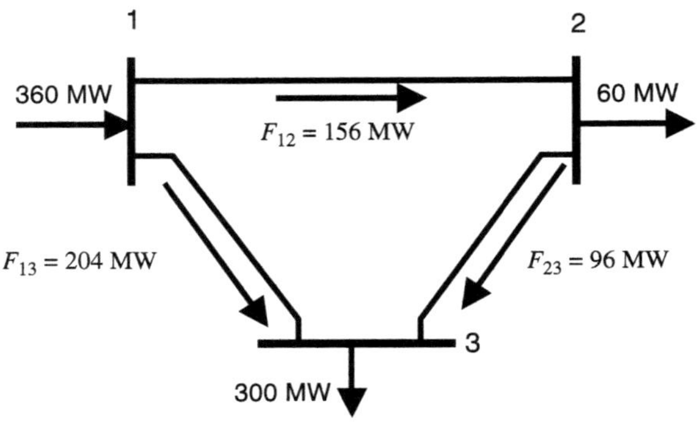

그림 5.15 3-모선 계통에서의 제약조건을 고려하지 않은 경제급전의 조류 계산 결과

로 1-2에는 156 MW가 흐르게 되며, 이는 선로의 용량 126 MW 대비 30 MW의 과부하가 발생하게 됨을 알 수 있다. 이는 분명히 받아들일 수 없는 결과이다.

5.3.2.2 경제급전 결과의 조정

경제급전은 총 생산비용을 최소화하는 결과를 도출하지만, 송전선로의 용량을 고려하지 않기 때문에 실행 불가능한 결과가 도출될 수 있다. 따라서 선로의 과부하를 해소할 수 있으면서 최소 생산비용을 유지할 수 있는 급전 방식으로 수정을 해야 한다. 우선 경제급전의 결과로 모든 발전기의 출력이 모선 1에 집중되어 있음에 유의해야 한다. 선로 1-2의 조류를 감소시키기 위해서는 모선 2 또는 모선 3에 연결된 발전기의 출력을 증가시켜야 한다. 먼저 모선 2의 발전기의 출력을 1 MW 증가시키면 어떠한 일이 발생하는지 분석해 보자. 송전손실은 고려하지 않기 때문에 모선 1의 발전기의 출력을 1 MW 줄여야 한다. 그림 5.16은 이렇게 1 MW의 출력이 조정된 급전 결과를 보여 준다.

조류의 변화량 ΔF^A는 조류 F_{12}와 반대방향이므로 모선 2의 발전기 출력을 증가시키고 모선 1의 발전기 출력을 감소시키면 해당 선로의 과부하를 완화시킬 수 있다. 이 효과를 정량적으로 계산하려면 또 다시 중첩 정리를 사용하면 된다. 경로 A와 B의 리액턴스는 각각

$$x^A = x_{12} = 0.2\,\text{p.u.} \tag{5.48}$$

$$x^B = x_{23} + x_{13} = 0.3\,\text{p.u.} \tag{5.49}$$

이며, 두 조류의 변화량의 합은 1 MW이므로 다음 식이 성립된다.

$$\Delta F^A = 0.6\,\text{MW} \tag{5.50}$$

$$\Delta F^B = 0.4\,\text{MW} \tag{5.51}$$

따라서 모선 2에 유입되는 전력을 1 MW 증가시키고 동시에 모선 1에 유입되는 전력을 1

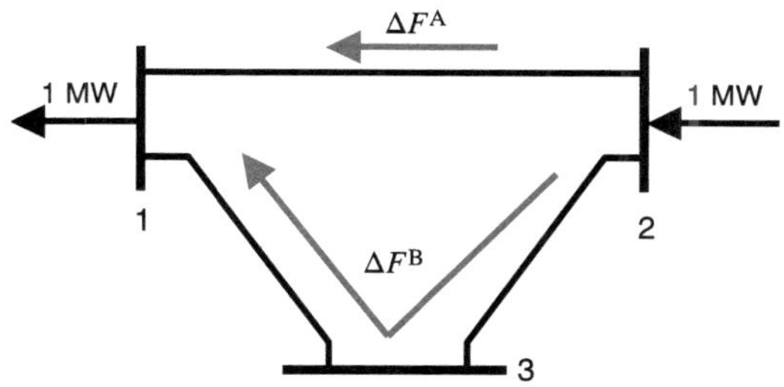

그림 5.16 모선 2의 발전기의 출력을 1 MW 조정했을 때의 영향

MW 감소시킬 때마다 선로 1–2에 흐르는 조류는 0.6 MW 감소하게 된다. 처음 계산에서 이 선로에 30 MW의 과부하가 발생하고 있으므로 이를 해소하기 위하여 총 50 MW의 전력이 모선 1에서 모선 2로 이동해야 한다. 그림 5.17에는 선로 제약을 고려하여 급전을 조정한 결과와 선로 제약을 고려하지 않은 경제급전 결과를 동시에 표시하였다. 이러한 급전의 조정 결과로 선로 1–3의 조류 역시 감소했으나 선로 2–3의 조류는 증가했음을 알 수 있다. 그러나 이러한 증가는 표 5.3에 나타낸 선로의 용량보다 작은 값을 유지하고 있으므로 선로 제약을 위반하지 않고 있다. 이러한 선로 제약을 고려한 급전을 실제 적용하기 위해서는 모선 1에 연결된 발전기들은 해당 모선의 수요 50 MW와 다른 지역에 공급하기 위한 전력 310 MW, 즉 총 360 MW를 생산해야 한다. 동시에 모선 2에 연결된 발전기는 50 MW를 생산해야 한다. 해당 모선의 수요 60 MW에 전력을 공급하기 위하여 필요한 추가적인 10 MW는 다른 모선의 발전기로부터 생산된 전력을 사용해야 한다. 이러한 조건에서 최소비용의 급전 결과는 다음과 같다.

$$\begin{aligned} P_A &= 75\,\text{MW} \\ P_B &= 285\,\text{MW} \\ P_C &= 50\,\text{MW} \\ P_D &= 0\,\text{MW} \end{aligned} \tag{5.52}$$

여기서 발전기 A의 한계비용이 훨씬 높기 때문에 발전기 B의 출력보다는 발전기 A의 출력을 감소시키는 것이 유리하다. 조류 제약을 고려한 급전에서의 전체 발전비용은 다음과 같다.

$$C_2 = MC_A \cdot P_A + MC_B \cdot P_B + MC_C \cdot P_C = 2972.50\,\$/\text{h} \tag{5.53}$$

이 비용은 식 (5.29)에서 계산된 것같이 선로 제약을 고려하지 않은 단순한 경제급전의 결과보다 필연적으로 높을 수밖에 없다. 이 차이는 송전 제약으로 인하여 발생하는 비용으로 볼 수 있다.

모선 3에 연결된 발전기 D의 출력을 증가시킴으로써 선로 1–2의 과부하 역시 완화시킬 수 있다. 동일한 방법을 사용하여 이러한 급전을 조정할 수 있는 범위와 비용을 계산해 보도록 하자. 그림 5.18은 모선 3에 1 MW가 추가로 유입되고 그 전력이 모선 1에서 유출되는 경우 해당 전력이 두 경로에 어떻게 분배되는지를 보여 준다.

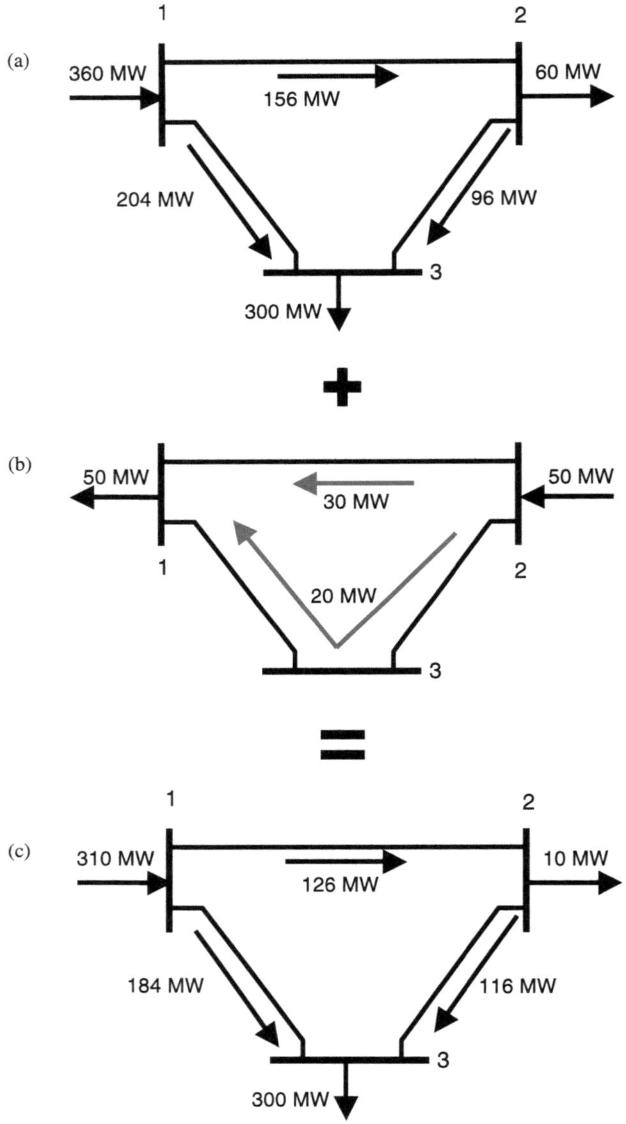

그림 5.17 모선 1에서 모선 2로 급전을 이동시킨 조류(b)와 선로 제약을 고려하지 않은 원 경제급전의 조류(a)를 중첩한 조류(c)

경로 A와 B의 리액턴스가 각각 다음과 같이 주어졌다.

$$x^{A} = x_{23} + x_{12} = 0.3\,\text{p.u.} \tag{5.54}$$

$$x^{B} = x_{13} = 0.2\,\text{p.u.} \tag{5.55}$$

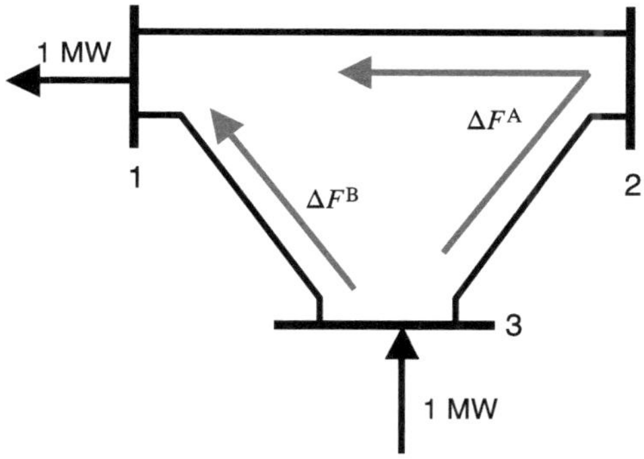

그림 5.18 모선 3의 발전기의 출력 증가에 따른 영향

그리고 두 경로에 흐르는 조류의 합이 1 MW이기 때문에 다음 결과를 얻을 수 있다.

$$\Delta F^{A} = 0.4\,\text{MW} \tag{5.56}$$

$$\Delta F^{B} = 0.6\,\text{MW} \tag{5.57}$$

따라서 모선 3에 유입되고 모선 1에서 인출되는 전력이 1 MW 증가할 때마다 선로 1–2에 흐르는 조류는 0.4 MW 감소하게 된다. 이는 선로 1–2에 흐르는 조류를 30 MW 감소시켜 과부하를 해소하기 위하여 75 MW의 발전량을 모선 1로부터 모선 3으로 이동시킬 필요가 있음을 의미한다. 그림 5.19는 이러한 급전 조정의 결과를 기존의 경제급전(선로 제약을 고려하지 않았을 때의)의 결과에 중첩하여 나타냄으로써 계통 내의 모든 선로에 조류가 어떻게 감소하는지를 보여 준다. 예상한 바와 같이 선로 1–2의 조류는 해당 선로의 최대용량과 동일한 값을 가진다. 모선 1에서 생산되는 총 전력은 이제 75 MW만큼 감소했기 때문에 전체 급전량은 다음과 같다.

$$\begin{aligned} P_{A} &= 50\,\text{MW} \\ P_{B} &= 285\,\text{MW} \\ P_{C} &= 0\,\text{MW} \\ P_{D} &= 75\,\text{MW} \end{aligned} \tag{5.58}$$

선로 제약을 고려하여 급전을 조정했을 때의 총 발전비용은 다음과 같다.

$$C_{3} = MC_{A} \cdot P_{A} + MC_{B} \cdot P_{B} + MC_{D} \cdot P_{D} = 2835\,\$/\text{h} \tag{5.59}$$

이제 선로 1–2의 과부하를 제거하기 위한 두 가지 방법을 비교해 보자. 만약 모선 3의 발전기를 사용하고자 하면 75 MW를 급전 조정 해야 한다. 반면에 모선 2의 발전기를 사용하고자 한다면 50 MW만 이전을 하면 된다. 이는 선로 1–2가 모선 3의 발전출력을 증가시키는 것보다 모선 2의 발전출력을 증가시키는 것에 더 민감하기 때문이다. 그러나 발전기 D의 한계비용이 발전기 C의 한계비용보다 더 저렴하기 때문에 모선 3의 발전기 출력을 증가시키는 것이 더 저렴한 결과를 도출한다. 따라서 송전제약에 따른 비용은 이렇게 제약을 고려한 급전의 변경과 경제

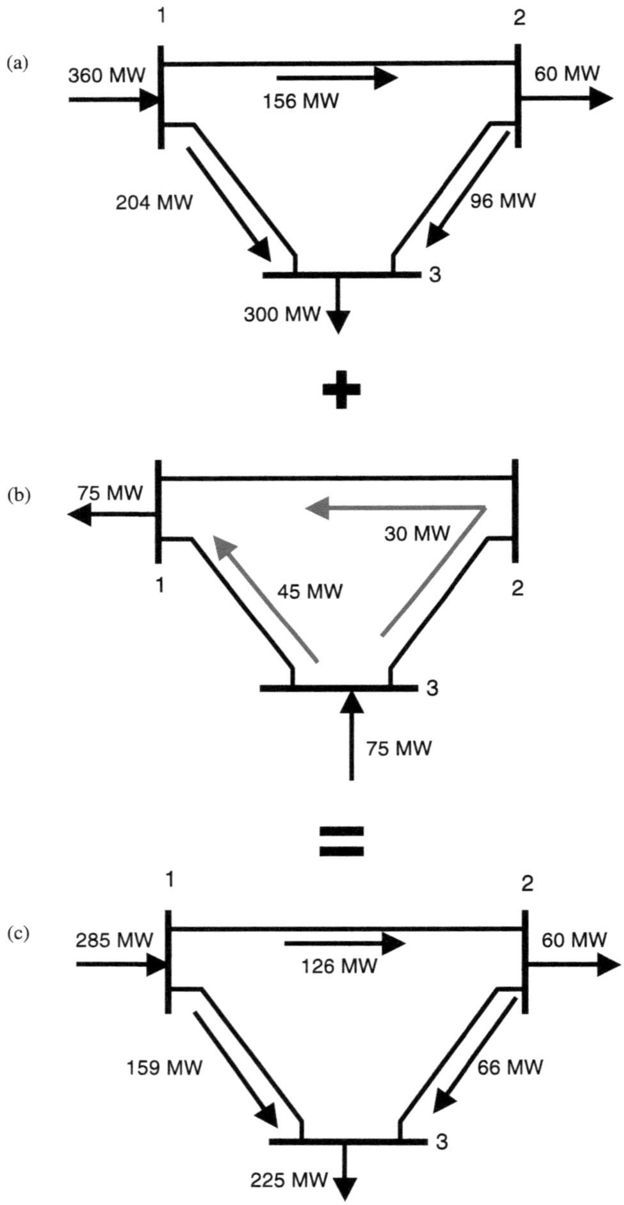

그림 5.19 모선 1에서 모선 3으로 급전을 이동시켰을 때의 조류(b)와 선로 제약을 고려하지 않았을 때의 조류(a)를 중첩시킨 결과(c)

급전의 비용의 차이와 같게 된다.

$$C_S = C_3 - C_{ED} = 2835.00 - 2647.50 = 187.50\,\$/\mathrm{h} \tag{5.60}$$

5.3.2.3 모선별 시장가격

우리는 이미 Borduria와 Syldavia의 계통 연계를 논의할 때 모선별 한계가격의 개념에 대해서 언급한 바 있다. 이제 이 모선별 한계가격의 개념을 보다 명확히 하고자 한다. 모선별 한계가격은 계통의 제약조건을 만족하면서 가장 저렴한 방법으로 특정 모선에서 증가한 1 MW의 부하를 공급하기 위한 추가비용을 의미한다.

앞에서 사용한 3-모선 전력계통의 예제에서, (선로 제약을 고려해야 하므로) 경제급전으로부터 시작하는 것보다는 식 (5.58)로 주어진 선로 제약을 고려한 급전으로부터 시작하는 것이 바람직하다. 즉, 선로 1-2의 과부하를 해소하기 위하여 발전기 D의 출력이 증가된 상태이다. 모선 1의 부하가 1 MW 증가하는 경우에는 발전기 A의 출력이 1 MW 증가해야 한다. 실제로 발전기 A의 한계비용은 발전기 C나 D에 비하여 저렴하다. 발전기 B의 한계비용이 더 저렴하지만 발전기 B는 이미 최대용량으로 발전을 하고 있기 때문에 추가적으로 출력을 상승시킬 수 없다. 해당 모선에서 증가된 부하와 발전은 모두 해당 모선 내에서 이루어지므로 이 도선의 한계가격은 계통 전체에 아무런 영향이 없다. 따라서 모선 1의 모선별 한계가격은 다음과 같다.

$$\pi_1 = MC_A = 7.50\,\$/\text{MWh} \tag{5.61}$$

그렇다면 모선 3의 부하가 1 MW 증가할 경우에 이를 가장 저렴하게 공급할 수 있는 방법은 무엇인가? 현재 한계비용이 가장 저렴하며 출력에 여분이 남아 있는 것은 발전기 A이다. 그러나 모선 1의 발전을 증가시킬 경우에는 불가피하게 선로 1-2의 과부하가 발생하게 된다. 따라서 그다음 저렴한 선택은 발전기 D의 출력을 증가시키는 것이다. 이 발전기는 모선 3에 위치하고 있기 때문에 이 발전기의 출력 증가는 계통의 조류에 영향을 주지 않는다. 따라서 모선 3의 한계비용은 다음과 같다.

$$\pi_3 = MC_D = 10\,\$/\text{MWh} \tag{5.62}$$

모선 2의 발전기의 출력을 1 MW 증가시키는 것은 좀 더 복잡하다. 당연히 발전기 C의 출력을 증가시키는 방법을 채택할 수 있는데, 이는 이 발전기의 한계비용이 14 $/MWh이기 때문에 상대적으로 비싼 방법이다. 만약 다른 모선의 발전기의 출력을 조정하려고 하면 이러한 출력 조정이 계통 조류에 어떠한 영향을 미치는지를 고려할 필요가 있다. 그림 5.20에는 도선 2의 부하가 1 MW 증가했을 때, 모선 1이나 모선 3에서 이를 공급하려고 하면 조류가 어떻게 흐르게 되는지를 나타낸다. 두 가지 모두 선로 1-2의 조류를 증가시키는 것을 알 수 있다. 이 선로의 조류는 이미 최댓값으로 흐르고 있기 때문에 두 가지 방법 모두 받아들일 수 없다. 모선 1과 3의 발전 출력을 증가시키는 것은 어떠한 조합도 실현 불가능하다.

그러나 모선 3에서는 출력을 증가시키고 모선 1에서는 감소하는 조합은 사용이 가능하다. 예를 들어 그림 5.21에 나타낸 바와 같이 모선 3에서 2 MW의 발전출력을 증가시키고 모선 1에서

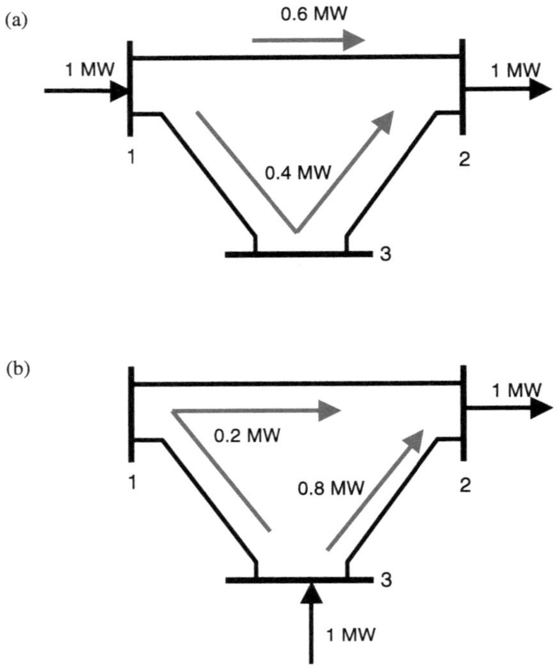

그림 5.20 모선 2의 부하가 1 MW 증가했을 때, 모선 1의 유입 전력을 증가시킨 조류(a)와 모선 3의 유입 전력을 증가시킨 조류(b)의 비교

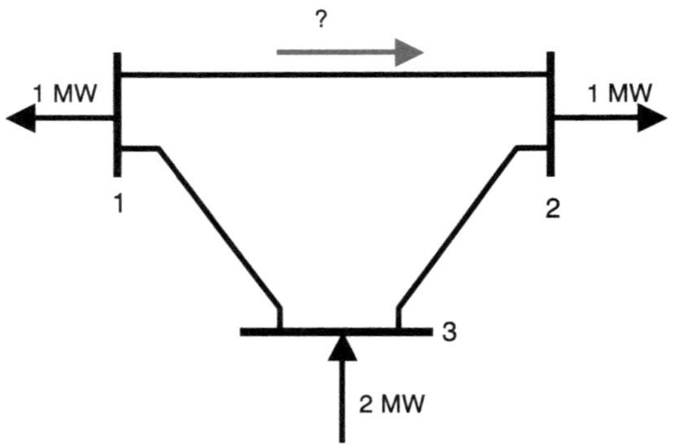

그림 5.21 모선 2의 추가 수요를 공급하기 위하여 모선 3의 유입 전력을 증가시키고 모선 1의 유입 전력을 감소시키는 조합을 사용하는 방법

는 1 MW 감소시키는 방법을 사용할 수 있다. 다시 한번 중첩원리를 사용하여 조류의 증감을 계산할 수 있다. 우선 그림 5.22의 첫 번째 그림에 나타낸 바와 같이 모선 3에서 1 MW를 주입하고 모선 1에서 1 MW를 추출할 때 선로 1–2의 조류는 0.4 MW가 감소함을 알 수 있다. 반면 두

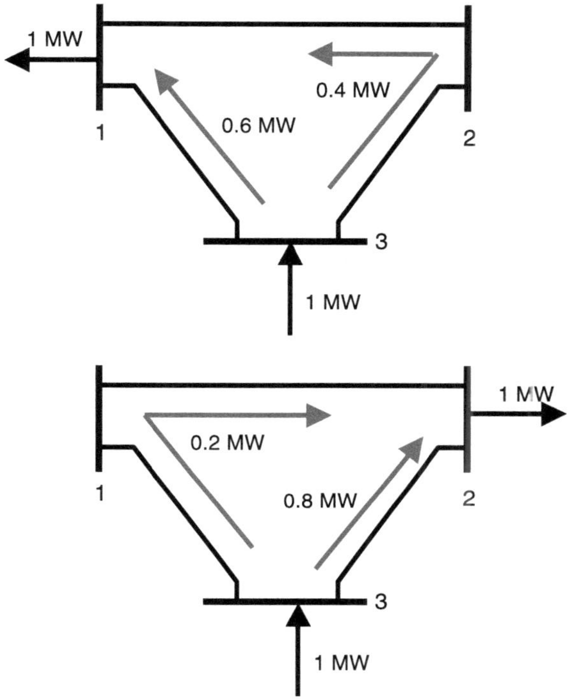

그림 5.22 그림 5.17에 나타낸 조건을 분석하기 위한 중첩원리의 적용

번째 그림에서는 모선 3에서 1 MW가 주입되고 모선 2에서 1 MW를 추출했을 때 해당 선로의 조류는 0.2 MW가 증가함을 나타낸다. 전체적으로 선로 1−2의 조류는 0.2 MW 감소하게 된다. 즉, 모선 2의 증가된 1 MW의 부하에 전력을 공급하기 위하여 모선 3에서 2 MW를 증가시키고 모선 1에서 1 MW를 감소시키는 방법을 사용하면 선로 1−2에 흐르는 조류를 선로의 용량 이하로 유지할 수 있게 된다. 하지만 이 조합은 선로 1−2의 조류를 최댓값으로 유지하는 방법이 아니다. 즉, 선로의 최대용량에서 0.2 MW 낮은 값으로 감소시키고 있다. 이는 모선 3의 발전기보다 비용이 저렴한 모선 1에 연결된 발전기의 출력을 지나치게 많이 감소시켰음을 의미한다.

그림 5.23은 모선 2의 수요가 1 MW 증가했을 때 모선 1−2를 과부하 상태로 만들지 않고 모선 1과 3의 발전기의 급전을 변경하는 방법을 보여 준다. 우선 다음과 같은 식을 만족해야 한다.

$$\Delta P_1 + \Delta P_3 = \Delta P_2 = 1\,\text{MW} \tag{5.63}$$

그림 5.20에 나타낸 민감도를 사용하여 다음과 같은 식을 유도할 수 있다.

$$0.6\Delta P_1 + 0.2\Delta P_3 = \Delta F_{12} = 0\,\text{MW} \tag{5.64}$$

이 두 식을 연립하여 풀면 다음과 같은 결과가 도출된다.

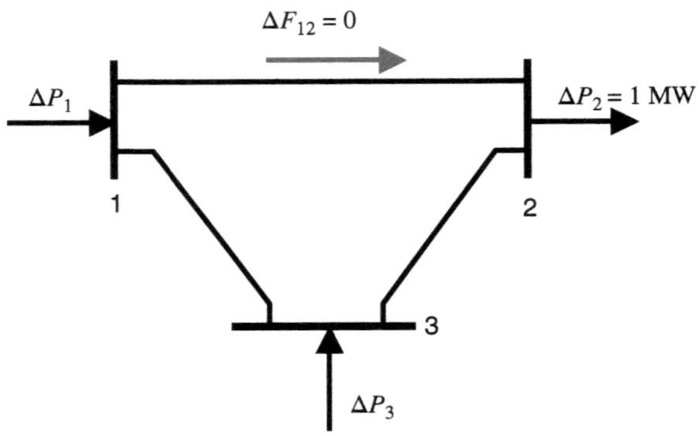

그림 5.23 선로 1–2의 조류를 변경하지 않고 모선 2의 추가 수요에 전력을 공급하는 문제의 해결방법

$$\Delta P_1 = -0.5\,\text{MW} \tag{5.65}$$

$$\Delta P_3 = 1.5\,\text{MW} \tag{5.66}$$

따라서 모선 2의 부하가 1 MW 추가되었을 때 이를 최소비용으로 공급하는 방법은 발전기 D의 출력을 1.5 MW 증가시키고 발전기 A의 출력을 0.5 MW 감소시키는 방법을 사용하는 것이다. 이 때의 비용의 변화, 즉 모선 2의 모선별 한계가격은 다음과 같이 계산된다.

$$\pi_2 = 1.5 \cdot \text{MC}_\text{D} - 0.5 \cdot \text{MC}_\text{A} = 11.25\,\$/\text{MWh} \tag{5.67}$$

요약하면 다음과 같은 결론이 도출된다.

- 발전기 A는 모선 1의 시장가격을 7.50 $/MWh로 결정한다. 발전기 B는 더 낮은 한계비용(6.00 $/MWh)을 가지고 있지만, 최대출력으로 동작하고 있기 때문에 모선 가격에 영향을 주지 못한다.
- 발전기 D는 모선 3의 모선별 한계가격을 10.00 $/MWh로 결정한다.
- 모선 2의 모선별 한계가격은 발전기 A와 D의 한계비용의 조합에 의하여 11.25 $/MWh로 설정된다.

이러한 분석 결과는 보다 복잡한 계통으로 일반화시킬 수 있다. 송전제약이 없는 계통에서는 모든 발전기의 한계비용이 상숫값을 가진다고 가정했을 때 하나를 제외한 모든 발전기들은 최소출력 또는 최대출력으로 전력을 생산하게 된다. 제외된 하나의 발전기가 계통 전체의 한계발전기가 되며, 그 출력은 모든 발전기 출력의 합이 총 부하와 같게 만드는 역할을 하게 된다. 가상적으로 부하가 1 MW 증가했을 때 이 발전기가 그 부하를 담당하게 되므로, 결국 이 발전기의 한계비용이 계통 전체의 한계가격을 결정하게 된다. 계통의 용량 제한으로 인해 경제급전이 제약을 받게 되면, 원래의 한계발전기와는 다른 발전기의 출력이 최대 또는 최소 출력 이외의 값을 가지게 되므로 이 발전기가 한계발전기의 역할을 담당하게 된다. 일반적으로 계통 내에 m개의 선

표 5.5 3-모선 계통의 최소비용 운영 결과

	모선1	모선2	모선3	계통 전체
소비(MW)	50	60	300	410
생산(MW)	335	0	75	410
노드 한계가격($/MWh)	7.50	11.25	10.00	—
수요자 지급금액($/h)	375.00	675.00	3000.00	4050.00
생산자 수입액($/h)	2512.50	0.00	750.00	3262.50
혼잡잉여($/h)				787.50

로에서 제약이 발생하게 되면 $m + 1$개의 한계발전기가 존재하게 된다. 이렇게 출력이 상한 또는 하한에 걸리지 않은 $m + 1$개의 발전기들은 각각이 연결되어 있는 모선의 시장가격을 결정하게 된다. 한계발전기가 연결되어 있지 않은 다른 모선의 모선별 한계가격은 $m + 1$개의 한계발전기의 가격의 조합으로 결정된다. 이 조합은 제약이 발생하는 계통에 KVL을 적용한 결과에 따라 달라지게 된다. 한 가지 유의해야 할 점은 이러한 조합으로 인한 계통 조류와 시장가격이 직관적이지 않은 방식[3]으로 이루어지지 않는다는 것이며, 그 이유는 다음에 자세하게 설명될 것이다.

5.3.2.4 혼잡잉여(Congestion Surplus)

이러한 반직관적인 상황을 살펴보기 전에 우선 앞에서 다루었던 3-모선 계통을 최소의 비용으로 운영하는 방법에 대하여 요약해 보자. 표 5.5는 각 모선의 부하와 발전, 그리고 모선별 시장가격을 보여 준다. 또한 모선별 한계가격을 기준으로 전력을 거래했을 때, 소비자가 지급한 비용과 발전기들의 수입을 정리하였다. 모든 계산 결과는 수요가 상수인 상태에서 1시간 동안의 양을 계산한 것이다.

소비자가 지급한 금액의 전체 합과 발전기가 거두어들인 수입의 전체 합을 비교해 보면 두 값이 일치하지 않음을 알 수 있다. 발전기에 지급되는 금액에 비하여 소비자로부터 거두어들인 금액이 더 큰 현상이 발생한다. 이러한 차이는 Borduria와 Syldavia의 2-모선 사례에서 이미 논의되었던 상품화 잉여(merchandising surplus)이며, 계통의 혼잡으로 인해서 발생하는 것이다. 만약 선로 1-2의 용량이 156 MW보다 크다면 이 문제는 선로 제약이 없는 경제급전 문제로 구현될 수 있다. 이 경우 모든 모선에서의 한계가격은 동일하며, 발전기에 지급되는 금액의 총합은 소비자가 구매하는 금액의 총합과 일치하게 된다.

3 (역자 주) 여기서 "직관적인 방식"이라는 개념은 시장가격이 낮은 모선에서 높은 모선으로 전력조류가 형성된다는 것을 의미한다. 그러나 실제 전력시장에서는 전력조류가 시장가격이 아니라 물리법칙에 의하여 결정되그로 가격이 높은 모선에서 낮은 곳으로 흐르는 경우가 발생한다. 전기공학 관점에서는 당연한 현상이지만, 경제학적으로는 "비직관적(counter-intuitive)"이라고 볼 수 있다.

5.3.2.5 경제적 관점에서 비직관적인(counter-intuitive) 전력조류

재화를 생산하는 가격의 지역적 차이는 경제학에서 매우 일반적인 현상이다. 가장 직관적인 예는 과일과 채소의 생산을 들 수 있는데, 따뜻한 기후 지역의 야외에서 생산되는 제품의 생산비용은 추운 기후 지역의 온실에서 생산되는 제품보다 훨씬 저렴할 것이다. 경쟁시장의 상황에서는 이 제품의 가격은 추운 지역보다 따뜻한 지역에서 더 낮게 형성될 것이며, 만약 지역 간의 교역이 자유롭게 이루어진다면 가격이 낮은 지역에서 생산된 과일과 채소가 가격이 높은 지역으로 운송될 것이다. 이성적인 사업자라면 이익을 위하여 알래스카에서 생산된 포도를 캘리포니아로 수송하지는 않을 것이다. 그러나 전력계통에서는 이러한 경제적인 관점에서 볼 때 비직관적인 수송이 최적인 상황이 발생한다. 그림 5.24는 3-모선 계통의 예제에서 선로 제약을 고려한 급전에 대한 선로 조류와 모선별 한계가격의 계산 결과를 보여 준다. 선로 1-2와 선로 1-3의 경우는 전력이 가격이 낮은 곳에서 높은 곳으로 조류가 흐르고 있다. 그러나 선로 2-3의 경우에는 가격이 높은 모선에서 낮은 모선으로 조류가 흐르고 있음을 알 수 있다. 이러한 현상은 누군가의 비이성적인 거래행위로 인해서 발생한 것이 아니며, 물리법칙(이 경우에는 KVL을 의미)이 시장의 법칙보다 우선하기 때문에 발생하는 것이다.

표 5.6에는 현재 우리가 다루고 있는 3-모선 계통에서 각 선로가 전력을 수송함으로 인해서 발생하는 잉여의 양을 나타낸다. 선로 2-3의 경우에는 전력이 가격이 높은 곳으로부터 낮은 곳으로 흐르고 있기 때문에 이 잉여가 음의 값을 가지게 된다. 그러나 모든 선로의 상품화 잉여, 즉 혼잡잉여를 모두 합하면 표 5.5에서 모선별로 계산했던 잉여의 총합과 일치함을 알 수 있다.

5.3.2.6 경제적 관점에서 비직관적인 시장가격

3-모선 계통의 예에서 우리는 지금까지 선로 1-2에 흐르는 조류가 126 MW가 넘지 않는다고 가정하였다. 6장에서 보게 되겠지만, 실제 계통에서는 선로에 흐를 수 있는 최대용량은 반드시 고정되어 있는 것은 아니다. 만약 이 제약이 선로의 열용량(thermal ratings)에 의한 것이라면, 바람이나 낮은 주변 온도가 도체 내부의 온도 상승을 완화시키기 때문에 기상 조건에 따라 최대 송전용량이 변동될 것이다. 만약 이러한 선로 제약이 안정도를 고려하기 위하여 설정된 경우라면 그 값은 계통 전체의 상태에 따라 다른 값을 가지게 된다. 따라서 단순한 수학적 호기심을 넘어서 선로 1-2의 최대 조류 허용치가 모선별 한계가격에 어떻게 영향을 미치는지 분석하는 것은 실제 전력시장을 운영하기 위하여 반드시 필요한 작업이다.

표 5.7에는 이 선로의 최대 조류 허용치가 3-모선 계통의 운전과 경제성에 미치는 영향을 요약하여 나타내었다. 선로 1-2의 최대 조류 허용치를 70 MW에서 160 MW로 변경하면서, 각 경우에 대하여 앞에서 사용한 동일한 방법을 이용하여 제약을 고려한 급전 결과 및 모선별 시장가격을 계산한 결과를 나타내었다. 발전기가 지급받는 금액 및 소비자가 지급하는 금액의 총합을 계산하였으며, 전력 생산 비용, 발전기의 이익 및 혼잡잉여 역시 계산하였다. 표의 마지막 행

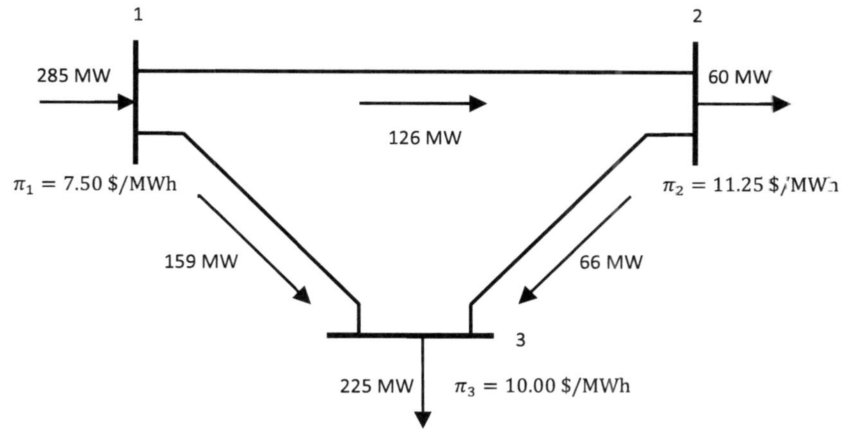

그림 5.24 3-모선 계통에서의 모선별 한계가격과 조류의 계산 결과. 선로 2-3의 조류는 가격이 높은 모선에서 낮은 모선으로 흐르고 있다.

표 5.6 3-모선 계통의 상품화 잉여에 대한 각 선로의 기여도

선로	조류(MW)	송전단 모선가격(\$/MWh)	수전단 모선가격(\$/MWh)	잉여(\$/h)
1-2	126	7.50	11.25	472.50
1-3	159	7.50	10.00	397.50
2-3	66	11.25	10.00	-82.50
합계				787.50

을 살펴보면 선로 조류의 허용치가 160 MW 이상일 때 선로의 제약이 발생하지 않는 것을 알 수 있다. 이때 발전기 A가 유일한 한계발전기가 되며, 계통 전체의 한계가격은 동일한 값을 가지게 된다. 이 조건에서는 혼잡잉여 역시 존재하지 않게 된다. 반면 선로의 제약이 70 MW 이하일 때는 선로 1-2의 조류 제약을 만족하면서 부하에 급전을 할 수 있는 방법은 존재하지 않게 된다.

선로의 용량이 70에서 90 MW 사이일 때는 발전기 A가 발전을 하지 않으며, 발전기 B와 C는 부분 급전을, 발전기 D는 최대출력으로 발전하게 된다. 따라서 모선 1과 2의 노드 가격은 각각 6.00 \$/MWh 및 14.00 \$/MWh가 되며, 모선 3의 노드 가격은 11.33 \$/MWh가 된다. 이 마지막 값은 다른 두 모선의 가격 사이의 값을 가지게 되지만, 발전기 D가 최대출력으로 급전되고 있기 때문에 해당 모선의 노드 가격은 10.00 \$/MWh 이상의 값을 가지게 된다.

일반적으로 선로의 용량이 증가하면 계통의 제약이 완화되므로 모선별 시장가격이 낮아지게 될 것이라고 예상한다. 그러나 표 5.7을 살펴보면 반드시 그렇지 않음을 알 수 있다. 만약 이 선로의 제약을 120 MW까지 증가시키면, 모선 1과 3의 가격은 증가하는 반면 모선 2의 가격은 변

표 5.7 선로 1–2의 송전용량이 3–모선 계통의 운영에 미치는 영향

F_{12}^{max}	P_A	P_B	P_C	P_D	π_1	π_2	π_3	발전기 비용	발전기 수입	발전기 이익	소비자 지불금액	혼잡 잉여
70	0.00	238.33	86.67	85.00	6.00	14.00	11.33	3493.33	3606.67	113.33	4540.00	933.33
80	0.00	255.00	70.00	85.00	6.00	14.00	11.33	3360.00	3473.33	113.33	4540.00	1066.67
90	0.00	271.67	53.33	85.00	6.00	14.00	11.33	3226.67	3340.00	113.33	4540.00	1200.00
100	3.33	285.00	36.67	85.00	7.50	14.00	11.83	3098.33	3681.67	583.33	4765.00	1083.33
110	20.00	285.00	20.00	85.00	7.50	14.00	11.83	2990.00	3573.33	583.33	4765.00	1191.67
120	36.67	285.00	3.33	85.00	7.50	14.00	11.83	2881.67	3465.00	583.33	4765.00	1300.00
130	60.00	285.00	0.00	65.00	7.50	11.25	10.00	2810.00	3237.50	427.50	4050.00	812.50
140	85.00	285.00	0.00	40.00	7.50	11.25	10.00	2747.50	3175.00	427.50	4050.00	875.00
150	110.00	285.00	0.00	15.00	7.50	11.25	10.00	2685.00	3112.50	427.50	4050.00	937.50
160	125.00	285.00	0.00	0.00	7.50	7.50	7.50	2647.50	3075.00	427.50	3075.00	0.00

동이 없다. 더 저렴한 발전기(A와 B)가 비싼 발전기(C)보다 더 많은 전력을 공급하고 있기 때문에 계통 자체가 비효율적으로 운전되고 있는 것은 아니다. 계통 전체를 보면, 전력을 생각하기 위한 발전기의 비용은 감소하면서 소비자가 지급하는 비용, 발전기의 이익, 그리고 혼잡잉여가 증가하는 현상이 발생한다. 이 경우, 송전용량의 증가는 오히려 소비자의 비용을 희생으로 발전기의 이익을 증가시키는 결과가 도출되고 있다. 이러한 현상이 왜 발생하는 것일까? 선로 1−2의 조류를 증가시키는 것은 모선 1에 연결된 발전기들의 출력을 증가시킬 수 있게 만든다. 그러나 어떤 수준 이상으로 조류 허용치가 증가하면 발전기 B의 출력이 최대용량에 이르게 되고 발전기 A가 한계발전기가 되는데, 이로 인해 모선 1의 노드 가격이 7.50 \$/MWh로 증가하게 된다. 중첩원리를 사용하여 모선 3의 가격을 계산하면 다음과 같다.

$$\pi_3 = \frac{1}{3}\pi_1 + \frac{2}{3}\pi_2 = 11.83\,\$/\text{MWh} \tag{5.68}$$

만약 선로 1−2의 제약이 120 MW 이상으로 증가되면 발전기 C는 출력이 0이 된다. 모선 2의 가격은 발전기 D가 한계발전기가 되므로 모선 1과 3의 가격의 조합으로 결정된다. 선로 1−2의 제약이 156 MW 이상으로 증가하여 더 이상 혼잡이 발생하지 않을 때까지 노드 가격, 발전기의 수입, 발전기의 이익, 소비자의 지급액, 그리고 혼잡잉여는 모두 감소하게 된다.

5.3.2.7 경제적 관점에서 더욱 비직관적인 시장가격

이제 선로 일부에 대한 예방정비 등으로 인해 선로 2−3의 용량이 65 MW로 감소했을 때 어떠한 현상이 발생하는지 분석해 보자. 이러한 조건하에서는 선로 제약을 고려한 최소비용의 급전 결과는 다음과 같다.

$$\begin{aligned} P_A &= 47.5\,\text{MW} \\ P_B &= 285\,\text{MW} \\ P_C &= 0\,\text{MW} \\ P_D &= 77.5\,\text{MW} \end{aligned} \tag{5.69}$$

이러한 급전 결과로 인한 선로에 흐르는 조류는 다음과 같다.

$$\begin{aligned} F_{12} &= 125\,\text{MW} \\ F_{13} &= 157.5\,\text{MW} \\ F_{23} &= 65\,\text{MW} \end{aligned} \tag{5.70}$$

따라서 선로 2−3에만 조류 제약이 발생한다. 발전기 B는 최대출력을 발전을 하고 발전기 C는 발전을 하지 않기 때문에 발전기 A와 D가 한계발전기가 된다. 발전기 A는 모선 1의 시장가격(π_1)을 7.50 \$/MWh로 결정하며, 발전기 D는 모선 3의 시장가격(π_3)을 10.00 \$/MWh로 결정한다. 모선 2의 한계가격을 계산하기 위해서는 해당 모선의 수요를 1 MW 증가시켰을 때의 전체 발전비용이 어떻게 변동되는지 계산할 필요가 있다. 한계발전기가 이 추가적인 MW를 공급해야 하므로 다음과 같은 식이 성립된다.

$$\Delta P_1 + \Delta P_3 = 1 \tag{5.71}$$

이러한 발전기의 출력 증가는 선로 2-3의 조류가 상한값 이하로 유지되어야 한다. 선택 가능한 경로의 상대적인 리액턴스 값을 고려하면 다음과 같은 식이 성립된다.

$$-0.4\Delta P_1 - 0.8\Delta P_3 = 0 \tag{5.72}$$

위 식에서 부호를 음으로 설정한 것은 모선 1 또는 모선 3의 발전출력을 증가시키면서 모선 2의 부하를 증가시키면 선로 2-3의 조류가 감소하기 때문이다. 식 (5.71)과 (5.72)를 연립하여 해를 구하면 다음과 같다.

$$\begin{aligned} \Delta P_1 &= 2\,\text{MW} \\ \Delta P_3 &= -1\,\text{MW} \end{aligned} \tag{5.73}$$

따라서 모선 2의 부하가 1 MW 증가하면 모선 1의 발전출력이 2 MW 증가하여 발전비용이 증가하는 대신에 모선 3의 발전출력이 1 MW 감소함에 따라 비용이 감소되므로 모선별 시장가격은 다음과 같이 계산된다.

$$\pi_2 = 2 \times 7.50 - 1 \times 10 = 5.00\,\$/\text{MWh} \tag{5.74}$$

따라서 모선 2의 한계가격은 다른 모선에 비하여 낮은 값, 즉 가장 저렴한 발전기의 한계비용보다 낮은 값을 가지게 된다.

5.3.2.8 모선별 시장가격과 시장지배력

우리는 지금까지 전력시장이 완전경쟁 상태이며, 따라서 어떤 모선의 부하가 한 단위 증가하였을 때 이 증가된 부하를 해당 모선에 연결된 발전기가 공급하는 경우 해당 모선의 모선별 시장가격은 그 발전기의 한계비용과 같다고 가정하였다. 이러한 가정은 분석을 크게 단순화하는 데는 도움이 되지만, 실제 상황에서는 그러한 가정이 적용될 수 있는지는 매우 의심스러우며, 특히 송전망에 혼잡이 발생하고 있을 때는 지나치게 단순화된 가정이라고 볼 수 있다. 앞에서 다루었던 3-모선 계통의 예로 다시 돌아가서 선로 1-2 대신에 선로 2-3에 송전제약이 발생하는 경우를 살펴보도록 하자. 이 경우 일반적으로는 모선 2의 발전기 C가 출력을 증가시키는 것이 합리적일 것이다. 그러나 수요가 일시적으로 감소한 후 증가하였을 때, 만약 발전기 C의 기동비용이 상당히 높아 수요의 변동에 따라 발전기를 정지시킨 후 재가동하는 것보다 약간의 손실을 감수하고 해당 발전기의 기동상태를 유지하는 것이 더 경제적이라고 판단하는 경우를 생각할 수 있다. 또는 발전기 C가 열병합발전기인 경우라면 산업시설에 증기(열)를 공급하기 위하여 해당 발전기를 정지하지 못하고 지속적으로 가동해야 하는 경우에도 유사한 상황이 발생할 수 있다. 발전기 C의 소유자는 발전기를 운전상태로 유지하려면 현재의 모선별 한계가격인 5.00 \$/MWh 이하로 입찰가격을 하향 조정할 필요가 있다는 것을 알고 있으며, 이런 판단에 따라 입찰가격을 3.00 \$/MWh로 조정하기로 결정하였다. 만약 이때 다른 발전기들은 입찰가격을 한계비용으로 유지한다고 가정하면, 경제급전의 결과는 다음과 같다.

$$\begin{aligned} P_A &= 35\,\text{MW} \\ P_B &= 285\,\text{MW} \\ P_C &= 90\,\text{MW} \\ P_D &= 0\,\text{MW} \end{aligned} \tag{5.75}$$

그러나 이 경우 선로 2-3의 제약조건을 만족시키기 위하여 급전은 다음과 같이 조정되어야 한다.

$$\begin{aligned} P_A &= 32.5\,\text{MW} \\ P_B &= 285\,\text{MW} \\ P_C &= 7.5\,\text{MW} \\ P_D &= 85\,\text{MW} \end{aligned} \tag{5.76}$$

발전기 A와 C는 한계발전기이기 때문에 각각 모선 1과 2의 노드 가격을 7.50 S/MWh와 3.00 $/MWh로 결정하는 역할을 한다. 반면, 발전기 D는 최대출력으로 운전 중이므로 모선 3의 시장가격을 결정하는 역할을 할 수 없게 된다. 앞에서 사용했던 동일한 방법을 사용하여 모선 3의 부하를 단위량만큼 증가시킨 후 이를 공급하기 위한 최소비용의 조합을 찾으면 발전기 A의 출력을 2 MW만큼 증가시키고 발전기 C의 출력을 1 MW만큼 감소시키는 것이 최적이 된다. 따라서 모선 3의 한계가격은 다음과 같이 계산된다.

$$\pi_3 = 2\pi_1 - \pi_2 = 12.00\,\$/\text{MWh} \tag{5.77}$$

다른 조건은 모두 동일한 상태에서 모선 2의 발전기의 입찰가격만을 낮추었는데, 이는 오히려 모선 3의 가격이 10.00 $/MWh에서 12.00 $/MWh로 상승하고 해당 모선의 발전기의 출력이 77.5 MW에서 85 MW로 상승하는 결과가 만들어졌다. 즉, 발전기 C의 입찰가격 하락이 발전기 D의 수익을 증가시키는 "비직관적인" 결과가 만들어지게 된다.

이러한 사실은 발전기 D의 소유자가 어렵지 않게 파악하게 될 것이며, 발전기 D의 소유자는 발전기 D에 대한 입찰가격을 20.00 $/MWh로 상승시키면 어떠한 상황이 발생하는지를 살펴보려고 할 것이다. 이 경우, 제약조건을 고려한 급전의 결과는 다음과 같다.

$$\begin{aligned} P_A &= 47.5\,\text{MW} \\ P_B &= 285\,\text{MW} \\ P_C &= 0.0\,\text{MW} \\ P_D &= 77.5\,\text{MW} \end{aligned} \tag{5.78}$$

모선 1과 3의 노드 가격은 각 모선의 한계발전기가 결정하게 되므로 다음과 같다.

$$\begin{aligned} \pi_1 &= 7.50\,\$/\text{MWh} \\ \pi_3 &= 20.0\,\$/\text{MWh} \end{aligned} \tag{5.79}$$

반면에, 모선 2의 추가적인 부하에 전력을 공급하기 위해서는 도선 1에서 2 MW의 전력을 추가로 주입해야 하며, 모선 3의 주입량을 1 MW 감소시켜야 한다. 따라서 모선 2의 노드 가격은 다음과 같다.

$$\pi_2 = 2\pi_1 - \pi_3 = 2 \times 7.50 - 1 \times 20.00 = -5.00\,\$/\text{MWh} \tag{5.80}$$

모선 2의 시장가격이 음수값이 되므로, 해당 모선의 소비자는 전력을 소비하면서 오히려 돈을 지급받게 되며, 발전기들은 전력을 공급하면서 오히려 돈을 지급해야 하는 상황이 발생한다. 발전기 C의 경우는 매우 비참한 상황이 발생하겠지만, 발전기 D는 출력이 약간 감소함에도 불구하고 입찰가격을 높여 다음과 같이 이익을 증가시키려고 할 것이다.

$$\Delta\Omega_D = 77.50 \times 20 - 85 \times 10 = \$700$$

발전기 D는 선로 2-3의 제약에 대하여 매우 유리한 위치에 있기 때문에 시장지배력을 행사할 수 있게 된다. 사실, 계통 내의 부하 조건을 고려하면 발전기 D의 출력이 77.5 MW 이하로 감소하면 계통 제약이 발생하게 된다. 따라서 발전기 D는 어떠한 가격으로 입찰을 하더라도 그 이하로 급전이 감소하지 않게 되는 이른바 "지역독점(locational monopoly)"의 지위를 즐길 수 있는 상황이라고 볼 수 있다.

일반적으로 특정 선로에서 발생하는 제약을 해소하는 것은 연관된 일부 발전기의 출력 조정만을 통해서 가능하며 모든 발전기가 그 제약을 해소할 수 있는 모선에 위치하고 있지 않기 때문에 해당 발전기가 전략적으로 입찰할 수 있는 기회를 증가시킬 수 있다. 대부분의 경우, 어떤 선로의 제약을 완화시킬 수 있는 발전기의 수는 매우 제한적이다. 따라서 송전제약이 빈번하게 발생할 경우 시장 전체는 충분히 경쟁 상태를 유지하고 있더라도 실질적으로는 시장참여자의 수가 현저히 줄어든 여러 개의 지역적인 시장으로 나누어진 상태로 운영되는 효과가 발생하며, 이로 인해 특정 발전기가 시장지배력을 행사할 가능성이 높아지게 된다. 그러한 시나리오는 현실적으로 사전에 감지하거나 분석하기가 쉽지 않다. 계통 제약을 고려했을 때 발생하는 전략적 입찰을 모델링하는 기법에 대한 논의는 Day(2002)의 문헌을 참고하기 바란다.

5.3.2.9 모선별 한계가격에 대한 몇 가지 의견

앞에서 사용했던 몇 가지 사례에서 한계발전기가 없는 모선의 노드 가격은 한계발전기가 존재하는 다른 모선의 가격보다 높거나, 낮거나, 또는 그 중간값을 가지게 된다는 것을 보여 주었다. 심지어 어떤 경우는 노드 가격이 음의 값을 가지는 경우도 존재하였다. 또한 일반적인 재화와는 달리 전력의 경우는 가격이 높은 곳에서부터 낮은 곳으로도 이동할 수 있음을 보여 주었다. 이러한 모든 효과는 경제학과 KVL 간의 상호작용의 결과라고 볼 수 있다. 이러한 사실들로부터 우리는 "2-모선 계통을 기반으로 증명된 기술은 절대 신뢰하지 말아야 한다"[4]라는 문장의 지혜를

4 L.A. Dale

되새겨야 한다.

이러한 결과는 경제적 상식에 어긋날 수 있지만, 수학적으로는 정확한 결과이다. 계통혼잡이 존재하는 계통에 대하여 중앙집중 방식으로 운영되는 전력시장에서 효율적인 전력거래가 이루어지기 위해서는 사회 전체의 후생을 극대화할 수 있는 최적화기법[5]을 이용하여 계산된 모선별 한계가격을 기반으로 시장이 설계되어야 한다. 불행히도 앞에서 본 것과 같이 이러한 모선별 한계가격은 경제학뿐만 아니라 KVL에 의해서도 영향을 받는다. 앞에서 사용한 단순한 3-모선 계통에서조차 이러한 가격결정 방식을 이해하기 위하여 많은 시간과 노력이 필요했다. 실제의 대형 계통에서는 이러한 분석은 더욱 어려울 수밖에 없다. 이로 인하여 전력거래 전문가들은 현실적으로 컴퓨터의 계산 결과를 그대로 받아들일 수밖에 없는 위치에 놓이게 되며, 이는 일반적인 재화의 전문 거래자들에 비하여 만족스러운 거래 결과를 얻기 어렵게 만든다.

우리는 노드 가격을 결정하는 요인들을 상세하게 설명하기 위하여 아주 작은 전력계통을 예로 사용하였다. 일부 독자들은 이러한 현상은 사례연구를 위하여 사용된 계통이 아주 작은 경우에만 발생하고, 실제 규모의 대형 계통에서는 발생하지 않을 것이라고 의심할 수 있을 것이다. 그러나 불행히도 이는 사실이 아니다. 비직관적인 시장가격의 형성은 여러 계통에서 관측되고 있는 현상이다.

5.3.3 송전계통의 손실

송전선로를 통하여 전력을 전송하면 불가피하게 송전손실이 발생한다. 하나 또는 다수의 발전기가 이 손실분을 분담하여 추가 발전을 하여야 하며, 발전기들은 해당 발전량에 대한 비용을 지불받기를 원할 것이다. 따라서 이러한 송전손실과 그 비용을 고려하기 위하여 전력시장에서는 적절한 보상 방안이 마련되어야 한다.

5.3.3.1 손실의 종류

더 자세한 설명을 하기에 앞서, 전력계통 내에서 발생하는 서로 다른 세 종류의 손실에 대해서 구분할 필요가 있다. 첫 번째 유형은 **가변손실**이다. 이 손실은 계통 내의 선로, 케이블, 변압기에 흐르는 전류에 의하여 발생하는 손실이다. 가변손실은 부하손실, 직렬손실, 도체손실, 또는 전송손실이라고 불리기도 한다. 식 (5.81)에 나타낸 바와 같이 이러한 손실은 선로의 저항 R에 비례하며, 선로에 흐르는 전류 I의 제곱에 비례한다. 또한 이 손실은 선로에 흐르는 피상전력 S 또는 유효전력 P와 무효전력 Q에 대한 함수로 표현될 수 있다. 일반적으로 전력계통 내의 전압은 공칭전압에서 크게 벗어나지 않으며, 무효전력에 비하여 유효전력이 훨씬 큰 값을 가진다. 따라서

---

5 여기서 사용된 최적화기법은 사회적 후생을 극대화하는 방식이 아니라 발전비용을 최소화하는 방식을 사용한 것이다. 사례에서 수요의 가격탄력성이 없다고 가정했기 때문에 비용최소화와 후생극대화는 동일한 결과가 될 것이며, 후생극대화에 대한 보다 자세한 내용은 Hogan(1992)의 연구 결과를 참고하기 바란다.

이 가변손실은 근사적으로 선로에 흐르는 유효전력 조류량에 대한 이차함수로 취급될 수 있다.

$$L^{\text{variable}} = I^2R \approx \left(\frac{S}{V}\right)^2 R = \frac{P^2 + Q^2}{V^2} \cdot R \approx \frac{R}{V^2} \cdot P^2 = K \cdot P^2 \tag{5.81}$$

선로에서 발생하는 가변손실로 인해 선로의 송전단과 수전단의 유효전력이 서로 다른 값을 가지기 때문에 식 (5.81)의 정확한 의미가 다소 모호하다는 점에 유의해야 한다.

두 번째 손실의 유형은 **고정손실**이다. 이러한 고정손실의 대부분은 변압기의 철심에서 발생하는 히스테리시스(hysteresis) 손실과 와전류(eddy-current) 손실에 기인한다. 그 이외에도 송전선로에서 발생하는 코로나효과로 인한 손실도 여기에 포함된다. 고정손실은 전압의 제곱에 비례하며, 조류의 크기와는 무관하다. 그러나 앞에서도 언급한 바와 같이 전압은 공칭전압에서 크게 벗어나지 않기 때문에 이 손실은 상수로 근사화할 수 있다. 고정손실은 무부하손실, 병렬손실, 또는 철손이라고도 불린다.

세 번째 유형의 손실은 **비기술적 손실**이다. 이는 전력계통 내에 존재하는 도전(導電)을 완곡하게 부르는 표현이라고 할 수 있다.

가변손실의 경우 선로에 흐르는 조류의 제곱에 비례하기 때문에 첨두부하 시기에 그 값이 더욱 커지는 경향이 있다. 서유럽 국가들의 경우는 송전계통에서 1~3%의 손실이 발생하며, 배전계통에서 4~9%의 손실이 발생한다. 일반적으로 고정손실에 비하여 가변손실이 훨씬 크기 때문에 여기에서는 가변손실에 대해서만 고려하기로 한다.

5.3.3.2 송전손실의 한계비용

그림 5.25는 발전기가 모선 1에 연결되어 저항 R을 가지는 송전선로를 통하여 모선 2의 부하에 전력을 공급하는 2-모선 시스템을 나타낸다. 문제를 단순하게 하기 위하여, 부하는 유효전력만으로 이루어져 있으며 무효전력으로 인한 송전손실은 무시할 수 있다고 가정한다. 또한 두 모선의 전압은 모두 공칭전압으로 일정하다고 가정한다.

이러한 가정하에 송전손실은 다음과 같이 표현될 수 있다.

$$L = K \cdot D^2 \tag{5.82}$$

여기서 D는 모선 2의 부하를 의미하며, $K = R/V^2$이다. 따라서 모선 1의 발전기의 출력은 다음

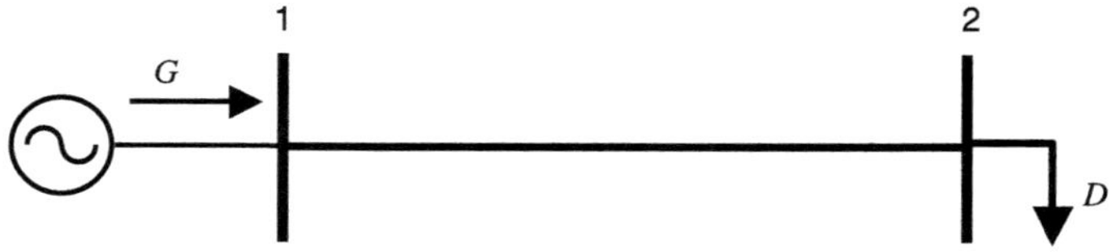

그림 5.25 계통 손실에 대한 한계비용의 계산을 설명하기 위한 2-모선 시스템

과 같은 식으로 나타낼 수 있다.

$$G(D) = D + L = D + K \cdot D^2 \tag{5.83}$$

만약 부하가 D에서 $D + \Delta D$로 증가하면, 발전기의 출력은 다음과 같이 증가되어야 한다.

$$\Delta G = G(D + \Delta D) - G(D) = \Delta D + 2\Delta D \cdot D \cdot K = (1 + 2D \cdot K)\Delta D \tag{5.84}$$

여기서 ΔD의 2차항은 무시하였다. 만약 모선 1의 발전기의 한계비용을 c라고 가정하면, 모선 2의 부하의 증가량 ΔD에 의한 발전비용의 증가분은 다음과 같이 계산된다.

$$\Delta C = c(1 + 2D \cdot K)\Delta D$$

따라서 모선 2의 한계비용은 다음과 같다.

$$\frac{\Delta C}{\Delta D} = c(1 + 2D \cdot K)$$

만약 이 계통에 대한 전력시장이 완전경쟁 상태라고 가정하면 모선 1과 2의 전력 가격은 다음과 같다.

$$\pi_1 = c \tag{5.85}$$

$$\pi_2 = \pi_1(1 + 2D \cdot K) \tag{5.86}$$

따라서 손실이 부하의 제곱에 비례하므로 두 모선 사이의 전력 가격의 차이는 선로에 흐르는 조류에 선형적으로 증가하게 된다.

송전손실로 인하여 모선 2의 소비자가 지급하는 총 비용은 모선 1의 발전기가 지급받는 금액보다 큰 값을 가지게 된다. 따라서 여기에서도 상품화 잉여 MS가 발생하게 된다. 이 잉여는 모선 2에서 판매되는 전력의 가치에서 모선 1에서 생산되는 전력 구매비용을 차감한 금액으로 다음과 같이 계산된다.

$$\mathrm{MS} = \pi_2 D - \pi_1\left(D + K \cdot D^2\right) \tag{5.87}$$

식 (5.85)와 (5.86)의 가격에 대한 식을 사용하면 MS는 다음과 같은 식으로 표현될 수 있다.

$$\begin{aligned}\mathrm{MS} &= c(1 + 2 \cdot K \cdot D)D - c\left(D + K \cdot D^2\right) \\ &= c \cdot K \cdot D^2\end{aligned} \tag{5.88}$$

모선 1에서 생산되는 전력보다 더 적은 전력이 모선 2에서 소비되지만, 두 모선 사이의 가격 차이로 인해 상품화 잉여는 항상 양의 값을 가진다. 이 예에서는 한계비용이 정해져 있는 단 1대의 발전기만 존재하기 때문에 상품화 잉여가 손실에 대한 비용과 정확히 일치하게 된다. 보다 복잡한 계통에서는 식 (5.88)과 같은 해석적 형태의 수식으로 나타낼 수 없는 경우가 일반적이다. 따라서 손실비용을 정량화할 수 있는 엄격한 방법은 존재하지 않는다. 즉, 식 (5.88)이 의미하는

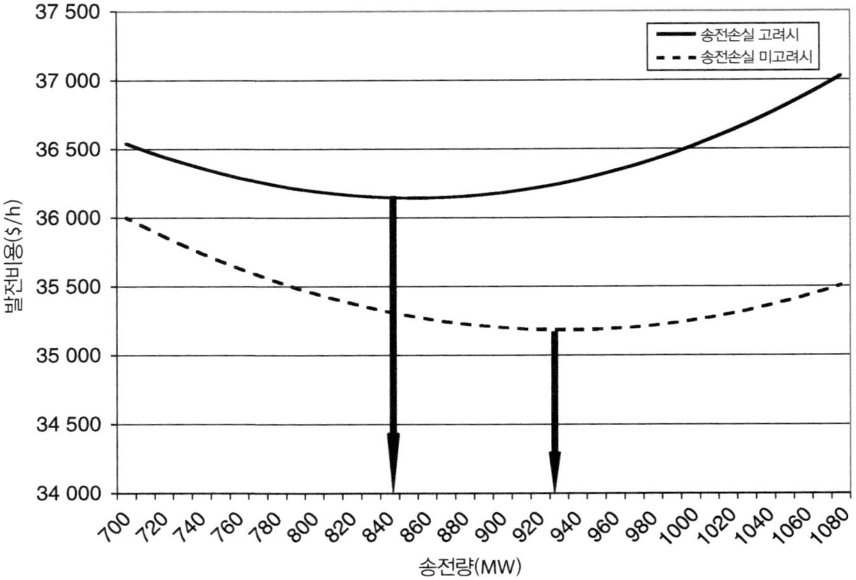

그림 5.26 연계선로의 손실을 고려하지 않았을 때 연계선로의 조류에 대한 함수로 표현된 Borduria-Syldavia 통합시장의 총 발전비용. 연계선로의 계수 $K = {}^{R}/_{V^2}$은 0.00005 MW^{-1}이며, 연계선로의 저항은 무시한다. Borduria와 Syldavia의 수요는 각각 500 MW와 1,500 MW이다.

바는 상품화 잉여가 손실비용을 근사적으로 나타낸다는 정도로 해석하면 된다.

5.3.3.3 계통 손실이 발전기 급전에 미치는 영향

이 장의 처음에 소개했던 Borduria-Syldavia 계통 연계 사례를 사용하여 계통 손실이 각 발전기의 급전 결과에 미치는 영향을 분석해 보도록 하자. 문제를 단순하게 유지하기 위하여, 연계선로는 혼잡이 발생하지 않으며 $K = {}^{R}/_{V^2} = 0.00005\,\mathrm{MW}^{-1}$이라고 가정한다.

식 (5.6)과 (5.7)을 사용하면 Borduria와 Syldavia에서 전력을 생산하기 위한 변동비는 각각 다음과 같이 계산된다.

$$C_B(P_B) = \int_0^{P_B} MC_B(P)dP = 10P_B + \frac{1}{2} \cdot 0.01P_B^2 \tag{5.89}$$

$$C_S(P_S) = \int_0^{P_S} MC_S(P)dP = 13P_S + \frac{1}{2} \cdot 0.02P_S^2 \tag{5.90}$$

Borduria와 Syldavia의 통합 전력시장이 효율적이며 완전경쟁 상태로 운영되고 있다면, 균형점에서는 다음과 같이 총 변동비를 최소화하는 결과를 얻게 될 것이다.

$$\min(C_B + C_S) = \min\left(10P_B + \frac{1}{2}\cdot 0.01P_B^2 + 13P_S + \frac{1}{2}\cdot 0.02P_S^2\right) \tag{5.91}$$

이 최소화 문제는 전력 수급조건에 대한 제약조건을 만족해야 한다. 다시 말해서 다음과 같이 Borduria와 Syldavia에서 생산되는 전력의 합이 전체 부하와 손실의 합과 같아야 한다.

$$P_B + P_S = D_B + D_S + K\cdot F_{BS}^2 \tag{5.92}$$

여기서 K는 두 국가 사이의 연계선로가 가지는 저항을 의미하며 F_{BS}는 연계선로의 Syldavia 측 끝단에 흐르는 유효전력을 의미한다. 여기에서도 두 모선의 전압은 공칭전압을 유지하고 있다고 가정한다. 이 최적화 문제의 해를 구하기 위하여 Syldavia와 Borduria의 발전량을 결정하는 다음 식을 이용하여 F_{BS}의 값을 조금씩 변경해 가면서 최적해를 구하는 경험적 방법을 사용하도록 한다.

$$P_S = D_S - F_{BS} \tag{5.93}$$

$$P_B = D_B + F_{BS} + K\cdot F_{BS}^2 \tag{5.94}$$

총 생산비용은 식 (5.89)와 (5.90)을 이용하여 계산할 수 있다. 그림 5.26에는 연계선로에서 발생하는 손실의 비용을 고려했을 때와 고려하지 않았을 때에 대하여 각각 총 비용이 연계선로에 흐르는 조류값에 따라 어떻게 변하는지를 나타낸다. 이 그림으로부터 손실을 고려한 경우의 최적의 전력전송 값은 933 MW에서 853 MW로 감소하게 됨을 알 수 있다. 표 5.8은 이러한 두 최적해의 자세한 결과를 보여 준다. Borduria의 발전기들은 생산되는 전력이 Syldavia의 소비자에게 전달되는 과정에서 일부가 손실되므로 경쟁력을 소폭 상실하는 결과를 얻게 된다. 따라서 Borduria의 생산은 감소하고 Syldavia의 생산이 증가하게 된다. 이러한 급전량의 변화값이 송전 손실량보다 훨씬 큰 값을 가지는 점에 주목할 필요가 있다. 이러한 급전량의 변동으로 인하여 Borduria와 Syldavia의 한계생산비용(그리고 지역별 전력 가격)이 더 이상 같은 값을 가지지 않게 된다. 전력 가격의 차이는 약 2.00 $/MWh 정도가 발생한다. Syldavia의 소비자는 Syldavia의 발전기로부터 25.94 $/MWh에 전력을 구입하는 것이나 Borduria의 발전기로부터 23.89

표 5.8 송전손실이 Borduria-Syldavia 계통 연계의 운영에 미치는 영향

	손실 미고려시	손실 고려시
P_B (MW)	1433	1389
P_S (MW)	567	647
손실(MW)	0	36
전송량(MW)	933	853
MC_B ($/MWh)	24.33	23.89
MC_S ($/MWh)	24.33	25.94
총 발전비용($/h)	35183	36134

$/MWh에 전력을 구입한 후 2.00 $/MWh의 송전 요금을 추가로 지불하는 것과 차이가 없다. 마찬가지로 Borduria의 소비자들은 전력시장으로부터 송전손실을 감소시킨 것에 대한 보상을 별도로 받게 되므로 Borduria의 발전기로부터 전력을 구입하거나 더 비싼 Syldavia의 발전기로부터 전력을 구매하는 것에 차이가 없다.

5.3.3.4 상품화 잉여

표 5.9는 연결선로에서 발생하는 손실을 고려했을 때 Borduria와 Syldavia 간의 계통 운영을 요약한 것이다. 소비자와 생산자들은 각각의 지역별 가격을 기준으로 전력을 거래하며, 이는 지역별 한계생산비용과 같다고 가정하였다.

따라서 송전손실을 고려할 경우 888.61 $/h의 상품화 잉여가 발생하게 된다. 이 잉여는 마치 연계선로의 운영자가 Borduria에서 전력을 구매하여 Syldavia에서 판매함으로써 얻을 수 있는 "이익"으로 취급해도 동일한 결과를 얻을 수 있다. Borduria에서 구매하는 전력은 889 MW(1,389 − 500 MW)이고 구매가격은 23.89 $/MWh이다. 반면 Syldavia에서 판매하는 전력은 853 MW(1,500 − 647 MW)이고 판매가격은 25.94 $/MWh이다. 따라서 이익 또는 잉여는 다음과 같다.

$$853 \times 25.94 - 889 \times 23.89 = 888.61\,\$/\text{h}$$

이러한 계산 결과는 손실을 고려하지 않고 단순히 연계선로를 통하여 전송되는 전력량에 양쪽의 가격차이를 곱한 것과는 차이가 있음에 유의해야 한다.

5.3.3.5 송전손실과 송전혼잡의 동시 고려

송전손실은 송전혼잡과 무관하게 발생한다. Borduria와 Syldavia 간의 전력거래 사례에서 연계선로의 용량이 600 MW로 제한되어 있는 경우를 생각하자. 이때 Syldavia의 발전기들은 1,500 MW의 지역 수요를 충족하기 위하여 900 MW를 생산하게 된다. Syldavia의 노드 가격(한계비용과 같다고 가정한다)은 다음과 같다.

표 5.9 손실을 고려했을 때의 Borduria-Syldavia 통합시장의 운영 결과

	Borduria	Syldavia	계통 전체
소비(MW)	500	1 500	2 000
생산(MW)	1 389	647	2 036
노드 한계가격($/MWh)	23.89	25.94	—
소비자 지불금액($/h)	11 945.00	38 910.00	50 855.00
생산자 수입($/h)	33 183.21	16 783.18	49 966.39
상품화 잉여($/h)			888.61

$$\pi_S = MC_S = 13 + 0.02P_S = 31.00\,\$/\text{MWh} \tag{5.95}$$

식 (5.94)를 이용하여 Borduria 발전기의 생산량을 계산하면 다음과 같다.

$$P_B = D_B + F_{BS} + K \cdot F_{BS}^2 = 500 + 600 + 18 = 1118\,\text{MW} \tag{5.96}$$

따라서 Borduria의 한계비용, 즉 노드 가격은 다음과 같다.

$$\pi_B = MC_B = 10 + 0.01P_B \;\; = 21.18\,\$/\text{MWh} \tag{5.97}$$

양 국가의 가격차이는 9.82 $/MWh이며 이는 주로 계통 혼잡에 의해 발생한 것이다. 표 5.10은 이러한 조건하에서 연계선로의 운영 결과를 요약하여 나타낸 것이다.

송전선로의 용량 제약이 있는 경우 조류를 감소시켜야 하므로, 이는 손실을 줄이는 효과도 발생하게 된다.

5.3.3.6 쌍방계약 거래에서 송전손실의 취급방법

송전손실은 전력조류에 선형적으로 비례하지 않기 때문에, 쌍방거래를 통하여 거래되는 전력의 크기와 거래당사자들의 위치에 따른 단순한 함수로 송전손실을 나타낼 수 없다. 또한 손실은 계통 내의 다른 거래에 의해서도 영향을 받는다. 따라서 송전손실 또는 그 비용을 쌍방거래를 통한 거래참여자들에게 어떻게 분배할 것인가에 대한 정확한 해법은 아직 개발되지 않고 있다. 그럼에도 불구하고 이러한 비용은 공평하게 지불되고 분배되어야 한다. 공평한 분배 원칙 중의 하나는 송전손실을 더 많이 발생시키는 시장참여자(예를 들면, 원거리에 위치한 발전기와 소비자)가 그 비용을 더 많이 부담해야 한다는 것이다. 송전손실 비용을 공평하게 분배하는 여러 가지 방법에 대한 논의는 Conejo 등(2002)의 논문을 참고하기 바란다.

5.3.4 모선별 시장가격 제도의 수학적 정식화

실제 전력계통에서는 계통의 규모가 크고 복잡하기 때문에 앞 절의 사례에서 사용한 ad-hoc 방법으로는 모선별 시장가격을 계산하는 것은 불가능하다. 중앙집중 방식의 시장운영자가 체계적

표 5.10 연계선로의 송전손실과 송전혼잡을 고려했을 때의 Borduria-Syldavia 통합시장의 운영

	Borduria	Syldavia	계통 전체
소비(MW)	500	1 500	2 000
생산(MW)	1 118	900	2 018
노드 한계가격($/MWh)	21.18	31.00	—
소비자 지불금액($/h)	10 590	46 500	57 090
생산자 수입($/h)	23 679	27 900	51 579
상품화 잉여($/h)			5 511

인 방법으로 이러한 시장가격을 계산하기 위해서는 수학적 정식화를 통한 최적화 방식을 사용해야 한다. 시장운영자는 생산자와 소비자로부터 입찰가격을 제출받게 되며, 이러한 입찰 정보를 이용하여 시장을 청산하기 위한 가격을 결정하고 낙찰자를 결정해야 한다. 이러한 결정은 전체후생을 극대화하는 방식으로 결정하되, 송전망의 제약을 고려하여야 한다. 다음 절들에서는 이러한 문제를 "제약이 있는 최적화 문제(constrained optimization problem)"로 정형화하는 네 가지 방법에 대해서 논의할 것이며, 이들은 순서대로 조금씩 더 복잡한 형태가 될 것이다. 여기에서도 문제를 단순하게 접근하기 위하여 완전경쟁시장의 가정은 유지될 것이다. 즉, 발전기들이 제출한 입찰가격은 한계비용과 같은 값이라고 가정한다.

5.3.4.1 단일 모선 계통

우선 한 발 뒤로 물러나서 수요와 공급이 동일한 모선에 연결되어 있는 경우에 이루어지는 전력거래를 어떻게 수학적으로 정식화할 수 있는지를 살펴보도록 하자. 이러한 단순한 전력계통은 송전손실이나 송전혼잡이 발생하지 않는다는 것을 의미한다.

경제적 후생은 소비자가 전력을 소비하면서 얻게 되는 편익과 전력을 생산하는 데 드는 비용의 차이로 정의할 수 있다. 소비자의 편익은 총 수요 D에 대한 함수 $B(D)$로 주어지며, 전력을 생산하는 데 드는 시간별 비용은 발전기 출력의 합인 P에 대한 함수 $C(P)$로 주어진다고 가정한다. 이 비용함수 $C(P)$는 필요에 따라서 실제 생산비용으로 정의될 수도 있으며, 또는 발전기가 제출한 입찰가격으로 정의될 수 있다. 앞에서 언급한 바와 같이 완전경쟁시장에서는 이 두 함수 사이에는 상수의 차이만 존재한다. 계통의 안정을 유지하기 위하여 발전과 수요는 반드시 일치해야 한다는 것은 자명하다. 따라서 이러한 전력계통의 운영은 다음과 같은 제약조건이 있는 최적화 문제로 정형화할 수 있다.

$$\text{Maximize } B(D) - C(P)$$

$$\text{subject to: } P - D = 0$$

이 문제의 라그랑주 함수(Lagrange function)는 다음과 같다.

$$\ell(D, P, \pi) = B(D) - C(P) + \pi(P - D) \tag{5.98}$$

여기서 라그랑주 승수(Lagrange multiplier)를 시장가격을 의미하는 π로 정의하였는데 그 이유는 뒤에서 보다 명확하게 설명될 것이다. 이 라그랑주 함수의 최적성 조건(optimality condition)은 다음 식들과 같이 각 변수에 대한 라그랑주 함수의 편미분을 0으로 만드는 것이다.

$$\frac{\partial \ell}{\partial D} \equiv \frac{dB}{dD} - \pi = 0 \tag{5.99}$$

$$\frac{\partial \ell}{\partial P} \equiv -\frac{dC}{dP} + \pi = 0 \tag{5.100}$$

$$\frac{\partial \ell}{\partial \pi} \equiv P - D = 0 \tag{5.101}$$

식 (5.99)~(5.100)으로부터 다음 식이 성립된다.

$$\frac{dB}{dD} = \frac{dC}{dP} = \pi \tag{5.102}$$

식 (5.102)는 2장에서 논의한 "소비자의 수요는 그 한계편익이 소비자가 지불하는 금액과 같아지는 점까지 소비를 증가시키는 것이 최적이다"라는 결론의 수학적 표현이라고 볼 수 있다. 마찬가지로, 발전기 역시 그들의 한계생산비용이 판매가격과 같아질 때까지 출력을 증가시키게 된다. 완전경쟁시장에서는 균형점에서의 시장가격이 최적화 문제의 라그랑주 승수값과 같아진다.

5.3.4.2 송전용량은 무한대이나 송전손실이 있는 전력계통

이번에는 부하와 발전기가 계통 내의 여러 모선에 분포되어 연결되어 있다고 가정한다. 선로의 용량이 무한대라고 가정하였기 때문에 계통 제약조건은 존재하지 않으며, 따라서 모선별 시장가격의 차이는 존재하지 않는다. 반면에 발전기와 부하가 여러 지역에 분포되어 있으므로 송전손실은 고려되어야 한다.

발전기와 부하를 별도로 구분하는 대신에 각 모선에서의 **순유입량**(net power injection)으로 처리를 하는 것이 보다 편리하다. 만약 특정 모선에 발전기와 부하가 동시에 연결되어 있는 경우에는, 해당 모선에서의 발전기 출력이 더 클 때는 양의 순유입량을 가지게 되며, 반대의 경우는 음의 순유입량을 가지게 된다. 만약 모선 k에서의 순유입량을 I_k로 정의하면 다음과 같은 식으로 표현할 수 있다.

$$I_k = P_k - D_k \tag{5.103}$$

만약 여러 개의 모선들이 계통망으로 연결되어 있지 않다면 각 모선에서의 순유입량은 0이어야 하며 앞에서 설명한 바와 같이 각 모선마다 개별적으로 최적화를 수행해야 한다. 계통 연계는 순유입량이 양인 모선과 음인 모선 사이에 거래를 가능하게 함으로써 경제적 후생을 증가시킨다.

각 모선에 대하여 $W_k(I_k)$라는 함수를 정의한다. 만약 I_k가 음수인 경우에는 이 함수는 I_k에 대한 모선 k에서의 소비자의 편익과 같다. 만약 I_k가 양수인 경우는 I_k를 생산하기 위하여 드는 비용에 마이너스를 취한 값과 같다. 각 모선에서 계산된 이 함숫값들을 모두 합하면 다음과 같이 계통 전체에서 발생하는 총후생이 계산된다.

$$W = \sum_{k=1}^{n} W_k(I_k) \tag{5.104}$$

따라서 최적화 문제의 목적함수는 다음과 같이 총후생을 극대화하도록 정의할 수 있다.

$$\max_{I_k}(W) = \max_{I_k}\left[\sum_{k=1}^{n} W_k(I_k)\right] \tag{5.105}$$

어떤 함수를 최대화하는 것은 그 함수에 마이너스를 취한 것을 최소화하는 것과 동일하므로, 위에서 정의한 목적함수를 다음과 같이 변형할 수 있다.

$$\min_{I_k}(-W) = \min_{I_k}\left\{\sum_{k=1}^{n}[-W_k(I_k)]\right\} = \min_{I_k}\left\{\sum_{k=1}^{n}C_k(I_k)\right\} \tag{5.106}$$

일반적으로 **최적조류계산**(optimal power flow) 문제[6]는 최소화 문제로 정의되는 것이 선호되기 때문에 여기에서도 그러한 전통에 따라 이렇게 최소화 문제로 정의하는 방식을 사용하기로 한다. 이 문제에서 부하는 시장가격에 대한 민감도가 전혀 없다고 가정하며 모든 모선에서 상숫값으로 지정된다. 따라서 소비자에게 발생하는 편익은 항상 일정하므로 최적화 문제에서 고려될 필요가 없다. 이러한 조건하에 식 (5.106)은 다음과 같이 총 발전비용의 최소화 문제로 표현될 수 있다.

$$\min_{I_k}(-W) = \min_{I_k}\left\{\sum_{k=1}^{n}C_k(I_k)\right\} \tag{5.107}$$

여기서 계통 내의 모든 선로는 무한대의 용량을 가진다고 가정하였기 때문에, 최적화 문제에 포함된 유일한 제약조건은 수급조건을 유지하는 것이다. 즉, 모든 모선에서의 순유입량의 합은 송전선로에서 발생하는 전력손실의 합과 같아야 한다.

$$\sum_{k=1}^{n} I_k = L(I_1, I_2, \ldots, I_{n-1}) \tag{5.108}$$

전력손실은 선로에 흐르는 조류의 함수로 나타낼 수 있으며, 따라서 식 (5.108)의 L로 표현한 것과 같이 순유입량의 함수로 표현될 수 있다. 그러나 이 함수는 모든 모선의 순유입량에 대한 함수로 표현될 수는 없다. 만약 그렇게 표현할 경우에는, 어떤 모선의 순유입량을 조정하였을 때 송전손실 값이 변동되므로 수급조건을 만족시킬 수 있는 방법이 존재하지 않는다. 이러한 어려움을 피하기 위하여 계통 내의 한 모선을 **슬랙모선**(slack bus)으로 지정하고 함수 L의 인수에서 이 모선에서의 순유입량을 제외하는 방법을 사용한다. 이 모선을 제외한 다른 모선에서의 순유입량이 주어지면, 슬랙모선의 순유입량은 식 (5.108)을 강제로 만족시키도록 조절하는 방법을 사용한다. 슬랙모선은 순전히 수학적인 개념이며 물리적인 의미는 없기 때문에 어떤 모선을 슬랙모선으로 지정할 것인지는 임의로 선택이 가능하다. 식 (5.108)과 이 장의 이후에서는 모선 n을 슬랙모선으로 지정하도록 한다.

식 (5.107)과 (5.108)을 결합하여 최적화 문제의 라그랑주 함수를 정의하면 다음과 같다.

---

6 앞에서 3-모선 계통에 대하여 제약조건을 고려하여 경제급전 문제의 해를 구한 사례가 최적조류계산 문제의 단순화된 사례로 볼 수 있다.

$$\ell = \sum_{k=1}^{n} C_k(I_k) + \pi \left[L(I_1, I_2, \ldots, I_{n-1}) - \sum_{k=1}^{n} I_k \right] \tag{5.109}$$

따라서 최적성 조건은 다음과 같다.

$$\frac{\partial \ell}{\partial I_k} \equiv \frac{\mathrm{d}C_k}{\mathrm{d}I_k} + \pi\left(\frac{\partial L}{\partial I_k} - 1\right) = 0, \quad k = 1, \ldots, n-1 \tag{5.110}$$

$$\frac{\partial \ell}{\partial I_n} \equiv \frac{\mathrm{d}C_n}{\mathrm{d}I_n} - \pi = 0 \tag{5.111}$$

$$\frac{\partial \ell}{\partial \pi} \equiv L(I_1, I_2, \ldots, I_{n-1}) - \sum_{k=1}^{n} I_k = 0 \tag{5.112}$$

식 (5.110)과 (5.111)을 결합하면 다음과 같은 식이 유도된다.

$$\frac{\mathrm{d}C_k}{\mathrm{d}I_k} = \frac{\mathrm{d}C_n}{\mathrm{d}I_n}\left(1 - \frac{\partial L}{\partial I_k}\right) = \pi\left(1 - \frac{\partial L}{\partial I_k}\right), \quad k = 1, \ldots, n-1 \tag{5.113}$$

따라서 라그랑주 승수 π는 슬랙모선에서의 전력 순유입량에 대한 한계비용 또는 한계편익을 나타낸다. 완전경쟁 상황에서는 이는 슬랙모선에서의 노드 가격이다. 다른 모선의 노드 가격은 식 (5.113)으로 주어진 슬랙모선의 가격으로부터 계산이 가능하다. 모선 k의 순유입량이 증가함으로 인해, 전체 송전손실이 증가하면 다음과 같은 조건이 성립한다.

$$\frac{\partial L}{\partial I_k} > 0 \tag{5.114}$$

따라서 다음과 같은 관계식이 성립된다.

$$\frac{\mathrm{d}C_k}{\mathrm{d}I_k} < \frac{\mathrm{d}C_n}{\mathrm{d}I_n} \tag{5.115}$$

모선 k의 발전기에 지급되는 노드 가격은 슬랙모선의 노드 가격보다 작은 값을 가지게 되는데, 이는 해당 모선에 순유입량을 증가시킴으로 인해 계통 전체의 손실을 증가시키는 것에 대한 페널티로 간주될 수 있다. 반면에, 모선 k에 연결된 부하는 슬랙모선의 노드 가격에 비하여 낮은 가격을 지불하게 되는데, 이는 해당 모선의 순유입량을 감소시킴으로써 전체 손실이 감소하기 때문이다. 만약 모선 k의 순유입량의 증가로 인해 손실이 감소하는 경우라면 반대의 상황이 성립된다. 마지막으로, 손실을 무시하게 되면 모든 모선의 노드 가격은 같은 값을 가지게 된다.

5.3.4.3 송전제약과 송전손실이 동시에 존재하는 전력계통

6장에서 논의하겠지만, 계통운영자는 송전선로와 케이블의 열용량에 의한 제약뿐만 아니라 전력계통에 각종 사고와 고장이 발생할 때의 과도 및 전압안정도 문제를 어떻게 해결할 것인가에 대해서도 고려를 해야 한다. 전력 가격을 계산하는 문제에서는 이러한 열제약과 각종 안정도를 각 선로에 흐를 수 있는 제약값으로 환산할 필요가 있다. 이러한 제약조건들은 다음과 같이 수학적으로 모델링된다.

$$F_l(I_1, I_2, \ldots, I_{n-1}) \leq F_l^{\max}, \qquad l = 1, \ldots, m \tag{5.116}$$

여기서 F_l은 선로 l에 흐르는 조류를 의미하며, $F_l^{\max}$는 해당 선로 l에 흐를 수 있는 조류의 최댓값을, m은 계통 내의 선로의 총 개수를 의미한다. 위 식에서 수학적인 과잉결정 문제, 즉 수식의 개수와 변수의 개수를 일치시키기 위하여 슬랙모선에서의 순유입량은 포함되지 않았음에 유의해야 한다.

앞의 식 (5.109)에서 정의한 최적화 문제의 라그랑주 함수를 다음과 같이 변형함으로써 부등식 제약조건을 고려할 수 있다.

$$\begin{aligned} \ell = &\sum_{k=1}^{n} C_k(I_k) + \pi \left[L(I_1, I_2, \ldots, I_{n-1}) - \sum_{k=1}^{n} I_k \right] \\ &+ \sum_{l=1}^{m} \mu_l \left[F_l^{\max} - F_l(I_1, I_2, \ldots, I_{n-1}) \right] \end{aligned} \tag{5.117}$$

따라서 최적성 조건은 다음과 같다.

$$\frac{\partial \ell}{\partial I_k} \equiv \frac{\mathrm{d}C_k}{\mathrm{d}I_k} + \pi \left(\frac{\partial L}{\partial I_k} - 1 \right) - \sum_{l=1}^{m} \mu_l \frac{\partial F_l}{\partial I_k} = 0, \qquad k = 1, \ldots, n-1 \tag{5.118}$$

$$\frac{\partial \ell}{\partial I_n} \equiv \frac{\mathrm{d}C_n}{\mathrm{d}I_n} - \pi = 0 \tag{5.119}$$

$$\frac{\partial \ell}{\partial \pi} \equiv L(I_1, I_2, \ldots, I_{n-1}) - \sum_{k=1}^{n} I_k = 0 \tag{5.120}$$

$$\frac{\partial \ell}{\partial \mu_l} \equiv F_l^{\max} - F_l(I_1, I_2, \ldots, I_{n-1}) = 0, \quad l = 1, \ldots, m \tag{5.121}$$

$$\mu_l \cdot \left[F_l^{\max} - F_l(I_1, I_2, \ldots, I_{n-1}) \right] = 0; \mu_l \geq 0 \quad l = 1, \ldots, m \tag{5.122}$$

단 하나의 선로(예를 들어 선로 i)에서만 제약이 발생하는 특수한 상황을 고려해 봄으로써 위 식들의 의미를 좀 더 잘 이해할 수 있다. 이 경우 μ_i를 제외한 나머지 모든 라그랑주 승수 μ_l은 모두 0이 되므로, 다음과 같은 식들이 성립한다.

$$\frac{\mathrm{d}C_k}{\mathrm{d}I_k} = \pi \left(1 - \frac{\partial L}{\partial I_k} \right) + \mu_i \frac{\partial F_i}{\partial I_k}, \qquad k = 1, \ldots, n-1 \tag{5.123}$$

$$\frac{\mathrm{d}C_n}{\mathrm{d}I_n} = \pi \tag{5.124}$$

$$\sum_{k=1}^{n} I_k = L(I_1, I_2, \ldots, I_{n-1}) \tag{5.125}$$

$$F_i(I_1, I_2, \ldots, I_{n-1}) = F_l^{\max}; \quad \mu_i > 0 \tag{5.126}$$

식 (5.123)은 슬랙모선을 제외한 다른 모선에서의 노드 가격은 선로에서 발생한 제약에 의하여 영향을 받는다는 것을 보여 주고 있다. 모선 k의 노드 가격은 제약조건의 잠재비용(shadow price), 즉 라그랑주 상수 μ_i와 모선 k에서의 순유입량에 대한 선로 i의 조류량의 민감도 $\partial F_i / \partial I_k$에 영향을 받는다.

5.3.4.4 DC 조류계산을 사용한 선로의 용량 제한이 있는 전력계통의 해석

수학적 정식화

식 (5.123)~(5.126)을 연립하여 푸는 것은 그 내부에 조류계산식이 포함되어 있을 뿐만 아니라, 비선형성을 가지고 있어서 해를 구하는 작업이 단순하지가 않다. 따라서 축약되거나 근사화되지 않은 AC 조류계산 모델을 사용하는 대신에 선형화된 모델, 즉 DC 조류계산(DC power flow)을 사용하는 방식을 채택하는 경우가 많다. DC 조류계산식은 AC 조류계산식에 다음과 같은 가정을 적용함으로써 구할 수 있다.

- 선로의 저항은 리액턴스에 비하여 무시할 수 있을 정도로 작은 값을 가진다.
- 모선 전압의 크기는 공칭전압(nominal voltage)과 같다.
- 선로 양단의 전압 위상각의 차이는 매우 작아서 다음과 같은 근사화가 가능하다.

$$\cos(\theta_i - \theta_j) \approx 1$$
$$\sin(\theta_i - \theta_j) \approx \theta_i - \theta_j$$

이러한 가정들을 적용하면 계통 내에 발생하는 무효전력의 조류는 무시할 수 있으며 각 모선에서의 유효전력의 순유입량은 다음 식과 같이 모선 전압의 위상각에 대한 함수로 주어진다.

$$I_i = \sum_{j=1}^{n} y_{ij}(\theta_i - \theta_j), \quad i = 1, \ldots, n \tag{5.127}$$

여기서 y_{ij}는 모선 i와 j 사이의 선로 리액턴스의 역수를 의미하며, θ_i는 모선 i의 전압 위상각을 나타낸다. 따라서 모선 i와 j 사이에 흐르는 유효전력은 다음과 같이 주어진다.

$$F_{ij} = y_{ij}(\theta_i - \theta_j), \quad i, j = 1, \ldots, n \tag{5.128}$$

DC 조류계산은 선로의 저항과 손실을 무시하기 때문에 식 (5.108)과 같은 등식 제약조건을 고려할 필요가 없다. 그러나 새로운 식 (5.127)을 이용하여 수급조건을 표현하는 과정에서 새로운 변수인 θ_i가 도입되었다. 따라서 선로 조류에 대한 제약조건은 다음과 같은 식으로 나타낼 수 있다.

$$y_{ij}(\theta_i - \theta_j) \le F_{ij}^{\max}, \quad i, j = 1, \ldots, n \tag{5.129}$$

이 수식은 각 선로에 대하여 모선 i에서 j로 흐르는 조류와, 모선 j에서 i로 흐르는 두 가지 조류에 대한 제약조건을 구분하여 다루고 있다. 이 두 제약조건이 동시에 활성화될 수 없다는 점은 명백하다.

이 최적화 문제의 라그랑주 함수는 다음과 같다.

$$\begin{aligned}\ell = \sum_{i=1}^{n} C_i(I_i) + \sum_{i=1}^{n} \pi_i \left[\left\{ \sum_{j=1}^{n} y_{ij}(\theta_i - \theta_j) \right\} - I_i \right] \\ + \sum_{i=1}^{n} \sum_{j=1}^{n} \mu_{ij} \left[F_{ij}^{\max} - y_{ij}(\theta_i - \theta_j) \right]\end{aligned} \tag{5.130}$$

이 라그랑주 함수를 각 변수에 대하여 편미분을 취하면 다음과 같은 최적성 조건이 유도된다.

$$\frac{\partial \ell}{\partial I_i} \equiv \frac{\mathrm{d}C_i}{\mathrm{d}I_i} - \pi_i = 0, \quad i = 1, \ldots, n \tag{5.131}$$

$$\frac{\partial \ell}{\partial \theta_i} \equiv \sum_{j=1}^{n} y_{ij}\left(\pi_i - \pi_j + \mu_{ij} - \mu_{ji}\right) = 0, \quad i = 1, \ldots, n-1 \tag{5.132}$$

$$\frac{\partial \ell}{\partial \pi_i} \equiv \left\{ \sum_{j=1}^{n} y_{ij}(\theta_i - \theta_j) \right\} - I_i = 0, \quad i = 1, \ldots, n \tag{5.133}$$

$$\frac{\partial \ell}{\partial \mu_{ij}} \equiv F_{ij}^{\max} - y_{ij}(\theta_i - \theta_j) \ge 0, \quad i, j = 1, \ldots, n \tag{5.134}$$

$$\mu_{ij} \cdot \left[F_{ij}^{\max} - y_{ij}(\theta_i - \theta_j) \right] = 0; \mu_{ij} \ge 0, \quad i, j = 1, \ldots, n \tag{5.135}$$

여러 모선 중의 하나(일반적으로 슬랙모선)의 전압 위상각을 기준값으로 설정해야 하기 때문에 변수에서 제외되어야 하므로 식 (5.132)와 같은 식이 $n - 1$개만 존재한다는 점에 유의해야 한다. 식 (5.134)와 (5.135)는 송전선로가 존재하는 ij 쌍에 대해서만 존재한다.

이렇게 정식화할 경우, 식 (5.131)로부터 라그랑주 승수 π_i가 노드 가격과 동일하다는 것을 알 수 있다. 여기서 $C^{\min}$을 최적해에서의 비용이라고 정의하면, 이 비용은 선로 ij에 흐르는 조류의 상한값의 함수로 정의된다. 식 (5.130)을 이용하면 다음 식이 성립한다.

$$\frac{\partial C^{\min}}{\partial F_{ij}^{\max}} = \mu_{ij} \tag{5.136}$$

따라서 라그랑주 승수 μ_{ij}는 이 제약조건에 대한 한계비용을 나타낸다. 선로 ij에 흐르는 조류가 1 MW 증가하였을 때 각 시간에 발생하는 전체 발전비용의 절감액과 동일한 값을 가지므로 $/MWh의 단위를 사용하여 표시된다.

구현 방법

실제 상황에서는 계통운영자는 6장에서 다루게 될 여러 가지 운영상의 신뢰도 문제를 처리해야 한다. 이러한 문제들을 처리하는 데는 단순히 특정한 선로의 송전용량에 고정된 제약값을 부여하는 것 이상의 작업을 필요로 한다. 앞에서 설명한 바와 같은 DC 조류계산으로 근사화하는 것은 편리하고 계산 부담을 많이 줄일 수는 있지만, 그 결과를 이용하여 전력계통을 안전하게 운영할 수 있다고 믿는 것은 어리석은 일이 될 것이다. 그러나 모선별 한계가격은 각 모선에 연결된 생산자와 소비자가 전체 계통의 운영비용에 미치는 한계적 영향을 비교적 정확히 반영하고 있으며, 이러한 모선별 한계가격을 결정하기 위한 용도로는 DC 조류계산 방식이 큰 문제 없이 활용될 수 있을 것이다.

만약 발전기의 공급곡선이 구간별 선형함수의 형태로 주어지는 경우에는, 기존에 널리 사용되는 선형계획법(linear programming) 소프트웨어 패키지를 이용하여 식 (5.131)~(5.135)로 주어진 최적화 문제의 해, 즉 각 모선에서의 최적의 유효전력 유입량과 전압 위상각을 구할 수 있다. 또한 이러한 원 문제의 값뿐만 아니라, 다음과 같은 쌍대문제의 변숫값도 구할 수 있다.

- 모선별 수급조건에 대한 라그랑주 승수의 값(즉, 노드 가격)
- 바인딩[7]된 선로 조류 제약조건에 대한 라그랑주 승수

이렇게 엄격한 수학적 정식화를 사용하여 노드 가격을 계산하는 방법과 5.3.2절에서 설명한 ad-hoc 방식의 결과와 비교할 필요가 있을 듯하다. 선형계획법을 적용하여 해를 구하면 제약조건을 만족하기 위하여 재급전되어야 하는 경우를 제외하면 모든 발전기는 최소출력 또는 최대출력이거나, 공급곡선의 중간점에서 급전되는 결과가 도출될 것이다. 앞의 3-모선 계통에서 논의를 했던 바와 같이 만약 바인딩된 제약조건의 수가 m개이면 한계발전기의 수는 $m + 1$이 된다.[8] 식 (5.131)을 사용하면 한계발전기가 연결되어 있는 모선에서의 전력 가격을 결정할 수 있지만, 발전기가 불연속점에서 운영되고 있는 경우는 해당 점에서 공급함수의 미분이 정의되지 않기 때문에 이 점에 대해서는 가격을 결정할 수 없다. 또한 이 식은 발전기 및 부하의 입찰 곡선이 주어지지 않는 모선에 대해서도 적용이 불가능하다.

만약 활성화된 제약조건의 수가 총 m개이면, 다음과 같은 결론을 얻을 수 있다.

- $m + 1$개의 시장가격 π_i를 계산할 수 있음
- $n - m - 1$개의 시장가격 π_i는 계산을 할 수 없음
- m개의 라그랑주 승수 μ_{ij}는 계산할 수 없음

이러한 $n - 1$개의 미지의 변숫값을 계산하기 위하여 $n - 1$개의 식 (5.132)를 이용해야 한다. 만약 값을 알고 있는 모선의 집합과 값을 알고 있지 않은 모선의 집합을 각각 K와 U라고 하면,

---

7 (역자 주) 제약조건이 바인딩(binding)되었다는 의미는 최적화 문제의 해가 해당 제약조건의 경계에 위치하고 있음을 의미한다. 굳이 번역하자면 "속박된 제약조건", "활성화된 제약조건"의 용어를 사용할 수 있지만 정확한 의미전달을 위하여 원어를 그냥 쓰도록 하겠다.

8 만약 수요 측에서도 자유롭게 입찰을 조정함으로써 계통 운영에 적극적으로 참여할 수 있다면, 부하 측에도 동일하게 "한계부하"의 개념을 적용할 수 있다.

식 (5.132)를 다음과 같이 미지의 변수가 모두 좌변에 위치하도록 식을 정리할 수 있다.

$$Y_{ii}\pi_i - \sum_{j\in U} y_{ij}\pi_j + \sum_{j=1}^{n} y_{ij}\left(\mu_{ij} - \mu_{ji}\right) = \sum_{j\in K} y_{ij}\pi_j, \quad i \in U; i \neq \text{slack bus} \tag{5.137}$$

$$-\sum_{j\in U} y_{ij}\pi_j + \sum_{j=1}^{n} y_{ij}\left(\mu_{ij} - \mu_{ji}\right) = -Y_{ii}\pi_i + \sum_{j\in K} y_{ij}\pi_j, \quad i \in K; i \neq \text{slack bus} \tag{5.138}$$

여기서 Y_{ii}는 계통의 어드미턴스 행렬의 대각성분을 나타낸다. 모선 i와 모선 j 간의 선로에 흐르는 조류가 제한값과 같을 때(즉, 바인딩되었을 때)만 μ_{ij}의 값이 0이 아닌 값을 가지는 점을 기억해야 한다. 라그랑주 승수 μ_{ij}와 μ_{ji}는 같은 선로에 대하여 서로 반대방향의 조류에 대한 값이므로 두 값이 동시에 0이 아닌 값을 가질 수 없다. 심지어 모든 모선에 대하여 그 값을 더해도, 모선 i에 연결된 선로의 반대쪽 끝에 있는 모선 j에 대해서만 0이 아닌 값을 가지게 된다.

예제

5.3.2절에서 사용했던 3-모선 예제에 대하여 식 (5.58)의 제약조건을 고려한 경제급전 문제의 해를 앞 절의 수학적 정식화 결과를 사용하여 모선별 한계가격을 다시 계산해 보자. 발전기 A와 D는 각각 모선 1과 3에 위치하고 있으며 각 발전기의 출력은 최대 또는 최솟값이 아닌 상태이다. 따라서 이들 발전기가 연결된 모선의 시장가격은 계산이 가능하며 다음과 같이 이 발전기들의 한계비용과 같은 값을 가진다.

$$\pi_1 = \frac{dC_A}{dP_A} = 7.5\,\$/\text{MWh} \tag{5.139}$$

$$\pi_3 = \frac{dC_D}{dP_D} = 10.0\,\$/\text{MWh} \tag{5.140}$$

반면에 2번 모선의 가격은 확정되지 않았다. 따라서 다음과 같은 집합을 정의할 수 있다.

$$K = \{1, 3\}$$
$$U = \{2\}$$

모선 1에서 모선 2로 흐르는 조류에 대한 제약조건의 잠재비용 μ_{12} 역시 미지수이다. 또 다른 라그랑주 승수 μ_{ij}는 해당 제약조건이 바인딩되지 않았기 때문에 0이다. 만약 임의로 모선 3을 슬랙모선으로 정한 후 식 (5.137)과 (5.138)을 적용하면 다음과 같은 식이 성립된다.

$$i = 1: \quad -y_{12}\pi_2 + y_{12}\mu_{12} = -Y_{11}\pi_1 + y_{13}\pi_3 \tag{5.141}$$

$$i = 2: \quad Y_{22}\pi_2 - y_{12}\mu_{12} = y_{21}\pi_1 + y_{23}\pi_3 \tag{5.142}$$

여기서 전체 계통의 어드미턴스 행렬은 다음과 같다.

$$Y = \begin{pmatrix} -10 & 5 & 5 \\ 5 & -15 & 10 \\ 5 & 10 & -15 \end{pmatrix} \tag{5.143}$$

따라서 식 (5.141)과 (5.142)는 다음과 같이 정리된다.

$$\begin{cases} 5\pi_2 - 5\mu_{12} = 25 \\ -15\pi_2 + 5\mu_{12} = -137.5 \end{cases} \tag{5.144}$$

이 연립방정식의 해는 다음과 같다.

$$\begin{cases} \pi_2 = 11.25\,\$/\text{MWh} \\ \mu_{12} = 6.25\,\$/\text{MWh} \end{cases} \tag{5.145}$$

모선 2의 노드 가격은 식 (5.67)에서 주어진 값과 동일하다. 선로 1−2의 제약조건에 대한 잠재비용은 두 모선 사이에 하나 이상의 경로가 존재하기 때문에 모선 1과 모선 2의 한계가격의 차이와 같지 않음에 유의해야 한다.

5.3.4.5 AC 조류계산을 사용한 모델링

앞 절에서 논의한 DC 근사화 방법은 전력계통의 수학적 모델이 선형식이며, 따라서 계산시간이 빠르다는 장점을 가지고 있다. 그러나 다음과 같은 몇 가지 제한이 있다.

- 이 방식은 유효전력의 조류에 대해서만 모델링이 가능하다. 선로에 흐르는 전류가 제약을 위반하지 않는지를 정확하게 확인하기 위해서는 무효전력의 조류도 고려해야 한다.
- DC 모델에는 전압의 크기가 포함되어 있지 않으므로 이에 대한 제약 역시 고려되지 않는다.
- 각 모선에서의 유효전력에 대한 순유입량만으로 고려하고 있기 때문에 무효전력의 순유입량과 변압기의 탭 변환이 전체 계통에 미치는 영향에 대해서 고려할 수가 없다.
- 이러한 부정확성으로 인해 운영자는 선로의 조류에 대한 제약값을 보수적으로 설정할 수밖에 없으며 이는 전체 시장의 효율성을 떨어뜨리게 된다.

따라서 송전망이 전력거래에 미치는 영향을 엄격하고 정확하게 표현하려면 축약되지 않은 AC 조류계산 모델을 사용해야 한다. 불행히도 이러한 비선형성이 강한 모델을 전력시장에서 사용하려면 선형계획법과 같이 빠른 최적화 기법을 사용하지 못하고, 최적해를 찾는 데 비교적 많은 시간을 필요로 하는 비선형 최적화 기법이 적용되어야 한다. 더욱이 비선형 최적화 기법은 최악의 경우 수렴이 보장되지 않는 경우도 존재한다. 전력시장의 청산을 주어진 시간 내에 확실하게 완료하는 것이 해의 정확도를 높이는 것보다 더 중요하므로, 실제 중앙집중 방식의 전력시장에서는 이러한 AC 최적화 모델이 사용되지는 않고 있다.

5.3.5 중앙집중식 전력거래에서의 송전 리스크의 처리방법

어떤 재화에 대하여 생산자와 소비자가 완전히 현물시장에서만 거래를 하는 것은 굉장히 이례적인 일이라고 앞 장들에서 언급한 바 있다. 4장에서는 중앙집중 방식의 전력시장에서 현물가격의 변동과 관련된 리스크를 관리하기 위하여 시장참여자들이 차익계약(contracts for difference)을 어떻게 활용할 수 있는지에 대하여 논의한 바 있지만, 송전망의 영향은 고려하지 않았다. 이제는 송전선로에 용량 제약이 있는 경우 계통망을 통하여 전송될 수 있는 전력을 제한할 수 있으며, 지역별로 가격의 차이를 만든다는 것을 알게 되었다. 따라서 송전혼잡의 영향이 존재하는 경우에 대해서도 이러한 차액계약이 여전히 유효한지를 살펴보아야 하며, 어떠한 계약을 사용해야 이러한 혼잡과 관련된 리스크를 적절히 관리할 수 있는지에 대해서 논의할 필요가 있다. 송전선로에서 발생하는 손실의 경우도 모선별 한계가격의 차이를 만들지만, 이 차이는 혼잡에 의한 차이에 비하여 그 크기가 작고 훨씬 더 예측하기가 쉽다. 따라서 여기에서는 송전혼잡에 의한 리스크에 대해서만 집중적으로 논의하도록 한다. 최종적으로는 여기서 사용되는 방법은 송전손실에 의한 가격차이 문제에도 어렵지 않게 일반화할 수 있다.

5.3.5.1 전력계통과 관련된 계약의 필요성

중앙집중 방식의 전력거래시스템에서는 모든 생산되고 소비되는 전력은 계통을 통하여 "물리적으로" 거래되어야 한다고 정하고 있다. 생산자와 소비자는 계통운영자의 지시에 따라 계통에 전력을 주입(발전)하거나 인출(소비)하게 된다. 그 결과로, 그들이 연결되어 있는 계통 내의 위치에 따라 중앙에서 결정한 가격을 기반으로 모든 비용을 지불하거나 지불받게 된다. 그러나 모든 시장참여자들은 시장가격의 변동으로부터 자신들을 보호하기 위하여 재무적 쌍방계약을 체결하는 것이 일반적으로 허용된다. 이제 Borduria Power라는 발전회사가 Syldavia Steel이라는 철강회사와 단순한 차액계약을 체결한 상황을 살펴보자. 이 계약은 30 $/MWh의 가격으로 400 MW의 전력을 지속적으로 공급하는 것을 내용으로 하고 있다. 이전과 같이, 이 두 국가의 내부에서는 계통혼잡이 발생하지 않으며 연계선로에서만 혼잡이 발생할 수 있다고 가정한다. 따라서 Borduria 국가 내에서는 모선별 한계가격이 모두 동일하며 Borduria Power는 이 가격에 전력을 판매한다. 그리고 Syldavia 국가 역시 단 하나의 모선별 한계가격이 존재하며 Syldavia Steel 사 역시 이 가격에 전력을 구매할 수 있다.

두 국가 간의 연계선로에 혼잡이 발생하지 않는 한 두 국가의 모선별 한계가격은 동일한 값을 가지며, Borduria의 발전기들이나 Syldavia의 소비자들 모두 동일한 시장가격이 적용된다. 예를 들어 현물가격이 24.30 $/MWh라면, Borduria Power와 Syldavia Steel은 체결된 계약에 따라 다음과 같이 정산을 수행하게 된다.

- Borduria Power는 24.30 $/MWh의 가격에 400 MW를 전력시장에 판매하며, 전력시장으로부터 400 × 24.30 = $9,720를 지불받는다.
- Syldavia Steel은 24.30 $/MWh에 400 MW를 전력시장으로부터 구매하며, 전력시장에 400 × 24.30 = $9,720를 지불한다.
- Syldavia Steel은 차액계약에 따라 Borduria Power에게 400 × (30 − 24.30) = $2,280를 지급한다.

- Borduria Power와 Syldavia Steel은 결과적으로 400 MW의 전력을 30 $/MWh에 거래한 것과 동일한 결과가 만들어진다.
- 만약 노드 가격이 30 $/MWh보다 높은 가격이 형성된다면, 차액계약에 따라 거꾸로 Borduria Power가 Syldavia Steel에게 차액을 지급하게 된다.

이제 연계선로의 용량이 400 MW로 제한되어 있는 경우에 어떤 현상이 발생하는지를 살펴보자. 이러한 경우에 우리는 앞에서 Borduria의 노드 가격은 19.00 $/MWh이고 Syldavia의 노드 가격은 35.00 $/MWh로 상승하게 됨을 보았다. 이러한 조건하에 다음과 같은 결과가 도출된다.

- Borduria Power는 19.00 $/MWh의 가격에 400 MW를 판매한 후 전력시장으로부터 400 × 19.00 = $7,600를 지급받는다. 계약에 따라, Borduria Power는 최종수익이 400 × 30 = $12,000가 될 것으로 예상한다. 따라서 $4,400($12,000 − $7,600)가 부족하여 이 금액만큼을 Syldavia Steel로부터 차액계약의 정산금으로 받기를 기대할 것이다.
- 반면에 Syldavia Steel은 35.00 $/MWh의 가격에 400 MW를 전력시장으로부터 구매하였으며, 400 × 35.00 = $14,000를 전력시장에 지불한다. 계약에 따라, Syldavia Steel사는 총 지불금액이 400 × 30 = $12,000가 될 것으로 예상하며, 따라서 초과 지불된 금액인 $2,000를 Borduria Power로부터 차액계약의 정산금으로 받을 것을 기대한다.

이러한 양 회사의 기대는 분명히 서로 모순이다. 계약의 내용에 전력의 배달이 이루어지는 위치가 정확히 명시되지 않았기 때문에 송전계통에 혼잡이 발생하는 경우에는 이러한 차액계약은 제대로 작동하지 않는다. 만약 두 당사자가 계약가격을 Syldavia의 가격을 기준으로 할 것을 합의를 했다면 계약내용에는 모호함이 없을 것이며, 계약에 따른 정산은 다음과 같이 이루어지게 된다.

- Borduria Power는 19.00 $/MWh에 400 MW를 전력시장에 판매하고, 계통운영자로부터 400 × 19.00 = $7,600를 지불받게 된다.
- Syldavia Steel은 35.00 $/MWh에 400 MW를 전력시장으로부터 구매하고 계통운영자에게 400 × 35.00 = $14,000를 지불한다.
- 차액계약에 대해서는 Borduria Power가 Syldavia Steel에게 400 × (35.00 − 30.00) = $2,000를 지불하게 된다.

따라서 이 계약은 Syldavia Steel에게는 매우 만족스럽게 적용되었지만, Borduria Power는 Syldavia와 Borduria의 가격 차이로 인하여 발생하는 리스크를 모두 떠안아야 하므로 상당한 손실을 입게 된다. 따라서 가격차이에 따른 리스크로부터 자신을 보호하려는 계약당사자들은 그들이 매매하는 전력 자체에 대한 계약뿐만 아니라 이 전력을 전송하기 위한 송전계통의 능력에 대해서도 계약을 체결해야 한다.

5.3.5.2 재무적 송전권(Financial Transmission Rights)

Borduria와 Syldavia 간의 계통 연계에 대한 연구를 진행 중인 Bill은 계약을 통한 적절한 보험 장치가 없이는 계통 연계에 따른 완전한 편익이 제대로 실현될 수 없다는 점을 알게 되었다.

앞 절에서 논의했던 예제를 이용하여 차액계약에 따른 총 부족금액, 즉 양쪽 당사자들이 차액 계약으로부터 받고자 하는 정산 금액의 총액을 다음과 같이 계산하였다.

$$\$4400 + \$2000 = \$6400$$

그는 이 금액이 시장에 의해서 생성된 혼잡잉여액, 즉 소비자가 지불하는 총 금액과 발전기가 지불받은 총 금액의 차이와 정확히 일치하고 있음을 알게 되었다(표 5.2 참조).

$$\$62\,000 - \$55\,600 = \$6400$$

Bill은 이러한 혼잡잉여액을 Borduria Power와 Syldavia Steel에게 지급한다면 차액계약에 따른 정산 금액을 공평하게 지급할 수 있을 것이라는 것을 알게 되었다. 두 금액이 일치하는 사실이 단순한 우연이 아니라는 것을 확신하기 위하여 Bill은 혼잡이 존재하는 경우에 대하여 차액계약의 정산 금액에 대한 해석적인 수식을 유도하였다. 수입과 잉여분에 대해서는 양의 부호를, 비용과 부족분에 대해서는 음의 부호를 적용하는 방식을 채택하였다. 차액계약의 계약 금액을 π_C, 계약량을 F라고 가정하면, Syldavia Steel과 같은 소비자가 지급해야 할 총 금액은 다음과 같다.

$$E_C = -F \cdot \pi_C \tag{5.146}$$

역으로, Borduria Power와 같은 생산자가 지급받아야 할 총 금액은 다음과 같다.

$$R_C = F \cdot \pi_C \tag{5.147}$$

소비자와 생산자가 현물시장에서 지불하거나 지불받아야 하는 금액은 각각 다음과 같다.

$$E_M = -F \cdot \pi_S \tag{5.148}$$

$$R_M = F \cdot \pi_B \tag{5.149}$$

여기서 Bill은 전력의 판매와 구매는 각각 다른 노드 가격에서 이루어진다는 사실을 고려하였다.

따라서 소비자와 생산자가 차액계약으로부터 정산받기를 기대하는 금액은 다음과 같다.

$$E_T = E_M - E_C = -F \cdot \pi_S - (-F \cdot \pi_C) = F(\pi_C - \pi_S) \tag{5.150}$$

$$R_T = R_M - R_C = F \cdot \pi_B - F \cdot \pi_C = -F(\pi_C - \pi_B) \tag{5.151}$$

만약 생산자와 소비자가 같은 모선에 연결되어 있거나, 계통 내에 혼잡이 존재하지 않는다면,

$\pi_S = \pi_B$의 관계가 성립되며, 다음과 같은 조건이 성립되므로 차액계약의 정산은 아무런 어려움 없이 처리될 것이다.

$$E_T = -R_T \tag{5.152}$$

반면에, $\pi_S \neq \pi_B$인 경우에는 양쪽 당사자들은 차액계약으로부터 추가 정산을 받기를 기대할 것이며, 그 때의 총 부족금액은 다음과 같다.

$$E_T + R_T = F(\pi_B - \pi_S) \tag{5.153}$$

이 식을 식 (5.26)에서 주어진 혼잡잉여의 표현식과 비교하면 두 식 모두 양쪽 시장의 가격차이와 전력 전송량의 곱과 관련이 있다는 것을 알 수 있다. 혼잡잉여의 경우는 두 지역 사이에 전송할 수 있는 최대전력을 포함하는 반면, 식 (5.153)에 주어진 부족분은 특정한 거래량에 대해서만 관련된다. 따라서 혼잡잉여는 두 시장 간의 전송이 가능한 최대전력까지 계약의 부족분을 충당할 수 있어야 한다.

Bill은 계약당사자들이 재무적 송전권(Financial Transmission Right, FTR)을 취득함으로써 차액계약에서 발생하는 문제가 해결될 수 있을 것으로 결론지었다. FTR은 계통 내의 어떤 두 모선 사이에 정의되며, 이 송전권을 보유하고 있는 사람은 보유하고 있는 송전권의 양과 두 모선 사이의 가격차이를 곱한 금액을 수익으로 보상받게 된다. 이를 수식으로 표현하면, 위치 B와 S 사이에 F MWh의 FTR을 보유하고 있는 사람은 혼잡잉여로 거두어들인 수익으로부터 다음과 같은 금액을 배분받게 된다.

$$R_{FTR} = F(\pi_S - \pi_B) \tag{5.154}$$

이 금액은 위치 B에 있는 생산자와 위치 S에 있는 소비자 간에 체결된 차액계약의 정산을 위하여 필요한 금액과 정확히 일치한다. 만약 송전계통에 혼잡이 발생하지 않는 경우에는, 위치 B와 S 사이에 가격차이는 발생하지 않으므로 FTR의 보유자는 아무런 수익이 발생하지 않는다. 그러나 이 경우에는 양쪽의 가격이 동일하므로 차액계약을 정산하는 데 문제가 없다.

마지막으로, Bill은 FTR의 소유자가 전력을 생산하거나 소비하는 위치와는 아무런 상관이 없다는 점을 알게 되었다. 예를 들어 F MWh에 상당하는 FTR을 보유하고 있는 Syldavia의 소비자는 다음 두 가지 중의 하나를 선택할 것이다.

- Borduria 전력시장에서 π_B의 가격으로 F MWh의 전력을 구매한 후, 보유한 송전권을 사용함으로써 별도의 "추가비용 없이" Syldavia로 해당 전력을 전송한다. 이 경우 총 구매비용은 $F \cdot \pi_B$와 동일한 효과를 가진다.
- Syldavia 전력시장에서 π_S의 가격으로 F MWh의 전력을 구매한 후, 보유하고 있는 송전권으로부터 혼잡잉여의 일부를 지급받아 비싸게 구매한 전력 가격을 상쇄시킨다. 이 경우에는 전력 구매비용으로 $F \cdot \pi_S$를 지불하지만, 송전권으로부터 $F \cdot (\pi_S - \pi_B)$를 지급받는다.

결론적으로 FTR은 그 소유자에게 송전망의 혼잡과 관련된 리스크를 완벽하게 헤지(hedge)할 수 있는 기능을 제공한다.

Bill은 "생산자와 소비자가 어떻게 FTR을 취득할 것인가?"라는 추가적인 의문점을 해결하기 위해, 이 송전권을 경매를 통해서 판매할 것을 제안한다. 각 시장개설 주기마다 계통운영자는 연계선로를 통하여 전송될 수 있는 전력의 용량을 결정하고, 그 용량에 해당하는 FTR에 대하여 경매시장을 개설하여 최고가격에 입찰하는 자에게 판매하는 것이다. 이 경매는 모든 발전기, 소비자, 그리고 심지어 시장가격의 지역별 차이로부터 이익을 얻으려는 투기거래자에게도 개방되어야 한다. 이 송전권을 보유하고 있는 자는 그 권리를 사용하거나 다른 사람에게 재판매할 수 있다. 그렇다면 FTR 입찰에 참여하는 사람들은 입찰가격을 어떻게 결정해야 할 것인가? 이는 해당 송전권이 정의되는 양쪽 모선의 시장가격의 차이에 대한 기댓값에 달려 있다. 앞에서 사용한 예제의 경우를 예를 들면, Borduria와 Syldavia의 전력 가격과 혼잡이 발생하는 기간의 송전용량에 대한 Bill의 예측이 정확하다면, FTR의 경매 가격의 최댓값은 다음과 같이 예상된다.

$$35.00\,\$/\text{MWh} - 19.00\,\$/\text{MWh} = 16.00\,\$/\text{MWh}$$

5.3.5.3 지점간(point-to-point) 재무적 송전권

앞의 Borduria/Syldavia 국가 간의 2-모선 사례에서는 FTR의 중요한 측면이 명확하게 나타나지 않았다. FTR은 실제로 계통 내의 임의의 지점들 사이에서 정의될 수 있다. 이 두 지점은 선로에 의하여 직접적으로 연결되지 않아도 상관없다. 전력거래에 참여하고자 하는 생산자와 소비자의 관점에서 이러한 접근방식의 이점은 전력계통의 복잡한 운영 상태를 걱정할 필요가 없다는 점이다. 그들이 유일하게 알아야 하는 것은 어느 모선에서 전력을 발전하고 어느 모선에서 소비되는지 여부이다. 어떠한 선로를 통하여 전력이 전송되는지는 그들에게 중요하지 않으며 신경 쓸 필요가 없다.

이를 좀 더 자세하게 설명하기 위하여 앞에서 사용했던 3-모선 계통 사례에서 지점간 FTR이 어떻게 작동하는지를 확인해 보자. 우선 5.3.2.2절부터 5.3.2.4절에서 분석했던 것과 동일한 조건을 고려하도록 한다. 그림 5.27은 선로 제약조건을 고려한 계통의 경제급전 결과를 요약해서 나타낸 것이다. 모선 3의 소비자가 모선 1의 발전기와 차액계약을 체결하였다고 가정하자. 이 계약은 8.00 $/MWh의 가격에 100 MW를 공급받기 위한 계약이다. 이 계약의 기준가격은 모선 1의 노드 가격으로 정해져 있다. 위험관리 전략의 일환으로 이 소비자는 모선 1과 모선 3 사이의 FTR을 100 MW만큼 추가로 구매하였다. 결과에서 볼 수 있듯이 모선 1과 모선 3의 노드 가격은 각각 7.50 $/MWh 및 10.00 $/MWh이다. 따라서 이 계약의 정산은 다음과 같이 이루어질 것이다.

- 소비자는 모선 3에서 100 MW를 소비하기 위하여 시장운영자에게 100 × 10.00 = $1,000를 지불한다.

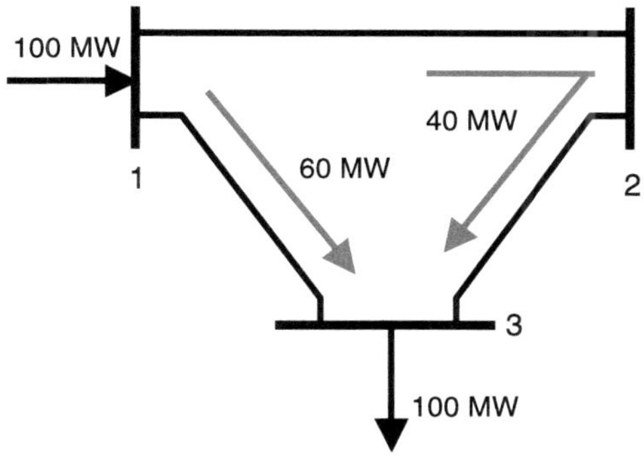

그림 5.27 모선 1과 3 사이의 100 MW 전력거래를 위하여 취득해야 하는 송전권의 양

- 발전기는 모선 1에 100 MW를 공급한 대가로 100 × 7.50 = $750를 지급받는다.
- 소비자는 차액계약을 정산하기 위하여 발전기에게 100 × (8.00 − 7.50) = $50를 지급한다.
- 소비자는 모선 1과 3 사이의 FTR을 보유하고 있으므로 시장운영자로부터 100 × (10.00 − 7.50) = $250를 지급받는다.

따라서 소비자는 100 MW에 대하여 총 $800를 지급하게 되고, 이는 8.00 $/MWh의 가격과 동등한 효과를 가진다.

앞에서 언급한 바와 같이 시장운영자가 FTR 보유자에게 지급하는 비용은 계통혼잡으로 인해 발생한 혼잡잉여를 통하여 획득한 금액이다. 따라서 계통운영자는 물리적으로 계통이 허용하는 용량 이상의 FTR을 판매해서는 안 된다. 표 5.11은 3-모선 계통 예제에 대하여 동시에 충족할 수 있는 세 가지 FTR의 조합을 보여 준다. 이 조합은 각각 그림 5.28에 나타낸 최대 송전용량과 정확히 일치한다.

각각의 경우에 노드 가격의 차이로 인하여 지불받는 FTR 수입의 합은 시장운영자가 취득하는 상품화 잉여와 같다(표 5.5 참조).

5.3.2.7절에서 살펴본 것처럼, 선로 2−3의 용량이 65 MW로 제한되면 어떠한 현상이 발생하는지를 살펴보자. 그림 5.29는 이러한 조건을 만족시키기 위한 최적의 계통 운영 결과를 요약하여 나타낸 것이다. 표 5.12는 표 5.11의 세 가지 FTR의 조합에 대한 정산 결과를 요약하여 나타낸 것이다.

이러한 FTR의 일부는 특정 조건에서 음의 값을 가질 수도 있음에 유의해야 한다. 즉, 해당 송전권의 소유자는 시장운영자에게 오히려 추가비용을 지급해야 한다. 이 권리를 구매하기 위하여 이미 비용을 지급하였기 때문에 추가비용을 지급해야 하는 상황은 당황스러울 수 있다. 그러나 이는 차액계약의 결과를 비추어 볼 때 그다지 실망스러운 것은 아니다. 예를 들어 모선 2의 부하가 모선 1의 발전기와 8.00 $/MWh의 가격에 60 MW를 공급받기로 하는 차액계약을 체

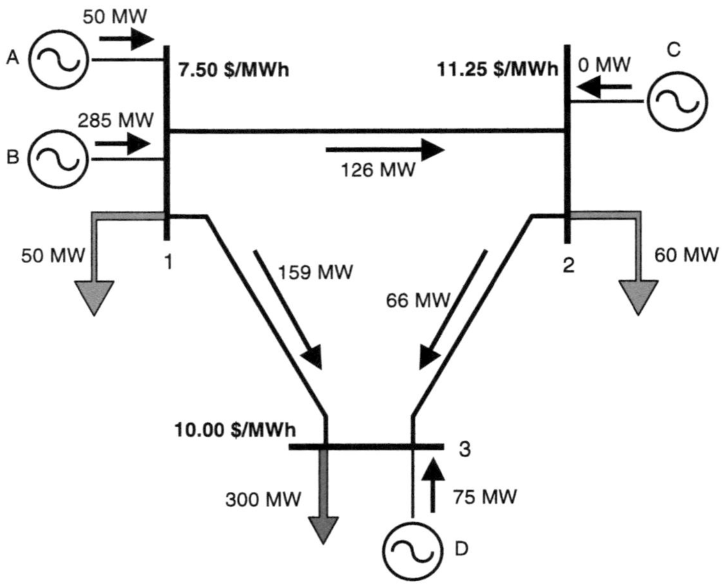

그림 5.28 3-모선 계통의 선로 제약을 고려한 경제급전 결과

결하였다고 가정하자. 이 소비자는 모선 1과 2 사이의 송전권을 60 MW를 추가로 구매하였다. 이 계약의 최종 정산 결과는 다음과 같다.

- 소비자는 모선 2에서 60 MW를 소비한 대가로 시장운영자에게 60 × 5.00 = $300를 지급해야 한다.
- 발전기는 모선 1에 60 MW를 공급한 대가로 시장운영자로부터 60 × 7.50 = $450를 지급받

표 5.11 3-모선 사례에 대한 지점간 FTR의 실현 가능한 조합들

조합	송전권			정산금액			
	송전단 모선번호	수전단 모선번호	송전량 (MW)	송전단 모선가격 ($/MWh)	수전단 모선가격 ($/MWh)	수입($)	합계($)
A	1	3	225	7.50	10.00	562.50	787.50
	1	2	60	7.50	11.25	225.00	
B	1	3	285	7.50	10.00	712.50	787.50
	3	2	60	10.00	11.25	75.00	
C	1	3	275	7.50	10.00	687.50	787.50
	1	2	10	7.50	11.25	37.50	
	3	2	50	10.00	11.25	62.50	

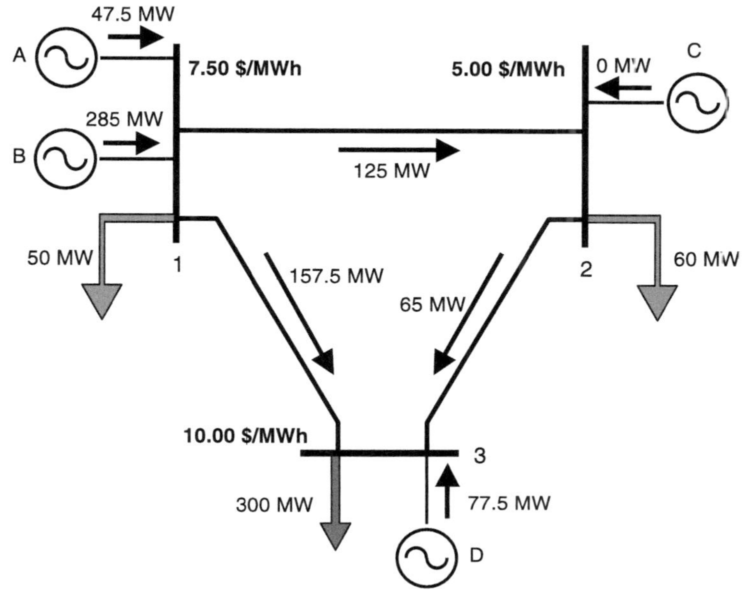

그림 5.29 선로 2–3의 송전용량이 65 MW로 감소하였을 때의 3–모선 계통의 최적 운영 결과

는다.

- 차액계약을 정산하기 위하여 소비자는 발전기에게 60 × (8.00 − 7.50) = $30를 지급한다.
- 소비자는 모선 1과 2 사이의 FTR을 정산하기 위하여 시장운영자에게 60 × (7.50 − 5.00) = $150를 추가로 지급해야 한다.

따라서 소비자는 총 $480를 지불하였는데, 이는 차액계약의 계약가격인 8.00 $/MWh와 일

표 5.12 선로 2–3의 송전용량이 65 MW로 감소하였을 때의 3–모선 계통의 지점간 FTR의 조합에 대한 정산 금액

조합	송전권			정산금액			
	송전단 모선번호	수전단 모선번호	송전량 (MW)	송전단 모선가격 ($/MWh)	수전단 모선가격 ($/MWh)	수입($)	합계($)
A	1	3	225	7.50	10.00	562.50	412.50
	1	2	60	7.50	5.00	−150.00	
B	1	3	285	7.50	10.00	712.50	412.50
	3	2	60	10.00	5.00	−300.00	
C	1	3	275	7.50	10.00	687.50	412.50
	1	2	10	7.50	5.00	−25.00	
	3	2	50	10.00	5.00	−250.00	

치한다.

표 5.5에서 사용한 방법과 비슷한 단순한 계산으로부터 이러한 운전 조건하에서는 시장운영자는 총 $406.25의 혼잡잉여를 징수하게 됨을 알 수 있다. 이전의 사례와는 달리 이 금액은 표 5.12의 마지막 열에 표시된 $412.50에 다소 못 미치는 금액인데, 이는 FTR을 정산하기 위하여 시장운영자가 지출해야 하는 금액이다. 이러한 불일치는 계통운영자가 FTR이 경매 판매 될 때 가정했던 지점간 송전용량이 실제와 정확히 일치하지 않았기 때문에 발생한 현상이다. 시장운영자는 회계장부의 균형을 맞출 수 있으려면 음의 값을 가지는 FTR에 대하여 추가비용을 징수해야 한다.

따라서 가격의 차이가 예상했던 것과 반대방향으로 형성이 될 경우 FTR의 소유자는 추가비용을 지불해야 한다는 점에서 이러한 형태의 지점간 FTR은 권리라기보다는 의무의 개념이다. 그러한 약정이 맘에 들지 않는다면 시장참여자들은 소유자에게 이익이 발생할 경우에만 행사할 수 있는 FTR 옵션 상품을 구매할 수도 있다.

5.3.5.4 플로우게이트[9] 송전권

두 모선 간에 정의되는 지점간 송전권과는 달리, 계통 내의 선로 즉 플로우게이트(flowgate)에 대해서도 송전권이 정의될 수 있다. 이렇게 각각의 송전선로에 정의되는 송전권을 플로우게이트 송전권(flowgate right, FGR)이라고 부른다. FGR은 FTR과 유사하게 작동하지만, 이 송전권의 가치는 연결된 양쪽 끝의 노드 가격의 차이에 의해서 결정되는 것이 아니라 해당 플로우게이트의 최대용량과 관련된 제약조건의 라그랑주 승수, 즉 잠재비용의 값에 의해서 결정된다. 만약 플로우게이트가 최대용량으로 운전되고 있지 않다면 해당 부등식 제약조건은 바인딩되지 않으며, 해당 라그랑주 승수 μ는 0의 값을 가진다. 따라서 혼잡이 발생한 선로의 FGR에서만 수익이 발생한다.

수년 동안 지점간 송전권과 플로우게이트 송전권의 상대적 장단점에 대해서 격렬한 논쟁이 있었다. 우리가 아는 한 지금까지 송전권을 도입한 모든 전력시장에서는 지점간 송전권을 기반으로 하는 제도를 도입하고 있다.

5.4 연습문제

5.1 그림 P5.1에 나타낸 전력계통에 대하여 송전선로의 열용량에 의한 제약조건만 존재하고 무효전력의 조류는 무시한다고 가정한다. 이때 표 P5.1에 나타낸 거래의 조합들이 동시에 실현 가능한지에 대하여 확인하라.

---

9 (역자 주) flowgate는 세면대에 설치되어 있는 배수구와 같은 장치를 의미한다. 여기서는 송전선로의 전력이 흐르는 것을 결정하는 수단 정도로 의역할 수 있으나, 이를 의미하는 적절한 한글 용어가 없는 상태이므로 원어 발음 그대로 플로우게이트라고 표기하기로 한다.

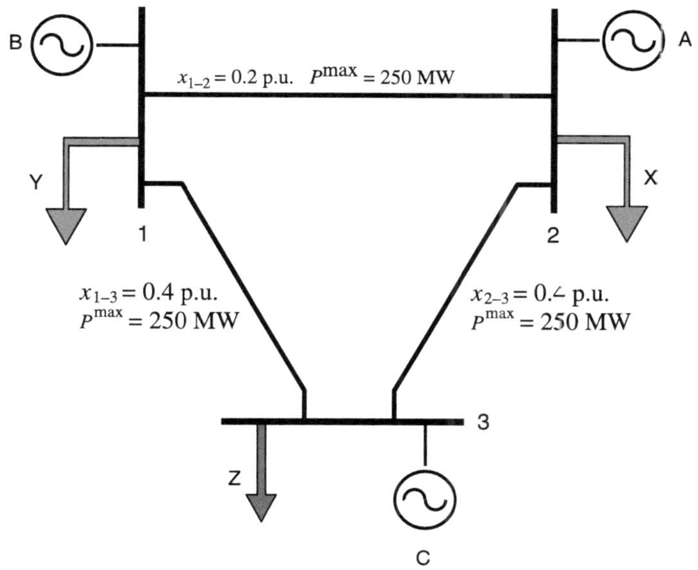

그림 P5.1 문제 5.1을 위한 3-모선 전력계통

표 P5.1 문제 5.1을 위한 전력거래 계약 리스트

	판매자	구매자	거래량
Set 1	B	X	200
	A	Z	400
	C	Y	300
Set 2	B	Z	600
	A	X	300
	A	Y	200
	A	Z	200
Set 3	C	X	1000
	X	Y	400
	B	C	300
	A	C	200
	A	Z	100

5.2 그림 P5.2에 나타낸 2-모선 전력계통에 대해서 답하라. 모선 A와 B에 연결된 발전기의 한계생산비용은 각각 다음과 같이 주어졌다.

$$MC_A = 20 + 0.03P_A \ (\$/MWh)$$
$$MC_B = 15 + 0.02P_B \ (\$/MWh)$$

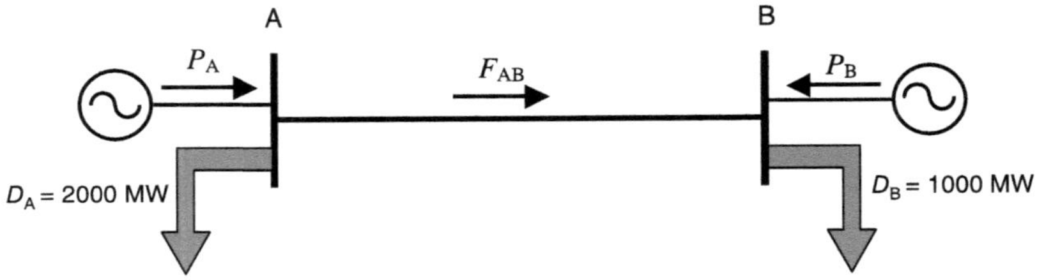

그림 P5.2 문제 5.2~5.4 및 5.11을 위한 2-모선 전력계통

수요는 상수이며 가격탄력성은 없다고 가정한다. 또한 전력의 판매가격은 한계생산비용에 의해서 결정되며, 발전기들은 모두 출력에 제한이 없다고 가정한다. 다음의 경우들에 대하여 각 모선의 시장가격, 각 발전기들의 출력 및 선로에 흐르는 조류를 계산하라.

a 모선 A와 B 사이의 선로가 연결이 끊어졌을 때

b 모선 A와 B 사이의 선로가 동작을 하고 있으며, 용량에 제한이 없을 때

c 모선 A와 B 사이의 선로가 동작을 하고 있으며 용량에 제한이 없으나, 발전기 B의 최대출력이 1,500 MW로 제한될 때

d 모선 A와 B 사이의 선로가 동작을 하고 있으며 용량에 제한이 없으나, 발전기 A의 최대출력이 900 MW로 제한될 때. 단, 발전기 B의 출력은 제한이 없다.

e 모선 A와 B 사이의 선로가 동작 중이나 선로 용량이 600 MW로 제한되어 있을 때. 단, 모든 발전기의 출력은 제한이 없다.

5.3 문제 5.2의 모든 문항에 대하여 발전기의 수입과 소비자가 지급해야 하는 금액을 계산하라. 이 두 모선을 연결하는 선로로 인하여 누가 이익을 보는가?

5.4 문제 5.2의 (e)문항에 대하여 혼잡잉여를 계산하라. 그 결과를 문제 5.3의 결과와 비교하여 확인하라. 모선 A와 B 사이의 선로에 어떠한 조류가 흘러야 혼잡잉여가 0이 되는가?

5.5 그림 P5.5에 나타낸 3-모선 전력계통에 대해서 답하라. 표 P5.5에는 이 계통에 연결된 발전기들에 대한 데이터가 주어져 있다. 선로의 제약을 고려하지 않은 경제급전 결과를 계산하고 그림 P5.5에 나타낸 부하 조건에 대하여 노드 가격을 계산하라.

5.6 표 5.6에는 문제 5.5에서 사용한 3-모선 전력계통에 대한 선로 데이터가 주어져 있다. 발전기의 출력이 문제 5.5의 급전 결과와 같이 결정되었을 때 중첩원리를 사용하여 각 선로에 흐르는 조류를 계산하라. 이때 송전제약을 위반하는지를 판단하라.

5.7 문제 5.6에서 발견된 선로 제약조건의 위반을 제거하기 위하여 발전기의 급전을 재조정하는 두 가지 방법을 제시하라. 두 가지 방법 중에 어떠한 방법이 더 효율적인가?

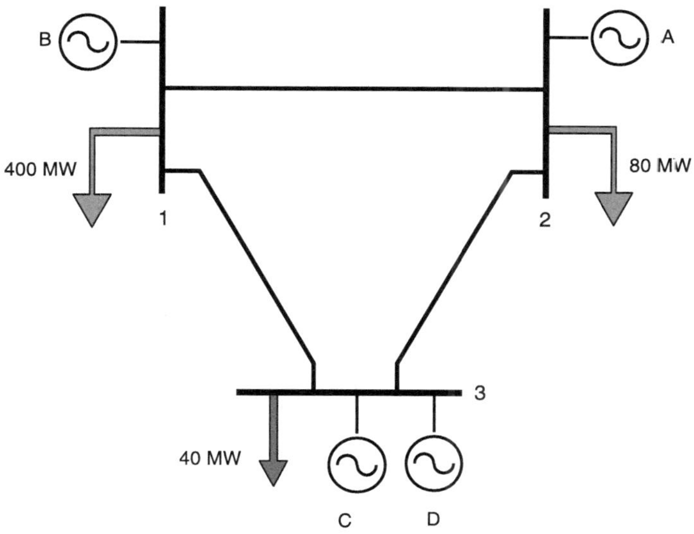

그림 P5.5 문제 5.5~5.9 및 5.12~5.17을 위한 3-모선 전력계통

표 P5.5 문제 5.5를 위한 발전기의 특성 자료

발전기	발전용량(MW)	한계비용($/MWh)
A	150	12
B	200	15
C	150	10
D	400	8

표 P5.6 문제 5.6을 위한 선로의 특성 자료

선로	리액턴스(p.u.)	송전용량(MW)
1-2	0.2	250
1-3	0.3	250
2-3	0.3	250

5.8 문제 5.5와 5.6에서 사용한 3-모선 전력계통에 대하여 문제 5.6에서 파악된 선로 제약 위반을 해소하기 위하여 문제 5.7의 최적 재급전 결과를 도출하였다. 이 결과에 대하여 각 모선의 노드 가격을 계산하라. 또한 상품화 잉여를 계산하고, 그 값이 각 선로의 잉여의 합과 같다는 것을 보여라.

5.9 문제 5.5와 5.6에서 사용한 3-모선 전력계통에서, 선로 1-2의 송전용량이 140 MW로

감소하고, 다른 선로의 용량은 유지되고 있다고 가정한다. 이 조건에서 최적의 급전과 각 모선의 노드 가격을 계산하라. (**힌트**: 최적해는 세 모선의 발전기들이 모두 재조정되어야 함에 유의할 것.)

5.10 문제 5.2에서 사용한 2-모선 전력계통에 대해서, 모선 A와 B를 연결하는 선로의 K상수가 $K = {}^{R}/_{V^2} = 0.0001\ \mathrm{MW}^{-1}$이며 이 선로의 송전제약이 없다고 가정했을 때, 총 연료비를 최소화하는 조류값을 계산하라. 단, 양쪽 모선에서의 전력시장은 완전경쟁 상태임을 가정하고, 모선별 한계가격과 상품화 잉여를 계산하라. (**힌트**: 스프레드시트를 사용할 것.)

5.11 K의 값을 0에서 0.0005로 단계적으로 변화시키면서 문제 5.10을 반복하라. 최적조류의 값과 선로에서 발생하는 손실, 그리고 양쪽 모선의 한계비용에 대한 그래프를 그려라. 분석한 결과를 설명하라.

5.12 선형화된 수학적 모델(DC 조류계산 근사화)을 사용하여 문제 5.7에서 구한 급전 조정 결과에 대한 노드 가격과 부등식 제약조건의 한계비용을 계산하라. 그 결과를 문제 5.8에서 구한 결과와 동일한지 확인하라. 단, 모선 3을 슬랙모선으로 지정하라.

5.13 문제 5.12에서 모선 1과 모선 2를 각각 슬랙모선으로 지정하여 노드 가격을 다시 계산하라. DC 조류계산 방식을 사용할 때 슬랙모선을 어느 모선으로 지정하여도 노드 가격의 계산 결과에 영향을 주지 않음을 확인하라.

5.14 선형화된 수학적 모델(DC 조류계산 근사화)을 사용하여 문제 5.9에서 사용된 조건에 대하여 부등식 제약조건의 한계비용을 계산하라.

5.15 그림 P5.5에 나타낸 3-모선 전력계통에 대하여, 발전기 D와 모선 1에 위치한 소비자가 모선 1의 노드 가격을 기준으로 11.00 \$/MWh 가격에 100 MW를 거래하는 차액계약을 체결하였다고 가정한다. 모선 3과 모선 1 사이의 지점간 재무적 송전권을 100 MW만큼 구매하면 문제 5.8의 조건하에 발전기 D가 완전한 헤지(위험회피)가 가능함을 보여라.

5.16 문제 5.15에서와 같이 완전한 헤지가 가능하려면 발전기 D는 플로우게이트를 얼마나 구매하여야 하는지 계산하라.

5.17 문제 5.9의 조건을 적용하여 문제 5.15와 5.16을 반복하라.

5.18 한국의 전력시장은 중앙집중 방식으로 운영되고 있는지 비중앙식 방식으로 운영되고 있는지 설명하라. 또한 계통의 혼잡과 관련된 위험을 헤지하기 위하여 어떠한 송전권 제도가 운영되고 있는지 설명하라.

5.19 한국의 전력시장에서는 송전손실에서 발생하는 비용을 어떻게 할당하고 있는지 설명하라.

5.20 그림 P5.20의 소규모 전력계통에 대하여 다음 가정을 적용하여 질문에 답하라.

가정:

- 발전기 A와 B의 한계생산비용은 다음과 같이 주어진다.

$$MC_A = 20\,\$/MWh$$
$$MC_B = 40\,\$/MWh$$

- 발전기의 무부하비용 및 기동비용은 무시한다.
- 세 송전선로의 리액턴스는 동일하며, 저항은 무시한다.
- DC 조류를 적용한다.
- 각 발전기의 용량은 500 MW이다.
- 송전선로의 송전용량은 기상조건에 따라 변동한다. 추운 날씨 조건에서는 각 선로는 400 MW의 전송이 가능하며, 더운 날씨 조건에서는 240 MW로 감소한다.
- 이 계통은 $N-0$ 안정도 조건하에 운영되고 있다. 즉, 선로나 발전기의 고장을 고려할 필요가 없다.

a 추운 날씨 조건에서 최적조류를 계산하라.

b 더운 날씨 조건에서 최적조류를 계산하라.

c 추운 날씨 조건에서 시간당 발전비용을 계산하라.

d 더운 날씨 조건에서 시간당 발전비용을 계산하라.

5.21 모선 1과 2 사이의 선로의 리액턴스가 다른 두 선로의 2배일 때를 가정하여 문제 5.20을 다시 계산하라.

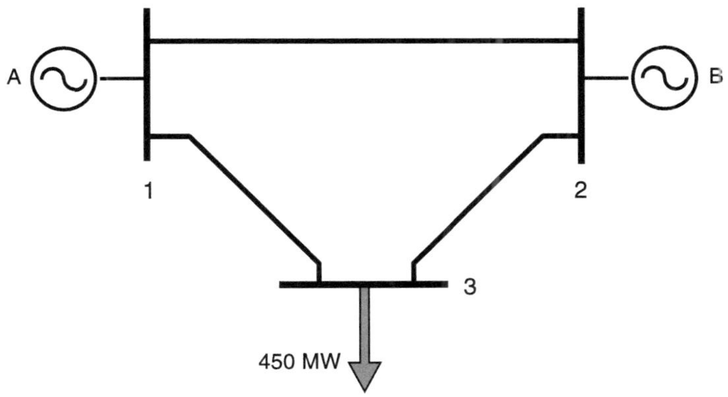

그림 P5.20 문제 5.20~5.22를 위한 3-모선 전력계통

5.22 그림 P5.20에 나타낸 소규모 전력계통에 대하여 다음 가정을 적용하여 질문에 답하라.

가정:

- 모선 3의 부하는 300 MW이다.
- 발전기 A와 B의 한계생산비용은 다음과 같다.

$$MC_A = 10\,\$/\text{MWh}$$
$$MC_B = 20\,\$/\text{MWh}$$

- 세 송전선로는 모두 동일한 임피던스를 가지고 있다.

a 이러한 조건하에서 선로 제약조건을 고려하지 않은 최적 급전을 계산하라.

b 제약조건을 고려하지 않은 최적 급전에 대하여 시간당 발전비용을 계산하라.

c 이러한 급전이 적용되었을 때 각 선로에 흐르는 조류를 계산하라.

d 이러한 조건하에 각 모선에서의 한계비용을 계산하라.

e 만약 선로 1–3의 용량이 150 MW로 제한되면 각 발전기의 급전이 어떻게 조정되어야 하는지 설명하라.

f 이러한 제약 급전이 적용되었을 때 시간당 발전비용과 안정도에 대한 한계비용을 계산하라.

g 선로 1–3의 조류에 대한 제약조건을 고려했을 때, 각 모선의 한계비용을 계산하라.

h 이 계통의 경제적 패러독스[10]를 설명하라.

i ISO가 모선 1과 모선 3 간의 지점간 FTR만을 판매한다고 가정한다. 이때 손실이 발생하지 않고 판매할 수 있는 송전권의 최대량은 얼마인가?

5.23 그림 P5.23a에 나타낸 3–모선 전력계통에 대하여 다음 질문에 답하라. 모든 모선 간의 선로는 동일한 임피던스와 동일한 송전용량을 가지는 2개의 동일한 회선이 병렬로 연결되어 있다. 각 회선의 리액턴스와 MW 용량을 표 P5.23에 나타내었다.

그림 P5.23b는 두 발전기의 한계비용 곡선을 나타낸 것이며, 기동비용과 무부하비용은 무시한다. 송전 모델은 선형화된 DC 모델을 사용한다.

a 계통 제약조건을 무시할 경우의 경제급전을 계산하라.

b 모든 선로가 정상작동 중일 때 경제급전의 결과가 송전 제약조건을 위배하지 않는지를 확인하라.

c 모든 발전기가 한계비용을 기준으로 입찰한다고 가정했을 때, 이러한 조건하에서 각 모선의 한계가격을 계산하라.

이때 계통운영자는 $N-1$ 안정도 기준을 확보할 수 있도록 계통을 운영해야 한다. 즉,

10 패러독스: 어떤 문장, 가정, 상황이 모순인 것처럼 보이나, 실제 상황이거나 사실일 수도 있는 것을 의미한다.

표 P5.23 문제 5.23을 위한 선로의 특성 자료

송전단 모선번호	수전단 모선번호	회선당 리액턴스(p.u.)	회선당 송전용량(MW)
1	2	0.2	120
1	3	0.4	180
2	3	0.2	250

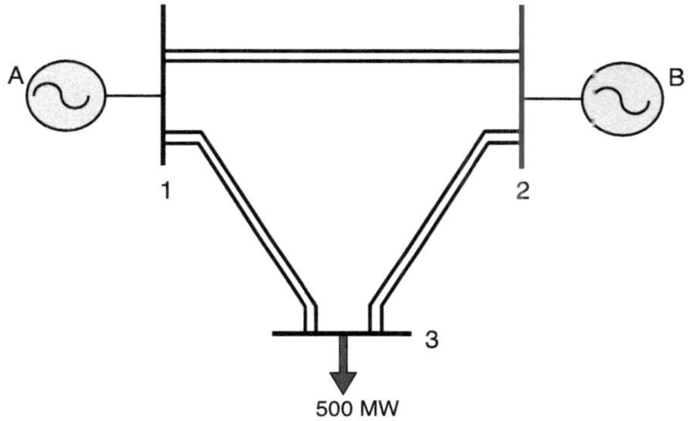

그림 P5.23a 문제 5.23을 위한 3-모선 전력계통

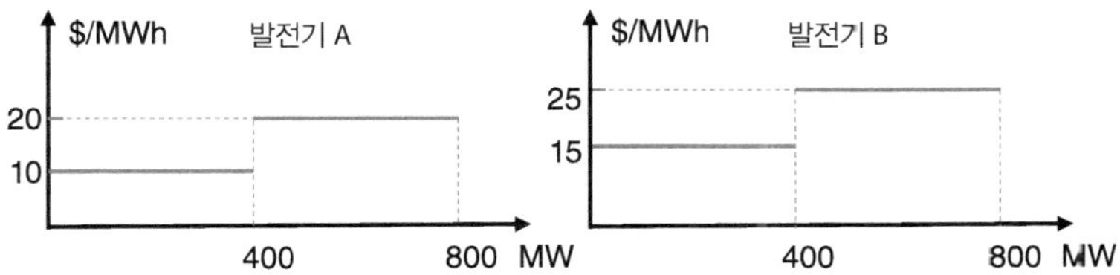

그림 P5.23b 문제 5.23의 발전기들의 한계비용곡선

임의의 한 회선에 고장이 발생하더라도 모든 선로에 과부하가 발생하지 않아야 한다. 단, 발전기의 고장은 고려하지 않는다. 이러한 조건을 적용하여 다음 질문에 답하라.

d 앞에서 계산된 경제급전을 적용하였을 때, 한 회선에 고장이 발생할 경우 조류 제약이 위배되지 않는지 확인하라. 단, 한 회선의 연결이 끊어졌을 때 송전용량과 선로의 리액턴스 값이 변하는 것을 고려하여야 한다. 어떠한 회선에 상정사고가 발생했을 때 선로 제약을 가장 심하게 위반하게 만드는지, 그리고 어떤 선로에서 과부하가 발생하는지를 판단하라.

e (d)문항에서 확인된 가장 치명적인 상정사고에 대하여 선로의 과부하가 발생하지 않는 최소비용의 급전을 계산하라. 사고 후에는 재급전이 허용되지 않는 것으로 가정한다.

f 이러한 조건에서 각 모선의 지역별 한계가격을 계산하라.

참고문헌

Conejo, A.J., Arroyo, J.M., Alguacil, N., and Guijarro, A.L. (2002). Transmission loss allocation: a comparison of different practical algorithms. *IEEE Trans. Power Syst.* 17 (3): 571–576.

Day, C.J., Hobbs, B.F., and Pang, J.-S. (2002). Oligopolistic competition in power networks: a conjectured supply function approach. *IEEE Trans. Power Syst.* 17 (3): 597–607.

Hogan, W.W. (1992). Contract networks for electric power transmission. *J. Regul. Econ.* 4 (3): 211–242.

Joskow, P. and Tirole, J. (2000). Transmission rights and market power on electric power networks. *RAND J. Econ.* 31 (3): 450–487.

보충자료

Momoh(2000)의 저서에는 전력계통에서 사용되는 최적화 기법이 매우 쉽게 설명되어 있다. Hsu(1997)와 Wu 등(1996)의 논문은 모선별 시장가격에 대한 원칙을 이해하는 데 매우 유용한 참고문헌이다. Conejo 등(2002)의 논문에서는 송전손실을 다룰 수 있는 여러 가지 방법에 대해서 논하고 있다. Hogan(1992)의 논문은 재무적 송전권에 대한 획기적인 연구이므로 참고하기 바란다. Joskow와 Tirole(2000)의 논문은 물리적 송전권과 관련된 시장지배력 문제를 자세하게 다루고 있다. Day 등(2002)의 논문은 대형 계통에서의 시장지배력 문제를 분석하기 위한 수치적 기법들을 제시하고 있다.

Hsu, M. (1997). An introduction to the pricing of electric power transmission. *Util. Policy* 6 (3): 257–270.

Momoh, J.A. (2000). *Electric Power System Applications of Optimization*. Marcel Dekker.

Wu, F., Varaiya, P., Spiller, P., and Oren, S. (1996). Folk theorems on transmission access: proofs and counterexamples. *J. Regul. Econ.* 10 (1): 5–23.

6

전력계통 운영 Power System Operation

6.1 개요

6.1.1 신뢰도의 필요성

일반적인 상품의 경우, 구매자와 판매자는 상품의 배송 방법과 책임에 대해 묵시적 또는 명시적으로 동의해야 한다. 이것은 판매자가 시장 가판대에서 사과 한 봉지를 건네주는 것처럼 간단할 수도 있고 전 세계를 반 바퀴 도는 운송을 준비하는 것처럼 복잡할 수도 있다. 배송 중 문제가 발생하면 배송이 지연되거나 상품이 분실될 수 있기 때문에 계약서에는 구매자 또는 판매자 가운데 누가 책임이 있는지 명시된다. 구매자 또는 판매자가 물류회사에 이 배송 계약을 체결한 경우 물류회사에게 손해배상을 청구할 수 있으며 해당 물류회사의 서비스를 계속 이용할지 말지 결정을 내리게 된다.

전기에너지의 구매자와 판매자는 거래를 하기 위해 기존 전력계통 인프라를 이용해야 하며 여기에는 별다른 선택의 여지가 존재하지 않는다. 또한 이 인프라는 일괄적 처리가 아닌 연속적으로 작동하며 모든 전력거래는 물리적 전력의 흐름에 의하여 지배된다. 계통에서의 고장은 특정 거래에만 영향을 미치는 것이 아니라 모든 사용자에게 무차별적으로 영향을 미친다. 이 장의 뒷부분에서 살펴보겠지만 대규모 정전을 피하려면 전체 계통의 상태를 숙지하고 전력망을 적절한 방식으로 운영할 수 있는 능력이 필요하다. 이는 개별적인 시장참여자가 할 수 있는 일이 아니기 때문에 운영에 대한 책임은 계통운영자라는 독립적인 기관에게 위임된다. 최선의 노력에도 불구하고 전력망 구성 요소의 예상치 못한 고장 혹은 전력 수급의 갑작스럽고도 큰 불균형의 결과로 가끔 대규모 정전 및 더 빈번한 소규모 정전이 발생하곤 한다.

계통운영자는 일반적으로 이러한 사고로 인해 시장참여자에게 발생할 수 있는 손해에 대해 책임을 지지 않는다. 따라서 전기에너지의 소비자와 발전회사가 정전으로 인한 사회경제적 비용을 부담해야 한다. 따라서 규제당국의 역할 중 하나는 지역독점 송배전회사로 하여금 만족할 만한 수준의 신뢰도, 즉 정전의 횟수, 범위, 기간이 충분히 적도록 유지하도록 하는 것이다. 규제기관은 일반적으로 전력망 계획에 대한 기준을 설정하고, 계통운영자에게 운영의 신뢰도 기준을 따를 것을 의무화하고, 신뢰도의 수준을 주기적으로 점검하고, 사고 발생 후 조사를 수행하는 역할을 한다. 전력계통의 신뢰도는 공공재적인 성격을 가지는데 그 이유는 모든 소비자와 발전기들은 차별 없이 지속적인 서비스를 제공받아야 하기 때문이다.

6.1.2 신뢰도의 가치

신뢰도가 높다는 것은 정전 가능성이 낮다는 것을 의미한다. 때문에 신뢰도 개선의 경제적 가치는 정전이 불러올 비용의 감소 측면에서 생각되어야 한다. 그러나 이 비용절감을 추정하는 것은 쉬운 일이 아니다. 먼저 신뢰도를 개선하기 위해 취한 조치가 정전 빈도, 정전 고객의 수와 정전 지속 시간에 어떤 영향을 미치는지 추정해야 한다. 그런 다음 각 사례의 정전 비용을 평가해야 한다. 불행히도 이는 고객 유형, 정전 지속 기간 및 정전 발생 시기에 따라 다르다. 이 데이터를 확보하기 위해서는 다양한 유형의 고객들을 조사하고, 정전을 피하기 위해 얼마의 금액까지 지불할 의사가 있는지 조사해야 한다. 이 데이터를 수집하고 나면 공급지장가치(Value of Load Lost, VoLL)라고 하는 값을 계산할 수 있다. 이 값은 소비자가 갑작스러운 정전을 당하는 것을 피하는 것에 대해 기꺼이 지불할 용의가 있는 금액으로 정의할 수 있다. VoLL은 거시경제 분석을 사용하여 추정할 수도 있다. 정전은 매우 다양한 방식으로 영향을 미치기 때문에 대부분의 경우 VoLL은 개별 고객에게는 의미가 없다. 예를 들어 순간적인 정전은 대부분의 일반 고객들에게는 거의 무시할 수 있는 수준의 손실을 끼치지만, 반대로 반도체 제조업체에게는 수백만 달러의 손해를 끼칠 수 있다. 반면에 대규모 정전은 모든 유형의 고객에게 무차별적으로 영향을 미치기 때문에 VoLL은 광범위한 신뢰도를 연구할 때 유용하다. 표 6.1은 다양한 국가 또는 지역에서 사용되는 VoLL의 추정치를 정리한 것이다. VoLL값은 정전의 잠재적인 비용에 대한 대략적인 추정만 제공한다. 이 추정 VoLL값들은 평균 전력 가격에 비해 최소 100배(두 자릿수) 이상 높은 수치를 나타내고 있다. 따라서 정전으로 인한 소비자들의 사회경제적 손실은 발전기의 수익 손

표 6.1 다양한 지역의 공급지장비용

국가/지역	VoLL ($/MWh)	출처
United Kingdom	$22 000	London Economics
Countries of the European Union	$12 290–$29 050	European Commission
United States	$7 500	Brattle Group
MISO	$3 500	MISO
New Zealand	$41 269	London Economics
Victoria – Australia	$44 438	London Economics
Australia	$45 708	London Economics
Ireland	$9 538	London Economics
Northeast USA	$9 283–$13 925	London Economics

환율은 2016년 9월 19일 US$ 값을 기준으로 적용한 것임.

실보다 훨씬 큰 수준임을 알 수 있다.

6.1.3 신뢰도의 비용

신뢰도 역시 비용이 존재한다. 7장과 8장에서 새로운 발전 및 송전 설비 투자에 따라 신뢰도가 어떤 영향을 받는지 알아볼 것이다. 이 장에서는 신뢰도가 기존의 설비들을 대상으로 전력계통을 운영하는 데 소요되는 비용에 어떠한 영향을 미치는지 알아볼 것이다. 신뢰도의 운영비용은 계통운영자로 하여금 전력계통 안정도 유지비용과 고객들의 정전을 피하기 위한 비용에서 비롯된다.

- **예방조치**: 일반적으로 계통운영자는 갑작스러운 사고가 발생하더라도 전력망이 안정적으로 유지되도록 하여야 한다. 예방조치(preventive measures)는 계통을 안정적으로 유지하는 데 필요한 추가 비용, 즉 순수한 경제적 비용에 추가적으로 소요되는 비용을 의미한다. 5장의 경제급전과 OPF 해의 비용 차이가 예방조치로 야기된 것으로 이해할 수 있다.
- **시정조치**: 예방조치와는 다르게 시정조치(corrective actions)는 상정사고 후에 취해진다. 그러나 효과적인 시정조치를 시행하기 위해서 계통운영자는 상정사고가 일어나기 전에 만반의 준비를 갖추어야 한다. 이러한 준비의 예시로는 발전 출력을 빠르게 증가시키는 발전기의 확보 또는 단기간에 수요를 줄일 수 있는 대규모 소비자와의 수요관리 계약 등이 있다. 그러므로 시정조치는 두 가지 비용으로 나누어지게 된다. 하나는 필요 자원이 가용 상태로 유지됨에 따른 비용이고, 나머지 하나는 해당 자원이 실제로 사용될 때만 지불하는 비용이다.

보다 광범위한 예방조치의 구현과 시정조치에 필요한 추가적인 자원을 확보하는 것은 계통운영자로 하여금 예상치 못한 사고에 대한 대응력을 향상시켜 결론적으로 신뢰도를 향상시킨다. 이러한 조치에 따른 한계비용과 그것들이 제공하는 신뢰도 증가의 가치가 일치하게 되는 지점이 존재하게 된다. 이론적으로는 이 지점의 운영 신뢰도를 유지하기 위해 지출할 최적의 금액을 산정해야 한다. 왜냐하면 장기적으로 신뢰도 향상에 1달러를 추가로 지출하여 1달러의 정전비용을 피할 수 있기 때문이다. 그러나 불행히도 여러 가지 요인들로 인해 이 균형점을 계산하기는 대단히 힘든 경우가 대부분이다. 첫째로, 발생할 수 있는 상정사고들의 경우의 수는 방대하지만, 그것들 각각의 확률은 상대적으로 매우 낮다. 또한 이 확률은 날씨 및 환경에 따라 달라지기 때문에 정확하게 구하기 어렵다. 연쇄사고(cascading)(하나의 설비 고장으로 인해 다른 설비도 순차적으로 고장이 발생하는 현상)가 발생할 확률도 무시할 수 없으며 이 확률 역시 전력계통의 복잡한 구조에 따라 영향을 받게 된다. 둘째로, 특정한 상정사고에 대해 가장 효율적으로 대응하는 방법은 해당 전력계통의 구성 상태에 따라 다르다는 점이다. 셋째로, 어떤 종류의 조치 혹은 자원은 여러 가지 종류의 사고대응에 공통적으로 쓰일 수 있어 특정한 사고에 대해서만 그 가치를 계산하기 힘들기 때문이다.

이와 같은 불확실성과 복잡성으로 인해 계통운영자는 정전을 피하기 위한 확률적 조치 비용을 고려하지 않는 결정론적 규칙을 사용하여 계통 신뢰도에 대한 책임을 지는 것을 선호하게 된다. 일반적으로 이러한 규칙들은 상정사고에 대해 규정지으며 또한 계통운영자로 하여금 비자발적 정전 없이 상정사고에 대해 견딜 수 있도록 운영할 것을 요구한다. 상정사고에는 보통 개별 설비(선로, 발전기, 션트 요소)의 탈락이 포함된다. 2개의 상정사고가 동시에 일어날 확률은 일반적으로는 너무 작으므로 많은 경우 발생을 고려할 필요가 없다고 가정한다. 규제당국은 이러한 기준들을 승인하여 계통운영자로 하여금 소비자들로부터 비용을 회수할 수 있도록 승인한다. 이 과정들은 계통운영자가 소비자를 대신하여 일정한 수준 이상의 계통 신뢰도를 대신 구비하는 것을 뜻한다.

6.1.4 신뢰도 자원의 확보

계통운영자는 계통의 급작스러운 사고 또는 천천히 일어나는 변화에 대해 단순히 반응만 한다기보다는 발생할 가능성이 있는 돌발상황[1]과 계통 불안정과 같은 위험요소들을 피하기 위한 조치를 취하는 데 사전에 상당한 시간과 노력을 들인다. 따라서 전력계통 운영 절차는 예방조치 확보와 필요한 시정조치용 자원들이 제대로 준비되어 있는지 확인하기 위해 실시간 운영보다 훨씬 일찍 시작되어야 한다. 전력계통이 수직통합되어 있는 환경이라면 이러한 작업들은 모두 전력회사의 관할하에 행해진다. 반면에 전력시장이 경쟁적 환경이라면 대부분의 자원에 대한 책임은 여전히 공급 측에 있지만 그중 일부는 수요 측이 지게 되고 이러한 경향은 점점 증가하고 있다. 그러므로 계통운영자는 이러한 자원들을 전과 달리 더 이상 무료로 이용할 수 없으며 그에 대한 대가를 지불해야 이용할 수 있게 된다.

실시간 계통운영 이전에 신뢰도 자원을 확보하는 것은 두 가지 장점이 있다. 첫째는 일반적으로 더 많은 옵션을 사용할 수 있기 때문에 비용을 낮출 수 있다는 것이다. 둘째로 계통운영자가 상정사고에 대비해 필요한 것들을 미리 확보할 수 있다는 점이다. 이와 반대로 전력계통의 상태에 대한 불확실성은 실시간에 가까워질수록 감소한다. 이는 실시간에 가까워질수록 실제 수요에 맞추어 필요한 자원들을 투입할 수 있다는 것을 의미한다. 이 두 가지의 적절한 조화는 신뢰도를 보장하면서 전력시장을 효율적으로 운영하는 방안에 대한 논쟁의 중심에 있다. 전력시장이 처음 도입되었을 때 전기에너지 거래는 계통의 신뢰도를 보장하기 위해 실시간 운영 이전의 최소 몇 시간의 리드타임(lead time)이 필요하였기에 그에 맞추어 몇 시간 전에 시장을 마감하였다. 신뢰도 자원은 보조서비스[2]에 대한 장기계약 또는 에너지 시장 마감에 맞추어 발전기

1 한 숙련된 계통운전원은 그의 직업을 "걱정하는 것"이라고 표현하였다.

2 **보조서비스**는 전력시장의 주요 상품인 전기에너지(kWh) 거래를 보조하기 때문에 이러한 용어가 선정되었다. 또한, 이는 실제 에너지를 제공하기보다 향후 계통운영자의 요청이 있을 때 에너지를 제공하는 잠재적 능력을 의미하기 때문이기도 하다.

가 입찰한 내용에 따라 확보되었다. 계통운영자가 시장경쟁 환경에서 신뢰도를 유지할 수 있는 능력이 증가함에 따라 보조서비스 확보를 위한 장기계약에 대한 의존도는 줄어들었고 대신에 거래시간과 리드타임이 5분 정도로 짧은 밸런싱 시장의 도입으로 대체되었다. 시장 마감이 실시간 시장과 가까워질수록 불확실성이 높은 신재생에너지를 다루기 유리하다. 이는 신재생에너지의 불확실성을 감당하기 위해 자원을 미리 비축해야 할 필요성이 줄어들기 때문이다.

6.1.5 이 장의 주요 내용

이 장의 나머지 부분에서는 먼저 전력계통에 영향을 미치는 다양한 유형의 외란과 이러한 외란이 운영 신뢰도에 미치는 영향을 분석한다. 뿐만 아니라 이러한 외란을 처리하는 데 필요한 자원의 유형에 대해서도 알아볼 것이다. 그런 다음 필요한 자원의 양을 결정하는 방법과 자원을 확보하기 위한 메커니즘에 대해 학습할 것이다. 마지막으로 신뢰도 자원 제공자의 관점에서 전기에너지 거래와 관련하여 운영상의 이익을 극대화할 수 있는 방법도 다룰 것이다.

6.2 계통운영 주요 이슈

계통운영자는 계통의 현재 상태뿐만 아니라 앞으로 몇 시간 동안 발생할 수 있는 모든 상황을 고려해야 한다. 전력계통의 현재 상태는 외부 조건이 변경되지 않는다는 가정하에 지속적으로 운전될 수 있어야 한다. 이는 어떤 전력계통의 요소라도 운전 범위를 벗어나서는 안 된다는 것을 의미한다. 예를 들면 앞 장에서 논의한 바와 같이 저항 손실로 인해 선로의 온도가 지나치게 높아져서 일정 이상의 처짐(sag)으로 인한 사고가 발생하지 않도록 선로에 흐르는 부하가 제한되어야 한다.

외부의 조건들이 변하지 않을 것이라고 가정하는 것은 안타깝게도 지나치게 낙관적인 가정이다. 전력수요는 사람들의 활동에 따라 지속적으로 변하며, 풍력과 태양광에 의해 생산되는 전력 역시 날씨와 시간에 따라 달라지게 된다. 또한 수만 개의 설비로 구성된 전력계통에서 하나의 설비가 고장 나는 것은 결코 드문 일이 아니다. 이러한 계통 구성요소(예: 송전선) 중 일부는 악천후와 같은 악조건에 노출되기 쉬우며, 또 다른 어떤 설비(예: 발전소)는 운전 온도가 반복적으로 변하는 경우 고장이 발생하기 쉽다.

예제 6.1

그림 6.1에 표시된 2개 발전기를 가진 계통을 생각해 보자. 두 발전기의 용량이 모두 100 MW인 경우 이 계통에서 안전하게 처리할 수 있는 최대부하는 일반적으로는 200 MW라고 생각하기 쉽지만, 사실은 100 MW이다. 이는 발전기 중 하나가 갑자기 고장 날 때를 대비하여 예비용량이 필요하기 때문이다. 발전기가 보다 많은 계통은 여유 용량을 보다 적게 잡고 운영할 수 있다.

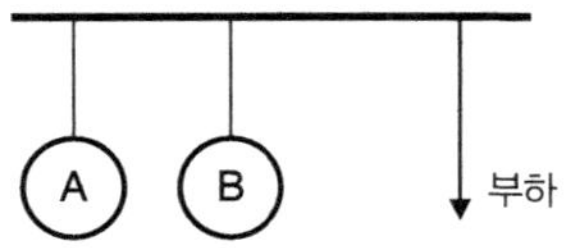

그림 6.1 2개 발전기를 가진 계통의 신뢰도 제약에 따른 운영 사례

우리는 먼저 부하와 발전 사이의 차이로 인해 발생하는 계통운영 신뢰도의 이슈들에 대해 알아볼 것이다. 그런 다음 송전망에서 발생하는 신뢰도 관련 문제점들을 살펴볼 것이다. 이들에 대한 구분은 완벽하게 해낼 수는 없으며, 여러 경우 전력계통 수급균형 문제와 송전망 문제의 상호작용에 주목해야 할 것이다.

6.2.1 밸런싱 이슈

전력의 수급균형에 대해 논의할 때 모든 부하와 발전기가 동일한 모선에 연결되어 있다는 가정하에 진행한다. 연계된 전력계통에서 이 모선은 다른 지역 또는 국가와의 연계선로의 터미널 역할을 하기도 한다. 이러한 상황에서 계통의 변수는 발전량, 부하량, 주파수, 그리고 다른 계통과의 전력거래량이다. 발전량과 부하량이 일치하는 한 계통의 주파수와 전력거래량은 일정하게 유지된다. 그러나 부하량과 발전량 사이의 균형은 전력수요의 변동, 재생에너지 발전량의 변동, 제어 가능한 발전기 발전량의 편차, 발전기의 탈락 등으로 인해 지속적으로 벗어나게 된다. 고립 계통에서 잉여 발전량은 계통의 주파수를 높이게 되며, 반대로 발전량이 부족한 경우 주파수는 낮아지게 된다. 주파수의 변화율은 계통에 연계된 동기발전기와 회전부하들의 관성에 의해 결정된다. 대형 풍력터빈과 태양광발전기는 전력전자 설비를 통해 계통에 연계되기 때문에 계통의 관성에 기여하지 않는다. 오늘날 이러한 유형의 발전기의 비율이 점차 증가함에 따라 계통의 관성이 감소하여 주파수 유지에 대한 우려가 발생하고 있다. 자세한 사항은 Wang(2016)과 O'Sullivan(2014)의 논문을 참고하기 바란다.

큰 주파수의 편차는 계통의 붕괴로 이어질 수도 있다. 실제로 발전기는 상대적으로 좁은 범위의 주파수 변동에서 작동하도록 설계되어 있다. 만일 주파수가 너무 낮아지면 보호설비가 발전기를 보호하기 위하여 계통으로부터 분리한다. 이러한 발전기 탈락은 발전량과 부하량 간의 차이를 더욱 크게 만들어 주파수가 추가로 저하되고 이로 인해 더 많은 발전기의 탈락이 생기게 될 수 있다. 또한 보호 계전기가 안전 운전 속도를 초과하는 발전기를 탈락시켜 전력계통이 붕괴되는 경우도 있다. 이와 같은 발전기의 탈락은 발전량 부족으로 인해 주파수 붕괴를 일으킬 수 있다. 계통의 총 관성은 계통의 크기와 관련이 있으므로 연계되어 있는 계통에서는 주파수의 편차로 인한 문제가 적어진다. 그러나 연계 계통 사이의 크고 갑작스러운 수급불균형은 연계선로에 과부하가 걸리고 단선을 유발하여 인접망의 안정성에 영향을 미칠 수 있다. 따라서 계통운영자는 큰 불균형이 발생하는 상황을 해결하기 위한 신뢰도 자원을 확보하고 있어야 한다.

부하량과 발전량 사이의 작은 불균형은 주파수 편차와 연계선로의 융통량에 미치는 영향이 적기 때문에 즉각적으로 계통운영 신뢰도의 문제로 나타나지 않는다. 그러나 이러한 불균형은 계통을 약화시키므로 신속하게 그 원인이 제거되어야 한다. 정격주파수 미만에서 운전되거나 연계선로에 과부하가 발생할 경우, 실제로 일어날 수 있는 추가적인 상정사고들에 대하여 전력망이 견뎌 낼 수 없기 때문이다.

아래의 예제는 독립된 전력계통에서 관측될 수 있는 수급 불균형 사례를 보여 준다.

예제 6.2

그림 6.2a는 5 거래기간 동안 Borduria 전력계통에서 관찰된 순 수요를 보여 준다. 이때 순 수요란 실제로 소비된 전력에서 풍력 및 태양광과 같은 간헐적인 재생에너지원에서 생산된 전력을 뺀 것으로 정의한다. 이 그

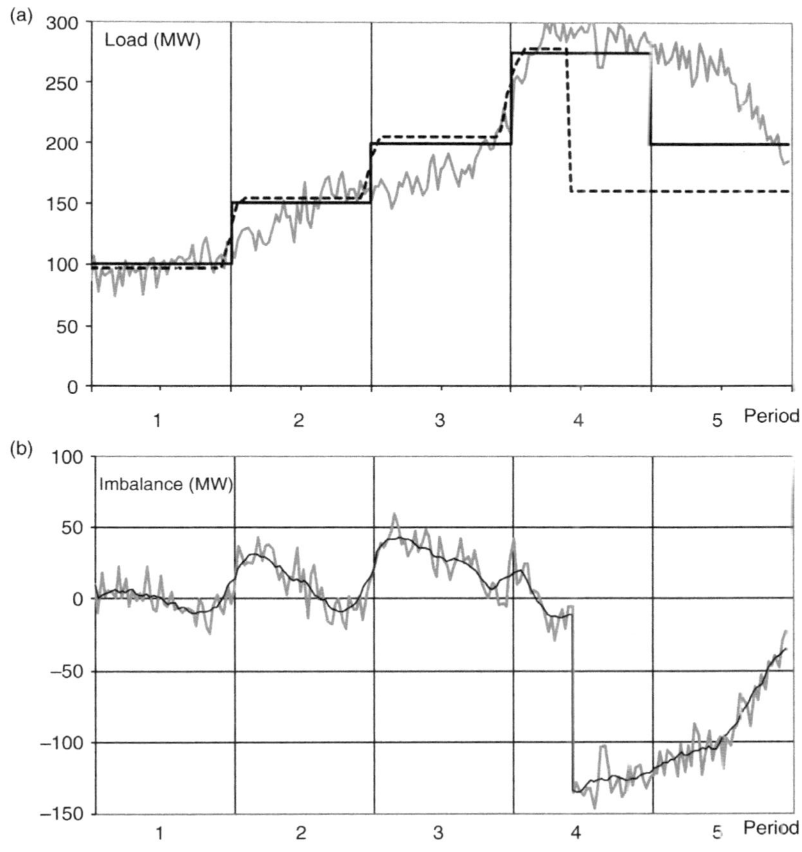

그림 6.2 (a) 5 전력거래 기간 동안의 순 부하와 발전기 출력 형태; (b) 순 부하와 발전력의 차이로부터 발생하는 수급불균형

래프는 상대적으로 느린 추세와 랜덤성 변화가 중첩된 것을 보여 준다. 이 변동은 재생에너지 발전의 변동성과 부하 증감발의 조합으로 이루어진다. 이와 비슷하게, 순 부하의 추세는 인간의 활동에 의해 변화하는 수요의 주기적인 변화와 날씨 및 시간에 의해 변화하는 재생에너지의 발전량의 변화를 중첩하여 표현할 수 있다.

다른 전력시장과 마찬가지로 Borduria 시장은 각 거래기간 동안 수요가 일정하다는 단순화된 가정을 한다. 그림 6.2a는 전통적 발전기들에 의해 각 거래기간 동안 거래된 에너지를 나타내는 계단함수를 보여 준다. 이 계단함수는 두 가지 면에서 순 수요와 다르다. 첫째, 순 부하의 무작위적 변동을 표현할 수 없다. 둘째, 시장에서 순 수요를 완벽하게 예측할 수 있다면, 각 기간 동안 거래되는 에너지는 해당 기간 동안의 순시 순 수요의 적분값과 같게 된다. 그러나 실제로는 완벽하지 않은 예측을 기반으로 운영되기 때문에 에너지 시장의 거래량은 순 수요의 정확한 평균이 아니다. 또한 계단함수는 전통적 발전기의 예상되는 총 출력을 나타내기도 한다. 그러나 전통적 발전기들 역시 완벽하게 계획된 출력을 낼 수는 없다. 그림 6.2a의 점선은 이러한 전통적 발전기의 실제 출력을 의미한다. 각 거래기간 동안에 차이가 발생하며, 전체 기간에 대해서도 차이가 발생한다. 발전기의 출력을 조정할 수 있는 범위에 대한 제한 때문에 전통적 발전기는 시장에서의 출력 요구량을 정확하게 맞출 수는 없다. 그림 6.2b는 에너지 시장을 통해 계획된 실제 생산량과 부하 간의 차이를 보여 준다. 이러한 불균형은 첫 번째 거래기간에는 상대적으로 적다. 그러나 거래기간 2, 3에 걸쳐 순 수요가 전통적 발전기의 발전량보다 적은 것을 볼 수 있다. 이것은 재생에너지 발전량을 과소평가한 것에 기인할 수 있다. 거래기간 4에서는 대규모 발전기의 탈락으로 인해 큰 수급불균형이 발생한 것을 볼 수 있다. 그림 6.2b의 곡선 모형은 불균형이 세 가지의 주요 구성요소를 갖고 있음을 시사하며, 그 세 가지 구성요소는 빠른 무작위적 변동, 그보다는 느리지만 더 큰 편차, 가끔씩 발생하는 대규모 발전량 부족이다. 보다 느린 편차를 강조하기 위해 불균형 그래프의 부드러운 프로파일이 그림에 추가되었다.

6.2.1.1 밸런싱 자원

예제 6.2에서 볼 수 있듯이, 다양한 현상들은 서로 다른 "박자 표(time signature)"에 기반한 불균형을 만든다. 계통운영자는 각 유형들의 불균형을 처리하기 위해 서로 다른 자원이 필요하다. 이 자원들의 명칭은 시장마다 다르다. 자세한 내용은 Reboures 등(2007a)과 Reboures 등(2007b)의 다양한 유형의 자원들에 대한 조사 논문을 참고하기 바란다.

주파수조정(regulation) 자원은 부하의 급격한 변동과 전통 및 재생에너지 발전기들에서 비롯되는 의도하지 않은 작은 변화들을 처리하기 위한 것이다. 이러한 자원들은 계통의 주파수를 정격값에 가깝게 유지하도록 하며 다른 전력계통과의 의도하지 않은 전력 융통량을 줄이는 데 도움을 준다. 일반적으로 발전량을 빠르게 늘리거나 줄일 수 있는 발전기들이 이 서비스를 제공한다. 이러한 설비는 계통에 반드시 연계되어 있어야 하며, 조속기가 설치되어 있어야 한다. 이 자원들은 일반적으로 자동 발전 제어(automatic generation control) 메커니즘으로 작동된다.

부하추종(load following)이 가능한 발전기는 느린 변동, 특히 에너지 시장의 특정 거래기간 내의 변화를 담당한다. 이러한 자원은 계통에 연계되어 있어야 하며 부하 변화에 대응할 수 있어야 한다.

주파수조정과 부하추종은 이를 제공하는 발전기의 연속적인 제어를 통하여 이루어진다. 주파수조정은 비교적 작은 규모이며, 부하추종은 예측 가능한 성격을 가지고 있다. 이러한 발전기들은 수급불균형을 0에 가깝게 유지하며 주파수를 정격에 가깝게 유지하도록 하는 계통운영 신뢰도 서비스를 제공한다. 반면에 상정사고 대비 예비력으로 사용되는 자원은 계통의 안정도를 위협할 수 있는 대규모 전력 부족 상황에 대응하도록 설계되었다. 따라서 이러한 자원들은 해당 상황이 발생했을 때 활용된다. 예비력 자원을 확보하는 것은 예방적 차원의 신뢰도 확보의 한 가지 형태로 생각할 수 있다.

예비력은 일반적으로 두 가지로 분류된다. **순동예비력**(spinning reserve)을 제공하는 자원은 주파수의 변화에 즉각적으로 응동해야 하며, 해당 자원의 예비력이 매우 빠르게 사용될 수 있어야 한다. 반면에 **추가예비력**(supplemental reserve) 서비스를 제공하는 발전기는 즉각적으로 응동을 할 필요가 없다. 전력시장마다 정의가 다르기는 하지만 일부 시장에서는 계통에 동기 연계는 되어 있지 않지만 신속하게 동기화될 수 있는 발전 자원을 포함하고 있다. 경우에 따라 비상시 부하를 차단하는 데 동의한 부하 역시 해당 예비력 서비스를 제공하는 것으로 볼 수 있다. 응답속도 외에도 예비력의 정의에는 해당 발전기가 출력을 유지하고 있어야 하는 시간도 정의해야 한다. 이러한 파라미터들은 계통의 규모와 적용 중인 신뢰도 기준에 따라 상당히 다르게 결정된다. 예를 들어 소규모 고립 전력망에서는 대규모의 연계계통보다 더 빠른 예비력이 필요하다.

보조서비스로 구매하는 밸런싱 자원과 현물시장에서 거래되는 밸런싱 에너지를 명확하게 구분할 필요가 있다. 그러나 불행히도 다양한 종류의 전력시장 설계로 인해 명확한 구분은 매우 어렵다. 일반적으로 개설 시장의 종료 시점과 실시간 급전 사이의 시간간격이 짧은 경우, 계통운영자는 현물시장에서 밸런싱 자원의 상당부분을 구매할 수 있다. 반면에 하루전 시장으로 작동하는 경우 밸런싱 자원 확보를 위해 복잡한 메커니즘이 필요하게 될 수 있다.

발전기의 출력변화 가능범위는 밸런싱 서비스를 제공할 수 있는 능력을 결정하는 가장 중요한 요소이다. 그러나 어떤 경우에는 발전기의 전력망 내의 위치가 이러한 서비스를 제공하는 능력에 영향을 끼칠 수 있다. 송전혼잡이 자주 발생하는 선로를 이용하는 발전소는 이러한 서비스를 제공하는 데 적합한 후보 설비가 아니다. 이는 송전제약으로 인해 출력 증가분을 사용할 수 없게 될 수도 있기 때문이다.

예제 6.3

그림 6.3은 대규모 발전기 탈락 이후 전력계통의 주파수 응답과 예비력 서비스 응답을 보여 준다. 이 예는 실제 사고를 기반하고 있다. 1995년 8월 15일 12시 25분 30초에 영국의 전력계통에서 1,220 MW 규모의 발전기가 탈락되었다. 당시 총 발전용량은 약 65 GW였지만, 다른 전력계통과 AC 연계는 없었다 따라서 상당한 규모의 주파수 변동이 생기기 쉬웠다. 이 전력계통의 운영을 위해 정의된 두 가지 예비력 종류는 다음과 같다. **1차예비력**은 10초 이내에 동작해야 하며 그 후 20초 동안 지속 가능해야 한다. **2차예비력**은 사고 발생 시 30초 이내에 동작해야 하며 그 후 30분 동안 지속되어야 한다. 그림에서 알 수 있듯이 1차예비력은 법적

한계인 49.5 Hz에 도달하기 전에 주파수 하락을 저지하는 데에 성공했다. 그 후 2차예비력은 계통 주파수를 정격값에 더 가깝게 만드는 데 기여했음을 알 수 있다. 12시 29분 20초에 가스터빈을 가동하여 주파수를 정격으로 복원하는 데에 성공하였다.

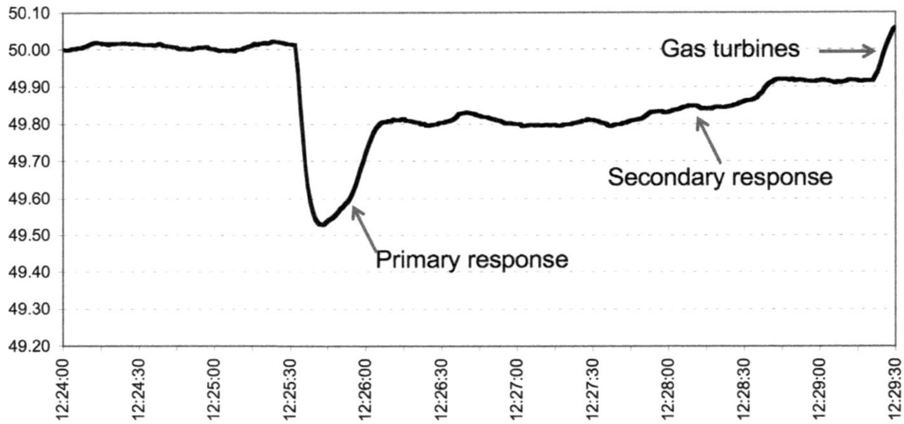

그림 6.3 대규모 발전기 탈락에 따른 주파수와 예비력의 반응 예제

6.2.1.2 가변 재생에너지의 발전 영향

풍력이나 태양광과 같은 변동성 재생에너지원의 발전 비율이 증가함에 따라 계통운영자는 재생에너지 발전량의 변화를 감당할 수 있는 능력을 유지하기 위한 예비력을 확보해야 한다. 풍력발전에 대한 불확실성의 범위는 예측의 리드타임에 따라 크게 증가할 수 있다. 예를 들어 표 6.2는 영국에 설치된 26 GW의 풍력발전에 대하여 예상되는 변화의 최대범위를 보여 준다.

6.2.2 전력망 이슈

6.2.2.1 송전 제약

대부분의 실제 전력계통에서 수요와 공급은 전력망을 통해 연결된다. 부하량과 발전량이 변화

표 6.2 영국에 설치된 26 GW 풍력설비 발전 변화량 수준

리드타임(h)	관측된 최대 변화량(MW)
0.5	1090–1450
1	2100–2800
2	4050–5400
4	7200–9650

함에 따라 선로의 조류량과 모선의 전압이 변동하게 된다. 따라서 계통운영자는 이러한 변동이 운영 신뢰도에 미치는 영향을 고려해야 한다. 안전 동작 범위를 벗어나 작동하는 설비가 없는지 계속해서 확인하는 것 외에도 계통운영자는 주기적으로 상정사고에 대한 컴퓨터 시뮬레이션을 진행한다. 이러한 분석은 전력계통의 현 상황에서 발생할 수 있는 상정사고가 전력계통에 미치는 영향을 확인하기 위함이다. 전력계통의 특성에 따라 이러한 불안정함은 여러 가지 형태로 나타날 수 있다.

- 특정 선로가 탈락하면 해당 선로의 전력조류가 망을 통해 자체적으로 경로를 변경한다. 이 상정사고 결과 하나 이상의 다른 선로들이 열용량(thermal capacity)을 초과할 수도 있다. 계통운영자가 이에 신속하게 대응조치를 취하지 않으면 과부하 선로가 처지거나 끊어지는 등의 비상상황이 발생할 수 있다. 마찬가지로 과부하 변압기는 과열에 따른 손상을 방지하기 위해 운전을 중단할 수 있다. 이러한 추가적인 탈락은 전력망을 더욱 약화시키고 점점 더 많은 곳에 과부하가 걸리게 되어 결국 전력계통 전체 붕괴를 초래할 수 있다.
- 발전기 혹은 무효전력 보상장치의 갑작스러운 탈락은 전력계통에서 필수적인 무효전력 공급 능력을 약화시킨다. 이와 비슷하게 중요 선로의 탈락은 계통이 감당할 수 있는 수준 이상의 큰 무효전력 손실로 이어질 수 있다. 그렇게 되면 일부 지역 또는 전체 계통의 전압이 붕괴될 수도 있다.
- 과부하 선로의 탈락은 몇몇 발전기의 위상을 증가시켜 이들이 전력망과 분리되게 할 수도 있다. 이러한 경우 발전과 수요가 더 이상 균형을 이룰 수 없기 때문에 계통이 붕괴되는 결과를 초래할 수 있다.

계통에서 발생할 수 있는 상정사고가 이러한 문제를 일으킬 수 있는 경우 계통운영자는 사전에 필요한 예방조치를 취해야 한다.

일부 예방조치의 경우는 구현하는 데에는 비용이 거의 들지 않거나 무시할 수 있는 수준이다. 예를 들어 계통운영자는 변압기의 탭과 발전기의 설정을 조정하거나 커패시터나 리액터의 뱅크를 켜거나 끌 수 있어 전압 붕괴에 대한 여유도(마진)를 늘릴 수 있다. 또한 위상조정 변압기를 사용하여 유효전력이 흐르는 경로를 변경하여 상정사고 이후 과부하의 가능성을 줄일 수 있다. 이러한 저비용의 예방조치들은 매우 효과적일 수도 있지만, 전력계통의 운영 신뢰도에 기여하는 수준에는 한계가 존재한다. 전력계통의 부하가 증가함에 따라 일부 선로에 흐르는 유효전력의 양을 제한해야만 신뢰성을 유지할 수 있는 선로가 있을 수 있다. 이러한 제약은 주요 선로에 연계된 발전기가 생산할 수 있는 발전량을 제한하고, 발전기의 출력을 최대로 유지할 수 없게 한다. 이전 장에서 보았듯이 유효전력을 제한하는 것은 시장가격에 영향을 미치며 때때로 매우 큰 비용을 유발한다.

예제 6.4

그림 6.4의 2-모선 전력계통을 고려해 보자. 모선 A에 있는 발전기가 모선 B에 연결된 부하에 판매할 수 있는 전력을 구해 보고자 한다. 선로의 열용량에 의한 제약조건은 가장 쉬운 제약이다. 각 선로가 과열 없이 200 MW를 송전할 수 있게 설계된 경우, 모선 B의 부하가 모선 A의 발전기에서 받는 최대전력은 200 MW가 된다. 한 선로가 끊어질 때를 대비해서 200 MW의 송전용량이 항상 예비로 확보되어야 한다. 만일 상정사고 이후의 조치 가능성을 고려한다면 신뢰도 확보에 있어서 비용을 줄일 수 있다. 예를 들면 한 선로가 처지거나 끊어지지 않고 도체에 손상을 입히지 않은 채 20분 동안 10%의 과부하를 견딜 수 있다고 가정해 보자. 만일 모선 B의 발전기가 20분 안에 출력을 20 MW까지 증가시킬 수 있다면 모선 A에서 모선 B로 송전할 수 있는 최대전력은 200 MW에서 220 MW로 증가할 수 있다.

A에서 B로 전송할 수 있는 최대전력에 대한 과도 안정도의 영향을 고려하려면 추가정보가 필요하다. 복잡성을 피하기 위해 모선 B가 무한 모선처럼 동작하고 모선 A의 발전기가 2 s의 관성상수 *H*를 가지며 0.9 p.u.의 과도 리액턴스 X' 뒤에 일정한 전압으로 모델링되었다고 가정한다. 각 선로의 리액턴스는 0.3 p.u.이다. 두 모선의 전압은 1.0 p.u.로 일정하게 유지된다고 하자. 여기서 최악의 상황은 모선 A에 연결된 선로 중 하나의 고장이다. 또한 이 고장은 100 ms 내에 제거될 것으로 가정한다. 과도 안정도 프로그램을 사용하면 이러한 조건에서 과도 안정도를 유지하며 A에서 B로 전송할 수 있는 최대전력이 108 MW라는 것을 계산할 수 있다.

이제 어떻게 전압 불안정이 A에서 B로의 송전을 제한할 수 있는지 생각해 보자. 다시 말하지만, 복잡성을 피하기 위해 우리는 매우 간단한 전력계통을 채택하고 전력조류가 수렴을 못하면 전압 붕괴 지점에 도달한다고 가정한다. 이러한 가정은 시스템이 처리할 수 있는 최대조류에 대한 좋은 근사치를 제공한다. 보다 정확한 전압 안정도 계산이 필요한 경우 더욱 정밀한 분석법을 사용해야 한다.

모선 B에서 공급할 수 있는 무효전력의 양은 송전용량에 큰 영향을 미친다. 먼저 모선 B의 발전기가 MVAr 상한에 도달하여 전압지원을 더 이상 할 수 없는 경우를 고려해 보자. 전력조류계산 프로그램을 사용하면 두 선로가 모두 운전 중일 때 B의 전압이 제약조건인 0.95 p.u. 아래로 떨어지기 전에 198 MW가 A에서 B로 송전될 수 있음을 계산할 수 있다. 그러나 송전량이 166 MW를 초과하고 선로 중 하나가 고장 나면 전압은 붕괴한다. 반면에 모선 B에서 25 MVAr의 무효전력을 사용할 수 있는 경우 전압이 붕괴되기 전에 송전량을 최대 190 MW까지 늘릴 수 있다.

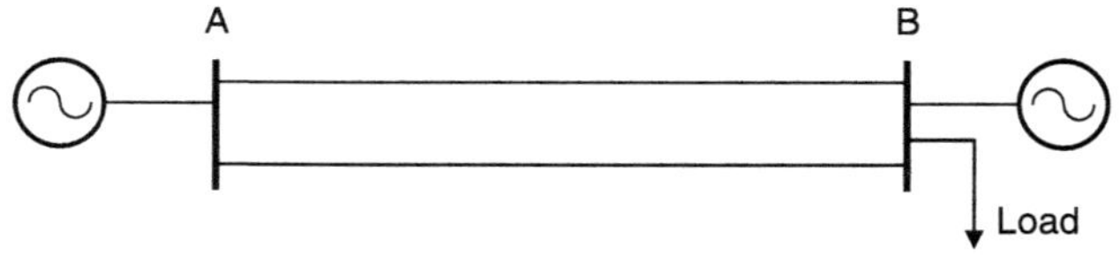

그림 6.4 송전망 신뢰도를 유지하기 위한 제약을 설명하는 2-모선 전력계통 사례

앞선 예제에서 과도 안정도는 최대 송전량에 있어 가장 엄격한 제약요소이다. 실제 전력계통에서 제약요소는 송전망의 구조에 따라 다르다. 송전선이 긴 전력망은 안정도 문제로 인해 제약을 크게 받는 경향이 있는 반면, 더 조밀하게 구성된 전력망은 열 또는 전압 제약에 의해 더욱 영

향을 받는다.

6.2.2.2 전압제어 및 무효전력공급

앞의 예는 계통운영자가 무효전력 설비를 사용하여 전송할 수 있는 전력량을 늘릴 수 있는 방법을 보여 준다. 이러한 무효전력 설비 및 전압제어 장치 중 일부(예: 커패시터 및 리액터, 정지형 무효전력보상장치(SVC), 탭변환 변압기)는 일반적으로 계통운영자가 직접 제어할 수 있다. 그러나 좋은 전압제어 방법은 발전기를 이용하는 것이다. 따라서 계통운영자가 **전압제어 서비스**를 정의할 때 발전회사가 소유한 발전기를 사용할 수 있는 조건을 포함하여 서비스를 정의해야 한다. 이 서비스를 제공하는 발전기는 유효전력 생산과 함께 무효전력을 생산하거나 흡수한다. 때에 따라 발전회사는 무효전력지원 또는 전압제어 서비스만 판매할 목적으로 설립될 수도 있다.

전압제어 서비스의 정의는 정상적 환경에서의 계통 운전뿐만 아니라 예측할 수 없는 상황도 고려해야 한다. 정상적 환경에서 계통운영자는 무효전력 자원을 사용하여 정격전압 인근에서 모든 모선의 전압을 유지해야 한다. 일반적으로 그 범위는 다음과 같다

$$0.95\,\text{p.u.} \leq V \leq 1.05\ \text{p.u.} \tag{6.1}$$

이 범위 내에서 송전 전압을 유지하는 것은 배전망에서 전압조정을 고려할 때 정당화될 수 있다. 이것은 또한 송전시스템의 운영을 보다 안전하게 한다. 전압을 상한값 이하로 유지하면 절연파괴 가능성이 줄어든다. 하한은 더 임의적이다. 일반적으로 정상상태에서 높은 전압을 유지하면 예측할 수 없는 사고가 발생할 경우 시스템이 전압붕괴를 피할 가능성이 높아진다. 그러나 전압값을 일정 범위 내에서 잘 유지하는 것이 반드시 전압 안정도를 보장하는 것은 아니다. 과부하가 걸린 송전선로의 고장은 다른 선로의 무효손실을 비선형적으로 증가시킨다. 이러한 손실에 대하여 무효전력을 보상할 수 없으면 전압이 붕괴된다. 따라서 사고 후 필요한 무효전력의 양은 정상작동 중에 필요한 것보다 훨씬 크다. 그러므로 전압제어 서비스는 정상작동 중에 전압을 조절하는 능력뿐만 아니라 비상시 무효전력을 제공하는 능력 측면에서도 정의되어야 한다. 전압제어 서비스는 종종 **무효전력 제공 서비스**로도 불린다.

예제 6.5

전력조류계산 프로그램을 사용하여 그림 6.4에 표시된 것과 유사한 2-모선 예제에서 전압제어 또는 무효전력 제공 서비스의 특성을 볼 수 있다. 이 계통의 각 송전선은 그림 6.5에 표시된 π 등가회로를 사용하여 모델링하였다. 모선 B의 부하는 1의 역률을 갖는다. 먼저 계통운영자가 이 모선에서 발전기의 무효전력을 사용하여 모선 B에서 전압을 제어하는 방법을 살펴보자. 모선 A의 전압은 정격값으로 일정하게 유지된다고 가정한다.

그림 6.6은 모선 A에서 모선 B로 전송되는 유효전력이 적을 때 선로의 션트 커패시턴스에 의해 공급된 무효전력이 직렬 리액턴스에서 소비되는 무효전력을 초과함을 보여 준다. 모선 B의 발전기는 전압을 허용 가능

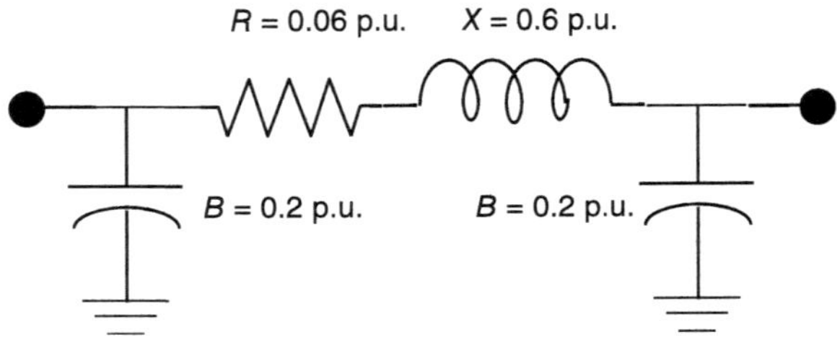

그림 6.5 예제 6.5 송전선로의 π–등가모델

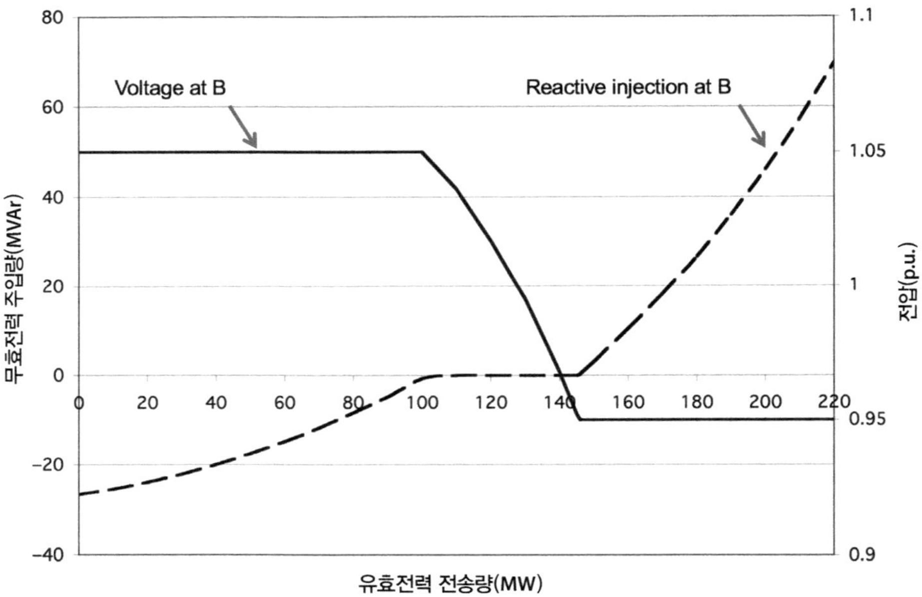

그림 6.6 예제 6.5 계통의 모선 B에서의 무효전력 주입에 따른 모선 B 전압의 변화. 모선 A에서 모선 B로의 유효전력 전송량 관계.

한 범위로 유지하기 위해 이 초과분을 흡수해야 한다. 전송 전력이 100~145 MW일 때 무효전력 균형은 전압이 허용범위 내에서 유지되도록 한다. 이러한 조건에서는 모선 B에서 무효전력의 제공은 필요하지 않다. 송전량이 145 MW를 초과하면 전압이 하한선 아래로 떨어지지 않도록 모선 B에서 무효전력 제공으로 선로의 무효전력 손실을 보상해야 한다.

모선 B에 연결된 발전기가 트립되어 있거나 전압조정에 너무 높은 가격을 요구하는 경우 계통운영자는 모선 A에서 발전기의 전압 설정값(set point)을 조정하여 제어할 수 있다. 송전량이 적다면 모선 B의 전압이 높게 된다. 상한선 아래로 유지하려면 모선 A에서 발전기의 전압 설정값을 낮춰야 한다. 이것은 무효전력이 이 발전기에 의해 흡수되어야 함을 의미한다. 표 6.3은 49 MW를 송전할 때 모선 B의 전압이 상한값에 있고 A의 전압이 하한값에 있음을 보여 준다. 따라서 더 낮은 송전량은 허용될 수 없다. 반면에 송전량이 클 때 발전기 A의 전압 설정값을 높여 B의 전압을 하한값 이상으로 유지해야 한다. 송전량이 172.5 MW에 도달하면

A의 전압은 상한값이 되고 B의 전압은 하한값이 된다. 따라서 49.0 MW보다 적거나 172.5보다 큰 송전량은 모선 A 또는 모선 B에서 전압 제약조건을 위반하게 만든다. 모선 A의 추가 무효전력 투입은 이 범위를 벗어나면 무의미하게 된다. 따라서 정상상태 조건에서도 전압의 지역내 제어가 원격 제어보다 훨씬 더 효과적이라는 결론을 내릴 수 있다.

앞에서 이미 논의한 바와 같이 무효전력 서비스의 가치는 무효전력의 발전 그 자체에 있는 것이 아니라 사고 후 전압붕괴를 방지하는 능력에 있다. 전력조류 프로그램은 사고 후 전압붕괴를 방지하기 위해 주입해야 하는 무효전력의 양에 대한 대략적인 추정치를 제공할 수 있다. 무효전력 필요성을 보다 정확하게 계산하려면 동적 효과를 고려해야 한다. 그림 6.7은 2-모선 계통에서 2개 선로 중 하나가 고장이 발생한 후 전압붕괴를 방지하기 위해 모선 B에 얼마나 많은 무효전력을 주입해야 하는지를 보여 준다. 상정사고가 일어나기 전 모선 A의 전압은 해당 모선에 연결된 발전기에 의해 정격값으로 유지된다. 이 그래프는 송전량이 85 MW보다 적을 경우 모선 B의 무효전력 공급 없이 선로 고장을 견딜 수 있음을 보여 준다. 그러나 송전량이 이 값을 초과하면 사고 후 무효전력 요구량이 급격히 증가하게 된다.

그림 6.8은 130 MW가 전송될 때 사고 전과 후의 무효전력 균형관계를 보여 주고 있다. 모선 B의 발전기는 사고 전후 모두 정격 전압을 유지하고 있다. 상정사고 이전에서 송전선은 약 25 MVAr를 생산하고 이는

표 6.3 모선 A 발전기의 전압 설정치를 이용한 모선 B 전압의 제어 한계

유효전력(MW)	V_B (p.u.)	V_A (p.u.)	Q_A (MVAr)
49.0	1.05	0.95	−68.3
172.5	0.95	1.05	21.7

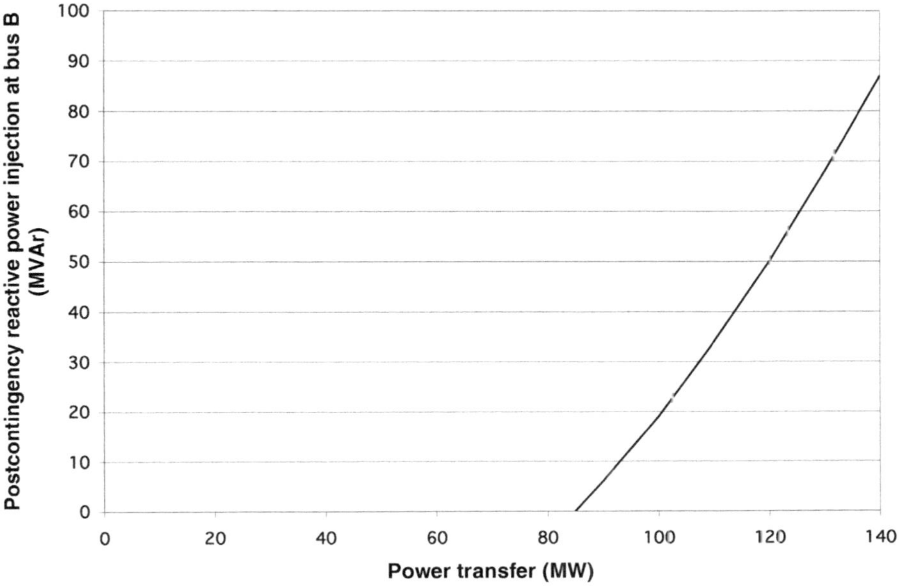

그림 6.7 한 선로의 고장에 따른 모선 B의 상정사고 이후 무효전력 요구량

발전기 A에서 흡수되어야 한다. 유효전력 손실은 약 6 MW이다. 상정사고 이후, 두 발전기 모두 전압 붕괴를 방지하기 위하여 남은 송전선로에 무효전력을 주입하여야 한다. 이때에는 송전선로는 107 MVAr 무효전력을 소비한다. 반면에 유효전력 손실은 15 MW로 증가하게 된다.

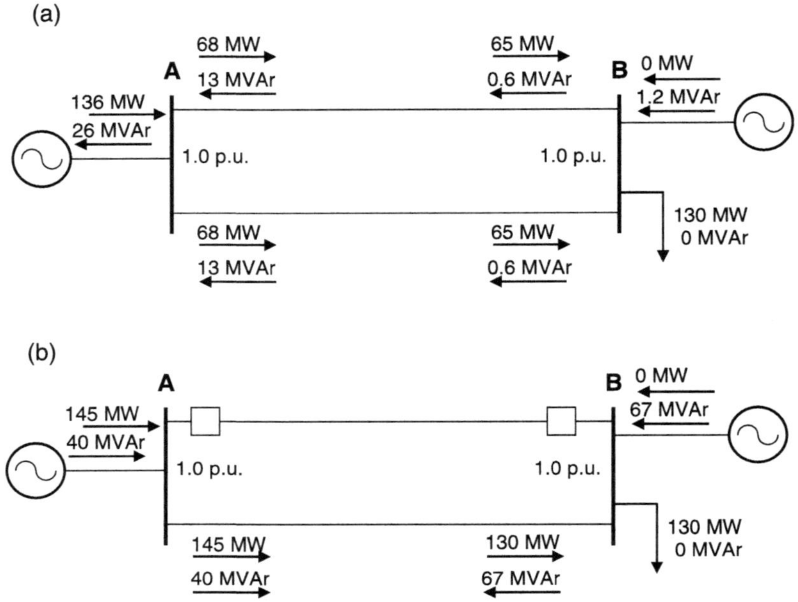

그림 6.8 2-모선 시스템에서 상정사고 전 (a)와 후 (b)의 유효전력과 무효전력 흐름

6.2.2.3 안정도 서비스

일부 계통운영자는 발전기로부터 다른 안정도 서비스를 받아야 할 수도 있다. 예를 들어 **인터트립**(intertrip) 방식은 안정도 문제를 완화할 수 있다. 이러한 방식은 전력계통의 현재 상태에 영향을 미치지 않지만 사고가 발생한 경우 계통의 안정도를 유지하기 위해 일부 발전 및/또는 일부 부하를 자동으로 차단한다. 마찬가지로 **전력계통 안정화 장치**(power system stabilizer)는 발전기 출력을 미세하게 조정하여 전력망에서 발생할 수 있는 진동을 완화시킨다. 이러한 안정화 장치의 운전은 송전량을 증가시킨다.

6.2.3 계통의 복구

계통운영자의 최선의 노력에도 불구하고 때때로 외란이 통제불능 상태로 만들어 전체 전력계통이 붕괴될 수 있다. 그런 상황에서 가능한 한 빨리 계통을 정상상태로 복원하는 것은 계통운영자의 책무이다. 그러나 대형 화력발전소를 재가동하기 위해서는 막대한 기동 전력이 필요한데, 계통 전체가 무너지면 이를 확보할 수가 없다. 다행스럽게도 일부 유형의 발전기(예: 수력발전소 및 소형디젤발전기)는 수동으로 또는 배터리에 저장된 에너지를 사용하여 다시 기동할 수 있다. 계통운영자는 언제든지 서비스의 신속한 복구를 보장할 수 있도록 이러한 복구 자원을 충분히 사용할 수 있는지 확인해야 한다. 이 보조서비스를 일반적으로 **블랙스타트**(black-start) 기능이라고 한다.

6.2.4 시장 모델과 운영 모델

송전망 제약을 반영하는 정확한 발전량의 결정은 복잡한 계통 모형을 사용해야 한다. 이러한 모형은 매우 복잡해서 모선별 한계가격(LMP)의 계산에 직접 포함될 수가 없다. 대신 모든 안정도 한계는 선로조류의 한계로 근사화되어 반영되며 이는 5.3.4.4절에서 살펴본 바와 같이 선형계획법에서 효율적으로 취급될 수 있다. 이러한 선형 근사는 시장청산 프로그램으로 하여금 합리적인 시간 내에 종료하도록 지원하기 때문에 매우 중요하다. 하지만 이는 전력계통 운영 신뢰도를 정확하게 반영할 만큼 충분히 정확하지는 않는다. 따라서 계통운영자는 시장청산 소프트웨어와 함께 보다 정확하고 상세한 계통 모형을 사용하여 병렬적으로 해석을 실시하고 있다. 이러한 모형으로부터 얻어지는 결과를 바탕으로 시장운영의 급전 결과를 변경하고 신뢰도 기준을 만족하도록 한다.

6.3 신뢰도 자원의 확보

앞 절에서 우리는 계통운영자가 계통의 신뢰도를 유지하기 위해 추가의 자원이 필요하고 이러한 자원 중 일부는 보조서비스의 형태로 얻어야 한다는 것을 보았다. 이 시점에서 계통운영자가 필요한 자원을 사용할 수 있도록 하기 위해 필요한 두 가지 메커니즘을 알아보도록 하자. 첫 번째 방식은 자원 제공을 의무화하는 것이다. 두 번째는 다양한 자원에 대한 시장을 도입하는 것이다. 앞으로 살펴보겠지만 두 접근방식 모두 각각의 장점과 단점이 있다. 하나의 메커니즘을 선택하는 것은 자원의 유형뿐만 아니라 전력계통의 특성과 역사적 배경에 의해서도 영향을 받을 수 있다.

6.3.1 의무적 제공

이 방식에서는 전력계통에 연계되기 위한 조건으로 특정 시장참여자들에게 신뢰도 서비스의 제공을 의무화하고 있다. 이러한 규칙의 준수는 모든 발전기에 요구될 수도 있다.

- 4%의 드룹(droop) 계수를 가진 조속기를 장착할 것이 요구된다. 이 요구사항은 모든 발전기가 주파수 조정에 동등하게 기여하도록 한다.
- 0.85 진상에서 0.9 지상 역률 범위에서 운전해야 하고 자동 전압 조정기가 장착되어 있어야 한다. 이것은 모든 발전기가 전압 조정에 참여하고 전압 안정성에 기여하도록 한다.

이는 수직통합 전력회사에서 시행하던 것과 매우 유사한 접근법이다. 또한 계통의 신뢰도를 유지하기 위해 충분한 자원을 사용할 수 있음을 보장한다. 이는 단순하다는 장점을 가지지만 경제적으로 좋은 방식은 아니며 몇 가지 시행상의 어려움이 존재한다.

- 불필요한 투자를 유발하고 실제 필요한 것보다 더 많은 신뢰도 자원을 요구할 수 있다. 예를 들어 계통의 안정도를 유지하기 위해 모든 발전기가 주파수 제어에 참여할 필요는 없다. 마찬가지로 모든 발전기에게 계통 진동을 완화하기 위해 전력계통 안정화 장치가 장착되어 있어야 하는 것은 아니다.
- 이 방식은 기술 또는 상업적 혁신을 유인하지 않는다. 기존 제공자들이 계속해서 이 서비스를 제공하도록 요구된다면 시장참여자나 계통운영자는 새롭고 더 효율적인 서비스 제공방법을 개발해야 할 필요성을 느끼지 못하게 한다.
- 서비스 제공자들의 입장에서 보상 없이 추가비용을 유발하는 서비스를 제공해야 한다고 느껴지기 때문에 정책 수용성이 낮다. 예를 들어 발전회사는 무효전력을 공급하면 동기기의 손실이 증가하고 때로는 판매할 수 있는 유효전력의 양이 감소한다고 불평할 수 있다.
- 일부 참가자는 일부 서비스를 제공할 수 없거나 효율적으로 제공하지 못할 수 있다. 예를 들어 원자력 발전기는 유효전력 발전량의 급격한 출력 변화를 요구하는 서비스를 제공할 수 없다. 고효율 전통 발전기 또는 신재생 발전기는 예비력을 제공하기 위하여 부분부하에서 운전하면 경제적 손실이 발생한다. 필요한 예비력의 양을 중앙에서 결정하고 이를 위해 몇 개의 발전기를 확보하는 것이 더 저렴할 수도 있다. 따라서 이 접근법이 모든 서비스에 적합한 것은 아니며, 적합하다고 생각되는 서비스에도 일부 참가자에게는 예외가 필요할 수도 있다.

6.3.2 신뢰도 자원 시장

시장참가자들이 의무적으로 신뢰도 자원을 제공하는 방법의 경제적인 단점과 실제적인 어려움을 고려할 때, 자원 조달을 위한 시장 메커니즘을 만드는 것이 바람직할 때가 있다. 이 메커니즘의 기본 형식은 서비스의 종류에 따라 다르다. 예를 들어 장기계약은 필요한 양이 변경되지 않거나 시간이 지남에 따라 거의 변경되지 않는 서비스에 적합하다. 블랙스타트 기능, 인터트립 방식, 전력계통 안정화 장치 및 주파수 조정은 일반적으로 장기계약으로 조달된다. 반면에 하루 동안에도 요구사항이 크게 달라지고 에너지 시장과의 상호작용에 의해 거래량이 변경되는 서비스의 경우 현물시장이 보다 더 적합하다. 예를 들어 필요 예비력의 일부는 단기 시장 메커니즘을 통해 조달될 필요가 있다. 그러나 계통운영자는 종종 장기계약을 통하여 예비력을 충분히 확보함으로써 안정적으로 예비력을 확보하지만 과도한 예비력 구입에 따른 비용이 높아지게 하는 경향도 있다. 성숙한 시장에서는 예비력 서비스 제공이 단기 및 장기 계약의 혼합 형태를 선호할 수도 있다.

시장기반 접근은 의무적 확보 방식보다 더 유연하고 더 효율적으로 자원을 확보할 수 있다.

그러나 시장기반 접근방식이 모든 신뢰도 서비스에 적용될 수 있는지 여부는 현시점에서 명확하지 않다. 어떤 경우에는 실제로 특정 자원을 제공할 수 있는 시장참여자의 수가 너무 적어 시장 지배력의 남용 가능성으로 인해 경쟁기반 조달이 불가능한 경우가 있다. 예를 들어 송전망의 일부 지역에서는 비상시 무효전력을 제공하여 전압을 효과적으로 지원할 수 있는 발전기가 하나만 있을 수가 있다. 이러한 상황에서는 무효전력 시장은 엄격하게 규제되고 감시되어야 한다.

6.3.3 재생에너지 비중이 큰 전력계통의 밸런싱

6.2.1.2절에서 논의한 바와 같이 간헐성과 불확실성을 가진 재생에너지 비중이 높은 상황에서는 계통운영자가 조달해야 하는 예비력의 양은 늘어나야 한다. 일부 전통적 발전기는 높은 최소 발전용량, 제한된 출력증감발률, 큰 최소 기동시간 및 최소 정지시간 때문에 추가 예비력을 제공하는 데 제한적인 경우가 있다. 이러한 제약조건으로 인해 계통운영자는 재생에너지 발전량을 일부 차단해야 할 수 있다. 게다가 전통적인 동기발전기가 모든 예비력을 제공하는 것은 계통 운영 비용을 크게 증가시킬 수도 있다. 다음 예제는 수요 측으로부터 예비력을 확보함으로써 전통적 발전기로부터의 예비력 확보가 줄고, 재생에너지의 차단량이 주는 것을 보여 준다.

예제 6.6

표 6.4는 풍력발전 용량이 큰 전력계통에서 안정적인 운영을 위해 필요한 예비력을 설명하고 있다. 예비력 필요량은 6.2.1.2절에 제공된 데이터를 기반으로 하며 CCGT를 기동시키는 데 필요한 4시간 내에 풍력발전이 12,000에서 5,500 MW로 감소해야 할 필요성을 보여 준다.

표 6.5는 예비력 제공에 대한 세 가지 가정하에서 발전자원의 급전을 요약하여 보여 주고 있다.

첫째, 예비력을 확보할 필요성을 무시한다면, 25,000 MW의 전력수요는 12,000 MW의 풍력 발전, 8,400 MW의 원자력 발전, 4,600 MW의 CCGT 발전의 조합으로 충족될 수 있다. 각 CCGT발전소는 최대 550 MW를 제공할 수 있으므로 이러한 복합화력발전소 중 9개는 전력망에 동기화되어야 하며 각 발전소는 평균 511.1 MW를 생산하게 된다. 풍력발전은 줄일 필요가 없으며 평균 이산화탄소배출량은 68.8 g/kWh이다.[3]

표 6.4 계통 특성과 운영 조건

풍력 용량 (MW)	원자력 의무 발전 (MW)	CCGT 발전기 특성		전력수요 (MW)	풍력발전 전망 (MW)	예비력 필요량 (MW)
		P^{max} (MW)	P^{min} (MW)			
26 000	8 400	550	300	25 000	12 000	6 500

3 CCGT발전기의 배출계수는 최대부하에서 368 g/kWh이고 p^{min}에서 운전할 때 발전기의 효율이 20% 감소한다는 가정을 기반으로 한다.

표 6.5 예비력 제공 형태에 따른 급전 결과 비교

	예비력 미고려	CCGT 예비력 제공	CCGT, 수요측 예비력 제공
Nuclear (MW)	8 400	8 400	8 400
CCGT (MW)	4 600	7 800	5 400
Wind (MW)	12 000	12 000	12 000
Wind curtailment (MW)	0	3 200	800
CO_2 emission rate (g/kWh)	68.8	137.28	95.04
Total CO_2 emission (ton/30 min)	860	1 716	1 188

둘째, 6,500 MW의 예비력 필요량을 고려해야 하고 이 모든 예비력은 동기화된 CCGT에 의해 제공되는 것으로 가정한다. 이 발전기의 최소 발전용량(p^{min})은 300 MW이므로 각 발전기는 550 − 300 = 250 MW의 예비력만 제공할 수 있다. 따라서 6,500 MW의 예비력을 제공하려면 최소 발전용량에서 운전하는 26개의 CCGT를 동기화해야 한다. 이 발전기들은 26 × 300 = 7,800 MW를 발전한다. 원자력발전은 유연하지 않은 자원으로 간주되기 때문에 수요량과 발전량의 균형을 맞추려면 3,200 MW의 풍력발전량을 줄여야 한다. 이는 총 출력의 26.7%에 해당한다. 평균 이산화탄소 배출량은 137.3 g/kWh가 된다.

셋째, 수요 자원이 2,000 MW의 예비력을 제공한다고 가정한다. 이 경우 나머지 4,500 MW의 예비력을 제공하는 데 18개의 CCGT가 필요하다. 이 발전기는 최소용량에서 5,400 MW의 발전량을 낼 수 있다. 나머지 부하는 8,400 MW의 원자력발전과 11,200 MW의 풍력발전에 의해 충족된다. 이 경우 800 MW의 풍력, 즉 가용 생산능력의 6.7%만 차단하면 된다. 평균 CO_2 배출계수는 95.04 g/kWh이고, 이는 복합화력으로 예비력을 제공할 때보다 약 30% 낮은 수준이다.

이 예제는 재생발전기를 수용하기 위한 유연성 확보에 있어 대체 가능한 기술(예: 수요 반응 또는 에너지 저장)의 중요성을 보여 준다.

6.3.4 공정한 경쟁환경 조성

경쟁 전력시장이 도입되기 전에 수직통합 전력회사가 소유한 발전기는 계통의 신뢰도를 보장하는 데 필요한 거의 모든 서비스를 제공했다. 불행히도 많은 전력시장에서 보조서비스에 대해서는 여전히 이러한 관행을 유지하고 있다. 진정으로 경쟁적인 환경에서 계통운영자는 다른 공급자가 동일한 품질의 서비스를 제공할 수 있는 한 신뢰도 자원의 조달에서 특정 발전기를 선호하거나 특정 발전기에게만 인센티브를 제공하면 안 된다. 부하와 다른 참가자들(예: 에너지 저장시스템 소유자)이 신뢰도 자원을 제공하도록 권장하는 것은 몇 가지 이점이 있다. 첫째, 공급자의 수가 늘어나는 것은 경쟁을 증가시킬 수 있다. 둘째, 수요 측의 참여는 자산의 활용도를 높일 수 있다. 예를 들어 차단가능부하 또는 저장장치가 필요한 예비력 중 일부를 제공하는 경우 예비력을 확보하기 위해 발전용량을 일부 남겨 둘 필요가 없다. 이 발전기들은 전기에너지를 생산하는 데 사용할 수 있게 된다. 향후 전원 구성이 대규모 비유연 발전기와 재생 발전의 조합으로 계속 진화한다면 전력계통 운영을 위한 자원은 수요 측에서 확보해야 할 가능성이 있다. 마지막으로 자원 제공을 다양화함으로써 계통의 신뢰도를 높일 수 있다. 많은 수의 제공자가 동시에 서비스를 제공하지 못할 가능성은 이 서비스가 소수의 대규모 발전기에 의해 제공될 때에 비해 더 적기 때문이다.

아마 수요 측은 다양한 유형의 예비력 서비스를 제공하는 데 있어 가장 경쟁력이 있을 수도 있다. 일부 소비자(예: 가변속 물펌프의 대형 부하)는 수요제어를 하기 위해 발전기와 경쟁할 수도 있다. 양수발전소의 유연성은 수요조정 및 예비력 제공에 있어 매우 경쟁력이 있는 발전 방식이다. 이러한 서비스를 제공하기 위해 배터리 에너지 저장 설비도 점점 더 많이 배치되고 있다. 이 방식은 전력전자 인터페이스를 통해 그리드에 연결되어 매우 빠르게 응답할 수 있는 장점이 있다. 반면에 상대적으로 적은 발전용량은 발전량 부족 시에 대응하는 능력에 제약이 생기게 한다.

6.4 신뢰도 자원의 구입

이 장의 시작에서 신뢰도 자원의 확보는 예측할 수 없는 사건이 발생할 때를 대비하여 계통의 운영 신뢰도를 유지하기 위한 목적이라고 이야기하였다. 하나의 설비 고장이 전력망을 통해 연쇄적으로 발생할 수 있으므로 신뢰도는 중앙에서 관리해야 할 필요성이 있다. 따라서 계통운영자는 모든 사용자를 대신하여 신뢰도를 확보할 책임이 있다. 필요한 자원의 조달을 위해 시장 메커니즘이 채택되었다고 가정하면 계통운영자는 제공자에게 비용을 지불하고, 사용자로부터 이 비용을 회수해야 한다. 이에 소요되는 비용이 적지 않기 때문에 청구를 당한 사용자는 이 과정을 면밀히 조사하려고 할 것이다. 그들은 계통운영자가 최적의 자원을 구매하고, 적절한 가격을 지불하고, 각 사용자가 비용을 공정하게 나누어 지불한다는 것을 확신하고 싶어 할 것이다.

6.4.1 신뢰도 수준 결정

이상적으로는 비용/편익 분석을 통해 계통운영 신뢰도 수준을 결정해야 한다. 이러한 분석으로 추가적인 신뢰도를 제공하기 위한 한계비용이 이 신뢰도의 한계효용과 동일한 지점에서 최적 수준이 결정될 것이다. 한계비용은 상대적으로 계산하기 쉽지만, 한계효용은 신뢰도 제공을 통해 회피할 수 있는 정전에 의해 소비자가 받는 비용절감을 의미하므로 계산하기가 매우 어렵다. 모든 경우에 비용/편익 분석을 수행하는 것은 실용적이지 않기 때문에, 이론적인 최적의 해에 가까운 현실적인 신뢰도 기준이 개발되었다. 이러한 기준은 일반적으로 전력계통이 견뎌야 하는 상정사고 상황을 가정한다. 계통운영자가 이러한 기준에 따라 전력계통을 관리하고 이 목표를 달성하는 데 필요한 보조서비스를 정량화하는 데 도움이 되는 정교한 모델을 활용하고 있다. 이에 대한 논의는 이 책의 범위를 벗어나므로, 관심 있는 독자는 예비력 필요량 계산에 사용되는 방법론을 제시하고 있는 Billinton과 Allan(1996)의 문헌을 참고하기 바란다. 무효전력 지원의 필요성을 결정하고 할당하는 방법은 Pudjianto 등(2002)의 자료를 참고하기 바란다.

계통 운영비용이 쉽게 사용자에게 전가되는 경우 계통운영자는 필요한 것보다 더 많은 신뢰도 자원을 구매하려는 유혹을 느낄 수 있다. 계통운영에 어려움이 있을 때 요청할 수 있는 더 많은 자원 풀(pool)이 있으면 계통을 더 쉽게 운영할 수 있기 때문이다. 따라서 계통운영자가 신뢰도 자원을 구매하는 비용을 최소화할 뿐만 아니라 구매한 자원의 양을 실제로 필요한 만큼 확보하도록 인센티브를 설계하는 것이 중요하다.

6.4.2 중앙집중적 전력시장에서의 에너지와 예비력의 동시 최적화

신뢰도 자원을 확보하는 것은 종종 전기에너지 또는 기타 관련 서비스의 조달과 분리될 수 없기 때문에 적절한 수준에서 신뢰도 자원의 가격을 설정하는 것은 쉬운 일이 아니다. 경쟁적 전력시장의 초창기에는 이러한 문제가 완전히 이해되지 않았다. 에너지 및 각 유형의 예비력은 별도의 시장에서 거래되었으며 자원의 응답속도에 따라 순서대로 연속적으로 확보되고 청산되었다. 예를 들면, 1차예비력 시장이 먼저 청산되고, 2차예비력 시장이 그 뒤를 따르고, 마지막으로 에너지 시장이 청산된다. 이는 하나의 시장에서 판매되지 못한 자원이 성능 요구사항이 그다지 까다롭지 않은 다른 시장에서 판매될 수 있다는 아이디어에서 비롯되었다. 하나의 시장에서 성공한 입찰은 다음 시장에서 고려되지 않는다. 실제 경험에 따르면 이 접근방식은 상당한 문제를 야기했으며 이후에는 대부분의 전력시장에서 중단되었다. 이러한 문제에 대한 자세한 내용은 Oren(2002)을 참고하기 바란다.

오늘날에는 에너지와 예비력은 결합된 시장에서 고려되어야 하며 에너지 및 예비력을 제공하는 전체 비용을 최소화하기 위해 이러한 시장이 동시에 청산되어야 한다는 광범위한 합의가 있다. 동시 최적화(co-optimization)는 에너지 공급과 예비력 공급 사이의 강력한 상호작용 때문에 필요하다. 이 상호작용을 보다 직관적으로 이해하려면 순동예비력을 제공하기 위해 발전기가 부분부하로 운전해야 한다는 점을 고려해 볼 수 있다. 이는 다음과 같은 몇 가지 결과를 얻을 수 있다.

- 부분출력 발전기는 예비력을 제공하는 만큼의 에너지를 판매할 수 없다.
- 수요를 충족하려면 더 비싼 발전기가 해당 에너지를 공급해야 한다.
- 순동예비력을 제공하는 발전기의 효율은 최대부하에서 운전하는 경우보다 낮을 수 있다. 따라서 이러한 발전기가 제공하는 에너지에 대해 더 많은 비용을 지불해야 한다.

따라서 예비력 필요량을 고려하면 에너지 시장의 가격은 상승하게 된다. 이 절의 나머지 부분에서는 중앙집중식 전력시장에서 발전기가 예비력을 제공하라는 요청을 받을 때 불이익을 받지 않으면서 동시 최적화를 이용해 추가비용을 최소화하는 간단한 예를 보여 줄 것이다. 이에 대한 자세한 내용은 Read 등(1995)을 참고하기 바란다.

예제 6.7

수요가 300~720 MW에서 변하는 전력시장을 생각해 보자. 단순화를 위해 한 가지 유형의 예비력만 필요하고 모든 부하 조건에서 예비력 250 MW만 필요하다고 가정한다. 표 6.6은 이 계통에 연계된 4개 발전기의 특성을 보여 준다.

이 발전기들의 한계비용이 일정하다고 가정하고 비용이 낮은 순서대로 나열하였다. 비슷한 용량을 가지고 있지만 예비력을 제공하는 능력은 상당히 다르다. 발전기 1과 4는 계통운영자가 요구하는 예비력을 제공할 수 없다. 반면에 발전기 2와 3이 제공할 수 있는 예비력은 용량뿐만 아니라 응답속도도 다르다. 그림 6.9는 발전기 출력함수를 통해 제공할 수 있는 예비력을 보여 준다. 단순화를 위해 최소 발전용량으로 인해 생기는 제약조건과 복잡성을 무시한다.

이 시장이 중앙집중식이고 발전기의 입찰가는 한계비용과 동일하며 시장규칙에 예비력 제공에 대한 별도의 입찰이 포함되어 있지 않다고 가정하자. 이는 발전기가 예비력을 제공할 때 직접적인 비용을 발생시키지 않는다면 꽤나 합리적이다. 다음 예에서 이 가정을 완화할 것이다. 시장을 청산하기 위해 계통운영자는 제약조건을 준수하면서 발전비용(입찰로 측정)을 최소화하는 급전을 결정한다. 이 문제는 다음과 같이 표현할 수 있다.

표 6.6 발전기별 한계비용, 최대출력, 예비력 제공 용량

Generating units	Marginal cost of energy ($/MWh)	P^{max} (MW)	R^{max} (MW)
1	2	250	0
2	17	230	160
3	20	240	190
4	28	250	0

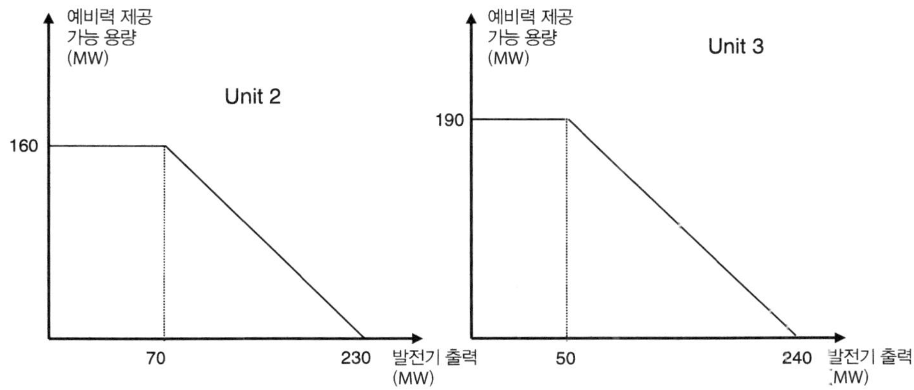

그림 6.9 발전기 2, 3의 예비력 제공량 함수

4개의 발전기(P_1, P_2, P_3, P_4) 발전량과 동일한 발전기(R_1, R_2, R_3, R_4)가 제공하는 예비력의 양을 아래의 간단한 수학적 최적화 문제로부터 풀이해야 한다.

$$2 \cdot P_1 + 17 \cdot P_2 + 20 \cdot P_3 + 28 \cdot P_4 \tag{6.2}$$

다음과 같은 제약조건이 고려된다.

수급제약 조건:

$$P_1 + P_2 + P_3 + P_4 = D \tag{6.3}$$

최소 예비력 요구량:

$$R_1 + R_2 + R_3 + R_4 \geq 250 \tag{6.4}$$

발전기 출력의 제약조건:

$$\begin{aligned} 0 \leq P_1 \leq 250 \\ 0 \leq P_2 \leq 230 \\ 0 \leq P_3 \leq 240 \\ 0 \leq P_4 \leq 250 \end{aligned} \tag{6.5}$$

발전기 예비력 용량의 제약조건:

$$\begin{aligned} &R_1 = 0 \\ &0 \leq R_2 \leq 160 \\ &0 \leq R_3 \leq 190 \\ &R_4 = 0 \end{aligned} \tag{6.6}$$

발전기 용량의 제약조건:

$$\begin{aligned} P_1 + R_1 \leq 250 \\ P_2 + R_2 \leq 230 \\ P_3 + R_3 \leq 240 \\ P_4 + R_4 \leq 250 \end{aligned} \tag{6.7}$$

선형계획법을 이용하면 이 문제를 쉽게 해결할 수 있다. 표 6.7은 300~720 MW 범위의 수요 D에 대한 결과를 보여 준다. 에너지 및 예비력의 최적 급전 결과를 찾는 것 외에도 각 제약조건과 관련된 쌍대 변수 또는 라그랑주 승수를 계산한다. 발전 수요 균형에 대한 제약조건과 관련된 라그랑주 승수는 발전 한계비용을 의미한다. 비슷하게, 최소 예비력 제약조건과 관련된 승수는 예비력 제공의 한계비용을 보여 준다. 중앙집중형 시장에서 이러한 한계비용은 각각 전력 및 예비력의 청산가격으로 간주된다.

이 간단한 예에서 우리는 이러한 결과를 쉽게 계산할 수 있고 수요변화에 따른 예비력 가격의 의미를 잘 이해할 수 있다.

수요의 최솟값이 300 MW이고 발전기 1이 가장 낮은 한계운전비용을 갖고 예비력을 제공할 수 없다는 점을 감안할 때 이 발전기는 모든 전력수요에 대해 최대출력인 250 MW를 생산해야 한다고 결론을 내릴 수 있다. 발전기 2와 3은 예비력을 제공할 수 있는 발전기이고 발전기 2는 최대 160 MW를 제공할 수 있으므로 발전기 3은 최소 90 MW를 제공해야 한다. 발전기 3의 용량이 240 MW이므로 발전량은 150 MW 이하여야 한다.

표 6.7 전력수요별 에너지 및 예비력 최적 해

전력수요 (MW)	P_1 (MW)	R_1 (MW)	P_2 (MW)	R_2 (MW)	P_3 (MW)	R_3 (MW)	P_4 (MW)	R_4 (MW)
300–420	250	0	50–170	60	0	190	0	0
420–470	250	0	170	60	0–50	190	0	0
470–720	250	0	170	60	50	190	0–250	0

$$0 \leq P_3 \leq 150 \tag{6.8}$$

비슷하게, 발전기 3은 최대 190 MW의 예비력을 제공할 수 있으므로 발전기 2는 최소 60 MW를 제공해야 한다. 따라서 발전기 2의 출력은 170 MW 이하로 제한된다.

$$0 \leq P_2 \leq 170 \tag{6.9}$$

300～420 MW 범위의 수요에 대해 발전기 2는 한계발전기이며 50～170 MW를 생산할 수 있다. 즉, 최대용량인 250 MW의 출력을 내는 발전기 1에서 공급 못하는 전력량이다. 발전기 2의 한계비용은 에너지 가격을 17 $/MWh로 결정한다. 이 수요 범위에서 발전기 2와 3은 필요량보다 많은 예비력을 제공하기 때문에 최소한의 예비력 확보에 대한 불균형 제약조건은 구속되지 않는다. 때문에 예비력의 가격은 0이 된다.

수요가 420 MW에서 470 MW로 증가함에 따라 발전기 2의 생산량은 최소 60 MW의 예비력 제공으로 인하여 170 MW로 제한된다. 발전기 3은 한계발전기가 되어 출력을 0에서 50 MW로 점진적으로 증가시키게 된다. 따라서 에너지 가격은 발전기 3의 한계비용인 20 $/MWh로 설정된다. 예비력 가격을 결정하려면 추가 MW의 예비력이 어디에서 생산되는지와 비용은 얼마인지 파악해야 한다. 그림 6.9는 이 출력 범위에 걸쳐 발전기 3이 190 MW의 예비력을 제공한다는 것을 보여 준다. 이는 어떤 상황에서라도 송전할 수 있는 최대용량이다. 기본적인 250 MW 필요량을 넘어 추가적인 예비력을 얻으려면 발전기 2의 출력을 1 MW 줄여야 한다. 따라서 170 MW를 생산하는 대신 169 MW만 생산하게 된다. 이 감발을 보상하려면 발전기 3의 출력을 1 MW 증가시켜야 한다. 발전기 3의 추가 발전은 $20의 비용이 들지만 발전기 2의 출력 감소는 $17를 절약할 수 있다. 추가 발전량을 확보하는 순 비용, 즉 예비력의 가격은 20 − 17 = 3 $/MWh이다.

수요가 470에서 720 MW로 증가함에 따라 한계발전기는 발전기 4이고 발전량은 0에서 250 MW로 증가한다. 예비력을 제공하기 위하여 발전기 2와 3의 발전량을 각각 170 MW와 50 MW로 유지한다. 따라서 이 범위에서 에너지 가격은 28 $/MWh이다.

예비력의 한계비용은 11 $/MWh로 증가한다. 1 MW의 예비력을 더 확보하려면 발전기 2의 에너지 제공을 1 MW로 줄이고 발전기 4의 발전량을 같은 양만큼 늘려야 하기 때문이다. 이러한 재급전 비용으로부터 예비력 가격은 28 − 17 = 11 $/MWh로 결정된다. 그림 6.10은 다양한 수요에 대한 에너지 및 예비력의 가격을 요약한 것이다.

각 발전기가 에너지 및 예비력 시장에 참여함으로써 발생하는 수입(revenue), 비용(cost), 수익(profit)을 계산해 보자. 발전기 1의 경우에는 특별히 흥미롭지는 않다. 항상 최대출력으로 운전되고 다른 발전기의 한계비용에 의해 결정된 가격으로 에너지를 판매하기 때문이다. 자체 한계비용이 항상 이 가격보다 낮기 때문에 건실한 수익을 낸다.

수요가 300~420 MW인 범위 내에서 에너지의 시장가격은 발전기 2의 입찰가격과 동일하다. 모든 발전기가 한계발전비용으로 입찰한다고 가정하기 때문에 이 발전기는 에너지 판매로 경제적 이윤을 낼 수 없다. 예비력 가격이 0이라는 점을 감안하면 예비력 판매로도 이익을 내지 못한다. 반면에 수요가 420~470 MW 범위에 있는 경우 발전기 2의 한계비용이 다른 발전소보다 낮더라도 예비력 제약조건에 따라 출력이 170 MW로 제한된다. 그렇게 되면 발전기 3이 한계발전기이다. 에너지 가격이 17 $/MWh에서 20 $/MWh로 뛴다는 것은 발전기 2가 3 $/MWh의 에너지 판매 수익을 낸다는 것을 의미한다. 언뜻 보기에 발전기 2의 소유자는 예비력 제약조건으로 인해 한계발전기보다 낮은 가격에 입찰하여 판매할 수 있는 60 MWh의 에너지를 판매할 수 없게끔 불공정한 대우를 받고 있다고 생각할 수 있다. 그러나 이 수요 범위의 예비력 가격은 3 $/MWh이고 발전기 2는 60 MW의 예비력을 제공한다. 따라서 제공하는 예비력으로 얻는 수익은 에너지를 판매하지 않는 기회비용과 정확히 일치한다. 따라서 발전기 2의 소유자는 더 많은 전력을 발전하든 예비력을 제공하든 동일한 수익을 얻게 된다. 이 같은 수요 범위에서 발전기 3은 한계발전기이기 때문에 에너지 판매로 경제적 이윤을 낼 수 없다. 반면에 예비력의 한계발전기가 발전기 2이기 때문에 예비력 제공으로 3 $/MWh의 수익을 얻을 수 있다.

수요가 470 MW 이상으로 증가하면 발전기 4가 한계발전기가 되어 에너지 가격은 28 $/MWh로 정해진다. 따라서 발전기 2는 발전이 허용된 170 MW에 대해 11 $/MWh의 수익을 얻는다. 제공하는 예비력에 대해 11 $/MWh의 수익을 내고 있기 때문에 예비력 제약이 발전기의 출력에 가하는 제약을 신경 쓸 필요가 없다. 발전기 2는 여전히 이 수요 범위에서 예비력의 한계발전기이다. 반면에 발전기 3은 8 $/MWh의 발전 수익을 얻고 발전량이나 예비력에 대해 한계발전기가 아니기 때문에 제공하는 예비력에 대해 3 $/MWh의 수익을 얻는다.

그림 6.11은 발전기 2가 에너지 및 예비력 시장에서 얻는 수입과 비용 및 수익을 요약한 것이다.

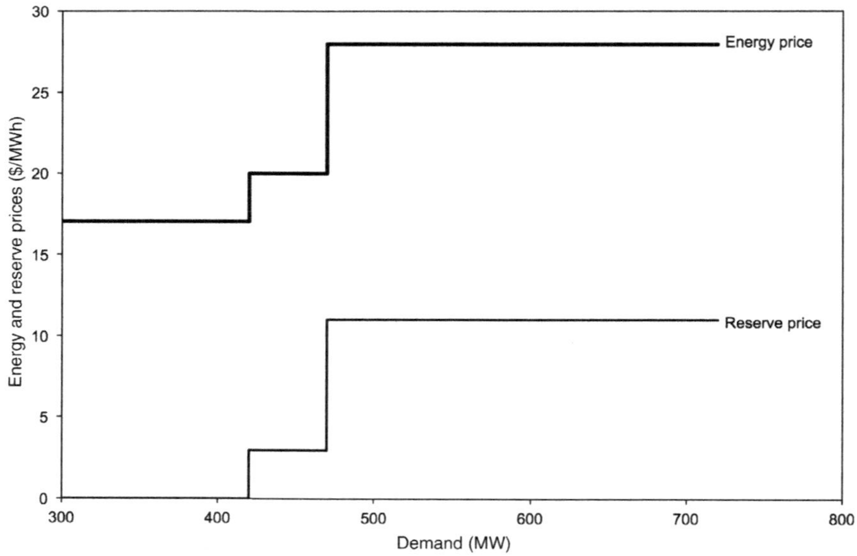

그림 6.10 에너지 가격과 예비력 가격 곡선

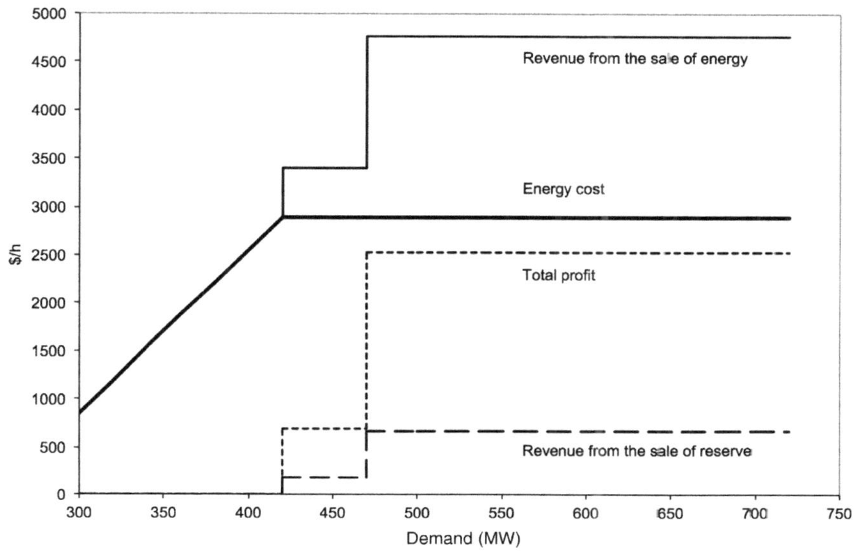

그림 6.11 수요 변화에 따른 발전기 2의 수입, 비용, 순익 함수

예제 6.8

예제 6.7의 시장규칙이 발전기가 예비력을 제공할 때 부담해야 하는 비용을 고려하도록 변경되었다고 가정해 보자. 이러한 비용은 부분적으로 운전하는 발전기의 효율 하락 또는 예비력 제공에 따라 추가적으로 발생할 수 있는 운전유지비용 등을 반영한다. 이 규칙에 따라 발전기는 예비력 시장에서 별도의 입찰을 제출할 수 있다. 완전경쟁시장보다 정도가 덜한 시장에서 이러한 입찰은 예비력의 한계비용을 반영하지 않는 대신에 시장에서 인정받는 예비력의 가치를 반영한다. 또한 발전기 4가 최대 150 MW의 예비력을 제공할 수 있다고 가정한다. 표 6.8은 발전기가 제출한 입찰 가격과 발전기 특성을 보여 준다.

발전기가 이제 예비력을 제공하기 위해 입찰한다고 가정할 때 시장운영자가 해결해야 하는 최적화 문제의 목적함수는 다음과 같다.

$$\min\ (2 \cdot P_1 + 17 \cdot P_2 + 20 \cdot P_3 + 28 \cdot P_4 + 0 \cdot R_1 + 0 \cdot R_2 + 5 \cdot R_3 + 7 \cdot R_4) \quad (6.10)$$

제약조건은 발전기 4가 제공할 수 있는 최대 예비력에 대한 제약을 제외하고 예제 6.7과 동일하게 유지된다.

$$0 \le R_4 \le 150 \quad (6.11)$$

표 6.9는 이 예제의 최적 급전 결과를 요약하였으며, 그림 6.12는 에너지 및 예비력 가격의 변화를 보여 준다.

수요가 300~320 MW 범위에 있을 때 발전기 1은 최대발전용량 250 MW를 발전하고 발전기 2는 나머지를 발전하므로 한계발전기이다. 따라서 에너지 가격은 17 $/MWh이다. 발전기 2는 공급할 수 있는 최대 예비력 용량(160 MW)을 제공한다. 발전기 3은 예비력 요구량의 나머지 부분을 제공하므로 한계발전기가 된

표 6.8 발전기별 한계 에너지 및 예비력 비용, 최대 출력, 예비력 제공 가능 용량

Generating units	Marginal cost of energy ($/MWh)	Marginal cost of reserve ($/MWh)	P^{max} (MW)	R^{max} (MW)
1	2	0	250	0
2	17	0	230	160
3	20	5	240	190
4	28	7	250	150

표 6.9 전력수요 변화에 따른 최적 에너지 및 예비력 제공 결과

Demand (MW)	P_1 (MW)	R_1 (MW)	P_2 (MW)	R_2 (MW)	P_3 (MW)	R_3 (MW)	P_4 (MW)	R_4 (MW)
300–320	250	0	50–70	160	0	90	0	0
320–470	250	0	70	160	0–150	90	0	0
470–560	250	0	70	160	150–240	90–0	0	0–90
560–620	250	0	70–130	160–100	240	0	0	90–150
620–720	250	0	130	100	240	0	0–100	150

다. 따라서 예비력의 가격은 5 $/MWh이다. 발전기 2는 예비력의 MWh당 $5의 이익을 내고, 발전기 3은 예비력 제공 비용만 충당한다.

320~470 MW의 수요 범위에서 발전기 2의 출력은 70 MW로 유지되어 160 MW의 예비력을 제공할 수 있다. 발전기 3은 에너지 시장의 한계발전기이며 가격을 20 $/MWh로 결정한다. 발전기 3은 예비력의 한계발전기이기도 하므로 예비력의 가격은 5 $/MWh로 유지된다. 발전기 2는 판매하는 에너지로 3 $/MWh의 이익을 내고 제공하는 예비력에서 5 $/MWh의 이익을 얻는다. 이와 같이 에너지 시장에서 판매할 수 있는 양에 제약이 있어도 수익을 낼 수 있다.

수요가 470 MW에서 560 MW로 증가하면 발전기 2는 계속해서 70 MW를 생산하고 160 MW의 예비력을 제공한다. 발전기 3은 에너지 시장의 한계발전기이다. 에너지 생산량이 증가함에 따라 예비력에 대한 기여도는 낮아진다. 발전기 4는 이러한 감소를 보상해 준다. 이와 같은 경우 발전기 3의 에너지 생산량을 늘리면 예비력 할당량에 영향을 미치기 때문에 에너지 가격은 발전기 3의 한계비용과 같지 않다. 발전기 3으로 추가 발전하는 비용은 20 $/MWh이지만 예비력에 대한 기여는 같은 양만큼 감소하므로 5 $/MWh를 절약할 수 있다. 이 예비력은 7 $/MWh의 비용으로 발전기 4에서 제공된다. 따라서 에너지 가격은 20 − 5 + 7 = 22 $/MWh이며, 이는 개별 발전기의 한계발전비용과 동일하지 않다. 따라서 발전기 3은 생산하는 에너지에 대한 한계비용보다 2 $/MWh를 벌게 된다. 한계발전기가 발전기 4이기 때문에 예비력 가격은 7 $/MWh이다. 이 결과가 과연 최적인지 살펴볼 필요가 있다. 발전기 3의 출력을 150 MW로 유지하여 90 MW의 예비력을 제공할 수 있으려면 발전기 4의 에너지 생산량이 증가해야 한다. 이는 추가 발전비용이 8 $/MWh인 반면 예비력 부분의 비용절감은 2 $/MWh에 불과하기 때문에 더 비싸다.

560~620 MW의 수요 범위에 대해 발전기 3은 최대용량 240 MW를 생산하므로 예비력을 제공할 수 없다. 흥미롭게도 발전기 2는 다시 한계발전기가 된다. 그러나 에너지 가격은 17 $/MWh가 아니라 24 $/MWh

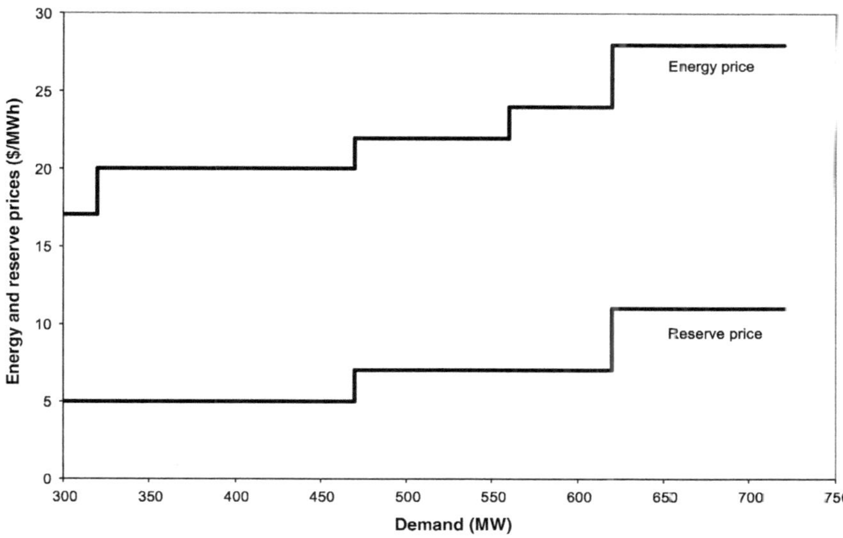

그림 6.12 전력수요 변화에 따른 에너지 및 예비력 가격 곡선

이다. 발전기 2에서 추가발전하는 데 드는 비용은 17 $/MWh이지만, 이렇게 하면 예비력에 대한 기여도가 같은 양만큼 줄어든다. 그러나 발전기 2는 무료로 예비력을 제공할 의향이 있기 때문에 돈이 절약되지 않는다. 보상발전량은 7 $/MWh의 비용으로 발전기 4에서 제공되므로 에너지 가격은 17 + 7 = 24 $/MWh이다. 한계발전기가 발전기 4이기 때문에 예비력 가격은 7 $/MWh로 유지된다.

마지막으로 620 MW 이상 720 MW 이하의 수요에 대해 발전기 2와 3은 각각 130 MW와 240 MW를 발전한다. 발전기 4는 에너지의 한계발전기이고 발전기 2는 예비력의 한계발전기이다. 따라서 에너지 가격은 28 $/MWh이다. 예비력의 가격은 11 $/MWh이며 1 MW를 추가로 확보하려면 발전기 2의 생산을 줄여야 하고(따라서 17 $/MWh 절약) 발전기 4의 출력을 늘려야 한다(28 $/MWh).

이 두 가지 예제는 비용을 최소화하고 신뢰도 요구사항을 충족하며 에너지 및 신뢰도 자원의 모든 제공자에 대한 공정한 대우를 보장하는 방식으로 에너지 및 예비력 시장을 동시에 청산하는 것이 가능함을 보여 준다.

6.4.3 에너지와 예비력 사이의 송전용량 할당

계통운영자는 충분한 양의 예비력을 확보할 수 있는지 확인해야 할 뿐만 아니라 필요할 때 이 예비력이 실제로 전력망을 통해 제공될 수 있는지도 확인해야 한다. 신재생 발전의 증가로 인한 더 커진 불확실성에 대처하기 위해 더 많은 예비력이 필요함에 따라 이는 점점 중요한 문제가 된다. 따라서 사용 가능한 송전량은 전기에너지와 예비력 공급을 위해 따로 할당된 용량 사이에 최적으로 결정되어야 한다. 다음 예를 보자.

예제 6.9

그림 6.13에 표시된 Borduria/Syldavia 예제 계통을 살펴보자. Borduria는 발전비용이 더 저렴하기 때문에 800 MW 용량의 선로를 통해 Syldavia에 전력을 판매하고 있다. 고려하는 시간대의 부하는 다음 그림과 같으며 Syldavia의 풍력 단지는 1,000 MW를 발전할 수 있다. 무엇보다도 이 연계계통의 운영자는 Syldavia에서 발생할 수 있는 300 MW 규모의 풍력발전량 감소를 대비해야 한다.

두 지역 모두 에너지 및 예비력에 대해 완전경쟁시장을 운영하며 Borduria $C_B(P_B, R_B)$ 및 Syldavia $C_S(P_S, R_S)$의 총 비용 함수는 다음 식으로 표현된다.

$$C_B(P_B, R_B) = 10P_B + \frac{0.01}{2}P_B{}^2 + R_B + \frac{0.001}{2}R_B{}^2 + 0.001P_BR_B \tag{6.12}$$

$$C_S(P_S, R_S) = 13P_S + \frac{0.02}{2}P_S{}^2 + 5R_S + \frac{0.019}{2}R_S{}^2 + 0.001P_SR_S \tag{6.13}$$

여기서 P_j 및 R_j는 각 지역에서 제공되는 에너지 및 예비력을 나타낸다. (j = B는 Borduria를 의미하며, j = S의 경우 Syldavia를 의미한다.) 식 (6.12) 및 (6.13)이 주어지면 Borduria와 Syldavia의 에너지 π_j^E에 대한 가격은 다음과 같이 P_j에 대한 비용함수로 표현된다.

$$\pi_B^E = 10 + 0.01P_B + 0.001R_B \tag{6.14}$$

$$\pi_S^E = 13 + 0.02P_S + 0.001R_S \tag{6.15}$$

예비력 π_j^R에 대한 가격은 R_j에 대한 비용함수로 표현된다.

$$\pi_B^R = 1 + 0.001R_B + 0.001P_B \tag{6.16}$$

$$\pi_S^R = 5 + 0.019R_S + 0.001P_S \tag{6.17}$$

에너지 가격과 예비력 가격 사이에 0.001의 계수가 포함된 이유는 그것들을 공급하는 데 동일한 자산이 투입되기 때문이다. 따라서 더 많은 예비력을 제공하면 예비력 가격뿐만 아니라 에너지 가격에도 영향을 미치며 그 반대의 경우도 마찬가지이다.

공급곡선을 비교하면 Borduria의 발전기가 Syldavia의 발전기보다 낮은 비용으로 에너지와 예비력을 제공할 수 있음을 알 수 있다. 따라서 연계선을 통해 에너지를 판매할 수 있을 뿐만 아니라 Syldavia 풍력발전량의 잠재적인 감소를 보상해야 하는 예비력도 판매할 수 있다. 그러나 Borduria로부터 값싼 에너지와 값싼 예비력을 이용하려면 에너지와 예비력 간에 송전망 용량을 공유해야 한다. 에너지와 예비력 용량을 최적화하면 Borduria와 Syldavia 모두에서 에너지와 예비력 비용의 합을 최소화할 수 있다. 수학적으로 이것은 다음

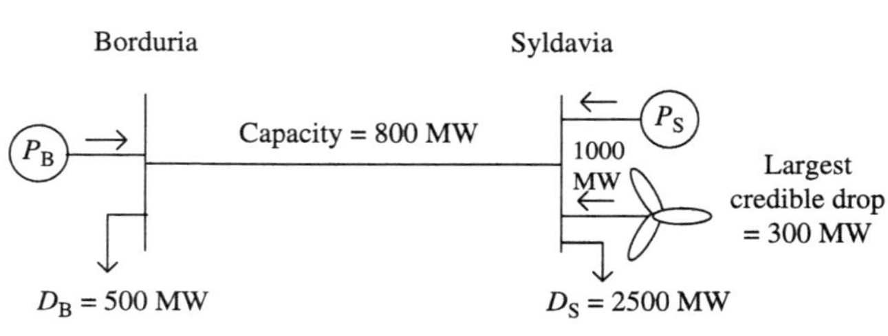

그림 6.13 수정된 Borduria-Syldavia 예제 전력계통

과 같은 최적화 문제로 표현된다.

$$\text{Min}\{C_{\text{B}}(P_{\text{B}}, R_{\text{B}}) + C_{\text{S}}(P_{\text{S}}, R_{\text{S}})\}$$

이 최적화 문제에는 다음과 같은 제약조건이 적용된다.

Borduria의 전력수급균형 제약은 다음과 같다.

$$P_{\text{B}} - F^{\text{E}} = 500 \ \left(\pi_{\text{B}}^{\text{E}}\right) \tag{6.18}$$

Syldavia의 전력수급균형 제약은 다음과 같다.

$$P_{\text{S}} + F^{\text{E}} = 2500 - 1000 \ \left(\pi_{\text{S}}^{\text{E}}\right) \tag{6.19}$$

Borduria의 예비력 제약조건은 다음과 같다.

$$R_{\text{B}} - F^{\text{R}} = R_{\text{B}}^{\text{R}} \ \left(\pi_{\text{B}}^{\text{R}}\right) \tag{6.20}$$

Syldavia의 예비력 제약조건은 다음과 같다.

$$R_{\text{S}} + F^{\text{R}} = R_{\text{S}}^{\text{R}} \ \left(\pi_{\text{S}}^{\text{R}}\right) \tag{6.21}$$

총 송전용량 제약은 다음과 같다.

$$F^{\text{E}} + F^{\text{R}} \le 800 \ \left(\pi^{\text{T}}\right) \tag{6.22}$$

F^{E} 및 F^{R}은 각각 에너지 및 예비력에 할당된 용량을 나타낸다. 각 지역의 예비력 요구량 Borduria(R_{B}^{R}) 및 Syldavia(R_{S}^{R})은 각자 지역 내 예비력(R_{B}, R_{S})과 예비력 송전을 위한 선로의 용량(F^{R})이 충분하게 할당된 경우 다른 지역에 위치한 예비력에서 충족시킬 수 있다.

쌍대 변수 π_x^y는 각 제약조건과 연관되며 괄호 안에 표시된다. 이 최적화 문제의 KKT(Karush-Kuhn-Tucker) 조건을 작성하면 이러한 쌍대 변수가 식 (6.14)~(6.17)에 정의된 에너지 및 예비력 가격과 동일하다는 것을 알 수 있다.

먼저 예비력의 공유를 위해 할당되는 송전용량이 없는 경우를 생각하고 이 예비력을 해당 지역 내에서 확보해야 한다고 가정해 보자. 또한 예비력은 풍력발전에서 충분히 발전량이 감소할 수 있을 만한 용량인 300 MW를 처리하기 위해서만 필요하다고 가정한다. 또한 수요를 정확하게 예측하고 전통적 발전기가 고장 없이 100% 신뢰할 수 있다고 가정한다. 수학적으로 이것은 식 (6.20)~(6.22)에서 $F^{\text{R}} = 0$, $R_{\text{B}}^{\text{R}} = 0$, $R_{\text{S}}^{\text{R}} = 300$ MW를 설정하는 것을 의미하며 그림 6.14에 설명된 운영조건으로 이어진다. 여기서 송전용량은 Borduria의 낮은 한계비용의 송전에만 사용된다.

그림 6.15는 $R_{\text{B}}^{\text{R}} = 0$, $R_{\text{S}}^{\text{R}} = 300$ MW로 설정했지만 $F^{\text{R}} = 0$을 부과하지 않는 경우 동일한 최적화 문제의 해를 보여 준다. 이 경우 송전량은 $F^{\text{R}} = 104$ MW의 송전용량을 예비력 공유에 할당하기 위해 800에서 696 MW로 축소된다.

표 6.10은 에너지에 할당된 송전량이 증가함에 따라 시스템의 총 운영비용과 에너지 및 예비력 구성이 어떻게 변하는지 보여 준다. 이 할당이 0에서 500 MW로 증가함에 따라 Borduria의 저렴한 발전비용으로부터 혜택을 받기 때문에 에너지 비용이 감소하게 된다. 500 MW를 초과하면 Syldavia의 더 비싼 예비력이 Borduria의 저렴한 예비력을 대체하기 때문에 예비력 비용이 증가하게 된다. 총 비용은 $F^{\text{E}} = 696$ MW에서

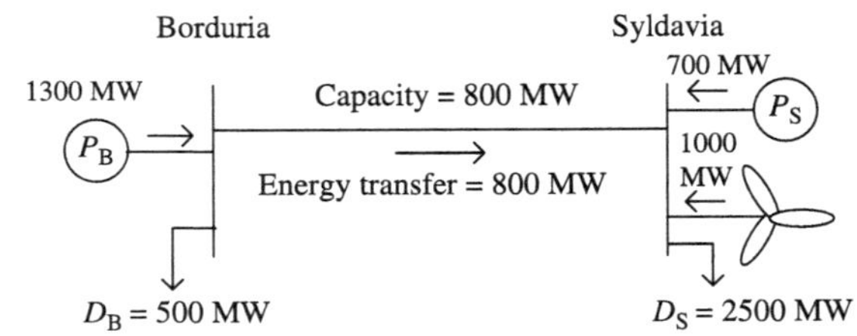

그림 6.14 Borduria-Syldavia 전력계통의 최적 운영(예비력이 송전망을 이용하지 않을 경우)

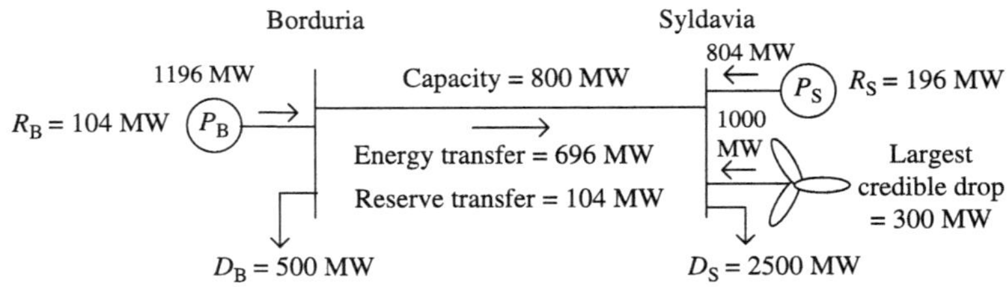

그림 6.15 Borduria-Syldavia 전력계통의 최적 운영(예비력이 송전망을 이용할 경우)

표 6.10 Borduria-Syldavia 전력계통에서 송전량 증가에 따른 에너지 비용, 예비력 비용, 총 비용 변화

Transmission capacity (MW)	0	100	200	300	400	500	600	700	800
Energy cost ($/h)	48 400	45 780	43 460	41 440	39 720	38 300	37 160	36 280	35 660
Reserve cost ($/h)	345	345	345	345	345	345	815	1 485	2 355
Total cost ($/h)	48 745	46 125	43 805	41 785	40 065	38 645	37 975	37 765	38 015

최소화된다.

표 6.11은 최소비용 시점에서 모든 시장참여자들의 지역별 정보를 요약하고 있다. 음수는 에너지 및 예비력에 대한 수요를 나타낸다. 최적 지점(*로 표시)에서 Borduria와 Syldavia의 에너지 가격은 다음과 같다.

$$\pi_B^{*E} = 10 + 0.01P_B^* + 0.001R_B^* = 22.1\ \$/\text{MWh} \tag{6.23}$$

$$\pi_S^{*E} = 13 + 0.02P_S^* + 0.001R_S^* = 29.3\ \$/\text{MWh} \tag{6.24}$$

Borduria와 Syldavia의 예비력 가격은 다음과 같다.

$$\pi_B^{*R} = 1 + 0.001R_B^* + 0.001P_B^* = 2.3\ \$/\text{MWh} \tag{6.25}$$

$$\pi_S^{*R} = 5 + 0.019R_S^* + 0.001P_S^* = 9.5\ \$/\text{MWh} \tag{6.26}$$

두 지역 간 에너지 및 예비력 가격의 차이는 다음과 같다.

표 6.11 지역별 발전, 수요, 예비력, 융통전력량

		Power (MW)	Reserve (MW)
Borduria	Conventional generation	1196	104
	Demand	−500	0
	Conventional generation	804	196
Syldavia	Wind generation	1000	−300
	Demand	−2500	0
	Power transfer	696	104

$$\pi_S^{*E} - \pi_B^{*E} = 7.2\ \$/\text{MWh} \tag{6.27}$$

$$\pi_S^{*R} - \pi_B^{*R} = 7.2\ \$/\text{MWh} \tag{6.28}$$

최적 상태에서는 1 MW의 송전용량을 예비력에 할당하는 것이나 에너지 전송에 할당하는 것이 동일한 가치를 가지기 때문에 같은 가격을 가지는 것이 당연하다. 최적화 문제의 KKT 조건을 이용하면, 두 지역의 가격 차이가 송전용량의 한계가치 혹은 가격 π^T와 동일함을 알 수 있다. 이는 식 (6.22)의 쌍대변수이기도 하다. 식 (6.23)~(6.28)의 결과로부터 표 6.12는 혼잡잉여와 에너지 및 예비력에 대한 모든 시장참여자의 지불할 금액과 수입을 정리하고 있다.

혼잡잉여는 5,760 $/h이며 이는 소비자가 지불하는 금액에서 에너지 및 예비력에 대해 발전기에게 지불하는 금액의 순 차액이다. 이 값은 송전 한계가격 π^{*T} = 7.2 $/MWh(지역적 에너지 가격 차이 또는 지역적 예비력 가격 차이)에 총 망용량을 곱하여 얻을 수도 있다(800 MW, 696 MW의 에너지 용량과 104 MW 예비력 용량). 이 예에서 2,850 $/h의 예비력 가격은 Syldavia의 풍력발전기에서 지불하야 한다고 가정한다. 이 예비력은 해당 발전기의 출력변동을 완화하기 위해 제공되기 때문이다. 이 금액은 Borduria의 예비력 공급자(239 $/h), Syldavia의 예비력 공급자(1,862 $/h), 그리고 예비력 관련 혼잡잉여분(749 $/h)으로 이루어져 있다.

표 6.12 지역별 에너지 및 예비력 수입과 비용(음수)

		Energy ($/h)	Reserve ($/h)	Total ($/h)
Borduria	Conventional generation	26 431	239	26 670
	Consumers	−11 050		−11 050
	Conventional generation	23 557	1 862	25 419
Syldavia	Wind generation	29 300	−2 850	26 450
	Consumers	−73 250		−73 250
	Congestion surplus	5 011	749	5 760

6.4.4 비용의 할당

모든 소비자가 신뢰도의 가치를 동일하게 평가하는 것은 아니다. 예를 들어 정전 등 서비스 중단

비용은 주택용 소비자보다 반도체공장이나 제지공장에서 훨씬 더 크다. 따라서 일부 소비자는 높은 수준의 신뢰도를 위해 더 많은 비용을 지불할 의향이 있는 반면, 다른 소비자는 전기공급에 대해 지불하는 가격을 낮추는 대가로 덜 안정적인 시스템을 수용할 수도 있다. 이러한 신뢰도 기반 가격 책정은 경제적으로 효율적이다. 그러나 불행히도 현재의 기술수준으로는 계통운영자가 차별화된 수준의 신뢰도를 제공할 수 없다. 따라서 적용되는 계통운영 신뢰도 기준은 적어도 모두가 수용할 수 있는 평균 수준의 신뢰도를 달성하는 것을 목표로 해야 한다. 모든 사용자가 동일한 수준의 신뢰도를 갖기 때문에 모든 사용자 간에 신뢰도 자원의 비용을 나누는 것이 합당할 것이다. 이러한 기준은 일반적으로 소비되거나 생산되는 에너지량을 바탕으로 하고 있다.

그러나 이 문제에는 또 다른 측면도 있다. 일부 사용자의 행동은 전력계통의 수급균형에 악영향을 끼칠 수 있다. 이러한 사용자에게 페널티를 부과하면 행동을 바꾸거나 완화조치를 시행하도록 유인할 수 있다. 궁극적으로 이러한 조정은 필요한 신뢰도 자원의 양을 줄이고 원하는 수준의 신뢰도를 달성하는 데 소요되는 비용을 줄일 수 있다. 두 가지 예를 사용하여 이 개념을 살펴보자.

6.4.4.1 누가 예비력 비용을 지불할 것인가?

잉여의 설비용량은 수요와 발전 사이에 불균형이 발생할 때 계통 붕괴를 방지하기 위해 예비력으로 활용된다. 대부분의 경우 이러한 불균형은 발전기의 갑작스러운 고장 또는 인접 계통과의 연계선의 갑작스러운 사고에서 비롯된다. 충분한 예비력을 확보할 수 없을 때 이러한 고장이 발생하면 계통운영자는 계통 붕괴를 방지하기 위해 부하차단(load shedding)에 의존해야 한다. 발전기 및 연계선로의 고장률에 대한 과거 데이터를 사용하여 부하차단 가능성을 허용 가능한 낮은 수준으로 줄이는 데 필요한 예비력을 계산할 수 있다(예: Billinton과 Allan 1996 참조). 이러한 확률적 계산을 통하여 발전기의 고장률이 높은 계통이 그렇지 않은 계통보다 더 많은 예비력을 필요로 한다는 결과를 얻을 수 있다. 또한 몇 개의 큰 발전기에 의존하는 시스템이 작은 발전기들이 많이 있는 시스템보다 더 많은 예비력이 필요하다는 결과도 보여 준다. 따라서 소수의 대규모 발전소가 신뢰도가 낮다면 운전 예비력의 필요량이 증가할 수 있다. 우리의 목표는 운영 신뢰도 수준을 낮추지 않고 예비력 비용을 최소화하는 것이기 때문에 발전기 고장률을 줄이도록 인센티브를 제공해야 한다. 발전기가 성능 향상에 성공할 경우에는 계통운영자는 필요한 예비력을 줄일 수 있다. Strbac과 Kirschen(2000)은 가장 공정한 인센티브는 예비력 확보량에 대한 기여도에 비례하여 예비력 비용을 발전기에 부과하는 것이라고 주장했다. 이렇게 되면 발전기는 전기에너지에 더 높은 가격의 형태로 이 비용을 소비자에게 전가할 것이고 작고 신뢰할 수 있는 발전기는 크고 고장이 발생하기 쉬운 발전기에 비해 상대적으로 우위를 갖게 된다.

6.4.4.2 주파수 조정과 부하 추종에 대한 비용을 누가 지불해야 하는가?

Kirby와 Hirst(2000)는 실제 전력계통을 대상으로 부하 추종 및 주파수 조정의 필요성을 분석했다. 그들은 산업용 소비자와 비산업용 소비자 사이에 이러한 필요량을 공평하게 할당하기 위한 기술을 개발했다. 그들의 분석에 따르면 특정 전력계통의 경우 산업용 소비자는 계통 부하의 34%에 불과하지만 주파수 조정 필요량의 93%와 부하추종 필요량의 58%를 차지한다. 하지만 이러한 비용은 통상 연간 소비전력량 등을 기준으로 부과되기 때문에 주택용 소비자는 산업용 소비자에게 교차 보조하고 있는 것이라고 볼 수 있다. 산업용 소비자들 간에도 큰 편차가 있음을 알 수 있다. 예를 들어 알루미늄 제련소와 제지공장은 시간에 상관없이 변하지 않는 부하를 가지고 있으므로 제어 및 부하 추종에 대한 요구량 증가에 기여하지 않는다.

6.5 신뢰도 자원의 판매

신뢰도 자원을 판매하도록 하는 것은 발전회사 혹은 다른 시장참여자로 하여금 새로운 사업 기회를 제공하는 의미를 가진다. 그러나 기술적 한계와 비용 등의 이유로 에너지 판매와 예비력 및 전압 제어 서비스를 분리할 수 없게끔 만든다. 예를 들어 특정 발전기가 최소 발전용량 미만으로 운전하는 경우 순동예비력 또는 무효전력지원 서비스를 제공할 수 없다. 반대로 최대용량으로 동작하는 발전기는 예비용량이 없기 때문에 예비력을 판매할 수 없다. 예비력을 판매할 수 있도록 발전기의 출력을 줄이면 그만큼 에너지를 판매할 기회를 잃는 것이다. 이와 같은 기회비용이 상당할 수 있으므로 발전회사는 에너지 판매와 예비력을 동시에 최적화해야 한다.

이 문제는 매우 복잡하므로 수학적 접근보다 간단한 예제를 통해 알아보자.

예제 6.10

경쟁시장에서 에너지와 순동예비력을 모두 판매할 수 있는 발전기의 운영에 대해 생각해 보자. 순동예비력 서비스의 정확한 특성은 지금 중요한 문제는 아니며, 여기에서는 이 발전기가 다른 신뢰도 자원을 판매할 가능성을 고려하지 않을 것이다. 또한 에너지 및 예비력 시장이 충분히 경쟁적이어서 이 발전기가 가격수용자(pricetaker)로 취급된다고 가정하자. 이는 해당 발전기의 입찰이 에너지 가격이나 예비력 가격에 영향을 미치지 않으며 어느 시장에서든 선택한 물량을 판매할 수 있음을 의미한다. 우리는 1시간의 시장 거래기간 동안 이 발전기의 운영을 고려하고 해당 발전기는 거래기간의 시작점에 운전 중이라 가정한다. 우리는 이러한 가정을 통해 발전기의 기동비용, 최소 기동시간 및 최소 정지시간과 관련된 제약조건들을 무시할 수 있게 된다. 실제로 최적화를 하면 이러한 모든 제약조건들을 고려해야 하기 때문에 하루 이상을 분석 대상 기간으로 고려하여야 한다.

앞으로 적용할 주요 기호는 다음과 같다.

π_1 단위 MWh당 에너지 시장 가격

π_2 단위 MWh당 순동예비력 시장 가격. 여기서 단위 MWh는 1시간 동안 사용할 수 있는 1 MW의 예비력 용량에 해당한다. 이 예비력 용량은 실제로 쓰일 수도 있고 그렇지 않을 수도 있기 때문에 예비력의 MWh는 에너지의 MWh와 동일하게 취급하지 않는다. 문제를 단순화하기 위해 발전기가 제공하는 예비력이 실제로 에너지를 제공하도록 급전 지시를 받을 때 발전기가 추가 행사 수수료를 받지 않는다고 가정한다. 만일 수수료를 고려하더라도 이 문제의 결론은 변하지는 않는다.

x_1 발전기가 에너지 시장에 입찰한 에너지의 양을 의미한다. 이 발전기가 가격수용자(pricetaker)이기 때문에 발전기가 판매하게 될 에너지의 양과 같다.

x_2 예비력 시장에서 발전기의 입찰량. 이 발전기는 가격수용자이기 때문에 발전기가 판매한 예비력의 양이기도 하다.

$P^{\min}$ 발전기의 최소 발전용량(안정적으로 운전할 수 있는 최소한의 용량)

$P^{\max}$ 발전기의 최대 출력

$R^{\max}$ 발전기의 최대 출력증감발률을 고려한 제공할 수 있는 최대 예비력의 양을 의미한다. 예를 들어 발전기의 최대 출력증감발률이 시간당 120 MW이고 예비력이 10분 이내에 제공되어야 하는 경우 이 발전기는 20 MW 이상의 예비력을 제공할 수 없다.

$C_1(x_1)$ x_1 에너지 발전 비용. 이 함수는 볼록함수이어야 한다. 여기에는 에너지 생산과 관련된 연료 및 운전유지 비용이 포함되지만 투자비용은 포함되지 않는다.

$C_2(x_2)$ x_2만큼의 예비력을 제공하는 데 소요되는 비용. 이 함수도 볼록해야 한다. 에너지 판매에 대한 기회비용이나 투자비용은 포함되지 않는다. 해당 발전기는 예비력 제공 비율을 추정할 수 있고, 예비력 활용이 되었을 때 소요되는 발전 비용은 여기에 포함되어 있다고 가정한다.

이 예제를 제약조건이 있는 최적화 문제로 수식화해 보자. 이 발전기는 에너지와 예비력의 판매로부터 얻는 수익을 최대화하려고 하기 때문에 목적함수는 에너지와 예비력의 수입과 비용의 차이다.

$$f(x_1, x_2) = \pi_1 x_1 + \pi_2 x_2 - C_1(x_1) - C_2(x_2) \tag{6.29}$$

몇 가지 기술적 요인으로 인해 이 발전기가 제공할 수 있는 에너지와 예비력이 제한된다. 첫째로 에너지 판매 입찰량과 예비력의 합은 발전기의 최대출력을 초과할 수 없다.

$$x_1 + x_2 \le P^{\max} \tag{6.30}$$

둘째, 발전기는 최소 발전용량 미만으로 운전될 수 없으므로 에너지 입찰량은 최소 발전용량 이상이다.

$$x_1 \ge P^{\min} \tag{6.31}$$

셋째, 발전기는 제공할 수 있는 최대 예비력 용량보다 많은 양을 입찰해서는 안 된다.

$$x_2 \le R^{\max} \tag{6.32}$$

$R^{\max} \ge P^{\max} - P^{\min}$인 경우 발전기가 제공할 수 있는 예비력은 출력증감발률에 의해 제약되지 않으며 조건 (6.32)는 무의미해진다. 그러므로 $R^{\max} < P^{\max} - P^{\min}$라고 가정을 해야 한다. 이 제약조건은 (6.30)과 (6.31)이 동시에 구속력을 가질 수 없음을 의미한다. 우리는 예비력이 양수이어야 한다는 사실을 명시적으로 모델링하지는 않는다. 만일 그렇게 하게 되면 분석을 복잡하게 만들 수 있기 때문이다. 일부 발전기는 어떠한 시간대에 대해 예비력을 제공하는 것이 가치가 없다는 판단을 내릴 수 있게 된다.

이 목적함수와 제약조건이 주어지면 이 최적화 문제에 대한 라그랑주 함수를 구성할 수 있다.

$$\begin{aligned}\ell(x_1, x_2, \mu_1, \mu_2, \mu_3) &= \pi_1 x_1 + \pi_2 x_2 - C_1(x_1) - C_2(x_2) \\ &+\mu_1(P^{\max} - x_1 - x_2) + \mu_2\left(x_1 - P^{\min}\right) + \mu_3(R^{\max} - x_2)\end{aligned} \tag{6.33}$$

결정변수에 대한 이 라그랑주의 편미분함수를 0으로 설정하면 최적조건을 얻을 수 있다.

$$\frac{\partial \ell}{\partial x_1} \equiv \pi_1 - \frac{\mathrm{d}C_1}{\mathrm{d}x_1} - \mu_1 + \mu_2 = 0 \tag{6.34}$$

$$\frac{\partial \ell}{\partial x_2} \equiv \pi_2 - \frac{\mathrm{d}C_2}{\mathrm{d}x_2} - \mu_1 - \mu_3 = 0 \tag{6.35}$$

이 최적 해는 부등식 제약조건 역시 만족해야 한다.

$$\frac{\partial \ell}{\partial \mu_1} \equiv P^{\max} - x_1 - x_2 \geq 0 \tag{6.36}$$

$$\frac{\partial \ell}{\partial \mu_2} \equiv x_1 - P^{\min} \geq 0 \tag{6.37}$$

$$\frac{\partial \ell}{\partial \mu_3} \equiv R^{\max} - x_2 \geq 0 \tag{6.38}$$

상보여유조건은 다음과 같다.

$$\mu_1 \cdot (P^{\max} - x_1 - x_2) = 0 \tag{6.39}$$

$$\mu_2 \cdot \left(x_1 - P^{\min}\right) = 0 \tag{6.40}$$

$$\mu_3 \cdot (R^{\max} - x_2) = 0 \tag{6.41}$$

$$\mu_1 \geq 0;\ \ \mu_2 \geq 0;\ \ \mu_3 \geq 0 \tag{6.42}$$

상보여유조건은 부등식의 제약조건이 구속력이 있거나 구속력이 없다는 것을 보여 준다. 구속되는(binding) 제약조건인 경우 등식 제약조건처럼 작용하며 해당 라그랑주 승수 μ_i가 제약조건의 한계비용 또는 잠재비용(shadow cost)과 같다. 구속되는 부등식 제약조건은 항상 비용을 증가시키므로 라그랑주 승수는 양수이어야 한다. 반면에 구속되지 않는(nonbinding) 부등식 제약조건은 최적 해의 비용에 영향을 미치지 않으므로 라그랑주 승수는 0이다. 따라서 구속되는 부등식 제약조건은 엄격하게 양의 라그랑주 승수를 가져야 한다.

식 (6.34)~(6.42)는 이 최적화 문제에 대한 필요충분 최적조건이 된다. 이를 KKT 조건이라고 한다. 안타깝게도 KKT 조건은 어떠한 부등식 제약조건이 구속력을 가지고 있는지는 알려 주지 않는다. 최적화 소프트웨어는 KKT 조건을 만족하는 것을 찾을 때까지 구속되는 제약조건의 다양한 조합을 시도한다. 여기에서 가능한 모든 조합을 검토한다. 각 조합은 에너지 시장과 예비력 시장 간의 서로 다른 형태의 상호작용을 보여 주기 때문이다. 이 문제에는 3개의 부등식 제약조건이 있으므로 8개의 가능한 조합을 고려해야 한다.

사례 1: $\mu_1 = 0; \mu_2 = 0; \mu_3 = 0$

모든 라그랑주 승수는 0과 같기 때문에 어떤 제약도 구속력을 갖지 않는다. 식 (6.34)와 (6.35)는 다음과 같이 단순화될 수 있다.

$$\frac{\mathrm{d}C_1}{\mathrm{d}x_1} = \pi_1 \tag{6.43}$$

$$\frac{\mathrm{d}C_2}{\mathrm{d}x_2} = \pi_2 \tag{6.44}$$

이러한 조건은 발전기 각각의 한계비용이 가격과 동일한 지점까지 에너지를 생산하고 예비력을 입찰해야 함을 의미한다. 에너지와 예비력 사이에는 상호작용이 없기 때문에 이 상황은 4장에서 설명한 완전경쟁시장에서의 에너지 판매와 유사하다.

사례 2: $\mu_1 > 0; \mu_2 = 0; \mu_3 = 0$
발전기의 용량은 에너지와 예비력의 조합을 제공하여 전부 활용된다.

$$x_1 + x_2 = P^{\max} \tag{6.45}$$

식 (6.34)와 (6.35)에서 라그랑주 승수 값을 바꾸면 다음과 같은 식을 얻을 수 있다.

$$\pi_1 - \frac{\mathrm{d}C_1}{\mathrm{d}x_1} = \pi_2 - \frac{\mathrm{d}C_2}{\mathrm{d}x_2} = \mu_1 \geq 0 \tag{6.46}$$

식 (6.46)은 에너지 공급과 예비력 모두 수익성이 있음을 보여 준다. 최대수익은 에너지 한계수익이 예비력 한계수익과 같은 값으로 급전될 때 달성된다. 라그랑주 승수 μ_1의 값은 단위 발전량의 상한 제약조건이 완화될 수 있는 경우 달성될 추가 한계수익을 나타낸다.

사례 3: $\mu_1 = 0; \mu_2 > 0; \mu_3 = 0$
발전기는 안정적으로 발전할 수 있는 최소용량만큼의 에너지를 생산한다.

$$x_1 = P^{\min} \tag{6.47}$$

식 (6.34)와 (6.35)는 다음과 같이 정리된다.

$$\frac{\mathrm{d}C_1}{\mathrm{d}x_1} - \pi_1 = \mu_2 \tag{6.48}$$

$$\frac{\mathrm{d}C_2}{\mathrm{d}x_2} = \pi_2 \tag{6.49}$$

순동예비력을 제공할 수 있으려면 발전기가 적어도 최소발전량 이상으로 운전되어야 한다. 식 (6.49)는 이 발전기 예비력 제공의 한계비용이 예비력의 시장가격과 동일한 지점까지 예비력을 제공해야 함을 보여 준다. 반면에 구속되는 제약조건의 라그랑주 승수는 양수이므로 식 (6.48)은 에너지 판매가 거의 수익성이 없다고 봐도 된다는 것을 의미한다. 결과적으로 발전기는 가능하면 더 적은 에너지를 발전하는 것을 선호할 것이다.

KKT 조건은 이익을 최대화하거나 손실을 최소화하는 운전점을 결정한다. 그 점들은 발전기가 실제로 이익을 낼 것이라고 보장하는 것은 아니다. 이 경우 에너지 판매 손실이 예비력 판매 수익을 초과할 수도 있다. 운전점이 실제로 수익성이 있는지 확인하려면 식 (6.29)에 주어진 목적함수에서 x_1 및 x_2 값을 대입하고 결과의 부호를 확인해야 한다. 최적의 운전점이 수익성이 없는 것으로 판명되면 발전기는 해당 시간 동안 끄기로 결정할 수도 있다. 그러나 발전기의 운영이 여러 단위운영기간(예: 하루 이상)에 걸쳐 최적화되면 전체 최적 솔루션에는 기동비용과 최소 운전시간 제약으로 인해 수익성이 없는 기간이 포함될 수 있다. 예비력 판매는 이러한 수익성이 없는 기간 동안 수용해야 하는 손실을 줄일 수 있다.

사례 4: $\mu_1 > 0; \mu_2 > 0; \mu_3 = 0$ 및 **사례 5**: $\mu_1 > 0; \mu_2 > 0; \mu_3 > 0$
예비력의 출력증감발률 제약이 발전기의 동작범위보다 작다고 가정하기 때문에 이러한 경우는 물리적으로 불가능하며 더 이상 고려하지 않는다.

사례 6: $\mu_1 = 0; \mu_2 = 0; \mu_3 > 0$
이 경우의 유일한 구속 제약조건은 예비력이 출력증감발률에 의해 제한된다는 것이다. 다음과 같이 정리된다.

$$x_2 = R^{\max} \tag{6.50}$$

$$\frac{dC_1}{dx_1} = \pi_1 \tag{6.51}$$

$$\pi_2 - \frac{dC_2}{dx_2} = \mu_3 \geq 0 \tag{6.52}$$

이는 에너지 판매로 인한 수익이 최대화되는 동안 출력증감발률 제약조건을 완화하면 예비력 판매로 인한 수익이 증가한다는 것을 보여 준다.

사례 7: $\mu_1 > 0; \mu_2 = 0; \mu_3 > 0$
이 사례에서는 최대용량과 출력증감발률 제약조건은 모두 구속력이 있는 조건이다.

$$x_1 + x_2 = P^{\max} \tag{6.53}$$

$$x_2 = R^{\max} \tag{6.54}$$

식 (6.53)을 다음과 같이 다시 쓸 수 있다.

$$x_1 = P^{\max} - R^{\max} \tag{6.55}$$

최적조건 (6.34)와 (6.35)는 각각 에너지 및 예비력에 대한 한계수익 정보를 제공한다.

$$\pi_1 - \frac{dC_1}{dx_1} = \mu_1 \tag{6.56}$$

$$\pi_2 - \frac{dC_2}{dx_2} = \mu_1 + \mu_3 \tag{6.57}$$

μ_1과 μ_3이 모두 양수이므로 식 (6.56)과 (6.57)은 에너지와 예비력을 보다 더 많이 판매하는 것이 더 큰 수익을 가져온다는 것을 의미한다. 그러나 예비력 판매의 한계수익이 에너지 판매보다 높기 때문에 출력증감발률 제약이 허용하는 한도 내에서 예비력을 판매함으로써 최대이익을 얻는다.

사례 8: $\mu_1 = 0; \mu_2 > 0; \mu_3 > 0$
이 경우 x_1과 x_2의 값은 구속되는 부등식 제약조건에 의해 결정된다.

$$x_1 = P^{\min} \tag{6.58}$$

$$x_2 = R^{\max} \tag{6.59}$$

다시 한번 최적조건을 사용하여 두 거래의 한계수익을 결정할 수 있다.

$$\pi_1 - \frac{dC_1}{dx_1} = -\mu_2 \tag{6.60}$$

$$\pi_2 - \frac{dC_2}{dx_2} = \mu_3 \tag{6.61}$$

이 식들은 예비력 판매가 수익성이 있으며 출력증감발률 제약조건이 없다면 훨씬 더 수익성이 높다는 것을 나타낸다. 반면에 에너지 판매는 수익성이 없으며 최소 발전용량 제약이 없다면 더 줄어들 것을 의미한다. 다시 한번 목적함수를 사용하여 이 운전점의 실제 수익성을 확인해야 한다.

6.6 연습문제

6.1 어떤 전력계통이 3개의 발전기를 가지고 각각의 정격용량은 150, 200, 250 MW로 주어져 있다. 발전기 2대의 동시 고장을 고려하지 않을 경우, 최대로 접속될 수 있는 부하는 얼마인가?

6.2 우리나라 혹은 다른 국가의 전력계통 운영 신뢰도 기준에 대하여 조사하여 요약하라.

6.3 2-모선 3개의 송전선으로 구성된 예제 계통이 주어져 있다. 계통운영 기준은 $(N-1)$이며, 선로는 열용량제약만 고려한다. 아래의 조건을 고려하여 두 모선 사이의 최대 송전용량을 계산하라.

- **a** 모든 송전선로는 운전 중이고 각 선로의 열용량은 300 MW이다.
- **b** 선로용량이 300 MW인 두 선로가 운전 중이다.
- **c** 세 선로 모두 운전 중이다. 두 선로의 연속 열용량은 300 MW이고, 다른 한 선로의 열용량은 200 MW이다.
- **d** 세 선로 모두 운전 중이다. 세 선로 모두 열용량은 300 MW이다. 하지만 비상시에는 20분 동안 10%의 추가 과부하를 견딜 수 있다. 발전기는 분당 4 MW의 출력을 증가할 수 있다.
- **e** 발전기가 분당 2 MW로 출력을 증가시킬 수 있는 조건을 제외하고, 모든 조건은 d와 동일하다.
- **f** 낮은 온도와 바람이 불 경우 도체의 열전달을 증가시킬 수 있다. 이러한 조건으로 인하여 열용량은 (d) 경우보다 15% 증가한다고 가정한다.

6.4 어떤 발전기가 대규모 전력계통에 2회선 송전선로(double-circuit transmission line)를 통하여 연계되어 있다. 각 선로의 저항은 무시하고 리액턴스는 0.2 p.u. 가정한다. 해당 발전기의 과도 리액턴스는 0.8 p.u.이고 관성상수는 3 s 가정한다. 대규모 전력계통은 무한모선으로 취급되며, 전압은 정격으로 유지된다고 가정한다. 연계선로 가운데 하나에서 고장이 발생하고 120 ms 이후에 고장이 제거된다. 과도 안정도 프로그램을 사용하여 이 발전기가 안정적으로 공급할 수 있는 최대 전력을 계산하라. 베이스는 100 MW 가정한다.

6.5 발전기가 2개의 2회선 송전선로(two identical double-circuit transmission line)로 연계된 전력계통에 대하여 문제 6.4를 계산하라.

6.6 2개의 모선과 두 선로로 구성된 전력계통이 주어져 있다. 선로의 리액턴스는 각기 0.25 p.u., 0.40 p.u.로 주어져 있다. 선로 저항과 서셉턴스는 무시한다. 한 모선에 연결되어 있는 발전기의 전압이 정격으로 유지되고 있으며, 다른 모선의 부하에 전력을 공급하고 있

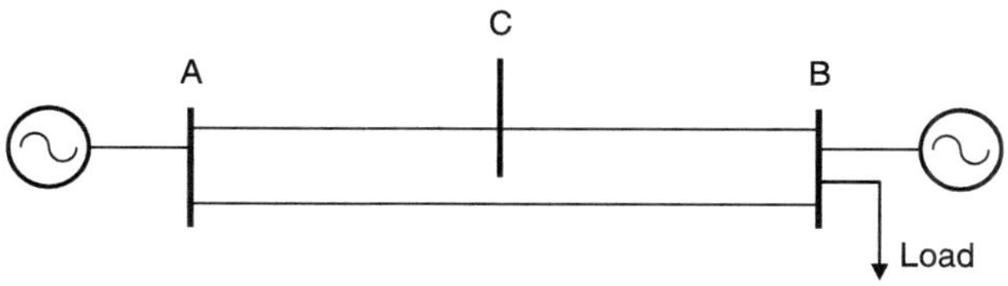

그림 P6.7 문제 6.7의 전력계통

다. 전력조류계산 프로그램을 활용하여 전압 붕괴 없이 전력을 전송할 수 있는 최댓값을 구하라. 단, 한 선로가 고장이 발생했으며, 다른 조건은 아래와 같다.

a 부하의 역률은 1이며, 수전단에서의 무효전력 공급은 없다고 가정한다.

b 부하의 역률은 1이며, 수전단에서 동기 조상기는 25 MVAr 무효전력을 공급하고 있다.

c 부하의 역률은 지상 0.9이며, 수전단에서 무효전력 공급은 없다.

6.7 그림 P6.7 전력계통에서, 각 송전선로는 π-등가회로로 모델링된다.

전력조류계산 프로그램을 활용하여, 모선 A에서 모선 B로의 전력 전송량과 무효전력 필요량에 대한 관계를 정상상태와 비상상황(즉, 한 선로의 탈락 시 전압 붕괴를 피하기 위해 필요한 무효전력량)에서 계산하라. 여기서 모선 B의 부하 역률이 1일 때와 지상 0.9일 때에 각각 계산하라. 모선 C에서의 무효전력 공급원의 필요성에 대하여 분석하라.

선로	*R* (p.u.)	*X* (p.u.)	*B* (p.u.)
A–B	0.08	0.8	0.3
A–C	0.04	0.4	0.15
C–B	0.04	0.4	0.15

6.8 우리나라 혹은 다른 나라의 보조서비스 항목에 대하여 조사하라. 또한 보조서비스를 확보하는 메커니즘에 대하여 조사하라. 보조서비스의 제공이 의무일 경우 이를 상세하게 기술하라(예를 들면, 발전기의 역률 범위 등). 보조서비스가 시장으로부터 구입될 때, 각 보조서비스 시장 구조에 대하여 조사하라(예를 들면, 지속기간, 입찰 파라미터 등). 각 예비력의 정의를 기술하라. 보조서비스 비용을 소비자들에게 전가하는 메커니즘을 기술하라.

6.9 우리나라 혹은 해외의 보조서비스 가격과 필요량에 대하여 조사하라.

6.10 발전회사는 에너지와 밸런싱 서비스를 제공함으로써 수익을 극대화한다. 이 최적화 문제의 목적함수와 제약조건을 기술하라. 에너지와 밸런싱 가격 수준에 따라 발생하는 다양한 경우에 대하여 논하라. 단, 발전기의 증감발률은 무시하기로 한다.

(힌트: 예제 6.10의 수식은 약간 변형되어야 한다. 이는 밸런싱 서비스를 제공함으로써 발전기의 출력이 감소할 수도 있기 때문이다. 반면에 판매하는 밸런싱 서비스의 양은 양

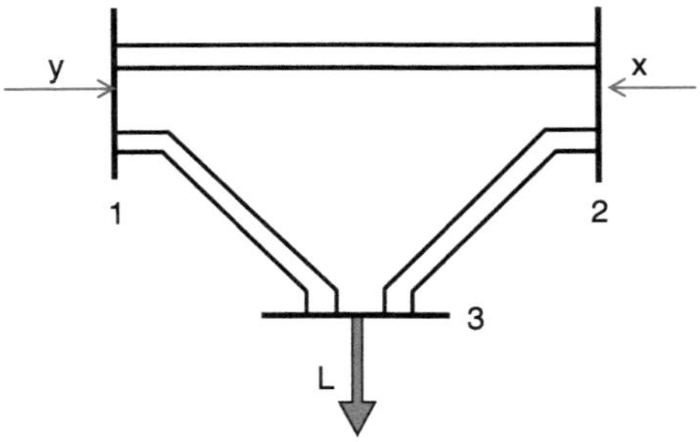

그림 P6.11 문제 6.11의 3-모선 예제 전력계통

수로 가정한다. 즉, x_2는 0보다 크거나 같다.)

6.11 그림 P6.11에 주어진 3-모선 전력계통에서 각 모선은 다른 2개의 모선에 두 선로(동일 철탑에 설치)로 연계되어 있다. 이를 2회선 선로라고 한다. 다음과 같은 가정에 대하여 문제를 풀이하라.

- DC 조류계산의 가정이 적용된다.
- 모든 선로의 리액턴스는 동일하다.
- 모든 2회선 선로의 송전용량은 F로 동일하다.
- $(N - 1)$ 안전도 기준, 즉 상정사고 기준은 한 송전선의 고장(즉, 1회선의 고장)을 고려하는 것을 의미한다.

(힌트: (i) 각 선로에 흐르는 조류를 x, y 함수로 표현하라. (ii) 각 고장이 선로의 리액턴스와 용량에 미치는 영향을 고려하라.)

참고문헌

Billinton, R. and Allan, R.N. (1996). *Reliability Evaluation of Power Systems*, 2e. Plenum Press.

Kirby B. and Hirst E. (2000). Customer-specific Metrics for the Regulation and Load-following Ancillary Services. Report ORNL/CON-474, Oak Ridge National Laboratory, January 2000. www.ornl.gov/psr.

Oren, S.S. (2002). Auction design for ancillary reserve products. IEEE Power Engineering Society Summer Meeting, Vol. 3, pp. 1238–1239.

O'Sullivan, J., Rogers, A., Flynn, D. et al. (2014). Studying the maximum instantaneous non-synchronous generation in an island system – frequency stability challenges in Ireland. *IEEE Trans. Power Syst.* 29 (6): 2943–2951.

Pudjianto, D., Ahmed, S., and Strbac, G. (July 2002). Allocation of VAr support using LP and NLP based optimal power flows. *IEE Proc. Gener. Transm. Distrib.* 149 (4).

Read, E.G., Drayton-Bright, G.R., and Ring, B.J. (1995). An integrated energy and reserve market for New Zealand. In: *Transmission Pricing and Access* (ed. R. Siddiqi and M. Einhorn), 183–206. Kluwer.

Rebours, Y., Kirschen, D.S., Trotignon, M., and Rossignol, S. (2007a). A survey of frequency and voltage control ancillary services – part 2: Economic features. *IEEE Trans. Power Syst.* 22 (1): 358–366.
Rebours, Y., Kirschen, D.S., Trotignon, M., and Rossignol, S. (2007b). A survey of frequency and voltage control ancillary services – part 1: Technical features. *IEEE Trans. Power Syst.* 22 (1): 350–357.
Strbac, G. and Kirschen, D.S. (2000). Who should pay for reserve? *Electr. J.* 13 (8).
Wang, Y., Silva, V., and Lopez-Botet-Zulueta, M. (2016). Impact of high penetration of variable renewable generation on frequency dynamics in the continental Europe interconnected system. *IET Renew. Power Gener.* 10 (1): 10–16.

보충자료

전력계통 안전도(이후 운영 신뢰도로 대체된) 개념과 비용/편익 분석을 통한 이의 최적 수준의 결정은 Kirschen(2002)에 의해 제안된 바 있다. Ejebe(2000)는 가용한 송전용량의 계산을 위한 효율적인 방법론을 제시하였다. Billinton과 Allan(1996)은 전력계통 신뢰도 계산을 위한 대표적인 참고문헌을 제시하였다. 무효전력 필요량을 계산하는 방법론에 대해서는 Pudjianto 등(2002)의 문헌을 참고하기 바란다. 다양한 보조서비스의 정의에 대해서는 Rebours 등(2007)의 연구를 참고하기 바란다. 특정 전력시장에서의 신뢰도 자원에 대한 유용한 정보는 계통운영자의 웹사이트를 참고하기 바란다.

Oren(2002)은 에너지 시장과 보조서비스 시장의 순차적인 청산과 동시 청산 방법론에 대하여 비교분석한 바 있다. Read 등(1995)은 뉴질랜드 전력시장에서의 에너지 시장과 보조서비스 시장의 동시 최적화 방법론에 대하여 소개하고 있다. Alvey 등(1998)은 동시 최적화 문제를 상세하게 수학적으로 설명하고 있다. Strbac과 Kirschen(2000)은 보조서비스 필요를 야기하는 당사자들 사이의 비용 할당 방법에 대하여 논하고 있다. 수요 자원에 의한 보조서비스 제공에 대해서는 Kirby와 Hirst(1999)의 연구를 참고하기 바란다.

로렌스 버클리 국립연구소(Lawrence Berkeley National Laboratory) 보고서는 정전비용(즉, 공급지장비용)에 대한 상세한 수치와 방법론을 소개하고 있다. 다른 보고서에는 다양한 전력시장의 VoLL 계산 방법론을 소개하고 있으므로 참고하기 바란다.

Alvey, T., Goodwin, D., Ma, X. et al. (1998). A security-constrained bid-clearing system for the New Zealand wholesale electricity market. *IEEE Trans. Power Syst.* 13 (2): 340–346.
The Brattle Group and Astrape Consulting (2013). Resource Adequacy Requirements: Reliability and Economic Implications (September 2013). http://www.brattle.com/system/news/pdfs/000/000/618/original/Resource_Adequacy_Requirements_-_Reliability_and_Economic_Requirements.pdf (accessed 14 March 2018).
Ejebe, G.C., Waight, J.G., Santos-Nieto, M., and Tinney, W.F. (2000). Fast calculation of linear available transfer capability. *IEEE Trans. Power Syst.* 15 (3): 1112–1116.

Ernest Orlando Lawrence Berkeley National Laboratory. (2009). Estimated Value of Service Reliability for Electric Utility Customers in the United States. Report LBNL-2132E (June 2009). http://eetd.lbl.gov/ea/EMS/EMS_pubs.html (accessed 14 March 2018).

European Commission (2016). Interim Report of the Sector Inquiry on Capacity Mechanisms (April 2016). http://ec.europa.eu/competition/sectors/energy/capacity_mechanisms_swd_en.pdf (accessed 14 March 2018).

Kirby, B. and Hirst, E. (1999). Load as a resource in providing ancillary services. American Power Conference, Chicago, Illinois (April 1999). www.ornl.gov/psr (accessed 14 March 2018).

Kirschen, D.S. (2002). Power system security. *IEE Power Eng. J.* 16 (5): 241–248.

London Economics (2013a). The Value of Lost Load (VoLL) for Electricity in Great Britain, Final report for OFGEM and DECC (June 2013). https://londoneconomics.co.uk/blog/publication/the-value-of-lost-load-voll-for-electricity-in-great-britain/ (accessed 14 March 2018).

London Economics (2013b). Estimating the Value of Lost Load – Briefing paper prepared for the Electric Reliability Council of Texas, Inc. (June 2013). http://www.ercot.com/content/gridinfo/resource/2015/mktanalysis/ERCOT_ValueofLostLoad_LiteratureReviewandMacroeconomic.pdf (accessed 14 March 2018).

MISO Market Subcommittee (2016). Evaluating Energy Offer Cap Policy (May 2016). https://www.misoenergy.org/_layouts/MISO/ECM/Redirect.aspx?ID=223536 (accessed 14 March 2018).

7
발전설비 투자 Investing in Generation

7.1 개요

앞선 장들에서 발전소들로 구성된 전력계통을 경제적으로 운영하는 방법에 대해 공부했다. 이 장에서는 발전설비 용량의 추가와 폐지를 다룬다. 이 장 앞부분에서는 개별 발전소를 독립적으로 다룰 것이다. 잠재적 투자자의 관점에서 신규 발전소의 건설 여부를 결정하는 데 영향을 미치는 요소들을 살펴볼 것이다. 또한 기존 발전소가 수익성이 충분하지 않을 경우 이 발전소를 폐지하는 것도 고려해 볼 것이다. 문제를 단순화하기 위해, 발전소의 수익은 전기에너지 판매를 통해서만 얻을 수 있다고 가정하고, 보조 서비스 또는 신뢰성 자원을 판매해 얻을 수 있는 추가 수익은 무시한다. 또한 발전소의 용량 제공에 대한 보상은 없다고 가정한다. 다시 말해 발전이 요구될 때 가용하다는 이유만으로 보상받을 수는 없다고 가정한다.

이 장 뒷부분에서는 소비자 관점에서 발전설비 용량의 제공에 대해 논의할 것이다. 전기는 경제활동과 개인의 안정적인 삶을 위해 매우 중요하다. 그래서 수요가 변동할 때뿐 아니라 일부 발전기가 기술적인 문제로 인해 전기를 생산할 수 없는 상황에서도 소비자들은 감내할 수 있는 수준의 가격으로 계속 전기를 사용할 수 있을 것으로 기대한다. 따라서 우리는 발전사업자들이 전기에너지 판매를 통해 얻는 이익이 소비자들의 이러한 기대를 충족할 수 있을 만큼 충분한 발전설비 용량을 유지할 수 있는 수준인지에 대해 생각해 볼 필요가 있다. 많은 전력시장에서 이 질문에 대한 답은 부정적이다. 따라서 신뢰도를 보장하기 위해서는 발전사업자들이 초과 발전설비 용량을 공급하도록 유인할 추가적인 인센티브가 필요하며, 이에 대해 논의할 것이다.

7.2 투자자 관점에서의 발전설비 용량

7.2.1 신규 발전설비 건설

투자자는 발전소가 수명기간 동안 충분한 이익을 창출할 것이라고 믿는 경우에만 자금을 투자한다. 보다 구체적으로 말해, 발전소에서 얻는 수익이 발전소를 건설하고 운영하는 비용보다 커야 하고, 또한 발생하는 이익이 비슷한 수준의 위험을 갖는 다른 사업에서 얻을 수 있는 이익보다 커야 한다. 투자 의사결정을 위해 투자자는 발전소의 장기 한계비용(예상수익률 포함)을 계산하고 이 발전소의 산출물이 판매될 가격을 예측한다. 예측한 판매가격이 발전소의 장기 한계비용보다 크면 발전소를 건설하는 것이 합리적이다. 경쟁 전력시장에서 발전설비 용량에 대한 투자 의사결정을 할 때 이 분석 방식을 적용할 수 있다. 이러한 형태의 투자 의사결정을 통해 “상업적 발전설비 확장”이 이루어진다.

현실에서 신규 발전소 투자에 대한 의사결정은 이와 같이 단순한 이론만으로 판단하기에는 훨씬 더 복잡하다. 식의 양측 모두 실제로 상당한 불확실성이 있다. 건설 지연이나 연료 가격의 변동은 장기 한계비용에 영향을 미칠 수 있다. 또한 수요가 변화하거나, 경쟁자가 시장에 진입하거나, 보다 효율적인 새로운 발전 기술이 개발될 수 있기 때문에, 장기간에 걸친 도매 전력 가격의 변화 역시 예측하기가 매우 어렵다. 상업용 발전소의 개발은 대부분 상류(upstream) 및 하류(downstream) 부문 계약으로 뒷받침될 때만 가능하다. 상류 부문 계약으로 연료 공급가격을 고정할 수 있다. 하류 부문 계약은 발전소에서 생산된 전기에너지를 고정가격으로 판매할 수 있도록 한다. 이러한 계약들을 통해 발전소 소유자가 거의 통제할 수 없는 가격위험을 제거할 수 있다. 하지만 이런 계약들을 하게 되면 발전소 소유자는 발전소 운영과 관련된 위험, 즉 고장으로 인해 발전소가 전기에너지를 생산하지 못해 계약을 이행하지 못하는 위험은 감수해야 한다.

발전소는 다른 기계들과 마찬가지로 정해진 연수 동안 정상적으로 작동하도록 설계된다. 발전소 투자자는 이 예상수명을 바탕으로 투자에 대한 의사결정을 한다. 발전소의 수명은 일반적으로 20년에서 40년 사이이다. 일부 수력발전소는 더 긴 수명을 갖고 있다.

예제 7.1

젊은 컨설팅 엔지니어인 Bruce는 Borduria Power로부터 신규 500 MW 석탄화력발전소 건설타당성 예비평가를 위한 자문을 요청받았다. Bruce는 이러한 유형의 발전소에 대한 핵심적인 특성 자료들을 조사하는 것으로 일을 시작한다. 아래 표는 그가 조사한 특성 자료 값들을 보여 준다.

투자비	1,021 \$/kW
기대수명	30년
정격용량에서의 열소비율	9,419 Btu/kWh
예상 연료비	1.25 \$/MBtu

Stoft(2002)에서 인용된 DOE 자료

개략적인 평가만 요구받았기 때문에 Bruce는 발전소의 기동비와 운전유지비는 무시하였다. Borduria Power는 Bruce에게 내부수익률(Internal Rate of Return, IRR) 방법을 사용하여 발전소의 수익성을 평가해 달라고 요청했다. 현금흐름할인법이라고도 하는 이 방법은 투자의 내부수익률을 측정한다. 이 방법을 사용하기 위해 Bruce는 먼저 이 발전소의 수명기간 동안 발생하는 연도별 순 현금흐름을 판단해야 한다. Bruce는 발전소의 건설비를 계산하는 것으로 시작했다.

건설투자비: 1,021 $/kW × 500 MW = $510,500,000

다음으로 Bruce는 이 발전소의 연간발전량을 추정해야 한다. 이상적으로는 발전소가 항상 최대용량으로 운전되어야 한다. 유지관리를 위해 발전소를 주기적으로 정지해야 하고, 불가피한 장애가 발생하여 계획되지 않은 가동중단이 발생하는 경우도 있기 때문에 실제로 이렇게 운전할 수는 없다. Bruce는 이러한 유형의 발전소에 대한 경험을 바탕으로 이 발전소의 이용률을 80%로 가정하였다. 이 가정하에 발전소의 예상 연간발전량을 계산하면 다음과 같다.

연간발전량: 0.8 × 500 MW × 8,760 h/year = 3,504,000 MWh

이제 Bruce는 이만큼의 에너지를 생산하는 데 소요되는 연간 비용을 계산할 수 있다.

연간 생산비용: 3,504,000 MWh × 9,419 Btu/kWh × 1.25 $/MBtu = $41,255,220

마지막으로 Bruce는 수익을 추정하기 위해 이 발전소가 생산하는 에너지를 32 $/MWh에 판매할 수 있다고 가정한다. 따라서 연간 수익은 다음과 같이 계산된다.

연간수익: 3,504,000 MWh × 32 $/MWh = $112,128,000

이 시점에서 Bruce의 스프레드시트는 다음과 같다.

연도	투자비용	생산량	생산비용	수익	순 현금흐름
0	$510 500 000	0	0	0	−$510 500 000
1	0	3 504 000	$41 255 220	$112 128 000	$70 872 780
2	0	3 504 000	$41 255 220	$112 128 000	$70 872 780
3	0	3 504 000	$41 255 220	$112 128 000	$70 872 780
. . .	0	. . .	. . .	. . .	. . .
30	0	3 504 000	$41 255 220	$112 128 000	$70 872 780

Bruce는 모든 투자비용이 발전소가 전력 생산을 시작하기 직전 연도에 발생하고, 생산량, 수익, 생산비용 및 순 현금흐름이 발전소의 30년 수명기간 동안 일정하게 유지된다고 가정했다. 그런 다음 Bruce는 스프레드시트 소프트웨어에서 제공하는 기능을 사용해 이 순 흐름에 대한 내부수익률을 계산한다. (IRR 계산에 대한 자세한 설명은 Sullivan 등(2003)의 문헌을 참고하기 바란다. 대부분의 스프레드시트 소프트웨어는 이 값을 계산하는 기능을 제공한다.) 그는 Borduria Power에 신규 발전소 투자사업의 내부수익률이 13.58%라고 보고했다. 이제 Borduria Power는 투자에 대한 의사결정을 내리기 전에 이 값을 "최소허용수익률(Minimum Acceptable Rate of Return, MARR)"과 비교해야 한다.

사업을 시작하기에 앞서 Borduria Power는 이 프로젝트와 관련된 위험에 대해서도 평가하기를 원할 것이다. 두 가지 문제가 특히 우려된다. 전기에너지 가격이 기대에 미치지 못하거나, 발전소가 목표 이용률을 달성하지 못하는 경우 어떻게 되나? Bruce는 스프레드시트를 사용하여 다양한 가격 및 이용률에 대한 IRR을 계산하고 그림 7.1과 같은 그래프를 만들었다. 발전소가 80%의 이용률을 달성한다고 가정할 때, 발전소의 MARR이 12%가 되려면 전기에너지 평균 판매가격이 약 30 $/MWh 밑으로 떨어져서는 안 된다. 반면, 이용률이 80% 이하로 크게 떨어지면 평균 판매가격은 크게 높아져야 한다.

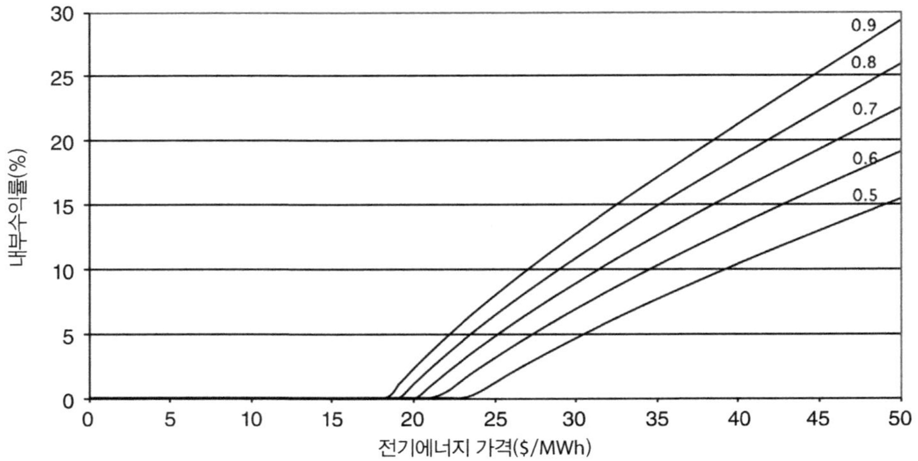

그림 7.1 다양한 이용률 값에 대해 예상 전기에너지 가격의 함수로 표현된 예제 7.1의 석탄발전소 내부수익률

예제 7.2

앞의 예제에서 평가된 결과를 보고 Borduria Power 이사회는 초기 투자규모와 프로젝트 관련 위험에 대해 우려하게 되었다. 그래서 Bruce에게 복합사이클 가스터빈(CCGT) 발전소 건설에 대해 유사한 분석을 수행하도록 요청하였다. 다음 표에서 알 수 있듯이 CCGT의 경제적 특성은 석탄발전소의 경제적 특성과 상당히 다르다. 초기 투자비는 훨씬 적고 에너지변환 효율은 훨씬 높다(열소비율이 더 낮기 때문에). 반면 CCGT는 Borduria에서 석탄보다 훨씬 비싼 연료인 가스를 사용한다.[1]

투자비	533 $/kW
기대수명	30년
정격용량에서의 열소비율	6,927 Btu/kWh
예상 연료비	3.00 $/MBtu

Stoft(2002)에서 인용된 DOE 자료

동일한 이용률(80%)과 동일한 전기 가격(32 $/MWh)을 가정하면, CCGT발전소의 연간발전량과 연간수익은 당연히 동일 용량 석탄발전소의 그것과 같다.

연간발전량: 0.8 × 500 MW × 8,760 h/year = 3,504,000 MWh

연간수익: 3,504,000 MWh × 32 $/MWh = $112,128,000

1 이 책의 초판을 위해 이 예제를 만들었을 때 석탄은 실제로 많은 국가에서 천연가스보다 저렴했다. 파쇄 기술의 발달로 가스 공급이 크게 증가하면서 천연가스 가격이 낮아졌다. 이러한 반전은 장기 투자 의사결정과 관련된 위험을 잘 보여 준다.

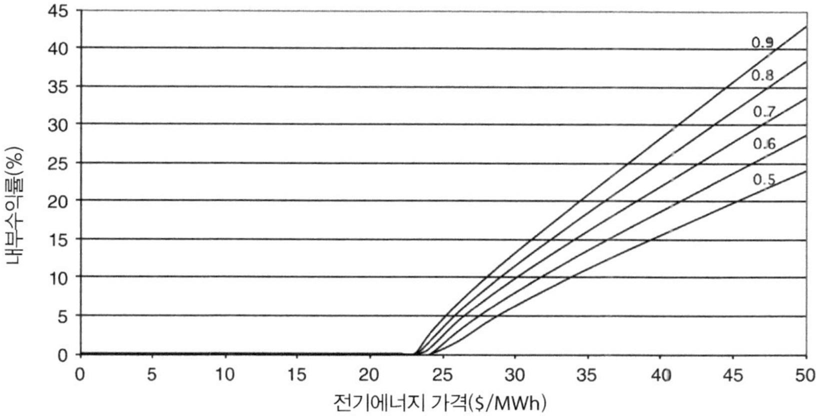

그림 7.2 다양한 이용률 값에 대해 예상 전기에너지 가격의 함수로 표현된 예제 7.2의 CCGT발전소 내부수익률

반면, 투자비용과 연간 생산비용은 다르다.

건설투자비: 533 $/kW × 500 MW = $266,500,000
연간 생산비용: 3,504,000 MWh × 6,927 Btu/kWh × 3.00 $/MBtu = $72,816,624

Bruce는 스프레드시트를 사용하여 IRR이 전기에너지 예상 가격 및 이용률에 따라 어떻게 변하는지를 다시 분석했다. 그림 7.2에 나와 있는 이 분석 결과는 CCGT발전소가 석탄발전소보다 더 높은 수익을 낼 수 있음을 시사한다.

그러나 상호배타적인 투자 대안 간의 의사결정은 단순히 각각의 수익률을 비교해 내려서는 안 된다. 더 작은 투자(이 경우 CCGT발전소)로 수용할 수 있는 수익률이 나왔다면 더 큰 투자(석탄발전소)는 증분 투자로 처리해야만 한다. 따라서 Bruce는 이 추가적인 투자로 인한 증분 순 현금흐름을 계산하였다. 스프레드시트의 이 부분은 다음과 같다.

연도	CCGT발전소 투자비용 (A)	석탄발전소 투자비용 (B)	CCGT발전소 생산비용 (C)	석탄발전소 생산비용 (D)	증분 순 현금흐름 (A)−(B)+(C)−(D)
0	$266 500 000	$510 500 000	0	0	−$244 000 000
1	0	0	$72 816 624	$41 255 220	$31 561 404
2	0	0	$72 816 624	$41 255 220	$31 561 404
3	0	0	$72 816 624	$41 255 220	$31 561 404
...	...	...	...	...	...
30	0	0	$72 816 624	$41 255 220	$31 561 404

연간 생산량과 연간수익을 보여 주는 열(列)은 두 기술에서 모두 동일하기 대문에 표시하지 않았다. Bruce는 마지막 열에 표시된 현금흐름에 해당하는 IRR을 계산해서 12.56%라는 값을 얻었다. Borduria Power의 MARR이 12%로 설정되어 있다면, 적어도 이 이용률에서는 CCGT발전소보다 석탄발전소를 건설하는 것이 타

당하다고 할 수 있다. Bruce는 자신의 보고서에 그림 7.3에 표시된 그래프를 포함하고, Borduria Power 이사회에 발전소 이용률이 80%에 미치지 못하면 이 증분 IRR이 12% 미만으로 떨어진다고 강조하였다.

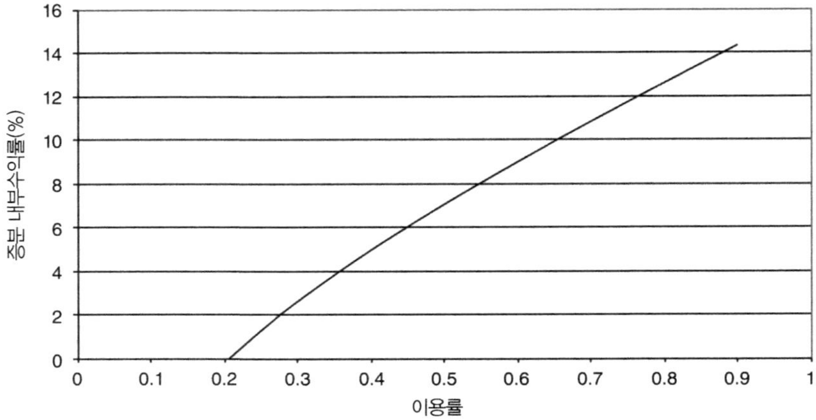

그림 7.3 Borduria Power가 CCGT발전소가 아닌 석탄발전소 건설에 투자함으로써 기대할 수 있는 증분 내부수익률

예제 7.3

Borduria Power가 화석연료를 연소하는 발전소 건설을 고려하고 있는 동안, Syldavia 풍력발전의 전무이사인 Nick은 100 MW 용량의 풍력발전단지 개발에 적합한 부지를 발견했다. 다음 표는 Nick이 예비 수익성 계산에서 고려한 발전소의 특성 자료를 보여 준다.

투자비	919 $/kW
기대수명	30년
정격용량에서의 열소비율	0
예상 연료비	0

Stoft(2002)에서 인용된 DOE 자료

따라서 초기 투자비용은 919 $/kW × 100 MW = $91,900,000이다.

연료인 바람은 공짜이고 유지관리 및 운영 비용은 무시하므로 이 예비 평가에서 연간 생산비용은 고려할 필요가 없다. 발전소의 수명기간 동안 평균 전기 가격에 대한 Nick의 추정치인 32 $/MWh는 우연히도 Borduria Power의 전기 가격 추정치와 동일했다. Nick이 고려하고 있는 부지는 풍속은 우수하지만 이용률은 35%를 넘기기 어려울 것으로 보인다.

연간발전량: 0.35 × 100 MW × 8,760 h/year = 306,600 MWh

연간수익: 306,600 MWh × 32 $/MWh = $9,811,200

따라서 Nick의 스프레드시트는 다음과 같다.

연도	투자비용	생산량	생산비용	수익	순 현금흐름
0	$91 900 000	0	0	0	−$91 900 000
1	0	306 600	0	$9 811 200	$9 811 200
2	0	306 600	0	$9 811 200	$9 811 200
3	0	306 600	0	$9 811 200	$9 811 200
...	0	...	...	...	...
30	0	306 600	0	$9 811 200	$9 811 200

풍력발전단지의 30년 예상 수명기간 동안, 마지막 열에 표시된 순 현금흐름에 의한 IRR은 10.08%이다. 이 값은 Borduria Power의 MARR 12%보다 적지만, Syldavia Wind Power Ltd.에서 적용하는 덜 까다로운 10% MARR은 충족한다.

7.2.2 발전설비 폐지

발전소가 일단 가동되면 설계 수명은 실제 수명의 이론적 기준점이 된다. 실제 수명은 설계 수명을 크게 벗어날 수도 있다. 발전소가 얻는 수익으로 운영비용을 충당하지 못할 정도로 시장 상황이 크게 변하는 경우도 있다. 시장 상황이 개선될 것이라고 믿을 만한 이유가 없는 한 이 발전소는 퇴출되어야 한다. 경쟁 환경에서 퇴출 여부는 전적으로 발전소의 미래 수익과 비용 전망에만 기초해서 결정되어야 한다. 발전소의 기술적인 상태나 매몰된 비용을 절대 고려해서는 안 된다. 반면에 회수할 수 있는 비용(예: 공장이 건설된 토지의 가치)은 사용 가능한 수익을 나타내기 때문에 의사결정에 반영해야 한다.

예제 7.4

Bruce의 보고서를 참고해 Borduria Power 이사회는 예제 7.1에서 논의된 석탄발전소를 건설하기로 결정했다. 불행하게도 이 발전소는 가동된 지 불과 15년 만에 문제에 봉착했다. 수요 증가로 인해 발전소에서 사용하는 저유황탄 가격이 MBtu당 $2.35로 상승했다. 게다가 Borduria 정부는 화석연료발전소가 성산한 전기에 대해 1.00 $/MWh의 환경세를 부과했다. 이러한 상황 변화에 따라 발전소의 한계생산비용은 다음과 같이 상승했다.

$$2.35\ \$/\text{MBtu} \times 9{,}419\ \text{Btu/kWh} + 1\ \$/\text{MWh} = 23.135\ \$/\text{MWh}$$

동시에 경쟁 발전회사는 효율이 더 좋은 CCGT발전소의 운전을 개시했고, 이에 따라 전기에너지 평균가격은 23.00 $/MWh로 하락했다. 이용률을 80%로 가정하면 석탄발전소에서 발생하는 연간손실은 다음과 같다.

$$(23.135 - 23.00)\ \$/\text{MWh} \times 0.8 \times 500\ \text{MW} \times 8{,}760\ \text{h/year} = \$473{,}040$$

Borduria Power가 의뢰한 시장분석에 의하면, 향후 몇 년 동안 더 많은 고효율 발전소가 준공될 예정이기 때문에 이러한 상황은 바뀌지 않을 것으로 예상된다. 전원 구성의 변화로 인해 전기에너지 가격은 22.00

$/MWh로 떨어질 것으로 예상된다. 또한 저유황탄 가격의 추가적인 상승도 예상된다. 이 분석에 따르면 $10,000,000로 추정되는 토지값이라도 회수할 수 있도록 가능한 한 조기에 발전소를 폐지해야만 한다.

발전소 폐지에 대한 최종 결정을 내리기 전에 Borduria Power는 또 다른 가능성에 대해 조사했다. 발전소에 사용하는 연료를 기존 저유황 석탄에서 가격이 MBtu당 $1.67에 불과한 고유황 석탄으로 전환할 수 있다. 이와 같이 연료를 전환하기 위해서는 연도가스탈황(Flue Gas Desulfurization, FGD) 장치를 설치해야 하며, 이 장치의 설치에는 $50,000,000의 투자가 필요하다. 이 장치를 설치하는 데 1년이 걸리고, 설치되면 발전소의 열소비율이 약 11,500 Btu/kWh로 증가하는 나쁜 효과가 생긴다. 다른 경제적 특성에 대한 가정에 변화가 없다면 발전소 수명의 나머지 15년 동안 연료전환으로 인한 효과는 다음 스프레드시트와 같이 요약할 수 있다.

연도	투자비용	생산량	생산비용 (incl. tax)	수익	순 현금흐름
0	$50 000 000	0	0	0	−$50 000 000
1	0	3 504 000	$70 798 320	$77 088 000	$6 289 680
2	0	3 504 000	$70 798 320	$77 088 000	$6 289 680
3	0	3 504 000	$70 798 320	$77 088 000	$6 289 680
...	0	...	...	...	...
15	0	3 504 000	$70 798 320	$87 088 000	$16 289 680

15년차의 수익에는 토지의 추정 가치가 포함되었다. 이 투자는 양의 현금흐름을 만들어 내지만, 이 현금흐름의 순 현재 가치는 −$4,763,285이다. 따라서 FGD에 투자하는 것은 수익성이 없으며, 발전소의 퇴출은 불가피하다.

7.2.3 주기성을 갖는 수요의 효과

전력수요가 증가하는데 그에 상응하는 발전설비 용량의 증가가 없거나, 발전설비가 폐지되어 가용 용량이 감소하는 경우 전기에너지의 시장가격은 상승하게 된다. 이러한 가격인상은 발전회사가 새로운 발전소에 투자할 유인을 제공한다. 2장에서 논의한 바와 같이, 발전설비의 전체 용량은 시장가격이 전기에너지 생산의 장기 한계비용과 같아지는 지점까지 확대될 것이다. 기본적으로 발전설비 용량에 대한 투자는 모든 일반적인 상품의 생산에 적용되는 원칙과 동일한 원칙에 따라 결정된다. 그러나 우리는 전기에너지 수요의 주기성과 날씨가 수요에 상당한 영향을 미친다는 점을 고려해야 한다. 전기에너지가 이와 같은 수요 변동을 보이는 유일한 상품은 아니지만, 쉽게 저장할 수 없는 유일한 상품이다. 따라서 생산과 소비는 며칠 또는 몇 주 단위뿐만 아니라 초 단위로 일치해야 한다. 순간적으로 수요가 감소하면 일부 발전기는 정격용량 미만으로 운전하거나 일시적으로 정지해야 한다. 발전설비 용량에 대한 투자평가를 위해서는 매년 수요가 주어진 값보다 적은 시간이 얼마나 되는지 알아야 한다. 이 정보는 **부하지속곡선** 개념으로 간략화할 수 있다. 그림 7.4는 1999년 PJM(Pennsylvania-Jersey-Maryland) 전력계통의 부하지속곡선이다. 이 곡선에서 우리는 이 시스템의 부하가 그해 모든 시간에서 17,500 MW 이상이었으며, 부하가 51,700 MW보다 컸던 적은 없었다는 것을 관찰할 수 있다. 또한 1999년을 구성한 8,760 시간 중 약 8%의 시간에서만 부하가 40,000 MW를 초과했다는 사실을 알 수 있다.

전형적인 부하지속곡선의 모양을 통해 우리는 전력계통의 발전설비 용량이 1년 평균 수요보다 상당히 커야 한다는 결론을 내릴 수 있다. 또한 모든 발전기가 1에 가까운 이용률을 가질 것으로 기대할 수 없다는 것을 알 수 있다. 효율적인 경쟁시장에서 한계생산비용이 낮은 발전기는 일반적으로 한계비용이 높은 발전기보다 먼저 생산할 기회를 갖는다. 따라서 저렴한 발전기는 덜 효율적인 발전기보다 더 높은 이용률을 갖게 될 것이다. 쉽게 예상할 수 있듯이 가격은 수요가 많은 기간보다 수요가 적은 기간에 더 저렴하다. 경쟁은 수요가 많은 기간보다 수요가 적은 기간에서 더 치열할 수밖에 없다. 수요가 많은 기간 동안에는 대부분의 발전기가 실제로 최대출력으로 운전되므로 발전기들은 적극적으로 경쟁하지 않는다. 이 기간에서의 경쟁은 소수의 비싼 발전기들 간 경쟁으로 제한된다. 반면에 수요가 적은 기간에는 효율적인 발전기라도 온라인 상태를 유지하고 기동비용의 발생을 피하기 위해 경쟁해야 할 수 있다.

이러한 추측은 그림 7.5에 표시된 1999년 PJM 시스템의 가격지속곡선을 통해 확인할 수 있다. 이 곡선은 1년 중 가격이 주어진 값보다 낮은 시간의 비율을 보여 준다. 이 곡선의 모양은 부하지속곡선의 모양과 유사하지만, 경쟁 강도의 변화로 인해 말단 부분은 일그러진다.

이전 장들에서 논의한 바와 같이, 한계발전기가 시장가격을 결정한다. 효율적인 경쟁시장에서는 이 한계발전기가 자신의 한계생산비용보다 높거나 낮게 입찰할 인센티브가 없다. 따라서 시장가격은 마지막 단위의 전력량을 생산하는 비용과 같다. 한계발전기는 생산한 전기에너지를 판매해 돈을 잃지는 않지만 경제적 이익도 얻지 못한다. 반면에 한계내(inframarginal) 발전기

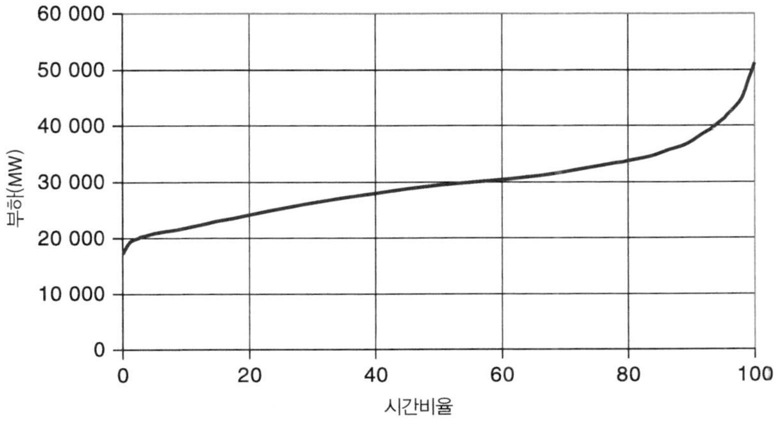

그림 7.4 1999년 PJM 전력계통의 부하지속곡선(출처: www.pjm.com)

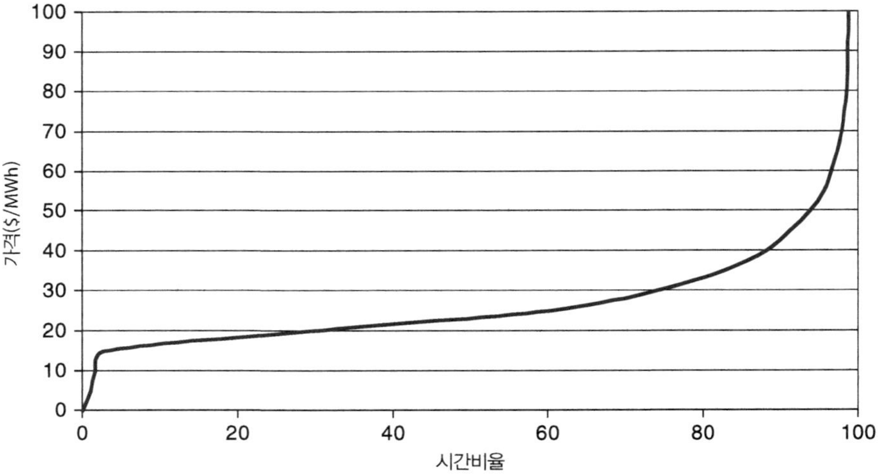

그림 7.5 1999년 PJM 전력계통의 가격지속곡선. 가독성을 높이기 위해 가격 축을 100 $/MWh로 제한했다. 실제로 이 곡선은 100%의 시간에서 1,000 $/MWh의 첨두치를 갖는다. 표시된 가격은 PJM의 평균 모선별 한계 가격(Locational Marginal Price, LMP)이다(출처: www.pjm.com).

는 경제적 이익을 얻는다. 하지만 이 경제적 이익 전부가 투자에 대한 대가로 주주에게 주어질 수는 없다. 이 돈의 일부는 발전소의 고정비용을 회수하는 데 사용되어야 한다. 고정비용에는 생산량에 따라 변하지 않는 유지관리 비용, 인건비, 발전소의 자산가치 또는 용량에 대한 세금, 발전소의 회수 가능한 가치에 대한 기회비용이 포함된다.

그러나 효율성이 가장 낮고 따라서 가장 한계적인 발전기는 어떻게 될까? 이 발전기는 매우 더운 여름날 또는 매우 춥고 어두운 겨울 저녁, 부하가 최대에 도달할 때만 필요하다. 정의에 따르면, 이 발전기는 다른 발전기가 시장가격을 결정하는 동안은 내부한계 발전기가 될 수 없으므로 경제적 이익을 전혀 얻을 수 없다. 이 발전기가 단기 한계생산 비용에만 기초하여 입찰한다면 고정비용을 지불하기 위한 수익은 절대 얻지 못할 것이다. 이 발전기가 사업을 유지하려면 고정비용을 입찰가에 포함시켜야만 한다.

예제 7.5

경쟁 전력시장의 도입에 직면해 Syldavia Electric의 운영 부사장인 Harry는 50 MW 용량의 노후한 석유화력발전소인 Skunk River 발전소를 어떻게 할지 결정하려 한다. 이 발전소의 열소비율은 12,000 Btu/kWh이고 연료비 단가는 3.00 $/MBtu이다. Syldavia Electric이 소유한 발전소들 가운데 효율성이 가장 낮은 발전소 그룹에 속하기 때문에 Syldavia Electric은 최근 몇 년 동안 부하가 매우 높은 기간에만 Skunk River 발전소를 운전할 수 있었다. Harry는 먼저 이 발전소와 관련된 고정비용을 계산하여 연간 약 $280,000라는 값을 얻었다. 그런 다음 그는 Skunk River 발전소의 모든 비용을 회수하기 위해 제출해야 하는 최소 입찰가를 추정하려고 한다. 다음과 같이 발전소로부터의 수익과 총 운영비용이 같아지는 입찰가를 찾아야 한다.

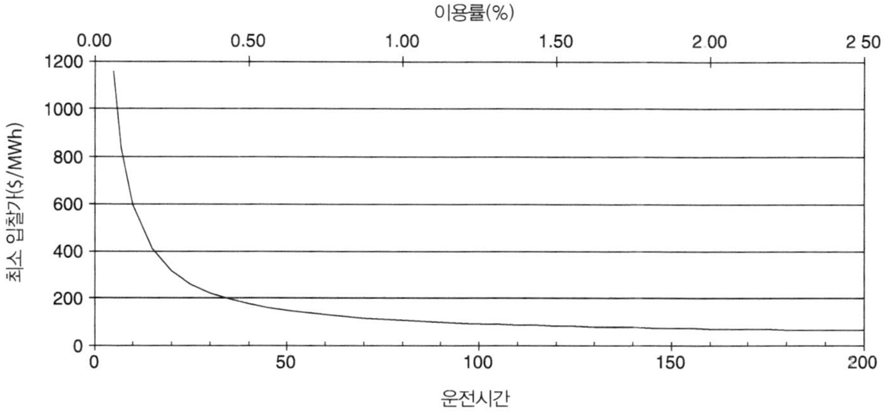

그림 7.6 예제 7.5의 Skunk River 발전소가 자신의 고정비와 변동비 모두를 회수하기 위해 제출해야 하는 최소 입찰가를 이 발전소가 최대출력으로 운전하는 시간의 함수로 표현한 곡선

$$\text{생산량(MWh)} \times \text{입찰가(\$/MWh)} = \text{고정비(\$)} + \text{생산량(MWh)} \times \text{열소비율(Btu/kWh)} \times \text{연료비 단가(\$/MBtu)}$$

Harry는 이 발전소가 실제 얼마나 발전할 수 있을지 알지 못하기 때문에 일련의 발전량 범위에 대해 최소 입찰가를 계산하기로 결정했다. 계산을 단순화하기 위해 그는 발전소가 일단 작동할 경우 최대용량으로 생산한다고 가정했다. 그런 다음 Harry는 시간 또는 이용률의 함수로 최소 입찰가를 계산했다. 그림 7.6은 그 결과를 요약한 것인데, 이 발전소가 연간 5시간만 가동되는 경우 최소 입찰가는 1,000 $/MWh 이상이 되어야 함을 보여 준다. 참고로 Skunk River 발전소의 한계생산비용은 36 $/MWh이다. 1,000 $/MWh 이상의 가격은 완전히 비합리적으로 보일 수 있지만 Harry의 관점에서 보면 정당한 가격이다. 또한, 이 발전소가 처할 수 있는 유일한 경쟁은 이 발전소와 유사한 상황에 있는 발전소들과의 경쟁이기 때문에, 1년 중 몇 시간에 대해 제출한 입찰가가 얼마이든 간에 그대로 받아들여질 가능성은 매우 높다. 소비자들이 이렇게 높은 가격을 지불하는 데 주저할 수는 있겠지만, Skunk River 발전소가 전기를 공급할 수 있는 최후의 수단이기 때문에 소비자가 이 가격을 피할 수 있는 유일한 방법은 전기를 전혀 소비하지 않는 것이다.

이러한 방식으로 자신의 입찰가격을 설정하는 극 한계 발전기의 소유자는 자신의 발전기가 매년 가동될 수 있는 시간을 추정해야 한다. 가동이 가능한 시간은 다양한 무작위적인 요인들에 영향을 받기 때문에 추정이 쉽지 않다. 평균 또는 기댓값은 과거 데이터와 부하 증가 및 다른 발전소의 폐지에 대한 전망 등을 활용해서 예측할 수 있다. 그러나 실제 운전시간은 이 평균과 크게 다를 수 있다. 예를 들어 따뜻한 겨울이나 시원한 여름에는 수요가 예상보다 덜 자주 그리고 더 적은 시간 동안 임계값에 도달할 것이다. 마찬가지로 강수량이 충분하지 않으면 수력에너지의 가용성이 감소되고 화력발전의 필요성이 증가할 수 있다. 이처럼 상황에 따라 극 한계 발전기들은 더 자주 호출되거나 전혀 호출되지 않을 수도 있다. 수년간에 걸쳐 평균을 낸다면 이 발전소의 수익을 받아들일 수도 있겠지만, 1년 또는 그 이상의 기간 동안 손실을 입을 가능성은 위험회피 성향을 갖고 있는 소유자가 용인할 수 있는 수준보다 더 클 수 있다. 따라서 그러한 발전기는 폐지 후보 1순위가 된다.

7.3 소비자 관점에서의 발전설비 용량

이 장의 앞부분에서는 우리가 새로운 발전소의 건설 여부를 결정하려는 잠재적 투자자라는 관점을 취했다. 또한 발전소의 폐지 여부에 대한 발전소 소유자의 의사결정 과정에 대해서도 살펴보았다. 이 절에서는 소비자의 관점에서 발전설비 용량의 공급을 살펴보고자 한다. 완전히 규제완화가 된 환경에서는 어떤 사업자도 발전소를 건설해야 할 의무가 없다. 따라서 수요를 충족하는 데 사용할 수 있는 전체 발전설비 용량은 개별 사업자들이 이익창출 기회에 대한 자신의 인식을 바탕으로 내린 개별적인 의사결정들에 의해 만들어진 결과이다.

우리는 먼저 전기에너지 시장에서 얻을 수 있는 이익만으로 발전설비 건설 여부를 결정할 수 있는지를 논의해야 한다. 시장에서 얻는 이익이 불충분하다면, 시장기반 발전설비 확장 방식은 특정 용량 이상의 가용 발전설비를 보장할 수 있도록 설계된 중앙집중식 메커니즘으로 보완해야만 한다. 우리는 이러한 메커니즘이 취할 수 있는 세 가지 형태에 대해 논의할 것이다.

먼저, 소비자가 전기에너지를 구매할 때, 소비자는 신뢰도에 대해 어느 정도의 기대를 갖고 있다는 것을 알아야 한다. 소비자가 기대하는 신뢰도가 있다는 것은 소비자가 요구할 때 에너지가 인도되어야 하며, 다른 시간에는 인도되지 않아야 함을 의미한다. 고장이나 유지보수로 인해 발전기들을 사용할 수 없는 경우가 있으므로, 전력계통은 첨두부하를 충족하는 데 필요한 것보다 더 많은 발전설비 용량을 갖고 있어야 한다. 발전설비 용량을 여유 있게 가져가면 전력계통의 신뢰도는 향상된다. 따라서 아래에서 설명할 메커니즘들은 소비자가 요구하는 전기에너지를 제공하기에 충분한 발전설비 용량을 제공하는 능력과 신뢰도 기대치를 충족시키는 능력 이 두 가지 측면에서 판단해야만 한다.

7.3.1 전기에너지 시장에 의한 발전설비 확장

일부 전력경제학자들(예를 들어, Stoft(2002)의 이 관점에 대한 포괄적인 설명 참조)은 전기에너지를 다른 상품과 동일하게 취급해야 한다고 주장한다. 그들은 다음과 같이 주장한다.

- 전기에너지가 자유시장에서 거래되는 경우 발전소에 대한 투자를 통제하거나 장려하기 위한 중앙집중식 메커니즘은 필요하지 않다.
- 시장에 맡겨 두면 시장이 수요가 요구하는 최적의 생산 용량 수준을 결정할 것이다.
- 시장에 간섭하는 것은 가격과 인센티브를 왜곡한다.
- 중앙집중식 계획과 보조금은 과잉 투자 또는 과소 투자로 귀결되며 둘 다 경제적으로 비효율적이다.

2장에서 보았듯이 어떤 상품에 대한 수요가 증가하거나 공급이 감소하면, 결과적으로 시장가격이 상승하여 생산능력에 대한 추가 투자가 촉진되고, 궁극적으로 새로운 장기 균형에 도달한다. 전력수요의 주기적 특성과 탄력성 부족으로 인해 전력시장에서의 가격상승은 일반적으로 부드럽게 그리고 점진적으로 일어나지 않는다. 수요가 총 발전설비 용량에 근접할 때 가격이 급등(즉, 단기간에 매우 큰 가격상승)하는 것을 관찰할 수 있다. 그림 7.7은 이 현상을 보여 주고 있다. 전형적인 공급함수는 양식화된 3분할 구간별 선형 곡선으로 표시된다. 적당히 경사진 첫 번째 구간은 적절하게 경쟁적인 시장에서 발전설비의 대부분을 나타낸다. 훨씬 더 가파른 기울기를 가진 두 번째 구간은 드물게 호출되는 첨두 발전기들을 나타낸다. 세 번째 구간은 수직이며 존재하는 모든 발전설비 용량이 사용 중일 때 공급함수를 나타낸다. 거의 수직에 가까운 선은 탄력성이 낮은 수요함수를 나타낸다. 이 수요함수는 수요가 시간에 따라 변동함에 따라 수평으로 이동한다. 2개의 곡선이 표시되어 있는데, 하나는 최소 수요 기간의 수요곡선을 나타내고 다른 하나는 최대 수요 기간의 수요곡선을 나타낸다. 이 곡선들과 공급함수가 교차하는 지점에서 최소가격과 최대가격이 결정된다. 발전설비 용량에 여유가 많지 않지만 부하를 충당하기에 충분할 때(그림 7.7a), 시장가격은 매우 드물게 운전되는 발전기의 입찰가에 의해 결정되기 때문에 첨두 수요 기간 동안 시장가격은 급격하게 상승한다. 이러한 가격급등(price spike)은 첨두부하 조건에서 모든 발전설비 용량이 사용되고 있을 때 훨씬 더 높게 나타난다(그림 7.7b). 이러한 상황은 설치된 발전설비 용량이 부하 증가를 따라가지 못하거나 일부 발전설비 용량이 폐지되었거나 일부 발전설비 용량을 사용할 수 없기 때문에(예를 들면, 가뭄으로 인해 사용 가능한 수력에너지 양이 감소했기 때문에) 발생할 수 있다. 이러한 상황에서 가격상승을 제한할 수 있는 유일한 요소는 수요의 탄력성이다. 이런 추론은 수요가 가격에 반응한다는 가정하에 성립한다. 그렇지 않은 경우에는 전력계통의 붕괴를 막기 위해 부하를 차단해야 한다.

실제로 이러한 가격급등은 그림 7.7에서 보여 주는 것보다 훨씬 크게 나타나며, 1년에 몇 번만 발생하더라도 평균 전력 가격을 크게 올리기에 충분하다. 따라서 가격급등은 수요를 충족하는 데 필요한 발전설비 용량이 충분하지 않다는 생생한 신호가 되며, 가격급등에 의한 "추가" 수익은 발전사업자에게 새로운 발전설비 용량에 투자하거나 구형 발전기를 계속 유지하도록 하는 데 필요한 핵심적인 인센티브가 된다.

이렇게 급등한 가격은 분명히 소비자에게는 매우 비싸게 느껴질 것이다(고통스러울 수도 있다). 따라서 가격급등은 소비자들이 가격신호에 더 민감하게 반응하도록 한다. 수요의 가격탄력성이 커지면 첨두부하와 발전설비 용량 간의 균형이 개선되지 않더라도 가격이 급등하는 크기는 감소한다. 또한 가격급등은 소비자에게 발전사업자와의 계약체결에 대한 강한 인센티브를 제공하며, 발전사업자는 이런 계약들을 바탕으로 발전설비 용량에 투자할 수 있다.

매우 정교한 수학적 모델(Schweppe 등(1988)의 연구를 참고)에 의해 뒷받침되는 이 이론에 따르면, 하나의 평형상태(equilibrium)에 궁극적으로 도달해야만 한다. 이 평형상태에서 발전설비 용량에 대한 투자와 부하제어 장비에 대한 투자 사이의 균형이 최적이 되고, 전체 후생이 최대가 된다. 그러나 몇 가지 실질적 행동과 관련된 문제들과 그 정치적 결과로 인해 이러한 평형상태에 도달하지 못할 수 있다. 첫째, 단기 가격신호에 대한 수요 반응을 충분히 만들어 낼 수 있는

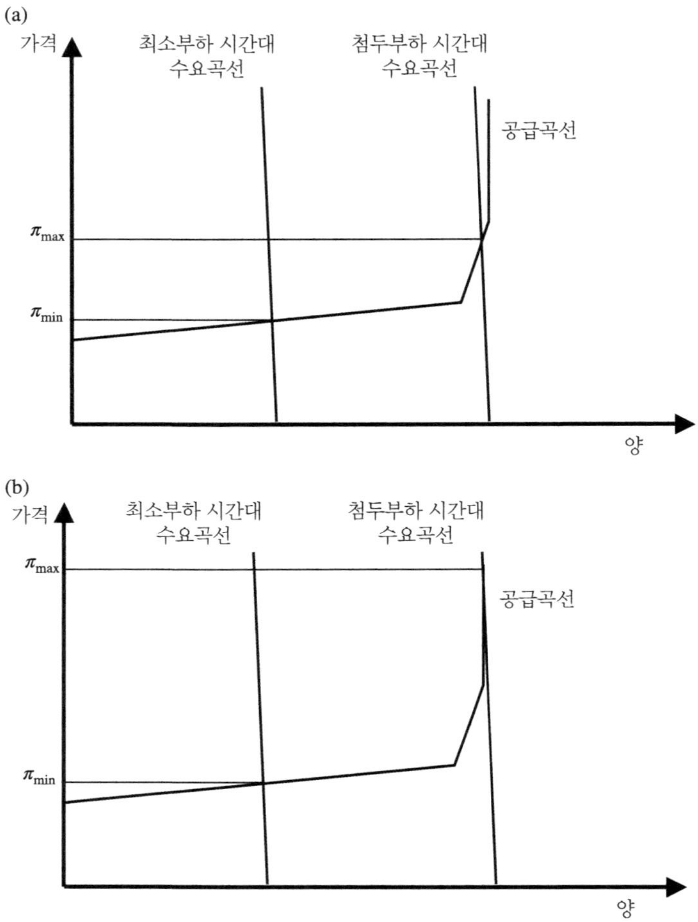

그림 7.7 전기에너지 시장에서 가격급등이 발생하는 메커니즘: (a) 발전설비 용량이 충분한 경우; (b) 발전설비 용량이 불충분한 경우

기술이 아직 대규모로 보급되지 않았다. 이러한 기술이 널리 보급되고 수용될 때까지는, 수요가 공급을 초과하는 상황에서 여전히 가격 할당보다는 수량 할당이 필요할 것이다. 다시 말해, 시스템 운영자는 최대수요 기간 동안 시스템의 균형을 유지하기 위해 부하를 차단해야 할 수 있다. 광범위한 부하차단은 소비자들이 받아들이기 어려우며, 종종 사고나 공공기물 파손과 같은 사회적 재난을 초래하기도 한다. 이는 경제적으로도 매우 비효율이다. 부하차단의 영향은 공급지장가치(VoLL)를 사용하여 추정할 수 있다. VoLL은 공급되지 않는 에너지를 생산하는 데 드는 비용보다 수십에서 수백 배나 더 크다. 소비자들은 부하차단으로 인한 혼란에 익숙하지 않으며, 소비자들을 정치적으로 대표하는 자들은 이러한 혼란을 잠시도 용인하지 않을 것이다.

소비자가 현물가격에 노출되고 가격에 따라 수요를 조정할 것으로 기대할 수 있다면, 가격급등은 거의 발생하지 않을 것이다. 전문가가 아닌 일반인들에게 가격급등의 원인을 설명하고 정당화하는 것은 상당히 어렵기 때문에 소비자들은 자신들이 바가지를 쓰고 있는 것은 아닌지 의심하게 된다. 또한 가격급등이 일어나면 가난하고 취약한 사람들이 난방, 냉방, 요리와 같은 삶에 필수적인 것들을 위한 전기에너지 사용을 줄일 수밖에 없으며, 이에 따라 사회적으로 용납할 수 없는 결과가 초래되기도 한다. 정치적 수용성을 위해 많은 전력시장들이 지나친 가격급등을 방지하도록 설계된 가격상한제를 시행하고 있다. 하지만 이러한 가격상한은 발전설비 용량을 건설하거나 유지하는 데 필요한 인센티브의 상당 부분을 없애 버린다.

발전설비 용량의 확장을 전기에너지 가격의 급등에만 의존하는 전력시장 형태가 투자자에게 바람직한 것만은 아니다. 날씨가 더 온화하거나 평균보다 높은 강수량으로 수력에너지가 더 풍부해지는 경우 가격급등이 일어나지 않을 수 있으며 평균 전기 가격은 상당히 낮아질 수 있다. 이와 같이 불확실한 가격신호에 기초하여 투자에 대한 의사결정을 하는 것에는 상당한 위험이 있다. 이러한 위험이 있으면 투자자들은 새로운 발전소의 건설을 주저하게 된다.

마지막으로, Ford(1999, 2001)가 개발한 시뮬레이션 모형에 따르면 발전소의 인허가와 건설에 걸리는 시간이 시장의 불안정성을 유발할 수 있다. 발전설비 용량이 부하의 증가에 상응하여 부드럽게 증가하지 않고, 어떤 시기에는 지나치게 많은 용량이 건설되고 어떤 시기에는 전혀 건설되지 않는 현상(boom and bust)이 나타날 수 있다. 발전설비 용량의 부족은 매우 높은 전기 가격을 초래하고 발전소 건설 붐을 일으킨다. 이 건설 붐은 설비 과잉 상태를 초래하여 전기 가격을 억누르게 되고, 설비 과잉이 해소될 때까지 발전소 건설은 다시 억제된다. 이러한 발전소 건설 붐과 발전소 건설 부족의 주기적 반복은 장기적으로 생산자나 소비자 모두에게 이익이 되지 않는다.

결론적으로, 전기에너지 시장과 가격급등에만 의존해서 충분한 발전설비 용량을 확보하는 방식으로는 만족스러운 결과를 얻기 어렵다. 이 접근방식에서는 소비자가 전기에너지만을 구매하고 이 거래가 일반적인 상품의 구매와 동일하게 처리될 수 있다고 가정한다. 실제로 소비자는 전기에너지만을 구매하는 것이 아니라 일정 수준의 신뢰성을 갖춘 전기에너지를 제공하는 것으로 정의할 수 있는 하나의 서비스를 구매한다.

7.3.2 용량 지불금

발전설비 투자를 전기에너지 시장의 보이지 않는 손에 맡기기에는 그 위험이 너무 큰 경우가 많다. 많은 국가와 지역의 시장 설계자들은 설비 부족에 기인하는 가격급등을 통해 발전기에 지나치게 많은 금액을 간헐적으로 지불하는 것보다는 정기적으로 적은 금액을 발전기에 지불하는 것을 선호한다. 발전기에 정기적으로 지불하는 금액은 각 발전기의 가용한 용량에 비례해서 지불된다. 이러한 용량 지불금(capacity payment)은 발전기가 전기에너지 시장에서 얻는 수익과 별개의 수익흐름을 형성한다. 용량 지불금은 신규 발전기의 자본비용 가운데 일부를 충당할 수 있는 수준이어야 하며, 발전사업자가 에너지 생산은 거의 요구되지 않지만 가용한 상태이어야 하는 발전기들을 유지할 수 있는 수준이어야 한다. 용량 지불금은 총 가용용량을 증가시켜 공급부족이 발생할 가능성을 줄일 수는 있지만, 공급부족이 발생할 가능성을 완전히 없앨 수는 없다. 늘어난 발전설비 용량은 경쟁을 심화시키고 시장에서 전기에너지의 가격을 억누르게 된다.

따라서 용량 지불금은 앞 절에서 설명한 위험을 줄이고, 소비자들이 언제 전기에너지를 사용하는지와 무관하게 모든 소비자들에게 위험을 분산시킨다. 적어도 단기적으로는 이러한 첨두에너지 비용의 사회화는 그게 소비자든 생산자든 위험을 회피하려는 시장참여자에게 도움이 된다. 반면 장기적으로는, 용량 지불금 접근방식은 경제적으로 효율적인 행동에 대한 인센티브를 감소시킨다. 즉, 지나치게 많은 자본이 발전설비 용량에 투자되고, 소비자들이 수요를 관리하는 데 필요한 장치에 대한 투자는 지나치게 축소될 수 있다.

현실적인 어려움도 있다. 첫째, 용량 지불금으로 확보할 전체 금액을 얼마로 할 것인지, 단위 용량당(MW당) 얼마를 지불할 것인지를 결정하기 위한 명확한 방법이 없다. 둘째, 용량 지불금 체계는 각 발전기에 얼마를 지불해야 하는지에 대해 끝없는 논쟁을 야기한다. 예를 들어, 수력발전소는 가뭄으로 생산량이 제한될 수 있기 때문에 신뢰도 측면에서 화력발전소와 동일한 기여를 하지 않는다는 주장이 있을 수 있다. 마지막으로, 용량 지불금은 발전기의 성능과 무관하게 지급되기 때문에[2] 용량 지불금이 실제로 신뢰도를 향상시키는 데 기여하는지가 분명하지 않다.

이러한 문제들을 해결하기 위해 Electricity Pool of England and Wales는 대안적인 접근방식을 채택했다. 각 기간 t에서 풀이 결정하는 전기에너지 가격에 다음과 같은 용량분가격(CE_t)을 추가했다.

$$CE_t = \text{VoLL} \times \text{LoLP}_t \tag{7.1}$$

여기서 VoLL은 공급지장에너지의 가치(고객 설문조사를 통해 결정되며 물가상승을 고려하여 매년 갱신됨)이고, LoLP_t는 기간 t에서의 공급지장확률이다. 이 확률은 부하 대비 가용용량의 여유도와 발전기들의 고장정지율에 따라 달라지기 때문에 이 용량분가격은 시간에 따라 변동하며 때때로 심각한 가격급등을 일으키기도 한다. 용량분가격을 전기에너지 가격에 추가하는 대가로 에너지 가격은 VoLL로 제한된다. 용량분가격을 소비자들에게 부과하여 매 30분마다 거둬들인 돈은 에너지 공급 입찰을 제출한 모든 발전기에 배분된다. 이때, 입찰한 발전기들이 에너지 생산 계획에 포함되었는지 여부는 상관없다. 용량분가격이 소비자들에게 단기 신호를 주기 위한 것인 반면, 발전기들에 배분되는 용량 지불금은 생산자에게 장기적인 인센티브를 주기 위해 설계되었다. 용량 지불금은 발전기에 상당한 수익을 제공하고, 필수적인 발전설비 용량을 유

2 (역자 주) 예를 들면, 기동하는 데 2시간이 걸리는 발전기와 10분이 걸리는 발전기가 동일하게 취급된다.

지하는 데 도움이 되지만, 단기 변수인 LoLP에 따라 달라지기기 때문에 대규모 발전사업자들이 이를 조작할 여지도 있다. 용량 지불금은 NETA(New Electricity Trading Arrangements)가 도입되면서 중단되었다.

7.3.3 용량시장

일부 규제당국은 용량 지불금 총액이나 용량 지불금 단가를 고정하지 않고, 대신 발전설비 적정성(generation adequacy) 목표를 설정하고 이 목표를 달성하기 위한 소요 발전설비 용량을 결정한다. 다음으로, 모든 전기 소매사업자와 대규모 소비자(즉, 에너지를 구매하는 모든 주체)가 소요 발전설비 용량 가운데 자신의 몫에 해당하는 용량을 용량시장에서 구매하도록 의무화한다. 용량시장에서 구매해야 하는 전체 용량은 행정적으로 결정되지만, 가격은 입찰된 용량에 따라 달라지며 변동성도 상당하다.

용량시장이 그 목적을 달성할 수 있도록 시장을 설계하고 운영하는 것은 간단한 문제가 아니다. 고려해야 할 몇 가지 중요한 문제들이 있다. 이러한 문제들 가운데 첫 번째이자 아마도 가장 근본적인 문제는 시장 거래 단위 기간을 얼마나 길게 가져갈 것인가이다. 다시 말해, 각 소매사업자에게 용량 의무를 부여하는 기간을 얼마로 할 것이냐이다. 부하가 적은 기간에는 소매사업자들이 구매해야 하는 용량이 줄어들기 때문에 소매사업자들은 더 짧은 단위 기간(예: 한 달 또는 그 미만)을 선호한다. 또한 짧은 단위 기간은 용량시장의 유동성을 증가시킨다. 반면에 더 긴 단위 기간(예: 계절 또는 1년)은 발전기에게 유리하므로 신규 발전기 건설을 촉진시킬 수 있다. 또한 긴 단위 기간은 타 전력계통과 연계된 전력계통에서 우리 계통에 위치한 발전기들이 이웃 시장에 용량을 판매하지 않도록 하는 데 도움이 된다. 긴 단위 기간은 규제당국이 계통의 신뢰도를 평가하는 주기와도 더 잘 맞아떨어진다.

발전기는 언제든지 고장 날 수 있기 때문에 설치된 총 발전설비 용량은 첨두 수요보다 항상 커야만 한다. 신뢰할 수 없는 발전기가 있으면 계통이 예비로 가져가야 할 발전설비 용량을 증가시키고 더 많은 비용을 유발한다. 따라서 발전기의 성능을 평가하고 성능에 대해 보상하는 적절한 방법을 선택하는 것이 용량시장 설계에서 두 번째로 중요한 문제이다. 이 방법은 발전기의 성능 변화에 따른 계통의 신뢰도 변화를 가능한 한 정확하게 추적할 수 있어야 한다. 신뢰할 수 있는 발전기에 대한 보상과 신뢰할 수 없는 발전기의 폐지 유도가 가능해야 한다. 예를 들어 PJM(Pennsylvania-Jersey-Maryland) 시장에서는 어떤 발전기가 용량시장에서 판매할 수 있는 용량의 양을 그 발전기의 과거 실적 고장정지율만큼 줄인다. 따라서 발전기는 자신의 가용성을 유지하거나 개선할 유인이 있다. 이상적으로는, 이러한 성능 기준을 정교하게 설계해서 발전사업자들이 용량을 건설하거나 유지하는 것뿐만 아니라 중요한 기간에 가용할 수 있게 운영하도록 해야 한다.

소요 발전설비 용량 가운데 자신의 몫을 구매하지 않은 에너지 구매자들도 다른 시장 참여자들이 지불한 예비 발전설비 용량의 혜택을 받는다. 또한 이들은 용량을 구매하는 데 비용을 지출하지 않았기 때문에 에너지 시장에서 유리한 위치에 서게 된다. 따라서 의무를 이행하지 않은 모든 주체들에게 벌금을 부과해야만 한다. 벌금의 수준과 부과 규칙은 올바른 행동을 유도하고 무임승차를 방지할 수 있도록 설정되어야 한다.

일부 전력시장에서는 수요 측의 용량시장 참여를 허용하기 시작했다. 이러한 시장에서는 대규모 소비자 또는 충분한 수의 소규모 소비자를 집합하여 대표하는 기관이 계통운영자의 요청이 있을 때 수요를 줄일 수 있는 능력을 입찰한다. 이와 같이 수요 측 자원이 참여하는 용량시장의 운영 사례는 PJM Interconnection(2017)을 참조하라.

7.3.4 신뢰도 계약

이상적으로는 모든 개별 소비자들이 각자 신뢰성을 위해 얼마를 지불할 의향이 있는지 자유롭고 독립적으로 결정해야 한다. 성숙한 전력시장에서는 발전사업자와 판매사업자 또는 대규모 소비자가 특정 수준의 신뢰도로 에너지의 공급을 보장하는 장기계약을 체결할 수 있다. 이러한 장기계약은 발전사업자들이 요구되는 수준의 신뢰성을 달성하는 데 필요한 용량을 건설할 인센티브가 된다.

전력시장이 이러한 신뢰도 계약 방식이 가능한 수준까지 성숙하기 전에는 중앙 기관(예를 들면, 규제기관 또는 계통운영자)이 소비자를 대신하여 신뢰도 계약을 체결할 수 있다. 앞에서 설명한 용량시장에서와 같이 목표 발전설비 용량을 정하지 않고, Vazquez 등(2002)이 제안한 것과 같이 중앙 기관이 경매를 통해 신뢰도 계약을 체결할 수 있다. 이러한 계약은 기본적으로 계약 미이행에 대해 상당한 벌금을 부과하는 장기 콜옵션으로 구성된다. 중앙 기관은 신뢰도 기준을 적용하여 구매할 계약의 총 용량 Q를 결정한다. 계약의 행사가격 s는 일반적으로 호출될 것으로 예상되는 가장 비싼 발전기의 변동비보다 25%정도 높게 설정한다. 또한 계약기간도 설정한다. 발전사업자들로부터 신뢰도 계약에 대한 입찰을 받아 프리미엄 수수료가 낮은 순으로 순위를 매긴다. 수량 Q를 청산하는 프리미엄 수수료 P가 낙찰된 모든 계약에 대해 지불된다.

q MW에 대한 옵션을 프리미엄 P에 판매한 발전사업자를 생각해 보자. 이 발전사업자는 계약이 유지되는 매 기간 $P \cdot q$의 프리미엄 수수료를 받는다. 전기에너지 현물가격 π가 행사가격 s를 초과하는 기간에는 이 발전사업자가 $(\pi - s) \cdot q$만큼을 소비자에게 돌려주어야 한다. 이 발전사업자가 이 기간에 g MW만 공급했다면 이 발전사업자는 $\text{pen} \cdot (q - g)$만큼의 추가적인 벌금을 지불해야만 한다.

신뢰도 계약은 여러 가지 장점을 갖고 있다.

- 한계발전기가 처하는 위험을 줄인다. 가격급등을 통해 얻는 수익은 변동성이 크고 불확실한 반면 신뢰도 계약을 통해 얻는 옵션 수수료 수익은 보다 안정적이기 때문이다.
- 중앙 기관은 희망하는 신뢰도 확보가 가능한 수준에 맞추어 계약할 양을 설정할 수 있다.

- 발전사업자들이 자사 발전기들의 가용성을 유지하거나 높일 유인을 제공한다. 용량의 부족으로 인해 가격이 높아지게 되면 수익성이 나빠지기 때문이다. 가격이 비싼 기간에 용량이 가용하지 않으면 비싼 벌금을 지불해야 하기 때문에 발전사업자들은 신뢰성이 낮은 발전기들로는 계약을 하려 하지 않을 것이다.
- 소비자는 전기에너지 비용보다 더 많은 돈을 지불해야 하지만, 대신 매우 높은 가격을 회피할 수 있는 수단을 갖게 된다. 이 점이 소비자 관점에서 그 혜택을 체감하기 어려운 용량 지불금 또는 용량시장과 신뢰도 계약이 다른 점이다. 또한 소비자는 옵션 수수료가 경쟁적인 경매를 통해 결정된다는 믿음을 얻을 수 있다.[3]
- 마지막으로, 행사가격은 시장가격보다 훨씬 높게 책정되기 때문에 거의 순환 정전을 해야 하는 상황이 되어서야 옵션이 활성화된다. 따라서 정상적인 에너지 시장에 대한 간섭을 최소화할 수 있다.

7.4 재생에너지의 발전설비 용량

7.4.1 투자자 관점

예제 7.3에서 본 것처럼 재생 가능한 에너지원에 의존하는 발전기는 운영비용이 매우 낮다. 그러나 일반적으로 재생에너지 발전기의 투자비 단가는 전통적인 화력발전기보다 훨씬 높기 때문에 운영비용이 낮다는 사실만으로 수익성이 있다고 할 수는 없다. 따라서 재생에너지 발전기들의 수익성은 얼마나 많은 에너지를 생산할 수 있는지에 달려 있다. 4.5.3.2절에서 논의한 바와 같이 많은 정부는 기후변화에 대처하기 위해 재생에너지원의 개발을 장려하고 재생에너지 발전과 관련된 재무적 위험을 줄이기 위한 메커니즘을 도입해 왔다.

7.4.2 소비자 관점

발전설비 용량이 예상되는 수요 충족에 적정한 수준인지 평가할 때, 계통운영자와 규제기관은 항상 발전설비 용량을 일정 비율 축소해서 반영한다. 계획정지 또는 고장정지로 인해 발전기의 용량을 100% 활용할 수 없기 때문이다. 재생에너지 발전기는 대부분 제어할 수 없는 에너지원에 의존하기 때문에 재생에너지 발전기는 첨두부하 기간에 가용하지 않을 수 있다. 따라서 재생에너지 발전기가 적정성 보장에 기여하는 용량은 일반 발전기에 비해 더 축소되어야 한다. 에너지원이 계절에 따라 변하고, 연중 다양한 시점에서 첨두부하가 발생하는 경우에는 재생에너지

3 (역자 주) 소비자들은 옵션 수수료를 가격급등 위험에 대비한 보험료로 인식하게 된다. 또한 그 보험료가 중앙 기관이 시행한 경매를 통해 결정되었으므로 가장 저렴하다고 소비자들이 믿을 수 있다. 용량 지불금은 유사한 성격을 갖고 있지만, 공급지장에너지의 가치, 공급지장확률 등 이해하기 쉽지 않은 개념들에 기반하여 산정되기 때문에 소비자의 수용성은 상대적으로 낮을 수 있다.

발전기의 실제 적정성 기여도를 추정하는 데 더 많은 논란의 여지가 있다. 예를 들어 태양광 발전은 일반적으로 하계 첨두부하를 충족하는 데 도움이 될 수 있지만 동계 첨두부하에 대한 기여는 기대하기 어렵다.

풍력 및 태양광 발전의 비중이 증가하면서, 이들의 간헐성과 예측불확실성으로 인한 수급 불균형을 신속하게 메꿔 줄 수 있는 자원의 필요성이 확대되고 있다. 최대수요를 안정적으로 충족할 수 있는 발전설비 용량을 확보하는 것만으로는 더 이상 충분하지 않다. 발전기와 기타 자원들(예: 수요 응답 및 저장)은 이러한 변화에 대응할 수 있을 만큼 충분히 유연해야 한다. 유연한 발전설비는 출력 증발 및 감발 속도가 빨라야 하고, 안정적인 운전이 가능한 최소 출력이 낮아야 하고, 최소 가동시간 및 최소 가동중지시간이 짧아야 한다. 저장장치는 일반적으로 응답시간이 빠르지만 응답을 유지하기 위해서는 충분한 에너지 용량을 갖고 있어야 한다. 수요 측 자원은 신뢰성을 입증해야 한다. 발전기와 기타 자원들로 구성된 포트폴리오가 미래의 전력수요를 충족할 수 있는지 평가할 때 유연성을 고려하기 위해서는 부하지속곡선을 사용할 수 없다. 부하지속곡선은 시간영역에서의 부하 변동을 반영하지 않기 때문이다. 자원들의 집합으로 계통의 운영 제약들을 충족할 수 있는지 확인하기 위해서는 예상할 수 있는 가능한 모든 계통 상황을 반영한 수요 패턴들을 대상으로 운영 시뮬레이션을 해 봐야 한다. 이 문제에 대한 자세한 내용은 Ma 등(2013) 또는 Ulbig 및 Andersson(2015)의 문헌을 참고하기 바란다.

7.5 연습문제

대부분의 문제는 스프레드시트를 사용해야 한다.

7.1 예상수명이 30년이고 용량이 400 MW인 발전소에 대한 투자의 IRR을 계산하라. 이 발전소의 건설비용은 1,200 $/kW이고 열소비율은 9,800 Btu/kWh이다. 이 발전소가 연소하는 연료의 단가는 1.10 $/MBtu이다. 이 발전소는 최대용량으로 연간 7,446시간 운영되고, 생산한 전력은 평균 31 $/MWh의 가격에 판매될 것으로 기대된다. 이 투자가 13%의 MARR을 달성하려면 전기에너지의 평균가격은 얼마가 되어야 하는가?

7.2 문제 7.1에서 다룬 발전소의 이용률이 10년 후에 15% 감소하고, 20년 후에 추가적으로 15% 더 감소한다면 IRR은 얼마인가?

7.3 전기에너지 가격이 첫 10년 동안은 35 $/MWh이고 그 후 31 $/MWh로 떨어진다면 문제 7.1에서 다룬 발전기의 IRR은 얼마인가? 이 가격이 처음 20년 동안은 31 $/MWh이고 나머지 10년 동안은 35 $/MWh일 경우 IRR은 얼마인가? 이 결과들을 문제 7.1에서 계산된 IRR과 비교하고 차이점을 설명하라.

7.4 교토협약에 따른 의무를 다하기 위한 노력의 일환으로 재생에너지 발전소 건설을 촉진하

기 위해 Syldavia 정부는 재생에너지 발전소에서 생산된 전기를 35 $/MWh의 고정가격으로 구매하기로 결정했다. Greener Syldavia Power는 200 MW 용량의 풍력발전단지를 건설하고, 이 프로그램을 활용하고자 한다. 이 풍력발전단지의 예상수명은 30년이며 건설비용은 850 $/kW이다. 제안된 입지의 바람 영역 분석을 기반으로 Greener Syldavia Power의 엔지니어는 발전단지의 출력이 아래 표와 같을 것으로 추정하였다.

용량에 대한 비율로 나타낸 출력(%)	연간 시간
100	1700
75	1200
50	850
25	400
0	4610

Greener Syldavia Power가 자체적으로 설정한 MARR이 12%라면, 정부의 35 $/MWh 고정가격 제안을 받아들여 이 풍력발전단지를 건설하는 것이 타당한가?

7.5 Syldavia Energy는 새로운 600 MW 발전소의 건설 가능성을 모색하고 있다. 아래 표와 같은 특성 자료가 주어졌을 때, 신규 발전소 건설에 어떤 기술을 채택해야 하는가? 발전소의 이용률은 0.80이고 생산된 전기를 평균 30 $/MWh의 가격으로 판매할 수 있다고 가정한다. Syldavia Energy는 12%의 MARR을 사용한다.

	기술 A	기술 B
투자비	1,100 $/kW	650 $/kW
기대수명	30년	30년
정격출력에서의 열소비율	7,500 Btu/kWh	6,500 Btu/kWh
예상 연료단가	1.15 $/MBtu	2.75 $/MBtu

7.6 Borduria Power는 다음과 같은 특성을 가진 발전소를 건설했다.

투자비	1,000 $/kW
용량	400 MW
기대수명	30년
정격출력에서의 열소비율	9,800 Btu/kWh
예상 연료단가	1.10 $/MBtu
예상 이용률	0.85
예상 평균 판매가격	31 $/MWh

5년 후, 시장 상황이 극적으로 변화하였다. 연료 가격은 1.50 $/MBtu로 상승하고 이용률은 0.45로 떨어지고 Borduria Power가 이 발전소에서 생산된 에너지를 판매할 수 있는 평균가격은 25 $/MWh로 떨어졌다.

Borduria Power는 이 발전소를 어떻게 해야 하나? Borduria Power가 이러한 시장 상황의 변화를 미리 알았다면 어떻게 했을까? Borduria Power는 12%의 MARR을 사용하고, 발전소 폐지 시 회수 가능한 비용은 무시한다고 가정하자.

7.7 Borduria Power가 문제 7.6의 발전소를 계속 운영하기로 결정했는데, 시장 상황은 개선되지 않았다고 가정하자. 5년이 지난 후 발전소는 수리에 $120,000,000가 소요되는 중대한 고장을 겪게 되었다. 수리를 하면 발전소는 나머지 설계수명 동안 계속 운전할 수 있을 것으로 예상된다. Borduria Power는 어떤 결정을 내려야 하나? 발전소가 건설된 지 15년 후에 이러한 고장이 발생하면 어떻게 해야 하나?

7.8 용량이 100 MW인 노후 발전소의 열소비율이 13,000 Btu/kWh이고 연료비는 2.90 $/MBtu이다. 이 발전소 소유자는 이 발전소를 운전 가능한 상태로 유지하는 데 연간 $360,000가 소요될 것으로 추정한다. 이용률이 1%일 때, 이 발전소를 유지하기 위해 요구되는 최소 전력판매 가격은 얼마인가? 이 가격을 발전소의 평균 생산비용과 비교하라.

7.9 예제 7.1과 7.2에서 다룬 투자분석은 매우 단순화된 것이다. 보다 자세한 분석을 위해서는 어떤 요소를 고려해야 하는지 논하라.

7.10 당신이 살고 있는 지역의 전력계통이나 필요한 데이터에 접근할 수 있는 다른 전력계통의 부하지속곡선과 가격지속곡선을 그려라. 최대수요와 총 발전설비 용량을 비교하라.

7.11 과거 수년간에 대해 문제 7.10을 반복해서 수행하라. 기상조건, 새로운 발전소의 준공, 노화된 발전소의 폐지, 기타 관련 요인 측면에서 관찰할 수 있는 중요한 차이들을 설명해 보라.

7.12 당신이 거주하는 지역(또는 당신이 충분한 정보에 접근할 수 있는 다른 지역)에 발전설비 건설을 촉진하기 위한 제도가 있는지 확인하라.

참고문헌

Ford, A. (1999). Cycles in competitive electricity markets: a simulation study of the western United States. *Energy Policy* 27: 637–658.

Ford, A. (2001). Waiting for the boom: a simulation study of power plant construction in California. *Energy Policy* 29: 847–869.

Ma, J., Silva, V., Belhomme, R. et al. (2013). Evaluating and planning flexibility in sustainable power systems. *IEEE Trans. Sustainable Energy* 4 (1): 200–209.

PJM Interconnection (2017). Demand response strategy. http://www.pjm.com/~/media/library/reports-notices/demand-response/20170628-pjm-demand-response-strategy.ashx (accessed 3 March 2018).

Schweppe, F.C., Caramanis, M.C., Tabors, R.D., and Bohn, R.E. (1988). *Spot Pricing of Electricity*. Kluwer Academic Publishers.

Stoft, S. (2002). *Power System Economics*. Wiley.

Sullivan, W.G., Wicks, E.M., and Luxhoj, J.T. (2003). *Engineering Economy*, 12e. Prentice Hall.

Ulbig, A. and Andersson, G. (2015). Analyzing operational flexibility of electric power systems. *Int. J. Electr. Power Energy Syst.* 72: 155–164.

Vazquez, C., Rivier, M., and Perez-Arriaga, I.J. (2002). A market approach to long-term security of supply. *IEEE Trans. Power Systems* 17 (2): 349–357.

보충자료

Sullivan 등(2003)은 투자 의사결정 기법들에 대한 소개서를 기술했다. Stoft(2002)는 발전설비 투자 의사결정이 전적으로 전기에너지 가격에 의해 좌우되는 형태의 전력시장이 갖는 이점을 상당히 자세하게 논의하였다. Schweppe 등(1988)은 현물가격 책정에 대한 고전적인 참고자료이다. Ford(1999, 2001)는 발전설비 건설의 폭증과 침체(boom-and-bust)를 초래하는 요인을 찾기 위해 몇 가지 흥미로운 시뮬레이션을 수행하였다. De Vries와 Hakvoort(2003)는 발전설비 투자를 유인하기 위한 다양한 방법들의 장단점에 대해 논의하였다. Vazquez 등(2002)은 신뢰도 계약의 개념을 소개하였다. Billinton과 Allan(1996)은 발전설비 용량과 전력계통 신뢰도 사이의 관계를 아주 자세히 설명한다.

Billinton, R. and Allan, R.N. (1996). *Reliability Evaluation of Power Systems*, 2e. Plenum Press.

de Vries, L.J. and Hakvoort, R.A. (2003). The question of generation adequacy in liberalized electricity Markets. *Proceedings of the 26th IAEE Annual Conference* (June 2003).

8

송전 투자 Investing in Transmission

8.1 개요

5장에서는 기설 송전망이 전력시장에 미치는 영향에 대해 알아보았다. 신규 송전선 건설이나 기존 설비의 보강을 통한 송전망 확장은 안전하게 거래할 수 있는 전력량을 증가시키고 이를 통해 전력시장에 참여할 수 있는 발전기와 소비자의 수를 증가시킬 수 있다. 따라서 송전망 확장은 시장의 경쟁력을 향상시킨다. 반면에 새로운 송전설비에 대한 투자는 비용이 많이 들고, 경제성이 있는 경우에만 수행되어야 한다. 사회에 대한 경제적 후생 최대화를 달성하기 위해 전력산업은 장기적으로 최소비용의 개발경로를 따라야 한다. 이는 발전 및 송전 투자가 동시에 최적화되어야 함을 의미한다. 그러나 개방형 시장의 도입은 시장참여자 간의 차별 가능성을 피하고자 발전 기능과 송전 기능을 분리해야 했다. 불행하게도 이러한 분리는 발전 및 송전에 대한 투자가 더 이상 수직통합된 전력회사에 의해 조정되지 않고 다른 구조와 동기를 가진 기관에서 별도로 처리됨을 의미한다. 한편으로 발전회사는 수익을 극대화할 투자 기회를 적극적으로 찾고 발전량을 전력시장에 판매할 수 있는 충분한 송전용량에 접근할 수 있는 경우에만 새로운 발전소를 건설할 것이다. 반면 송전설비는 대부분 독점기업이 소유하고 있다. 이러한 회사들이 신규 송전선을 건설하거나 송전 네트워크를 보강하기 전에, 그들은 이러한 투자가 공익을 위한 것임을 규제기관에 확신시켜야 한다. 전 세계의 규제당국과 입법자들은 최적의 확장 계획을 만들기 위해 모든 이해당사자들이 협력하도록 장려하는 프레임워크를 개발하기 위해 노력하고 있다.

이 책의 기본 철학에 따라 우리는 이러한 진화하는 프레임워크에 대해 논의하지 않을 것이다. 대신 우리는 송전에 대한 모든 투자의 기초가 되는 기본 원칙에 대해 집중한다. 송전사업의 본질적인 특성에 대해 간략하게 검토한 후, 설치된 송전설비의 비용을 기준으로 투자자가 보수를 받는 전통적인 송전 투자방식에 대해 논의한다. 그런 다음 송전에 따른 다양한 이점과 이를 통한 송전 투자를 정당화하는 방법에 관심을 둔다. 송전의 가장 분명한 가치의 원천은 지역 간의 차익거래를 수행하는 능력, 즉 지역 간 가격격차를 줄이는 능력이다. 그러나 송전망은 예비력 공유, 균형용량 및 설비예비율을 위해서도 사용될 수 있다. 우리는 새로운 송전선을 구축하거나 기존 송전용량을 확장하기 위한 추가적인 정당성을 제공하기 위해 이러한 다른 이점들을 정량화하는 방법을 설명하고자 한다.

8.2 송전사업의 성격

자유화된 전력시장에서 송전부문은 일반적으로 전통적인 수직통합된 전력회사의 다른 부문과 구분된다. 따라서 독립 사업으로서 송전의 특성 중 일부를 고려하여 송전 투자에 대한 논의를 시작하는 것이 유용하다.

송전사업의 원리

송전사업은 네트워크를 사용하는 발전기와 부하가 위치적 불일치로 인해 발생한다. 송전의 가치는 생산자와 소비자를 구분하는 거리에 따라 증가한다. 안정적이고 친환경적인 발전기술이 주택 및 상업시설들에 비용효율적으로 설치된다면 송전사업은 아마도 사라질 것이다.

송전은 자연독점이다

현재로서는 투자자들이 기존 송전망과 경쟁하여 운영되도록 설계된 완전히 새로운 송전망을 구축하는 것은 거의 상상할 수 없는 일이다. 주변 환경에 미치는 시각적 영향 때문에 유사한 경로를 따라 경쟁적인 송전선로 건설이 허용될 가능성은 거의 없기 때문이다. 게다가 송전망의 최소한의 효율적인 규모는 송전이 자연독점의 좋은 예가 될 수 있다.

필수적인 서비스를 제공하는 모든 독점과 마찬가지로 송전은 서비스 품질과 가격이 경제적으로 최적의 조합을 달성할 수 있도록 규제되어야 한다. 하지만 이러한 목표는 달성하기 쉽지 않다. 소비자와 발전사들이 송전망 사용에 대한 비용을 지급하더라도 규제자는 본질적으로 소비자와 발전사를 대신하여 송전용량을 "구매"한다. 따라서 얼마나 많은 용량이 최적인지에 대한 최선의 판단은 경쟁시장에서 수요곡선을 구성하는 다수의 독립적인 구매 결정을 대체하게 된다.

지역독점의 대가로 송전회사는 규제당국으로부터 이 수익을 결정할 것이라는 사실을 받아들여야 한다. 이러한 수익은 일반적으로 투자자가 자본에 대해 상대적으로 적정한 수익을 얻을 수 있는 방식으로 책정된다. 그러나 송전회사는 다른 주식시장 투자와 비교하면 경쟁이 없으므로 상대적으로 안전하다. 사실 이들 송전회사가 직면한 가장 큰 위험은 규제이다. 즉, 규제 원칙이나 관행의 변경으로 인해 허용되는 수익이 감소할 수 있는 위험이 있다.

송전은 자본집약적인 사업이다

장거리에서 안정적이고 효율적으로 전력을 송전하려면 고가의 전력설비가 많이 필요하다. 가장 눈에 띄는 전력설비는 당연히 가공 송전선로이지만, 변압기와 개폐장치 및 무효전력 보상장치의 비용도 매우 많이 소요된다. 물리적 한계에 가깝게 운전하면서 전력계통 신뢰도를 유지하려면 많은 보호기기와 광범위한 통신망, 정교한 제어센터가 필요하다. 이러한 투자비용은 시스템 운영에 반복적으로 소요되는 비용에 비해 높다. 따라서 올바른 투자결정을 내리는 것은 송전회사 운영에 있어 가장 중요한 측면이다.

송전 자산은 수명이 길다

송전설비는 일반적으로 기대수명이 20~40년, 또는 그 이상으로 설계된다. 장기간에 걸쳐 설비의 상태는 급격하게 변할 수 있다. 전기에너지 수요의 대부분을 생산할 것으로 예상되었던 발전소는 연료비용의 변화나 신기술의 출현으로 인해 조기에 폐지될 수 있다. 또한 불균형한 경제성장은 수요의 지리적 분포를 변화시킬 수 있다. 따라서 잘못된 예측을 기반으로 건설된 송전선로는 설비용량의 일부만 사용될 수도 있다.

송전 투자는 불가역적이다

한번 건설된 송전선로는 더 많은 수익을 얻을 수 있는 다른 위치에 재배치할 수 없다. 다른 유형의 송전설비는 이동이 더 쉬울 수는 있지만, 이전 비용이 매우 높을 수 있다. 설치된 자산의 재판매 가치는 매우 낮다. 따라서 송전망 소유자는 매우 오랫동안 투자결정의 결과를 감수해야 한다. 처음에 예상했었던 만큼 많이 이용되지 않는 대규모 투자를 **좌초 투자**라고 한다. 따라서 투자자는 다양한 시나리오에서 자산의 성과를 분석해야 한다. 반면에 규제 환경에서는 송전망 투자자들은 일반적으로 송전수요의 예측하지 못한 변화로 인해 좌초된 경우에도 투자가치를 회복할 수 있다는 확신을 얻는다.

송전 투자는 대규모 사업이다

제조사는 소수의 표준화된 전압 및 MVA 용량으로 송전설비를 판매한다. 따라서 요구사항과 정확히 일치하는 용량의 송전설비를 건설하지 못할 가능성도 있다. 송전 투자는 또한 신규 설비의 용량과 무관하게 큰 고정비용을 가지는 경향이 있다. 수요가 증가함에 따라 전력설비를 보강하는 것이 때때로 가능하지만, 이러한 요인들은 설치된 설비의 낮은 재판매 가치와 결합되어 종종 이 절차를 비실용적이고 경제적으로 정당화하기 어렵게 만든다. 따라서 송전설비에 대한 투자는 드물게 그리고 대규모로 발생한다. 설비투자 초기에는 송전설비의 용량은 수요를 초과하는 경향이 있다. 하지만 이후에 상황이 예측대로 전개된다면 송전설비 이용률이 높아지게 된다.

규모의 경제

이상적으로는 투자는 제공하는 용량에 비례해야 한다. 하지만 이 사실은 송전선의 경우에는 해당하지 않는다. 송전선 자체를 건설하는 비용은 선로 경과지를 확보하고 지형을 조정하고 철탑을 세워야 하기 때문에 송전선 길이에 비례한다. 선로의 용량은 도체의 크기와 더 높은 전압을 수용하기 위해 필요한 철탑의 높이에 의해서만 비용에 영향을 미친다. 또한 송전선 양단에 변전소를 신설하거나 기존 변전소를 증설해야 한다. 이 비용 또한 상당하며 선로가 송전할 수 있는 유효전력량과 거의 무관하다. 이러한 고정비용 때문에 송전을 위한 평균비용은 송전량에 따라 감소한다. 따라서 송전망은 중요한 규모의 경제를 수반한다.

8.3 비용기반 송전망 확장

전통적인 규제협약하에서 규제를 받는 송전회사는 상대적으로 안전한 투자를 원하는 투자자를 유치하기에 충분한 투자비와 수익률을 충당할 수 있도록 충분한 수익을 징수한다. 이 접근방식은 개념적으로 간단하지만 두 가지 중요한 의문을 갖게 한다.

- 얼마나 많은 송전용량을 건설해야 하는가?
- 송전비용은 송전망 사용자에게 어떻게 할당되어야 하는가?

8.3.1 송전용량 투자규모 결정

전통적인 모델에서 송전설비 투자는 일반적으로 다음과 같은 절차에 따라 수행된다.

- 송전회사는 인구통계 및 경제전망을 이용하여 송전용량의 필요를 예측한다.
- 이러한 예측을 기반으로 송전망 확장계획을 작성하고 규제당국에 제출한다.
- 규제당국은 제출된 계획을 검토하고 건설 또는 보강할 시설을 결정한다.
- 송전회사는 주주와 채권소유자가 제공한 자본으로 신규 설비를 건설한다.
- 신규 설비가 운전되기 시작하면 송전회사는 전력망 사용자가 지불해야 하는 망요금을 통해 투자비를 회수하기 시작한다.

소비자들이 전기에 대해 지불하는 가격은 분명히 송전망 용량의 함수이다. 규제기관이 송전회사가 너무 많은 송전용량을 건설하도록 승인하는 경우 사용자들은 사용하지 않은 용량에 대해서도 비용을 지불하게 된다. 반면에 가용 송전용량이 너무 적으면 송전혼잡으로 인해 거래기회가 감소하고, 일부 지역에서는 가격이 상승하고 다른 지역에서는 가격이 하락한다. 사용자는 송전요금을 적게 지불하게 되겠지만 효율적인 송전망 이용에 대한 혜택을 누리지 못하게 된다. 따라서 너무 적거나 너무 많은 송전용량은 전체적인 사회후생의 손실을 초래한다. 수요와 발전의 성장에 대한 불가피한 불확실성 때문에 이러한 최적화를 달성하기 쉽지 않다. 실제로 경제적인 관점에서 논란이 있을 수 있지만, 송전용량을 예측보다 더 많이 건설하여 오류를 범하는 것이 낫다는 주장이 있기도 하다. 송전은 실제로 소비자에게 전기를 공급하는 데 필요한 총 비용의 약 10%만 차지한다. 과잉투자의 비용은 작지 않지만, 송전용량이 조금만 부족해도 소비자 총 비용의 약 60%를 차지하는 전기에너지 가격에 매우 큰 영향을 미칠 수 있어서 과소투자의 잠재적 비용이 매우 높기 때문이다.

다른 한편으로, 수익률 기반으로 송전회사에 보수를 지급하는 것은 더 많은 설비를 건설함에 따라 전력망 사용자로부터 회수할 수 있는 수익이 증가하기 때문에 송전용량의 필요성을 과대평가하도록 부추긴다. 이는 규제당국이 송전회사가 준비한 확장계획을 정확하게 평가하는 데 필요한 자원과 기술적 전문성을 거의 갖고 있지 않기 때문이다.

결론적으로, 비용을 기준으로 송전 투자에 대한 보상을 하면 송전회사가 사업을 지속할 수 있게 하며, 이는 일반적으로 관련된 모든 당사자에게 최대의 이익이 된다. 이러한 접근방식은 또한 전력 송전비용에 있어 어느 정도 예측 가능성을 보장한다. 반면에 송전용량에 대한 투자 수준이 경제적으로 최적이라는 보장은 없다.

8.3.2 송전비용 할당

규제기관이 송전회사가 투자를 회수하기 위해 수집할 수 있는 수익을 결정하면 이 총괄비용을 송전망을 사용하는 생산자와 소비자에게 나누어야 한다. 다음 단락에서는 제안된 주요 할당방법의 원칙에 대해 간략히 논의한다. 이러한 총괄비용법의 세부사항에 관심이 있는 독자는 Marangon Lima(1996)의 문헌을 참고하기 바란다.

8.3.2.1 우편요금제

우편요금제에서는 모든 사용자는 지역 송전회사의 전력망을 이용(접근)하기 위해 "망 이용료"를 지불해야 한다. 망 이용료는 일반적으로 생산자의 발전기 MW 정격용량 또는 소비자의 최대수요에 따라 달라진다. 또한 연간발전량 또는 전력사용량(MWh 단위)을 고려할 수도 있다. 또, 고압송전망에 직접 접속된 사용자가 저압송전망(subtransmission) 및 배전망을 사용하지 않는다는 사실을 반영하기 위해 소비자가 접속된 전압 수준을 반영하여 적용되기도 한다. 그러나 우편요금처럼 이 요금은 일반적으로 에너지가 지역 계통 내에 있는 한 에너지가 어디에서 공급되고 어디로 전달되는지를 고려하지 않는다.

따라서 각 사용자가 지불하는 요금은 특정 송전시설의 이용분이 아닌 전체 전력망의 평균 이용분을 반영한다. 요금은 송전회사가 회수할 수 있는 모든 수익을 회수할 수 있도록 비례적으로 조정된다.

이 방법은 적용하기가 간단하다는 특징으로 인해 망 요금에 적용되고 있는 가장 일반적인 요금체계이다. 하지만 이 방법은 각 사용자가 지불하는 요금이 실제 전력망의 이용 정도나 전력망에 접속함으로써 얻게 되는 편익을 반영하지 않는다는 단점이 있다. 그 결과, 일부 사용자는 다른 사용자에게 교차 보조금을 지급하게 되는 결과를 초래한다. 이는 경쟁을 왜곡하기 때문에 경제적으로 바람직하지 않다. 예를 들어 전력 다소비 지역과 지리적으로 가까운 발전기는 길고 값비싼 송전망을 이용하여 전력을 전달할 필요가 없으므로 타 발전기와 동일한 요금을 지불해서는 안 된다고 주장할 수 있다.

우편요금제 방식의 또 다른 문제점은 지역 송전망을 이용하는 비용만 회수할 수 있다는 점이다. 생산자가 인접한 시스템에서 에너지를 판매하려는 경우 인접한 전력망에 접근하려면 추가 우표를 구입해야 하는 경우가 발생할 수 있다. 즉, 두 거래자가 인접한 네트워크에 있지 않은 경우 각 중간 송전회사는 별도의 우표 구매를 요구할 수 있다는 것이다. 팬케이크 더미와 마찬가지로 각각의 우표의 비용은 낮을 수 있지만 전체 비용은 상당히 높을 수 있다. 이러한 현상을 "요금의 팬케이킹(pancaking)"이라고 한다. 이것은 전체 요금이 에너지 송전에 소요되는 비용을 과

대평가하고 경제적으로 정당화된 거래를 수익성이 없게 만들 수 있기 때문에 일반적으로 바람직하지 않다.

8.3.2.2 계약경로 방식

계약경로 방식은 전력공급 산업이 주로 수직통합된 전력회사로 구성되고 에너지 거래가 드물던 시대에 그 기원을 찾을 수 있다. 소비자가 지역 전력회사가 아닌 다른 생산자로부터 에너지를 구매하기를 원할 경우, 여전히 해당 전력회사의 전력망을 사용하게 되므로 네트워크의 총괄비용에 비례하는 몫을 부담해야 한다. 탁송요금은 이러한 내용을 반영하여 체결된다. 이 방법에서 계약은 전력이 발전기에서 전달지점까지 흐른다고 가정되는 전기적으로 연속적인 경로(계약경로)를 지정한다. 생산자와 소비자는 계약기간 동안 송전된 전력량에 비례하여 탁송요금을 지불하는 데 합의한다. 이러한 탁송요금은 전력회사가 계약경로에 포함된 송전 자산의 비용을 회수하는 데 필요한 수익의 일부를 제공한다.

따라서 생산자와 소비자는 전체 네트워크의 평균비용의 일부를 지불하는 것이 아닌 특정 네트워크 시설의 이용분에 대해서만 비용을 지불하게 된다. 이 방법은 우편요금제 방식보다 원가를 더 많이 반영하며 비교적 간단하다는 특징이 있다. 그러나 실제로는 거래된 전력은 계약경로를 따라 전달되지 않고 키르히호프의 법칙에 따라 다양한 경로를 통해 전달된다. 따라서 계약경로 방식이 원가기반의 비용회수 방식이라고 말하기에는 적합하지 않다.

8.3.2.3 거리용량 병산제

거리용량(MW-mile) 병산제에서 전력조류 계산은 전력이 전력망을 통해 전달되는 실제 경로를 결정하는 데 사용된다. 각 거래가 유발하는 조류의 거리용량(MW-mile)이 계산된다. 계산된 양을 합의된 송전용량 단위비용을 곱하여 탁송요금을 계산한다. 이 방법은 일부 거래가 일부 송전선의 조류를 감소시킨다는 사실을 설명하도록 개선할 수 있다. 송전망이 선형 시스템이라면 이 접근방식은 정확할 수 있다. 하지만 불행하게도 그렇지 않다. 거래가 평가되는 기초 사례와 거래가 고려되는 순서는 결과에 상당한 영향을 미친다. 이러한 비고유성은 바람직하지 않다.

8.3.2.4 토론

앞 절에서 설명한 모든 방법은 경제이론에서 신뢰할 수 있는 근거가 부족하기 때문에 비판을 받아 왔다. 특히 네트워크의 한계비용보다는 평균에 비례하는 요금을 제시한다. 이는 정확한 경제 신호를 제공하지 않는다는 것을 의미한다. 그럼에도 불구하고 단순성과 구현의 용이성으로 인해 광범위하게 사용되어 왔다.

8.4 송전의 차익거래 가치

경쟁적 전기에너지 시장에서 송전은 발전과 경쟁하는 것으로 볼 수 있다. 송전망은 실제로 원거리 발전기가 지역 발전기와 경쟁할 수 있도록 한다. 따라서 네트워크 전반에 걸친 한계비용 또는 발전가격의 차이를 기반으로 송전가치를 정량화할 수 있다. 이러한 가치는 생산자와 소비자가 네트워크를 사용하기 위해 지불해야 하는 가격을 책정하기 위한 기초를 제공한다.

예제 8.1

그림 8.1과 같이 2개의 모선과 1개의 선로로 구성된 시스템을 고려하자. 문제를 단순화하기 위해 손실을 무시하고 운영 신뢰도와 관련된 사항을 무시한다. 또한 두 발전기의 용량은 자체적으로 각각 1,000 MW 부하를 공급할 수 있다고 가정한다. 마지막으로 송전선의 용량은 필요한 전력조류를 전달하기에 충분하다고 가정한다.

모선 B의 소비자는 지역 발전기 G2에서 45 $/MWh로 에너지를 구매하거나 원거리 발전기 G1에서 20 $/MWh로 에너지를 구매하고 이 에너지에 대한 송전비용을 지불할 수 있다. 이 송전비용이 25 $/MWh 미만인 경우 소비자는 발전기 G2에서 에너지를 구매하기 위해 지불해야 하는 전체 비용이 45 $/MWh 미만이므로 발전기 G1에서 에너지를 구매할 것이다.

따라서 송전선 소유자가 25 $/MWh 이상의 요금을 부과하는 것은 소비자에게 송전선로의 이용을 저해할 수 있기 때문에 이득이 되지 않는다. 이 예에서 송전 서비스의 가치는 25 $/MWh인데 이는 해당 가격에서 소비자들이 송전망을 이용 유무에 따라 결과가 크게 다르지 않기 때문이다. 따라서 송전의 가치는 발전의 단기 한계비용(short-run marginal cost, SRMC)의 함수이다. 이 경우 송전과 지역 발전 간의 대체에 대해 제한이 없기 때문에 이 함수는 매우 간단하다.

우리는 또한 투자 관점에서 문제를 살펴볼 수 있다. 이 송전선은 상각비용이 25 $/MWh 미만인 경우에만 건설되어야 한다.

지역 발전기의 최대출력이 1,000 MW 미만인 경우 부하를 공급하기 위해 송전선을 사용해야 한다. 그러면 송전가치는 더 이상 지역 발전가격이 아니라 전기에너지 비용을 지불하려는 소비자의 의지에 따라 결정된다. 단기적으로 이 값은 25 $/MWh보다 훨씬 높을 수 있다. 지역 발전에 대한 제한은 소비자가 송전을 사용하는 것과 전력소비를 포기하는 것 사이에서 선택을 할 수 있기 때문에 송전사업자를 독점적인 위치에 놓이게 한다. 이러한 독점 지위는 지역 발전을 촉진하기 때문에 장기적으로 지속 가능하지 않을 수 있다.

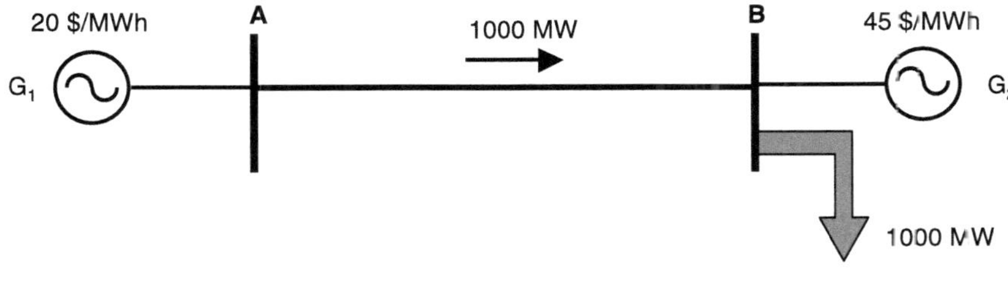

그림 8.1 송전의 가치를 보여 주는 간단한 예

예제 8.2

5장에서 소개한 Borduria와 Syldavia의 예를 다시 살펴보자. 5장에서 우리는 연계 운전이 시장가격에 미치는 영향을 살펴보았다. 이제 연계 운전의 최적 용량을 결정하려고 한다.

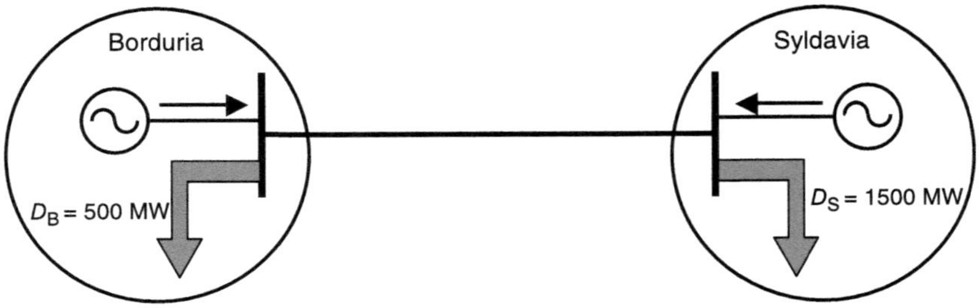

그림 8.2 Borduria-Syldavia 연계 모델

이 계통 연계에 대한 모델은 5장에서 사용한 것과 동일하며 그림 8.2와 같다. 유일한 차이점은 계통 연계의 용량이 고정되어 있지 않다는 것이다. 분석의 시작점은 두 시장이 독립적으로 운영될 때의 경제적 특성이다. Borduria와 Syldavia의 전력시장에 대한 공급함수는 다음과 같다.

$$\pi_B = MC_B = 10 + 0.01P_B \,\$/\text{MWh} \tag{8.1}$$

$$\pi_S = MC_S = 13 + 0.02P_S \,\$/\text{MWh} \tag{8.2}$$

Borduria와 Syldavia의 수요는 각각 500 MW와 1,500 MW이다. 우리는 이러한 수요가 시간에 따라 변하지 않으며 계속해서 완전히 비탄력적이라고 가정한다.

연계가 없는 경우, 두 지역의 전력시장은 독립적으로 운영되며 Borduria와 Syldavia의 가격은 각각 15 $/MWh 및 43 $/MWh이다. 따라서 Borduria에서 Syldavia로 첫 에너지를 송전하는 가치는 두 지역 간의 가격 차이, 즉 28 $/MWh이다.

앞서 5장에서 우리는 연계를 통한 흐름이 400 MW일 때 Borduria 지역의 발전기가 900 MW를 생산하고 그중 500 MW가 지역 부하에서 소비되고 나머지 400 MW는 Syldavia의 소비자에게 판매되는 것을 보았다. 나머지 1,100 MW의 Syldavia 부하는 현지에서 공급한다. 이러한 상황하에서 Borduria 및 Syldavia의 가격은 각각 19 $/MWh 및 35 $/MWh이다. 따라서 Borduria에서 Syldavia까지 1 MWh를 추가로 송전하는 가치는 16 $/MWh에 불과하다. 이것은 또한 Syldavia의 소비자들이 Borduria에서 19 $/MWh에 구입한 에너지를 송전 시 지불하는 데 동의할 수 있는 최대가격이다. 송전가격이 더 높으면 지역 발전기에서 에너지를 구입하는 것을 선호할 것이다.

연계선로의 조류가 933.3 MW에 도달하면 Borduria와 Syldavia의 가격은 동일하게 된다.

$$\pi = \pi_B = \pi_S = 24.30 \,\$/\text{MWh} \tag{8.3}$$

이 시점에서 Syldavia 소비자는 Borduria 시장에서 구입하는 에너지와 동일한 가격으로 지역 발전기로부터 에너지를 추가로 구입할 수 있기 때문에 송전의 한계가치는 0이다. 따라서 그들은 이러한 증분 에너지의 송전을 위해 기꺼이 비용을 지불하려 하지 않을 것이다. 또한 두 지역 간에 송전되는 전력량을 증가시킬 경우 송전 한계가격이 음이 되므로 증가시킬 이유가 없다. 더 많은 전력을 송전하려면 Borduria 지역의 생산량을 증가시켜야 하며 해당 시장의 에너지 가격은 Syldavia의 가격보다 높아지게 된다. 그 결과, 연계선로는 더 높은 가격의 지역에서 낮은 가격의 지역으로 에너지를 송전한다. 이것은 분명히 불필요하고 경제적으로 비효율적이다. 따라서 우리는 송전의 한계가치가 조류량의 함수이며, 이는 에너지 가격과 송전 네트워크의 용량에 따라 달라진다는 결론을 내릴 수 있다.

8.4.1 송전수요함수

이제 송전에 대한 수요함수를 도입하여 위의 예에서 관찰한 내용을 공식화할 것이다. 이 함수는 Borduria와 Syldavia 사이에 송전된 전력량 F의 함수로 주어진다.

$$\pi_{\mathrm{T}}(F) = \pi_{\mathrm{S}}(F) - \pi_{\mathrm{B}}(F) \tag{8.4}$$

여기서 $\pi_{\mathrm{T}}(F)$는 송전의 가치이다. Syldavia와 Borduria의 전기에너지 가격인 $\pi_{\mathrm{S}}(F)$와 $\pi_{\mathrm{B}}(F)$는 송전된 전력량의 형태로 표현된다. 식 (8.1)과 (8.2)를 식 (8.4)에 대입하면 다음 식을 얻는다.

$$\begin{aligned}\pi_{\mathrm{T}}(F) &= [13 + 0.02P_{\mathrm{S}}(F)] - [10 + 0.01P_{\mathrm{B}}(F)] \\ &= 3 + 0.02P_{\mathrm{S}}(F) - 0.01P_{\mathrm{B}}(F)\end{aligned} \tag{8.5}$$

Borduria와 Syldavia의 발전량은 다음과 같이 연계선로 조류량과 지역 수요의 형태로 표현될 수 있다.

$$P_{\mathrm{B}}(F) = D_{\mathrm{B}} + F \tag{8.6}$$

$$P_{\mathrm{S}}(F) = D_{\mathrm{S}} - F \tag{8.7}$$

식 (8.5)는 다음과 같다.

$$\pi_{\mathrm{T}}(F) = 3 + 0.02\,(D_{\mathrm{S}} - F) - 0.01\,(F + D_{\mathrm{B}}) \tag{8.8}$$

위의 식에 수요 값을 대입하면 다음 식을 얻을 수 있다.

$$\pi_{\mathrm{T}}(F) = 28 - 0.03F \tag{8.9}$$

이러한 표현을 사용하여 임시로 위에서 얻은 결과를 확인할 수 있다. 특히 조류량이 0일 때 송전가격은 28 \$/MWh임을 알 수 있다. 반대로 조류량이 933.3 MW에 도달하면 송전가격은 0으로 떨어지며, 이는 Borduria와 Syldavia의 발전가격이 동일함을 의미한다.

식 (8.9)는 가격 함수로서 송전에 대한 수요를 얻기 위해 역으로 취해질 수 있다.

$$F(\pi_{\mathrm{T}}) = 933.3 - 33.3\pi_{\mathrm{T}} \tag{8.10}$$

모든 수요함수에서 예상할 수 있고 그림 8.3에서 보여지듯이 송전어 대한 수요는 가격이 감소함에 따라 증가한다.

송전선의 소유자가 가용용량의 함수로 받게 될 수익을 분석하는 것은 흥미롭다. 이 경우 수익은 가격에 송전용량을 곱한 것과 같다.

$$R(F) = \pi_{\mathrm{T}}.F = (28 - 0.03F).F \tag{8.11}$$

그림 8.4에서 볼 수 있듯이 이러한 수익은 송전된 전력량의 이차함수의 형태이다. 만약 사용할 수 있는 용량이 없다면 전력이 송전되지 못하게 되므로 송전 소유자는 분명히 수익을 회수할 수 없게 된다. 한편 933 MW의 송전용량의 경우 연계선로의 조류량이 최대가 되며 선로 양단의

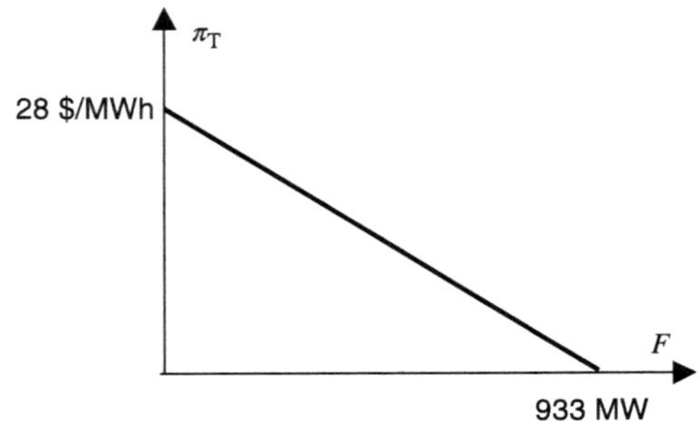

그림 8.3 Borduria와 Syldavia 간의 연계를 위한 송전수요함수

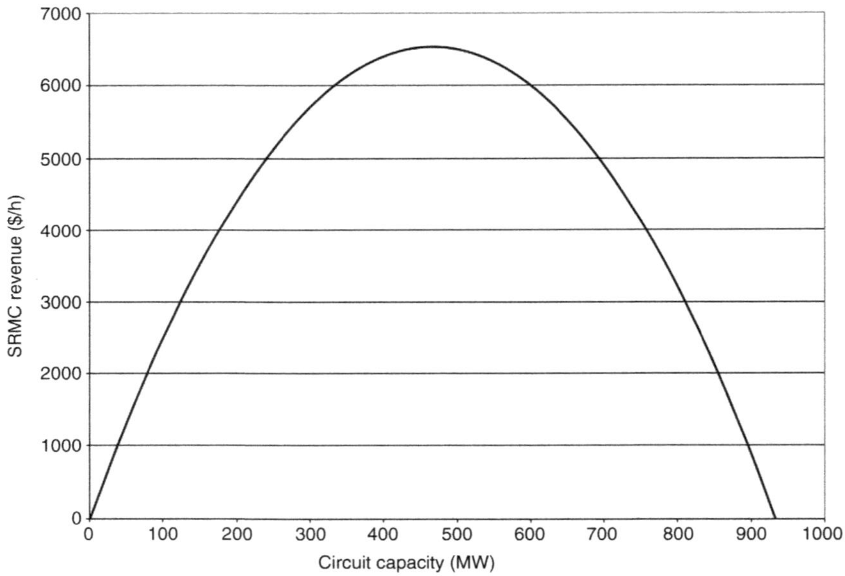

그림 8.4 Borduria-Syldavia 연계를 위한 가용용량에 따른 송전 수익의 변화

노드 가격은 동일하게 된다. 따라서 $\pi_T = 0$이고 수익도 0이 된다. 수익은 466 MW의 송전용량에서 최대가 된다.

8.4.2 송전공급함수

이제 송전에 대한 "시장"의 다른 측면을 살펴보고 송전을 위한 공급함수를 구성해 보자. 송전선로를 건설하는 연금화 비용은 선로 T의 용량에 의존하는 변동비 요소와 용량에 무관한 고정비 요소로 구성된다.

$$C_T(T) = C_F + C_V(T) \tag{8.12}$$

단순화를 위해 변동비 요소를 용량의 선형함수라고 가정한다.

$$C_V(T) = k \cdot l \cdot T \tag{8.13}$$

만약 l이 km 단위의 선로 길이라면 k는 1 km의 송전선로를 건설하는 데 소요되는 연금화 한계비용이고 그 수치는 \$/(MW × km × 년)이다. 연금화된 송전용량의 한계비용은 다음과 같다.

$$\frac{dC_T}{dT} = k \cdot l \tag{8.14}$$

이러한 양은 송전에 대한 투자비용과 관련되기 때문에 장기 한계비용(long-run marginal cost, LRMC)이라고 한다. 이를 1년에 대한 시간 수(τ_0 = 8,760 h)로 나누면 송전공급함수에 필요한 시간당 LRMC를 얻을 수 있으며 이는 \$/MWh로 표시된다.

$$c_T(T) = \frac{k \cdot l}{\tau_0} \tag{8.15}$$

식 (8.13)의 단순화 가정으로 인해 송전 한계비용은 송전선 용량과 무관한 상수가 된다.

송전선의 길이가 1,000 km이고 k가 다음과 같다고 가정하면

$$k = 35\ \$/(\text{MW km year}) \tag{8.16}$$

송전의 시간당 LRMC는 다음과 같다.

$$c_T = 4.00\ \$/\text{MWh} \tag{8.17}$$

8.4.3 최적의 송전용량

연계 용량이 최적일 때 송전에 대한 수요와 공급은 균형을 이룬다. 즉, 송전 사용자가 지불할 의사가 있는 가격은 이 용량을 제공하는 한계비용과 같다. 이러한 최적 지점에서 다음과 같다.

$$\pi_T = c_T = 4.00\ \$/\text{MWh} \tag{8.18}$$

식 (8.10)과 (8.18)을 결합하면 다음과 같은 최적 용량을 얻을 수 있다.

$$T^{OPT} = 800\ \text{MW} \tag{8.19}$$

그림 8.5는 이러한 최적화 과정을 나타낸다. 이것은 각 지역의 생산량에 따른 Borduria와 Syldavia의 노드 가격을 보여 준다. 우리는 수요가 일정하다고 가정하기 때문에 이러한 노드 가격은 연계선로에 대한 조류의 함수로 표현된다. 이 조류가 연계선로 용량에 의해 제한되는 경우 두 곡선을 분리하는 수직 거리는 두 시장 사이에서 발생하는 노드 가격의 차이를 나타낸다. 이 차이를 더 이상 송전할 수 없는 용량 SRMC라고 부를 수 있다. 이 연계선로의 송전용량이 800 MW인 경우 Borduria에서 Syldavia로의 조류량은 800 MW($F = T$)와 같다. SRMC는 4.00 \$/

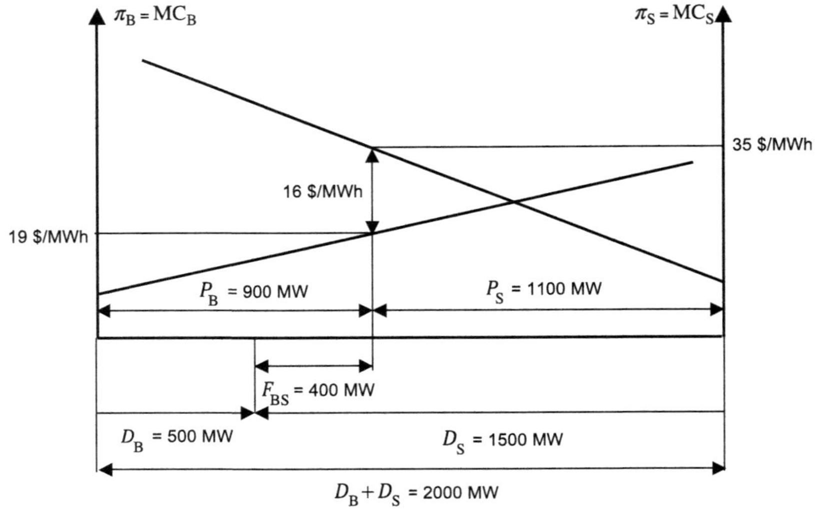

그림 8.5 Borduria와 Syldavia 사이의 연계 용량과 노드 가격 차이 간의 관계

MWh이다. 이것은 SRMC가 연계선로의 LRMC와 정확히 동일함을 의미한다. 연계선로의 소유자가 두 시장 간의 노드 가격 차이를 회수하면 선로 건설비용을 지불하기에 충분한 수익을 징수할 것이다.

송전용량이 800 MW 이상이면 운전점이 그림 8.5의 오른쪽으로 이동하고 노드 가격 차이(SRMC)는 낮아진다. LRMC는 일정하기 때문에 연계선로의 가치는 비용보다 작아지게 된다. 송전망 소유자의 수익이 노드 가격 차이에 비례한다면 투자비용을 충당하기에 충분한 수익을 회수하지 못할 것이다. 다시 말해 과잉투자된 상태라고 할 수 있다.

한편 송전용량이 800 MW 미만인 경우에는 그림 8.5에서 운전점이 왼쪽으로 이동하게 된다. 이 경우 노드 가격의 차이는 LRMC보다 크게 된다. 이러한 과소투자는 송전선 사용에 대해 더 높은 가격을 부과할 수 있기 때문에 연계선로 소유자에게 유리하다. 전체적인 관점에서 이러한 과소투자는 거래 기회를 차선 수준으로 제한하기 때문에 바람직하지 않다.

8.4.4 제약비용과 투자비용의 균형

식 (8.1) 및 (8.2)에 각각 주어진 Borduria 및 Syldavia의 한계발전비용에 대한 식을 통합하면 각 국가의 가변 발전비용을 얻을 수 있다.

$$C_B = 10P_B + \frac{1}{2}0.01P_B^2 \ (\$/h) \tag{8.20}$$

$$C_S = 13P_S + \frac{1}{2}0.02P_S^2 \ (\$/h) \tag{8.21}$$

5장에서 우리는 송전망 제약이 없을 경우 총 발전비용을 최소화하는 생산은 다음과 같이 결정했다.

$$P_B = 1433.3 \text{ MW} \tag{8.22}$$

$$P_S = 566.7 \text{ MW} \tag{8.23}$$

연계선로 조류량의 제약이 없는 경우 다음과 같다.

$$F = 933.33 \text{ MW} \tag{8.24}$$

각 지역 및 전체 시스템의 발전비용은 다음과 같다.

$$C_B = 24\ 605\ \$/\text{h} \tag{8.25}$$

$$C_S = 10\,578\ \$/\text{h} \tag{8.26}$$

$$C^U = C_B + C_S = 35\,183\ \$/\text{h} \tag{8.27}$$

이러한 제약이 없는 급전과 관련 비용을 각각 **비제약 급전**과 **비제약 발전비용**이라 부른다. 송전용량 연계선로의 조류량이 800 MW인 경우 발전량 및 해당 비용은 다음과 같다.

$$P_B = 1300 \text{ MW}, \quad C_B = 21\,450\ \$/\text{h} \tag{8.28}$$

$$P_S = 700 \text{ MW}, \quad C_S = 14\,000\ \$/\text{h} \tag{8.29}$$

이러한 조건하에서 부하에 공급하는 총 비용은 다음과 같다.

$$C^C = 35\,450\ \$/\text{h} \tag{8.30}$$

제약조건 유무에 따른 발전비용 차이를 **제약비용** 또는 **급전 우선순위를 벗어난 발전비용**이라고 한다.

$$\Delta C = C^C - C^U = 267\ \$/\text{h} \tag{8.31}$$

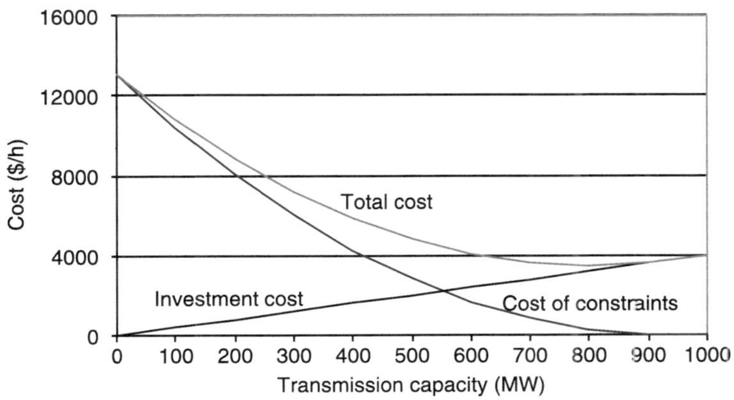

그림 8.6 Borduria-Syldavia 연계선로에 대한 제약비용, 투자비용, 총 송전비용으 변화

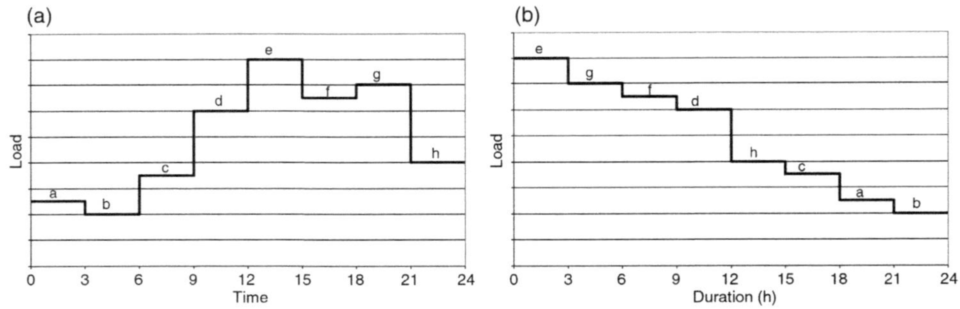

그림 8.7 (a) 시간별 부하곡선 및 (b) 부하지속곡선

총 송전비용은 송전망 건설비용과 제약비용의 합으로 표현된다. 그림 8.6에서 볼 수 있듯이, 송전망 건설비용은 송전용량에 따라 증가하는 반면 송전망은 경제급전에 대한 제한이 완화되기 때문에 제약비용은 감소한다. 따라서 총 송전비용을 최소화하는 것이 송전망 확장의 목적이다. 그림 8.6에서 최적 용량은 800 MW에서 결정되었음을 알 수 있으며, 이는 식 (8.19)에서 얻은 결과와 일치한다.

8.4.5 부하변동의 영향

지금까지 우리는 부하가 시간에 따라 일정하게 유지된다는 매우 편리한 가정을 하였다. 이것은 분명히 현실적이지 않으며 인간의 활동주기에 따른 부하의 자연스러운 변동이 송전가치에 어떻게 영향을 미치는지 분석해야 한다.

8.4.5.1 부하지속곡선

전체 시스템의 부하변동이 유사한 패턴을 따른다고 가정하면 부하가 특정값에 도달하는 시간에 대해 걱정할 필요가 없다. 중요한 것은 각 부하 수준의 지속되는 시간이다. 그림 8.7a와 같은 시간별 부하곡선은 하루 동안 부하가 어떻게 변화하고 있는지 보여 준다. 기간은 부하가 유사하다고 가정할 수 있는 여러 구간으로 분류할 수 있다. 이 경우 하루는 3시간씩 8개의 구간으로 분류하고 있다. 그림 8.7b에서 구간은 부하가 감소하는 순서대로 정렬되어 있다. 따라서 이 그래프는 하루 중 부하가 특정값을 초과한 시간을 보여 준다. 이 절차는 보다 긴 기간(예: 1년)과 짧은 기간(예: 1시간) 모두에 적용할 수 있다. 그런 다음 부하지속곡선의 결과는 1년 동안 부하가 특정값을 초과하는 시간 수를 보여 준다. 우리는 이미 7장에서 부하지속곡선에 대해 살펴보았다.

최대 8,760시간 간격으로 부하지속곡선을 처리하는 것은 실용적이지 않으므로 일반적으로 일부 집계가 수행된다. 예를 들어 그림 8.8은 그림 8.7의 부하지속곡선이 부하값을 4개의 그룹으로 그룹화하여 단순화되었음을 보여 준다.

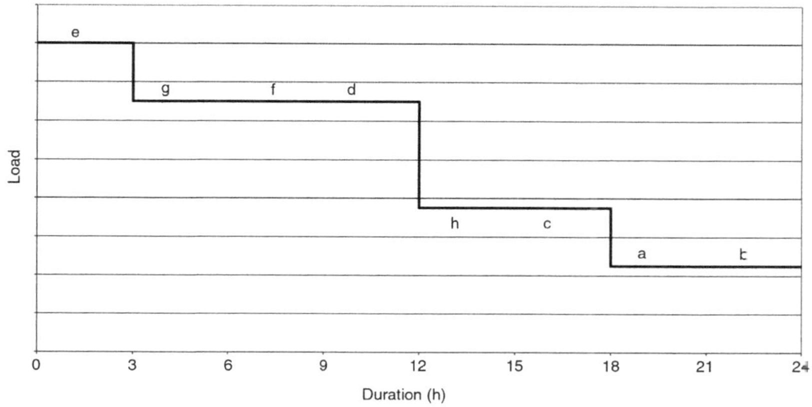

그림 8.8 단순화된 부하지속곡선

예제 8.3

그림 8.9의 부하지속곡선을 Borduria-Syldavia의 예에 추가해 보자. 이때 각 나라의 부하는 첨두부하와 비첨두부하로 구분하였다. 첨두 기간은 3,889시간이고 비첨두 기간은 4,871시간 동안 지속된다. 단순화를 위해 두 지역의 첨두부하 시간대와 비첨두부하 시간대가 일치한다고 가정한다.

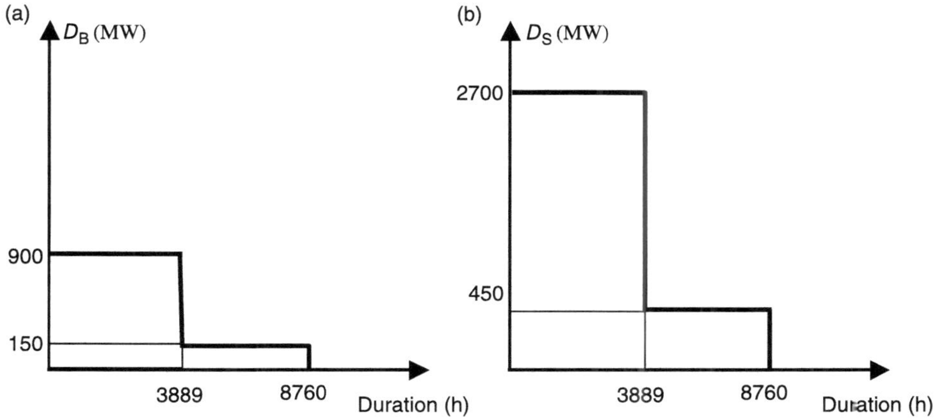

그림 8.9 (a) Borduria의 부하지속곡선; (b) Syldavia의 부하지속곡선

앞에서 논의한 바와 같이 최적의 송전용량을 결정하기 위해서는 연간 에너지비용 절감액과 연간 송전비용의 균형을 맞춰야 한다. 이 계산을 분석적으로 수행할 수 있지만 대신 송전용량별 비용 요소를 계산하고 총 비용을 최소화하는 값을 찾는다.

시간별 제약비용을 계산하기 위해 비제약 발전비용을 알아야 한다. 표 8.1은 첨두부하 및 비첨두부하에 대한 비제약 경제급전과 식 (8.20) 및 (8.21)을 이용한 발전비용을 보여 준다. 표 8.2

와 8.3은 첨두부하 및 비첨두부하에 대한 시간당 발전비용을 보여 준다.

첨두 및 비첨두 기간 동안 지속시간이 각각 4,871시간과 3,889시간이 주어진다면 앞의 두 표에서 연계 용량 값에 대한 총 연간 제약비용을 계산할 수 있다. 이 예에서 우리는 연금화된 송전 투자의 한계비용이 140 $/(MW × km × 년)이라고 가정한다. 표 8.4는 송전 투자의 연금화 비용과 비용들의 합계를 나타내는 총 연간 송전비용을 보여 준다. 우리는 송전 투자비용의 변동비 요소만을 고려하며 이를 식 (8.13)을 사용하여 계산한다. 이러한 결과는 400 MW의 송전용량이 전체 송전비용을 최소화하기 때문에 최적임을 보여 준다.

8.4.5.2 송전 투자의 변동비 회수

다음으로 400 MW의 송전용량이 Borduria와 Syldavia의 전기에너지 시장에 미치는 영향을 살펴보고자 한다.

비첨두부하 기간 동안에는 400 MW 연계 용량은 두 지역 간의 전력조류를 제한하지 않는다.

표 8.1 Borduria-Syldavia 계통에서 첨두부하 및 비첨두부하의 비제약 경제급전

Borduria와 Syldavia의 총 부하(MW)	Borduria의 발전 (MW)	Syldavia의 발전 (MW)	총 시간당 발전비용 ($/h)
600	500	100	7 650
3 600	2 500	1 100	82 650

표 8.2 연계 용량의 함수로서 비첨두부하에 대한 Borduria-Syldavia 시스템의 시간당 발전, 총 시간당 발전비용, 시간당 제약비용

연계선로 용량 (MW)	Borduria의 발전 (MW)	Syldavia의 발전 (MW)	총 시간당 발전비용 ($/h)	시간당 제약비용 ($/h)
0	150	450	9488	1838
100	250	350	8588	938
200	350	250	7988	338
300	450	150	7688	38
350	500	100	7650	0
400	500	100	7650	0
450	500	100	7650	0
500	500	100	7650	0
600	500	100	7650	0
700	500	100	7650	0
800	500	100	7650	0
900	500	100	7650	0

표 8.3 연계 용량의 함수로서 첨두부하에 대한 Borduria-Syldavia 시스템의 시간당 발전, 총 시간당 발전비용, 시간당 제약비용

연계선로 용량 (MW)	Borduria의 발전 (MW)	Syldavia의 발전 (MW)	총 시간당 발전비용 ($/h)	시간당 제약비용 ($/h)
0	900	2 700	121 050	38 400
100	1 000	2 600	116 400	33 750
200	1 100	2 500	112 050	29 400
300	1 200	2 400	108 000	25 350
350	1 250	2 350	106 088	23 438
400	1 300	2 300	104 250	21 600
450	1 350	2 250	102 488	19 838
500	1 400	2 200	100 800	18 150
600	1 500	2 100	97 650	15 000
700	1 600	2 000	94 800	12 150
800	1 700	1 900	92 250	9 600
900	1 800	1 800	90 000	7 350

표 8.4 Borduria-Syldavia 연계선로의 송전용량에 따른 연간 제약비용, 연금화된 송전투자비용, 연간 총 송전비용

연계선로 용량 (MW)	연간 제약비용 (k$/년)	연금화된 투자비용 (k$/년)	연간 총 송전비용 (k$/년)
0	158 304	0	158 304
100	135 835	14 000	149 835
200	115 993	28 000	143 993
300	98 780	42 000	140 780
350	91 159	49 000	140 159
400	**84 012**	**56 000**	**140 012**
450	77 157	63 000	140 157
500	70 593	70 000	140 593
600	58 342	84 000	142 342
700	47 257	98 000	145 257
800	37 339	112 000	149 339
900	28 587	126 000	154 587

최적값은 굵은 글씨로 표기

따라서 두 시장은 단일시장으로 운영된다. Borduria와 Syldavia의 발전기는 각각 500 MW와 100 MW를 생산한다. Borduria에는 150 MW의 부하가 있기 때문에 Syldavia와의 연계선로를 통해 350 MW의 조류가 흐르게 된다. 따라서 Borduria와 Syldavia의 한계발전비용과 가격은 15.00 $/MWh로 동일하다. 따라서 비첨두부하 상태에서 송전의 단기 한계가치는 0이 된다. 따라서 송전혼잡잉여 또는 송전 수익도 0이 된다.

첨두 기간 동안 Borduria의 발전기는 지역 부하가 900 MW이고 송전용량이 400 MW로 제한되기 때문에 1,300 MW만을 생산하게 된다. Syldavia의 발전기는 2,300 MW를 생산한다. 송전혼잡으로 인해 Borduria와 Syldavia의 시장가격은 지역 한계발전비용인 23.00 $/MWh 및 59.00 $/MWh로 책정된다. 따라서 단기 송전가치는 36.00 $/MWh이다. 첨두부하 상태 동안에 시간당 송전혼잡잉여는 다음과 같다.

$$CS_{\text{hourly}} = 400 \cdot 36 = 14\,400\,\$/\text{h} \tag{8.32}$$

송전망 소유자가 이러한 잉여분을 회수한다고 가정하면 연간수익은 이 값에 첨두부하 시간의 수를 곱한 값과 같다.

$$CS_{\text{annual}} = 14\,400 \cdot 3889 = 56\,000\,000\,\$/\text{year} \tag{8.33}$$

이 금액은 송전 투자의 연금화 변동비용과 같다.

$$C_V(T) = k \cdot l \cdot T = 140 \cdot 1000 \cdot 400 = 56\,000\,000\,\$/\text{year} \tag{8.34}$$

따라서 최적의 송전용량에서는 송전혼잡잉여에서 얻은 수익은 투자의 변동비 요소를 정확히 회수하게 된다. 그러나 송전 투자의 고정비 요소는 회수하지 못한다. 더욱이 이러한 등식은 송전용량 k의 한계비용에 대해 상수로 가정했기 때문에 성립된다. 단, 이러한 한계비용이 규모의 경제로 인해 상수가 되지 않으면 성립하지 않게 된다.

8.4.6 최적이 아닌 송전용량에 대한 비용 회수

일반적으로 실제 송전용량은 최적값과 거의 일치하지 않는다. 이러한 불일치의 이유는 수요 및 발전 가격 예측에 영향을 미치는 불확실성, 송전용량 투자에서의 대규모성 및 과거 투자결정의 유산을 고려한다면 쉽게 이해할 수 있다. 분명히 전력계통 운영자는 최적화 프로그램을 기반으로 하는 것이 아니라 실제 송전용량을 기반으로 시스템을 운영한다. 모선별 에너지 가격과 송전혼잡잉여는 실제 계통에 의해 결정되기 때문에 최적이 아닌 상태가 비용 회수에 어떤 영향을 미치는지 연구하는 것이 중요하다.

예제 8.2에서 Borduria와 Syldavia 간 최적 연계 용량은 800 MW인 것으로 나타났다. 900 MW의 송전선로가 건설될 경우 발생할 수익과 비용을 계산해 보자. 900 MW의 용량이 가용됨에 따라 Borduria의 발전기는 출력을 1,400 MW로 증가, Syldavia 발전량은 600 MW로 감소,

연계선로의 조류량은 900 MW가 된다. 식 (8.1)과 (8.2)를 이용하여 Borduria와 Syldavia의 에너지 가격이 각각 24.00 \$/MWh 및 25.00 \$/MWh임을 알 수 있다. 따라서 단기 송전가치는 800 MW 용량의 경우인 4.00 \$/MWh에서 900 MW 용량의 경우인 1.00 \$/MWh로 감소한다.

시간당 송전혼잡잉여 및 연간수익은 다음과 같다.

$$CS_{\text{hourly}} = 900 \cdot 1 = 900\,\$/\text{h} \tag{8.35}$$

$$CS_{\text{annual}} = 900 \cdot 8760 = 7\,884\,000\,\$/\text{year} \tag{8.36}$$

반면에 연금화된 투자비용은 다음과 같다.

$$C_V(T) = k \cdot l \cdot T = 35 \cdot 1000 \cdot 900 = 31\,500\,000\,\$/\text{year} \tag{8.37}$$

송전혼잡잉여로 발생하는 수익은 최적의 송전용량에서의 수익보다 작으며 과잉투자된 송전계통의 비용을 충당하기에 충분하지 않다.

이제 과소투자의 경우를 살펴보자. 송전용량이 700 MW에 불과한 경우 연계선로의 조류량은 송전용량으로 제한된다. Borduria의 발전기는 22.00 \$/MWh의 가격으로 오직 1,200 MW(지역 부하 500 MW와 Syldavia로 송전되는 700 MW)만을 생산한다. Syldavia의 생산자는 나머지 1,500 MW Syldavia의 부하를 충족시키기 위해 29.00 \$/MWh의 가격으로 800 MW를 발전한다. 이 7.00 \$/MWh 가격차이는 다음과 같은 송전혼잡잉여를 만들어 낸다.

$$CS_{\text{hourly}} = 700 \cdot 7 = 4900\,\$/\text{h} \tag{8.38}$$

1년 동안 다음과 같은 수익이 발생할 것이다.

$$CS_{\text{annual}} = 4900 \cdot 8760 = 42\,924\,000\,\$/\text{year} \tag{8.39}$$

반면에 700 MW 연계선로에 대한 연금화된 투자비용은 다음과 같다.

$$C_V(T) = k \cdot l \cdot T = 35 \cdot 1000 \cdot 700 = 24\,500\,000\,\$/\text{year} \tag{8.40}$$

이 경우 송전선로 건설비용보다 단기 한계가격으로 발생하는 수익이 더 크게 된다. 즉, 송전용량을 최적값 이하로 유지하면 수익이 증가하게 된다.

이제 Borduria와 Syldavia 간 연계선로 용량이 500 MW인 예제 8.3의 상황을 고려해 보자. 비첨두 기간에는 최적 용량이라도 전력조류를 제약하지 않기 때문에 이러한 과대투자는 효과가 없다. 송전의 단기 한계가치와 송전 수익은 0으로 유지된다. 반면에 첨두 기간 동안 시스템 운영자는 500 MW 연계선로 용량을 모두 사용한다. Borduria의 발전기는 1,400 MW를 생산할 수 있는 반면 Syldavia의 생산은 2,200 MW에 불과하다. 식 (8.1)과 (8.2)는 Borduria와 Syldavia의 에너지 가격이 각각 24.00 \$/MWh 및 57.00 \$/MWh임을 보여 준다. 따라서 송전의 단기가치는 400 MW 송전용량에 대해 36.00 \$/MWh가 아닌 33.00 \$/MWh가 된다.

첨두부하 시간 동안 회수된 송전혼잡잉여는 다음과 같다.

$$CS_{hourly} = 500 \cdot 33 = 16\,500\,\$/h \tag{8.41}$$

첨두 기간 동안에 연간수익은 다음과 같다.

$$CS_{annual} = 16\,500 \cdot 3889 = 64\,168\,500\,\$/year \tag{8.42}$$

반면에 연금화된 투자비용은 다음과 같다.

$$C_V(T) = k \cdot l \cdot T = 140 \cdot 1000 \cdot 500 = 70\,000\,000\,\$/year \tag{8.43}$$

송전혼잡잉여로 인해 발생하는 수익은 최적 송전용량에서의 수익보다 크지만 과도하게 투자된 송전망 비용을 충당하기에는 충분하지 않다.

다음으로 과소투자의 경우를 살펴보자. 송전용량이 300 MW에 불과한 경우 연계선로의 조류량은 첨두부하 상태뿐만 아니라 비첨두 기간에도 제한된다.

비첨두 기간 동안 Borduria의 발전기는 14.50 \$/MWh의 가격으로 450 MW(지역 부하 150 MW와 Syldavia로 송전되는 300 MW)를 생산한다. Syldavia의 생산자는 나머지 450 MW Syldavia의 부하를 충족시키기 위해 16.00 \$/MWh의 가격으로 150 MW를 발전한다. 이 1.50 \$/MWh 가격차이는 다음과 같은 송전혼잡잉여를 만들어 낸다.

$$CS_{hourly} = 300 \cdot 1.50 = 450\,\$/h \tag{8.44}$$

따라서 4,871시간의 비첨두 시간 동안 \$2,191,950의 혼잡 수입이 회수된다.

첨두부하 기간 동안 Borduria의 발전기는 연계선로를 통해 송전되는 300 MW를 포함하여 1,200 MW를 생산하고, Syldavia의 발전기는 2,400 MW를 생산한다. 따라서 Borduria와 Syldavia의 한계가격은 각각 22.00 \$/MWh 및 51.00 \$/MWh이다. 시간별 송전혼잡잉여는 다음과 같다.

$$CS_{hourly} = 300 \cdot (61.00 - 22.00) = 11\,700\,\$/h \tag{8.45}$$

첨두부하 상태가 3,889시간이 지속된다고 한다면 송전혼잡잉여에 의해 \$45,501,300가 발생하게 된다. 첨두 및 비첨두 기간을 고려하여 연간혼잡수입은 \$47,693,250에 도달하게 된다. 반면에 300 MW 연계선로에 대한 연금화 투자비용은 다음과 같다.

$$C_V(T) = k \cdot l \cdot T = 140 \cdot 1000 \cdot 300 = 42\,000\,000\,\$/year \tag{8.46}$$

이 경우 송전의 단기 한계가격 책정으로 인해 발생하는 수익은 송전망을 건설하는 비용보다 크다. 즉, 송전용량을 최적값 이하로 유지한다면 혼잡이 더 자주 발생하게 되므로 회수되는 수익이 증가하게 된다.

8.4.7 규모의 경제

지금까지 송전설비에 대한 투자비용은 송전되는 전력에 비례한다고 가정하였다. 그러나 이 비용의 상당부분은 송전용량과 무관하게 고정되어 있다. 이 단순화된 가정을 제거한 후 송전선 건설 총 비용 C_T의 구성요소인 C_F를 고려하여 Borduria와 Syldavia 간의 연계를 재검토해 보자.

$$C_T(T) = C_F + C_V(T) \tag{8.47}$$

고정비의 수준은 건설할 선로의 용량에 영향을 미치지 않는다. 왜냐하면 일단 송전망 확장계획을 진행하기로 결정하고 나면 용량에 대해 어떤 결정을 내리든지 상관없이 고정비를 지불하기로 약속한 것이 된다. 이러한 반직관적인 효과를 설명하기 위해 예제 8.2로 되돌아가서 선로의 고정비가 20,000 $/(km × 년)이라고 가정해 보자. 이 비용을 1,000 km 길이인 Borduria-Syldavia 간 연계선로의 투자 변동비에 추가하면 그림 8.6의 총 비용 곡선이 위쪽으로 이동하고 최소 위치에는 영향을 주지 않는다.

최적의 용량으로 연계선로가 건설되고 이 모든 용량을 사용할 수 있다고 가정해 보자. 이전 절에서 살펴보았듯이 모선별 가격의 패턴은 가격차이에서 파생된 수익이 송전선 건설비용의 변동비를 정확히 충당하였다. 반면에 혼잡수익은 연계선로를 건설하는 비용의 고정비 요소를 충당하지 못했다.

Hogan(1999)은 이 부족분을 복구하는 한 가지 방법으로 가용한 용량을 제한하는 것을 제안했다. 계통운영자에게 800 MW 전체 송전용량을 제공하는 대신에 650 MW만을 제공할 경우 소유자가 회수할 수 있는 단기 송전수익을 계산해 보자. Borduria와 Syldavia 간 조류량은 650 MW이다. Borduria의 발전기는 출력을 1,150 MW로 감소하는 반면 Syldavia의 생산량은 850 MW로 증가하게 된다. 식 (8.1)과 (8.2)를 이용하여 Borduria와 Syldavia의 에너지 가격이 각각 21.50 $/MWh 및 30.00 $/MWh임을 알 수 있다. 따라서 송전의 단기가치는 4.00 $/MWh에서 8.50 $/MWh로 증가한다.

시간별 및 연간 송전혼잡잉여는 다음과 같다.

$$\mathrm{CS_{hourly}} = 650 \cdot 8.5 = 5525\,\$/\mathrm{h} \tag{8.48}$$

$$\mathrm{CS_{annual}} = 5525 \cdot 8760 = 48\,399\,000\,\$/\mathrm{year} \tag{8.49}$$

반면에 연금화된 투자비용은 다음과 같다.

$$C_T(T) = C_F + k \cdot l \cdot T = 20\,000\,000 + 35 \cdot 1000 \cdot 800 = 48\,032\,000\,\$/\mathrm{year} \tag{8.50}$$

이 경우 150 MW의 송전용량을 보류함에 따라 고정비와 변동비를 모두 회수할 수 있는 충분한 추가 수익이 발생하게 된다.

일부 송전용량만을 보류한다면 더 큰 가격차이가 발생하게 되고 송전가치가 높아지게 된다. 따라서 송전망 이용자는 새로운 송전선의 소유자로부터 재무적 송전권을 구매하기 위해 더 많은 비용을 지불하고자 할 것이며, 이에 따라 소유자에게 비용을 회수하도록 하기 할 뿐만 아니라 추가적인 이익을 얻을 수도 있다.

예제 8.4

예제 8.3을 다시 살펴보자. 표 8.5는 연간 기준 연금화 고정비의 영향을 보여 주고 있으며, 고정비와 상관없이 연계선로의 최적 용량이 400 MW로 유지됨을 보여 준다.

최적의 용량으로 연계선로가 건설되었지만 고정비를 회수하기 위해 이 용량의 일부가 보류되었다고 가정해 보자. 표 8.6과 8.7은 보류 용량이 첨두 및 비첨두 기간 동안의 혼잡수익에 어떤 영향을 미치는지를 보여 준다.

비첨두 기간 동안 가용 용량을 400 MW에서 200 MW로 줄이면 송전수익이 0에서 4,383,900 $/년으로 증가하게 된다. 추가적인 용량 축소는 혼잡수익을 감소시킨다. 반면에 첨두부하 기간에 용량을 보류하게 된다면 수익이 감소하게 된다. 이러한 차이는 그림 8.4에서 볼 수 있듯이 혼잡수익이 송전용량의 이차함수라는 사실에서 비롯된다. 첨두부하 시간대의 경우 표 8.6과 8.7에서 고려한 용량 범위는 최댓값의 왼쪽에 위치하며 비첨두부하 기간의 경우 최댓값 부근에 있게 된다. 첨두부하 시간대의 전체 기여도가 비첨두부하 기간의 기여도보다 훨씬 크다는 점을 감안할 때 송전용량을 보류하여 단기 송전수익을 증가시키는 것은 불가능하다.

표 8.5 Borduria-Syldavia 간 연계선로 용량에 따른 연간 제약비용, 연금화된 송전 투자비용, 연간 총 송전비용

연계선로 용량 (MW)	연간 제약비용 (k$/년)	연금화된 고정 투자비 (k$/년)	연금화된 변동 투자비 (k$/년)	연금화된 투자비용 (k$/년)	연간 총 송전비용 (k$/년)
100	135 835	20 000	14 000	34 000	169 835
200	115 993	20 000	28 000	48 000	163 993
300	98 780	20 000	42 000	62 000	160 780
350	91 159	20 000	49 000	69 000	160 159
400	**84 012**	**20 000**	**56 000**	**76 000**	**160 012**
450	77 157	20 000	63 000	83 000	160 157
500	70 593	20 000	70 000	90 000	160 593
600	58 342	20 000	84 000	104 000	162 342
700	47 257	20 000	98 000	118 000	165 257
800	37 339	20 000	112 000	132 000	169 339
900	28 587	20 000	126 000	146 000	174 587

최적값은 굵은 글씨로 표기

표 8.6 비첨두부하 기간 동안 가용 송전용량에 따른 송전혼잡잉여

가용 용량 (MW)	Borduria의 발전(MW)	Syldavia의 발전(MW)	Borduria의 한계비용 ($/MWh)	Syldavia의 한계비용 ($/MWh)	시간별 잉여금 ($/h)	연간 잉여금 ($/년)
100	250	350	12.5	20	750	3 653 250
200	350	250	13.5	18	900	4 383 900
300	450	150	14.5	16	450	2 191 950

표 8.7 첨두부하 기간 동안 가용 송전용량에 따른 송전혼잡잉여

가용 용량 (MW)	Borduria의 발전(MW)	Syldavia의 발전(MW)	Borduria의 한계비용 ($/MWh)	Syldavia의 한계비용 ($/MWh)	시간별 잉여금 ($/h)	연간 잉여금 ($/년)
100	1 000	2 600	20	65	4 500	17 500 500
200	1 100	2 500	21	63	8 400	32 657 600
300	1 200	2 400	22	61	11 700	45 501 300

고정비의 영향을 평가할 때마다 송전선을 건설하지 않기로 결정하면 어떻게 되는지 고려해야 한다. 이 경우 총 투자비용은 0이 된다. 예제 8.3의 조건에서 최대 제약비용은 158,304,000 $/년이 된다. 이와 비교하여 최적의 송전용량(즉, 400 MW)으로 건설한다면 연간 총 비용은 160,012,000 $/년이 된다. 그러므로 이러한 조건에서는 송전선로 건설은 정당화될 수 없다.

8.4.8 망형구조 네트워크에서의 송전 확장

다음으로 키르히호프의 전압법칙이 송전가치와 송전용량에 대한 투자비 회수에 미치는 영향을 조사할 필요가 있다. 이 문제를 설명하기 위해 그림 8.10의 3-모선 계통을 사용할 것이다. 우리는 매년을 2개의 수요 기간으로 분류할 수 있다고 가정하여 수요 수준에 따른 영향을 고려한다. 표 8.8은 주기별 지속시간과 모선별 부하수준을 보여 준다. 이전의 2-모선 예제와 달리 부하곡

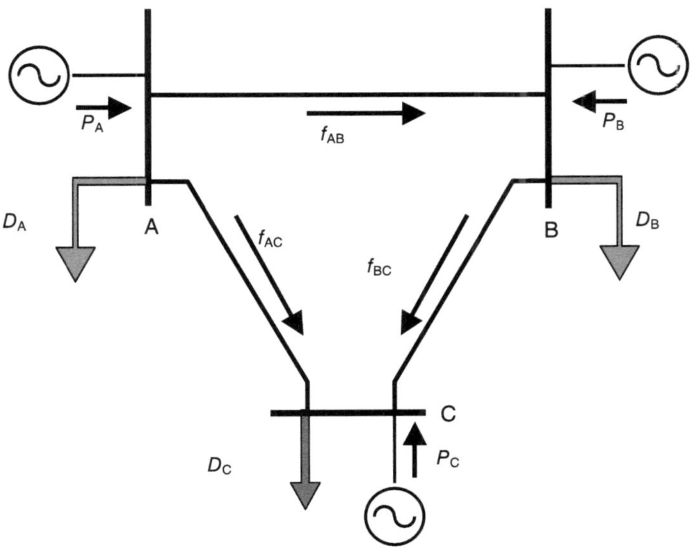

그림 8.10 키르히호프의 전압법칙이 송전가치와 송전 투자비 회수에 미치는 영향을 설명하는 데 사용되는 3-모선 계통

표 8.8 3-모선 계통의 시간에 따른 부하 변화

	기간 1	기간 2
지속시간(h)	2 190	6 570
모선 A에서의 부하(MW)	0	0
모선 B에서의 부하(MW)	10 000	5 000
모선 C에서의 부하(MW)	2 500	10 000

표 8.9 3-모선 계통에 대한 전기에너지의 한계비용

모선	용량(MW)	한계비용($/MWh)
A	5000	$0.003\,P_{\mathrm{A}}+2$
B	7000	$0.003\,P_{\mathrm{B}}+1.35$
C	8000	$0.003\,P_{\mathrm{C}}+1.75$

선은 모든 모선에서 동일한 패턴을 따르지 않는다. 표 8.9는 모선별 발전 한계비용이 발전기의 출력에 따라 선형적으로 증가함을 보여 준다. 다시 한번 모선별 에너지 가격이 한계비용과 동일하도록 보장하는 경쟁자들이 있다고 가정해 보자.

송전선 c의 연금화된 송전 투자비용은 선로 용량(T_c)과 길이(l_c)에 비례한다.

$$\Omega_c(T_c) = k_c \cdot l_c \cdot T_c \tag{8.51}$$

여기서 단위길이당 송전선의 연금화된 투자 한계비용인 k_c는 50 \$/(MW × km × 년)이다. 단순화를 위해 3-모선 계통의 모든 송전선은 동일한 600 km 길이와 동일한 리액턴스로 구성된다고 가정한다.

우리는 이 계통에 대한 운영 및 투자 비용의 합계를 최소화하는 송전선의 용량을 결정하려고 한다. 이러한 최소화는 계통의 예상수명을 고려하여 수행해야 한다. 이 예에서는 부하 패턴이 매년 반복된다고 가정하기 때문에, 매년 동일한 시간에 대해 최적화를 반복하여 적용할 수 있다. 이는 각 부하 기간의 운영비용에 지속시간(τ_1 = 2,190 h 및 τ_2 = 6,570 h)을 곱하고 1년의 시간 수(τ_0 = 8,760 h)로 나눔으로써 얻게 된다. 따라서 이 최적화 문제의 목적함수는 다음과 같다.

$$\begin{aligned}\min_{T_{\mathrm{AB}},T_{\mathrm{AC}}T_{\mathrm{BC}}} & \left[\sum_{t=1}^{t=2}\frac{\tau_t}{\tau_0}\left(\sum_{i\in\{\mathrm{A,B,C}\}} a_i P_{it}+\frac{1}{2}b_i P_{it}^2\right)+\frac{k_{\mathrm{AB}}\cdot l_{\mathrm{AB}}\cdot T_{\mathrm{AB}}}{\tau_0}\right.\\ & \left.+\frac{k_{\mathrm{AC}}\cdot l_{\mathrm{AC}}\cdot T_{\mathrm{AC}}}{\tau_0}+\frac{k_{\mathrm{BC}}\cdot l_{\mathrm{BC}}\cdot T_{\mathrm{BC}}}{\tau_0}\right]\end{aligned} \tag{8.52}$$

이러한 최소화는 수요 기간 1의 KCL 및 KVL에 의해 다음과 같은 제약조건을 따르게 된다.

$$\begin{aligned} f_{AB1} + f_{AC1} - P_{A1} + D_{A1} &= 0 \\ -f_{AB1} + f_{BC1} - P_{B1} + D_{B1} &= 0 \\ -f_{AC1} - f_{BC1} - P_{C1} + D_{C1} &= 0 \\ -f_{AB1} + f_{AC1} - f_{BC1} &= 0 \end{aligned} \tag{8.53}$$

그리고 수요 기간 2에 대해서는 다음과 같다.

$$\begin{aligned} f_{AB2} + f_{AC2} - P_{A2} + D_{A2} &= 0 \\ -f_{AB2} + f_{BC2} - P_{B2} + D_{B2} &= 0 \\ -f_{AC2} - f_{BC2} - P_{C2} + D_{C2} &= 0 \\ -f_{AB2} + f_{AC2} - f_{BC2} &= 0 \end{aligned} \tag{8.54}$$

또한 각 기간 동안의 송전선 조류량은 해당 송전선의 용량 미만으로 유지되어야 한다.

$$\begin{aligned} |f_{AB1}|, |f_{AB2}| &\leq T_{AB} \\ |f_{AC1}|, |f_{AC2}| &\leq T_{AC} \\ |f_{BC1}|, |f_{BC2}| &\leq T_{BC} \end{aligned} \tag{8.55}$$

마지막으로 각 수요 기간 동안 각 모선에 접속된 발전기의 출력은 발전설비 용량보다 작아야 한다.

$$\begin{aligned} P_{A1} &\leq P_A^{max}; P_{A2} \leq P_A^{max} \\ P_{B1} &\leq P_B^{max}; P_{B2} \leq P_B^{max} \\ P_{C1} &\leq P_C^{max}; P_{C2} \leq P_C^{max} \end{aligned} \tag{8.56}$$

이러한 2차 최적화 문제는 수동 해법으로는 복잡할 수 있지만 스프레드시트를 사용하여 수치적으로 해결할 수 있다. 그림 8.11과 8.12는 두 수요 기간에 대한 최적의 경제급전, 송전선 조류량, 모선별 가격을 보여 준다. 표 8.10은 운영비용의 세부사항을 나타낸 것이다. 기간 1의 지속시간이 전체의 25%를 나타내고 기간 2의 지속시간은 나머지 75%를 나타내므로 각 기간의 비용은 각각 $/0.25 h와 $/0.75 h로 표시된다. 그런 다음 각 기간에 대한 비용을 더함으로써 동일한 시간에 대한 운영비용이 구해진다. 연간 비용은 동일한 시간에 대한 비용에 1년의 시간 수를 곱하여 계산한다.

표 8.11은 각 송전선로의 조류량뿐만 아니라 최적 용량과 이에 따른 시간당 또는 연간 투자비용을 보여 준다. 해당 기간에서 각 송전선의 조류량이 최대가 되는 값을 송전선의 용량으로 설정한다. 운영비와 투자비의 합을 최소화했기 때문에 해당 기간 중 한 번은 송전선의 전체 용량을 완전히 이용하게 된다. 이러한 경우에 모선 B와 C 사이의 조류량은 두 기간 모두 해당 송전선의 용량을 완전히 활용하지만 방향은 반대가 된다.

표 8.12는 각 기간별 모선별 가격과 지급액을 요약한 것이다. 음수값은 발전기에 대한 지급액을 나타내고 양수값은 부하에 대한 지급액을 나타낸다. 각 기간의 지급액은 해당 기간의 지속시간에 비례하고, 동일한 시간에 대한 지급액은 각 기간의 지급액을 가중평균한 값이다. 총합(오른

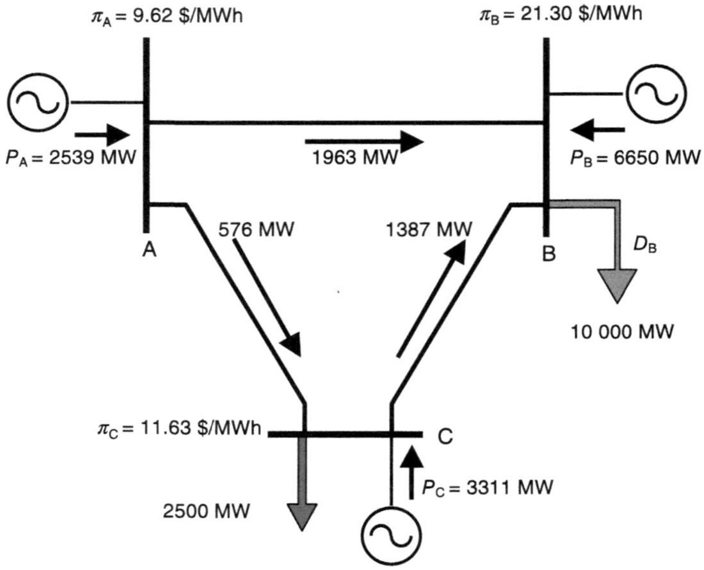

그림 8.11 수요 기간 1에 대한 최적의 경제급전, 송전선 조류량, 모선별 가격

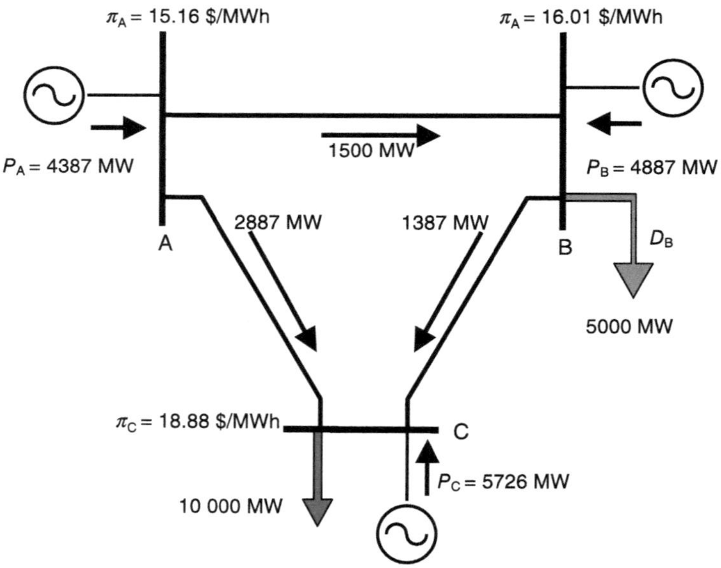

그림 8.12 수요 기간 2에 대한 최적의 경제급전, 송전선 조류량, 모선별 가격

쪽 하단 모서리)은 동일한 시간 동안 회수되는 총 송전혼잡잉여를 나타낸다. 이 양은 표 8.11에 주어진 총 시간당 투자비용과 정확히 동일하다. 이러한 동등성은 고정비가 없을 경우 단기 한계가

표 8.10 3–모선 계통의 시간당 최적 운영비용

모선	기간 1 (\$/0.25 h)	기간 2 (\$/0.75 h)	동일 시간에 대한 운영비용(\$/h)	연간 비용 (\$/년)
A	3 687	28 233	31 920	279 619 200
B	18 827	31 817	50 644	443 641 440
C	5 519	44 184	49 703	435 398 280
Total	28 033	104 234	132 267	1 158 658 920

표 8.11 3–모선 계통에 대한 최적의 선로용량 및 투자비용

선로	기간 1에서의 선로 조류량(MW)	기간 2에서의 선로 조류량(MW)	최적 용량(MW)	시간당 투자비용 (\$/h)	연간 투자비용 (\$/년)
A–B	1 963	1 500	1 963	6 723	58 891 939
A–C	576	2 887	2 887	9 887	86 612 631
B–C	−1 387	1 387	1 387	4 750	41 612 636
Total				21 360	187 117 206

표 8.12 3–모선 계통의 모선별 가격 및 수익

모선	모선별 가격		수익		
	기간 1 (\$/MWh)	기간 2 (\$/MWh)	기간 1 (\$/0.25 h)	기간 2 (\$/0.75 h)	등가시간 (\$/h)
A	9.62	15.16	−6 105	−49 885	−55 990
B	21.30	16.01	17 839	1 356	19 195
C	11.63	18.88	−2 359	60 514	58 155
Total			9 375	11 985	21 360

격을 책정하는 것은 송전 투자비용을 회수하기에 충분한 수익을 얻을 수 있다는 것을 보여 준다.

표 8.13은 각 기간 및 해당 시간 동안 각 송전선이 "얻은" 수익을 계산하는 데 필요한 정보를 제공한다. 5장에서 논의한 바와 같이 두 모선을 연결하는 선로가 혼잡하지 않은 경우에도 두 모선 간의 모선별 가격에는 차이가 발생한다. 예를 들어 기간 1 동안에 모선 A와 C 사이의 송전선 조류량은 2,887 MW 용량보다 훨씬 낮은 576 MW이다. 그러나 송전선 A – B와 B – C의 혼잡은 노드 A와 C 사이에 2.01 \$/MWh의 가격차이를 생성한다. 따라서 해당 송전선의 조류량은 다음과 같은 수익을 발생하게 된다.

$$R_{AC,1} = 576 \times 2.01 \times 0.25 = 289\,\$/0.25\,\text{h} \tag{8.57}$$

표 8.13 3–모선 계통의 각 송전선에 대한 혼잡수익 및 투자비용

선로	기간 1			기간 2				
	Δ가격 ($/MWh)	조류량 (MW)	수익 ($/0.25 h)	Δ가격 ($/MWh)	조류량 (MW)	수익 ($/0.75 h)	총 수익 ($/h)	투자비용 ($/h)
A–B	11.68	1 963	5 732	0.85	1 500	956	6 688	6 723
A–C	2.01	576	289	3.72	2 887	8 055	8 344	9 887
B–C	−9.67	−1 387	3 353	2.86	1 387	2 975	6 339	4 750
Total			9 374			11 986	21 360	21 360

기간 2 동안에 이 송전선의 조류량이 선로의 용량과 같아질 때 다음과 같은 수익이 발생하게 된다.

$$R_{AC,2} = 2887 \times 3.72 \times 0.75 = 8055\,\$/0.75\,\text{h} \tag{8.58}$$

따라서 해당 시간 동안 이 송전선에서 "회수"된 수익은 8,344 $/h이다. 이것은 표 8.11에서 주어진 선로의 시간당 비용인 9,887 $/h와 같지 않다. 마찬가지로 기간 2 동안에 송전선 A-B의 1,500 MW 조류량은 1,963 MW 용량보다 적다. 그러나 해당 송전선의 가격차이는 일부 수익을 창출한다. 이러한 결과는 개별 선로들과 관련된 시간당 SRMC 수익이 시간당 투자비용과 일치하지 않음을 보여 준다. 그러나 표 8.13은 또한 총 송전혼잡잉여가 이 송전망의 투자비용을 정확히 회수한다는 것을 보여 준다. 이 결과는 우연이 아니며 아무리 복잡하더라도 모든 송전망에 적용된다. 전체 송전망이 동일한 기관에 의해 소유되는 경우 선로 간 교차 보조금은 문제가 되지 않는다. 반면에 이러한 조건에서 FTR이 송전망 이용자에게 어떻게 판매될 수 있는지는 분명하지 않다. 예를 들어 송전선 A – B와 B – C는 기존 전력회사에 속하고 송전선 A – C는 상업 송전회사에서 개발했다고 가정하자. 수익이 모선별 가격차이를 기반으로 할당되는 경우 송전선 A – C의 소유자는 9,887 $/h의 비용 대신 8,344 $/h만을 회수하게 된다. 반면에 기존 전력회사는 비용보다 더 많이 회수할 것이다. 또한 FTR 구매에 대한 이용자와 송전망 소유자 간의 협상이 어떤 근거로 진행될 수 있는지도 명확하지 않다.

8.4.9 표준 네트워크의 개념

앞 절들에서 논의한 예제들에서는 운영비용과 송전 투자비용의 합을 최소화하여 새로운 송전선의 최적 용량을 결정했다. 발전과 송전이 별도의 기관으로 운영되기 때문에 시스템 전체 수급균형을 유지하는 것은 경쟁시장 환경에서 규제당국의 주요 과제이다. 송전망이 독점으로 운영된다고 가정하면 규제기관은 적정수준의 송전 투자를 장려할 수 있는 인센티브를 고안해야 한다. 이 목표를 달성하기 위해 규제기관은 송전망의 전체 성능을 측정할 방법이 필요하다. 이것은 표

준 네트워크를 사용하여 달성할 수 있다.

가장 간단한 형태의 표준 네트워크는 토폴로지가 기존 네트워크와 동일하며 발전기 및 부하가 변경되지 않고 적용된다. 반면에 각 송전선로는 앞의 예제들에서 결정된 최적의 용량을 적용한다. 그러나 한 가지 중요한 차이점은 일부 새로운 송전선로의 용량을 최적화하는 대신 신규 및 기존 송전선을 모두 포함하는 전체 송전망에 이러한 절차가 적용된다는 것이다.

따라서 표준 네트워크는 실제 네트워크와 객관적으로 비교할 수 있는 네트워크이다. 이를 이용하여 최적의 투자비용과 혼잡비용을 정량화하여 실제 시스템과 비교할 수 있다. 또한 표준 네트워크와 실제 네트워크의 개별 선로용량을 비교함으로써 새로운 투자의 필요성을 식별하고 좌초된 투자를 감지할 수 있다. 최적 운영비용과 실제 운영비용을 비교할 수도 있다. 마지막으로 실제 및 표준 네트워크 운영과 투자 간의 차이는 송전회사의 성과를 측정하는 척도로 사용할 수 있으며 규제기관이 재정적 인센티브를 설정하는 데 사용할 수 있다.

표준 네트워크의 개념은 오랜 역사와 경제이론의 견고한 기초를 가지고 있다. 예를 들어 Boiteux(1949), Nelson(1967), Farmer 등(1995)의 문헌을 참고하기 바란다.

이 절에서는 가격 책정 및 규제 목적을 위한 송전확장 문제의 일반적인 정식화를 제시한다. 여기에는 최적으로 설계된 송전망을 결정하는 과정이 포함된다. 이러한 표준 네트워크를 결정하려면 안전도 제약 최적조류계산 문제 해결책이 요구된다. 가장 단순한 형태로 이 문제는 기존의 DC 최적조류계산을 사용하여 정식화할 수 있다. 최적화의 목적은 연간 발전비용과 연금화된 송전비용의 합을 최소화하는 것이다. 이러한 최적화는 키르히호프의 전류 및 전압 법칙뿐만 아니라 시스템 구성요소에 의해서도 제한된다. 이것은 앞에서 설명한 바와 같이 연간 부하지속곡선을 사용하여 여러 수요 수준을 충족해야 한다. 마지막으로, 송전 및 발전 시설의 발생할 수도 있는 정전도 고려해야 한다.

8.4.9.1 표기법

문제를 수학적으로 설명하려면 다음과 같은 표기법을 도입해야 한다.

np 수요 기간의 수

nb 모선의 수

ng 발전기의 수

nl 선로의 수

nc 상정사고의 수

τ_p 수요 기간 p의 지속시간

D_p 기간 p에 대한 모선별 부하 벡터

C_g 발전기 g의 운영비

P_{pg} 수요 기간 p에서의 발전기 g의 출력

P_p 수요 기간 p에서의 모선별 발전량 벡터
P^{max} 모선별 최대 발전량 벡터
P^{min} 모선별 최소 발전량 벡터
A^0 정상적인 계통의 모선-부하 인시던스 행렬
A^c 상정사고에서의 c에 대한 모선-부하 인시던스 행렬
H^0 정상적인 계통의 민감도 행렬
H^c 상정사고에서의 c에 대한 민감도 행렬
k_b 선로 b에 대한 연간 투자비용($/(MW × km × 년))
l_b 선로 b의 길이(km)
T_b 선로 b의 용량
T 선로 용량 벡터
F_p^0 기간 p에서의 정상적인 계통의 선로 조류 벡터
F_p^c 기간 p에서의 상정사고에서의 선로 조류 벡터

전력의 인입 및 전력 흐름과 관련된 민감도 행렬 **H**는 다음과 같이 정의된다.

$$[\mathbf{H}] = [Y_{\mathrm{d}}] \cdot [A^{\mathrm{T}}] \cdot \begin{bmatrix} 0 & 0 \\ 0 & [Y_{\mathrm{bus}}^{\mathrm{r}}]^{-1} \end{bmatrix} \tag{8.59}$$

여기서 Y_d는 선로 어드미턴스의 대각 행렬이고 비특이 행렬로 만들기 위해 시스템 어드미턴스 행렬 Y_{bus}에서 슬랙 버스에 해당하는 행과 열을 제거하여 Y_{bus}^r를 얻는다. 민감도 행렬 **H**의 요소를 민감도 계수라고 한다.

$$h_{kn} = \frac{\Delta F_k}{\Delta P_n} \tag{8.60}$$

이러한 민감도 계수는 선로 k의 전력조류 변화와 노드 n에서의 전력인입의 증가와 관련이 있다. 기존의 DC 조류계산 모델에서 이러한 민감도 요소는 네트워크의 토폴로지와 리액턴스에 따라 달라지지만 부하의 상태에는 영향을 받지 않는다. 따라서 고정된 토폴로지를 사용하는 네트워크의 경우 민감도 계수는 일정하며 발전 및 수요를 고려하지 않고 평가된다.

Wood와 Wollenberg(1996)는 선로 k가 모선 a와 b를 연결하는 경우 해당 선로의 조류와 모선 n의 인입과 관련된 민감도 계수는 다음과 같이 계산할 수 있음을 보여 준다.

$$h_{kn} = \frac{\Delta F_k}{\Delta P_n} = \frac{1}{x_{ab}}(X_{an} - X_{bn}) \tag{8.61}$$

여기서 X_{an} 및 X_{bn}은 축약된 어드미턴스 행렬 Y_{bus}^r의 역행렬의 요소이다. 민감도 계수의 값은 기준 모선의 선택에 따라 달라지지만 최적화 문제의 결과는 이 선택과 무관하다.

8.4.9.2 문제 정식화

이 최적화 문제의 목적함수는 다음과 같이 표현할 수 있다.

$$\underset{P_{pg},T_b}{\text{Min}}\left(\sum_{p=1}^{np}\tau_p\sum_{g=1}^{ng}C_gP_{pg}+\sum_{b=1}^{nl}k_bl_bT_b\right) \tag{8.62}$$

이 문제는 1년에 걸쳐 여러 수요 기간을 다루기 때문에 정상적인 시스템에 대한 전력조류 방정식과 각 수요 기간에 대한 선로용량 제한을 충족해야 한다. 손실을 구시하는 DC 전력조류계산 공식을 사용하면 이러한 제약조건은 다음과 같다.

$$A^0F_p^0-P_p+D_p=0 \tag{8.63}$$

$$F_p^0=H^0(P_p-D_p) \tag{8.64}$$

$$F_p^0-T\le 0 \tag{8.65}$$

$$-F_p^0-T\le 0\quad p=1,np \tag{8.66}$$

식 (8.63)은 키르히호프의 전류법칙에서 유도된 모선별 균형제약 조건으로, 모선으로 들어오는 총 전력은 모선으로부터 나가는 총 전력과 같아야 한다. 제약조건 (8.64)는 키르히호프의 전압법칙에 기초하여 전력 조류 및 인입과 관련이 있다. 마지막 두 방정식은 송전선 조루량에 대한 열적 제약을 나타낸다. 또한 이러한 모든 제약조건은 각 수요 기간 동안 각 상정사고에 대해 충족되어야 한다.

$$A^cF_p^c-P_p+D_p=0 \tag{8.67}$$

$$F_p^c=H^c(P_p-D_p) \tag{8.68}$$

$$F_p^c-T\le 0 \tag{8.69}$$

$$-F_p^c-T\le 0\quad p=1,np;\;\; c=1,nc \tag{8.70}$$

마지막으로, 최적화는 발전기의 출력에 대한 제한을 만족시켜야 한다.

$$P^{\min}\le P_p\le P^{\max}\quad p=1,np \tag{8.71}$$

최적화의 목적은 송전선의 최적 열용량을 결정하는 것이므로 이 변수는 양의 값을 취할 수 있다.

$$0\le T\le\infty \tag{8.72}$$

8.4.9.3 구현

위의 모델은 각 수요 기간에 대해 경제급전 벡터 P_p, 송전선 조류 벡터 F_p^0, 최적 용량 벡터 T를 계산한다. 위 방정식의 다른 모든 매개변수는 네트워크 토폴로지 및 데이터에서 지정되거나 결정된다. 발전 한계비용이 일정하다고 가정했기 때문에 최적화 문제는 선형이 된다. 그러나 이 문

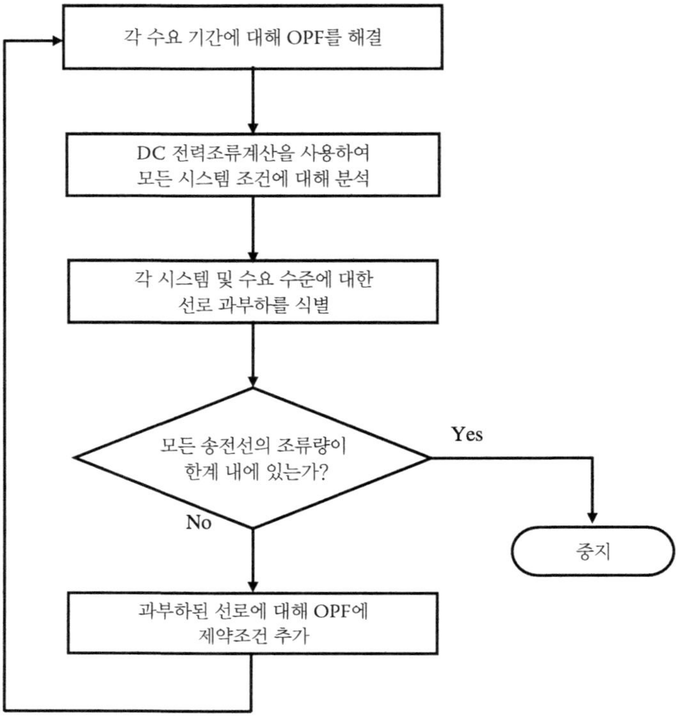

그림 8.13 표준 네트워크를 결정하는 데 사용되는 안전도제약 OPF 문제의 순서도

제는 일반적으로 계산의 크기로 인해 원래 형태로 해결되지 않는다. 대신에 그림 8.13과 같은 반복 알고리즘을 사용하여 해결한다. 각 반복이 시작될 때 수요 및 송전 제약이 충족되도록 각 수요 기간에 대한 경제급전과 각 송전선에 대한 용량을 계산한다. 시작 단계에서는 송전 제약이 없음을 유의해야 한다. 그런 다음 모든 전력망의 사고 및 각 수요 기간에 대한 전력조류계산 분석을 수행하여 이 급전의 실현 가능성을 평가한다. 송전선 조류 중 하나라도 제안된 송전선 용량보다 큰 경우 제약조건이 생성되어 다음 반복에서 OPF에 삽입된다. 예를 들어 송전선 b가 과부하된다면 다음 제약조건이 문제에 추가된다.

$$-T_b \le f_b^{ps} + \sum_{k=1}^{nb} h_{kb}^S \cdot \left(P_k^p - P_k^{p0}\right) \le T_b \tag{8.73}$$

여기서 S는 정상상태 조건과 상정사고 조건 모두에 대한 네트워크 토폴로지를 나타내며 h_{kb}^S는 해당 민감도 요소이다. 이 절차는 모든 송전선 과부하가 제거될 때까지 반복된다.

모선별 가격은 다음과 같이 계산된다.

$$\pi_j^p = \pi^p + \sum_{s=1}^{nc} \sum_{b=1}^{nl} h_{jb}^s \cdot \mu_b^{ps} \tag{8.74}$$

여기서 π^p는 정상적인 네트워크의 수요 기간 p에 대한 전력수급 균형 조건과 관련된 라그랑주 승수이다. 이 양을 시스템 한계비용이라고 한다. 변수 μ_b^{ps}는 반복 절차에서 생성되는 송전 제약 조건 (8.73)과 이와 관련된 라그랑주 승수이다.

예제 8.5

이 최적화 절차는 그림 8.14에 표시된 IEEE 24-모선 신뢰도 테스트 시스템(RTS)에 적용되었다. 이 네트워크에 대한 자세한 내용은 IEEE(1979)를 참고하기 바란다. 그림 8.15는 적은 수의 송전선을 제외하고 최대 수요 기간에도 송전선 조류량이 최적 용량의 50% 미만임을 보여 준다. 이러한 관찰은 송전망을 설계하고 가격을 책정할 때 안전도를 고려하는 것의 중요성을 확인시켜 준다.

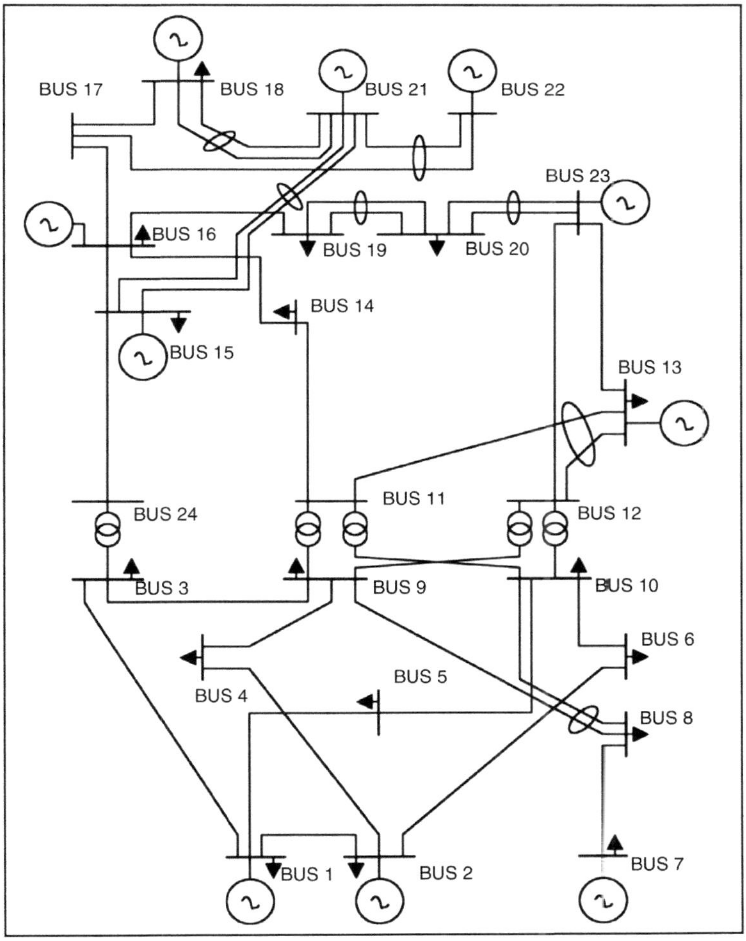

그림 8.14 IEEE RTS(Reliability Test System)의 단선도

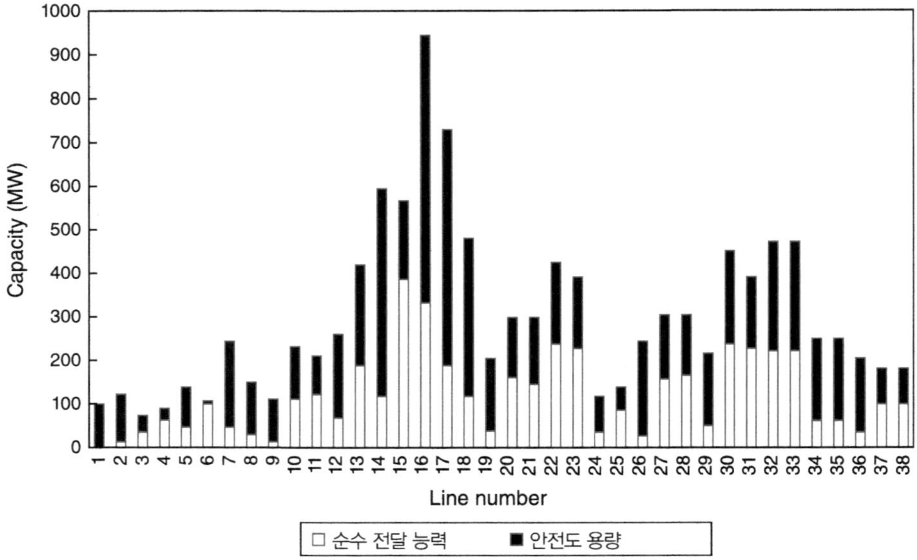

그림 8.15 IEEE RTS의 최대 수요기간 동안 정상상태의 네트워크(순수 송전)에 필요한 용량과 안전도를 보장하는 데 필요한 용량의 비교

8.4.9.4 기타 요인 고려

표준 네트워크를 구성하기 위한 이러한 기본 알고리즘은 송전선의 용량뿐만 아니라 네트워크 토폴로지 및 송전 전압 수준의 선택을 최적화하려는 경우 또는 부하성장, 규모의 경제, FACTS와 같은 신 송전기술, 분산전원, 수요관리, 손실, 무효전력, 네트워크 안정도 제약, 예비력을 다루려는 경우 상당히 복잡해진다. 적절한 복잡성의 정도는 의도된 적용과 특정 시스템에 따라 다르다. 그러나 표준 네트워크의 목적은 송전망의 세부적인 기술 설계를 대체하는 것이 아니라 규제나 투자, 가격책정에 관한 결정을 지원하는 것이라는 점을 명심하는 것이 중요하다.

8.5 기타 가치

송전망의 가장 명백한 가치는 전기에너지를 한 지역에서 다른 지역으로 이동할 수 있는 능력에서 비롯되지만 새로운 송전선 건설이나 기존용량 증가를 정당화하는 데 도움이 될 수 있는 다른 이점을 제공한다. 아래 절들에서는 발전 예비력, 균형 용량, 설비 예비율을 공유할 수 있게 하여 송전이 어떻게 가치를 창출하는지 논의한다.

8.5.1 예비력 공유

6.4.3절에서 우리는 가용 송전용량의 일부가 발전 예비력 제공에 할당되어야 하며 이러한 할당

은 신재생 자원으로부터의 확률적 발전 비율이 증가함에 따라 증가할 가능성이 있다고 주장했다. 증가된 운영예비력 필요량이 추가 네트워크 투자를 정당화할 수 있기 때문에 송전용량 확장에 대해 결정할 때도 이 문제를 고려해야 한다. 이전 절들에서 논의한 바와 같이 송전용량에 대한 결정은 더 효율적인 에너지 송전을 가능하게 하는 투자비용과 혼잡비용의 균형을 유지하게 한다. 예비력에 대한 송전용량을 할당할 필요성이 명시적으로 고려되지 않았기 때문에 송전용량에 대한 투자가 부족할 수 있으며, 이는 결과적으로 시스템의 신재생 자원을 통합하는 능력을 저해하거나 비용을 증가시킬 수 있다.

예제 8.6

예제 6.9에서 우리는 Borduria-Syldavia 연계선로의 기존 용량이 에너지와 예비력 사이에 어떻게 할당되어야 하는지 조사하였다. 정상운전 중에는 에너지를 송전하고 비상시에는 예비력으로 제공해야 하는지를 고려하여 얼마나 많은 용량을 건설해야 하는지 결정하려는 송전 계획자의 관점에서 이 예를 다시 살펴보자. 그림 8.16은 이 시스템을 보여 준다. 예제 6.9의 시스템과의 유일한 차이점은 송전용량이 이제 변수 T라는 것이다.

이전과 마찬가지로 우리의 목표는 두 지역의 에너지 및 예비력 비용 합계와 연계선로 건설비용을 최소화하는 것이다.

$$\text{Min}\{C_B(P_B, R_B) + C_S(P_S, R_S) + C_T(T)\} \tag{8.75}$$

여기서 P_B와 P_S는 각각 Borduria와 Syldavia에서 생산된 전력을 나타내고, R_B와 R_S는 각 지역에서 조달된 예비력을 나타낸다. Borduria와 Syldavia의 $C_B(P_B, R_B)$ 및 $C_S(P_S, R_S)$의 에너지 및 예비력 비용은 예제 6.9의 비용과 동일하다.

$$C_B(P_B, R_B) = 10P_B + \frac{0.01}{2}P_B^2 + R_B + \frac{0.001}{2}R_B^2 + 0.001P_BR_B \tag{8.76}$$

$$C_S(P_S, R_S) = 13P_S + \frac{0.02}{2}P_S^2 + 5R_S + \frac{0.019}{2}R_S^2 + 0.001P_ER_B \tag{8.77}$$

송전 투자비용은 다음과 같이 가정한다.

$$C_T(T) = c_T T = 4T \tag{8.78}$$

이 최소화에는 다음과 같은 제약조건이 적용된다.

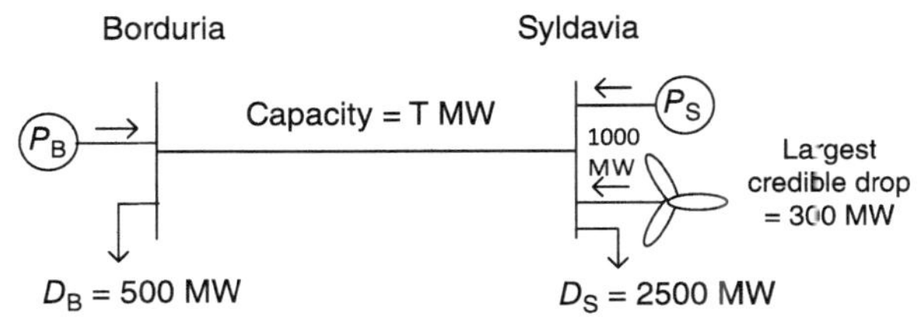

그림 8.16 수정된 Borduria-Syldavia 시스템

Borduria의 수급균형:

$$P_B - F^E = 500 \quad (\pi_B^E) \tag{8.79}$$

Syldavia의 수급균형:

$$P_S + F^E = 2500 - 1000 \quad (\pi_S^E) \tag{8.80}$$

Borduria의 예비력 필요량:

$$R_B - F^R = R_B^R \quad (\pi_B^R) \tag{8.81}$$

Syldavia의 예비력 필요량:

$$R_S + F^R = R_S^R \quad (\pi_S^R) \tag{8.82}$$

총 송전용량 제한:

$$F^E + F^R \leq T \quad (\pi^T) \tag{8.83}$$

F^E와 F^R은 에너지 및 예비력의 송전에 할당된 용량을 나타낸다. Borduria(R_B^R)와 Syldavia(R_S^R)의 예비력 필요량은 지역(R_B, R_S) 또는 예비력(F^R)에 할당된 송전용량이 충분한 경우 상대 지역에 위치한 예비력에서 충족될 수 있다.

이러한 제약조건은 고정된 송전용량(800 MW)이 결정하고자 하는 최적 송전용량 T로 대체된 마지막 것을 제외하고 예제 6.9의 제약조건과 동일하다.

이 최적화 문제를 해결하면 다음과 같은 결과를 얻을 수 있다.

$$\begin{aligned} P_B &= 1293\text{ MW} & P_S &= 1293\text{ MW} \\ R_B &= 256\text{ MW} & R_S &= 44\text{ MW} \\ F^E &= 793\text{ MW} & F^R &= 256\text{ MW} \\ T &= 1049\text{ MW} \end{aligned}$$

따라서 예비력에 대한 송전용량을 제공할 필요성을 고려하면 최적 용량이 800 MW(8.4.4절에서 계산)에서 1,049 MW로 증가한다. 이 송전용량 중 793 MW는 에너지의 송전에 사용되고 나머지 256 MW는 예비력이 필요할 때 송전하기 위해 유휴상태로 유지된다.

두 지역의 에너지 및 예비력 가격이 비용함수의 편미분으로 주어진다고 가정하면 다음을 얻는다.

$$\begin{aligned} \pi_B^E &= 23.18\,\$/\text{MWh} & \pi_S^E &= 27.18\,\$/\text{MWh} \\ \pi_B^R &= 2.55\,\$/\text{MWh} & \pi_S^R &= 6.55\,\$/\text{MWh} \end{aligned}$$

예비력에 대한 추가 송전용량을 제공하는 가장 중요한 효과는 예제 6.9에서와 비교하여 Syldavia에서 예비력 비용을 줄이는 것이다.

에너지와 예비력에 대한 두 국가 간의 가격차이는 모두 4 \$/MWh이며, 이는 식 (8.78)에서 송전 확장의 LRMC에 대해 가정한 값이다. 따라서 에너지의 한계수익은 예비력의 한계수익과 같으며 이 둘을 결합한 수익흐름은 최적의 송전용량과 관련된 투자비용을 회수하기에 충분하다.

이 예제에서 원거리에 접근할 수 있는 능력은 낮은 예비력 비용이 송전용량의 가치를 증가시키고 네트워크 확장 계획 모델에 통합되어야 함을 보여 준다. 그러나 이것은 송전 소유자가 예비

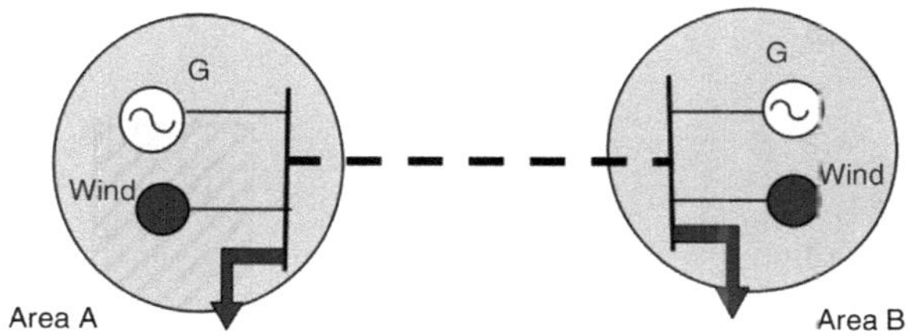

그림 8.17 균형 서비스 교환을 위한 2개의 동일한 지역을 연계

력 제공이 필요할 때 사용할 수 있는 용량 여유를 제공하는 데 대해 보수를 받는 경우에만 시장 환경에서 발생한다.

8.5.2 균형용량 공유

송전선을 통해 두 시스템을 연결하면 부하와 발전 사이의 균형을 유지하는 데 필요한 발전용량을 공유할 수 있다. 확률적 재생에너지 발전량이 발전설비 용량의 상당부분을 차지하게 되면 균형자원을 공유함으로써 송전용량의 가치를 높일 수 있다. 이러한 관찰을 설명하기 위해 그림 8.17에 표시된 지역 A와 B 사이의 송전선 건설을 살펴보자. 이 지역은 발전기 조합과 부하곡선이 동일하다. 결과적으로 에너지 및 예비력 비용은 두 지역에서 동일하다. 이러한 가정은 지역 간 차익거래의 기회를 무효화하기 때문에 균형 능력 공유의 가치를 명확하게 입증하는 데 도움이 된다. 따라서 이 두 지역 사이의 송전선은 에너지 거래나 예비력 측면에서 가치를 제공하지 않는다. 그러나 각 지역은 부하, 태양광 및 풍력 발전의 무작위한 변동에 영향을 받으며 무작위한 발전 정전의 영향을 받는다. 따라서 양측 운영자는 이러한 무작위한 불균형을 처리하기 위해 유연성 자원이 필요하다. 단기 균형 서비스 교환은 두 시스템의 총 운영비용을 절감한다. 이러한 비용 절감은 송전선의 존재에 따른 이점을 나타낸다.

예제 8.7

표 8.14는 A지역과 B지역에 설치된 기존 발전소의 특성을 요약한 것이다. 두 지역 모두 연간 에너지 필요량은 600 TWh이고 최대수요는 95 GW이다. 풍력발전량의 수준은 15%와 30% 두 가지를 고려한다. 4시간 전 풍력발전량 예측의 오차는 10%로 가정한다. 두 지역의 예측 오차는 상관관계가 없다고 가정한다.

표 8.14 A지역과 B지역에 설치된 전통적인 발전소의 특성

	원자력	CCGT	OCGT
용량(GW)	15	60	30
한계비용($/MWh)	7	70	140
무부하비용(k$/h)	0.3	11	34
기동비용(k$/기동)	100	42	20

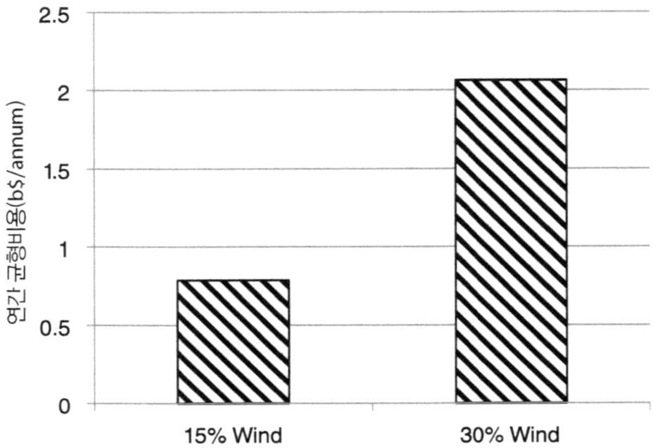

그림 8.18 균형 서비스의 연간비용

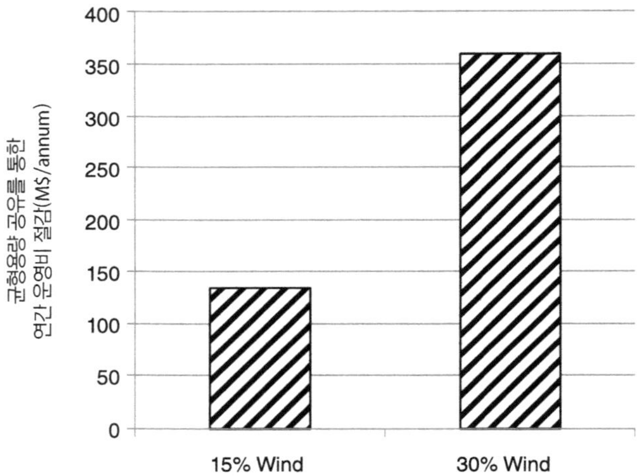

그림 8.19 2개의 동일한 시스템 간 균형 서비스 공유를 통한 연간 운영비용 절감량

확률적 스케줄링 모델(Teng과 Strbac, 2017)을 사용하여 균형자원 제공에 따른 연간비용을 계산할 수 있다. 각 지역이 독립적으로 운영될 때(즉, 다른 영역에 대한 연계의 이점이 없는 경우) 그림 8.18은 15% 풍력 침투의 경우 연간 균형 비용이 약 0.78 b$인 반면 30% 침투의 경우 2.0 b$임을 보여 준다.

그림 8.19는 두 지역 사이에 5 GW 연계선로가 건설된 경우 발생하는 연간 운영비용 절감을 보여 준다. 예상한 대로 풍력발전의 비율에 따라 절감액이 크게 증가한다.

약 56 k$/km 및 96 k$/GW km인 해저 케이블 설치의 연금화된 고정비와 변동비의 일반적인 값(Konstantelos 등, 2017)을 사용하면 500 km 연계선로를 건설하는 데 약 260 M$/년 비용이 들 것이다. 그러나 두 지역 간의 균형 서비스 교환이 가능하게 됨으로써 30%의 풍력 침투에 대해 거의 1억 달러/년의 순이익을 가져올 것이다. 반면에 이러한 연계선로를 건설하는 것은 15% 풍력 침투에 대해 비용효율적이지 않을 것이다. 이는 운영비의 감소가 연금화된 투자비용보다 작기 때문이다.

8.5.3 발전 설비 예비율 공유

7장에서 논의한 바와 같이 일부 발전기는 고장이나 유지보수가 필요하기 때문에 시스템에 설치된 총 발전용량은 예측된 첨두부하를 어느 정도 초과해야 한다. 이 절에서 우리는 전력망 간의 연계선로를 건설하거나 확장한다면 신뢰도 유지기준을 준수하면서 설비 예비율의 크기를 줄일 수 있음을 보인다. 이러한 설비 예비력의 공유는 발전기의 고장이 확률적으로 독립사건이고 전력망을 연계하면 총 설비용량에 기여하는 발전기 집합이 확대되기 때문에 가능하다.

예제 8.8

Syldavia의 전력망이 500 MW의 첨두부하를 가지며 건설할 수 있는 유일한 발전기의 용량은 60 MW이고 가용성이 90%라고 가정해 보자. Syldavia의 신뢰도 유지기준은 첨두부하를 충족시키기에 충분한 발전량이 없을 확률이 10%를 초과해서는 안 된다고 명시하고 있다. 즉, LoLP(Loss of Load Probability)는 10% 미만이어야 한다.

이러한 조건에서 LoLP를 결정하기 위해서는 표 8.15와 같은 사고용량확률분포표[1]를 작성해야 한다. 모든 발전기의 용량이 동일하다고 가정하기 때문에 이 표의 각 행은 n개의 발전기가 사용 중인 상태에 해당한다. 각 행은 대응하는 가용한 발전용량, 이 용량이 부하를 충족하기에 충분한지 여부, 이 발전기의 수가 가동될 확률을 보여 준다. 이 확률은 이항분포 공식을 사용하여 계산된다.

$$\Pr(n) = \binom{N}{n} p^n (1-p)^{N-n} \tag{8.84}$$

표 8.15 60 MW 용량의 11개 발전기와 90%의 가용성이 있는 500 MW의 첨두부하에 대한 사고용량확률분포표

가용한 발전기의 수 n	가용한 발전용량(MW)	가용한 발전용량—첨두부하(MW)	n개의 발전기를 사용할 수 있는 확률
11	660	160	0.313 811
10	600	100	0.383 546
9	540	40	0.213 081
8	480	−20	0.071 027
7	420	−80	0.015 784
6	360	−140	0.002 455
5	300	−200	0.000 273
4	240	−260	2.17E−05
3	180	−320	1.20E−06
2	120	−380	4.45E−08
1	60	−440	9.90E−10
0	0	−500	1.00E−11

1 사고용량확률분포표 작성 및 LoLP 계산에 대한 자세한 내용을 확인하려면 Billinton과 Allan(1996)의 문헌을 참고하기 바란다.

여기서 p는 특정 발전기를 사용할 수 있는 확률이고 N은 총 발전기 수이다. 표 8.15에서는 $N = 11$로 설정했다. 모든 발전기의 가용성이 90%라고 가정하므로 $p = 0.9$이다. 따라서 각 상태의 확률은 다음과 같이 계산된다.

$$\Pr(n) = \binom{11}{n}(0.9)^n(0.1)^{11-n} \tag{8.85}$$

8개 이하의 발전기가 가동 중인 경우에는 가용한 발전용량이 첨두부하보다 적어진다. 따라서 $n \leq 8$이 0.09의 LoLP를 제공하는 상태의 확률을 합산하면 이 시스템은 신뢰도 유지기준을 충족하기 위해 60 MW 용량의 발전기가 최소 11개 있어야 한다는 결론을 내릴 수 있다.

예제 8.9

Borduria의 전력망은 이전 예제에서 설명한 Syldavia의 계통과 동일하다. 이 두 계통이 연계되지 않은 경우 신뢰도 운영기준을 충족하려면 각각에 60 MW 용량의 발전기가 11개 이상 있어야 한다. 두 계통 사이에 80 MW 용량의 연계선로가 건설될 경우 각각 LoLP가 0.1인 500 MW의 첨두부하를 충족하기 위해 오직 각각 10개의 60 MW 발전기만 있으면 된다.

표 8.16은 이 시스템에 60 MW 발전기가 10개만 있을 때 Syldavia 전력망에 대한 사고용량확률분포표이다. Borduria의 계통은 정확히 동일한 특성을 갖는다고 가정하므로 동일한 사고용량확률분포표를 갖는다. Syldavia의 계통이 자체 자원에만 의존하는 경우 첨두부하를 충족하려면 9개 또는 10개의 발전기를 가동해야 한다. 첨두부하를 충족하지 못할 확률은 다음과 같다.

$$\text{LoLP} = 1 - [\Pr(n = 10) + \Pr(n = 9)] = 1 - (0.3487 + 0.3874) = 0.2369 \tag{8.86}$$

표 8.16 60 MW 용량의 90%의 가용성을 가지는 10개 발전기와 500 MW의 첨두부하에 대한 사고용량확률분포표

가용한 발전기 수 n	가용한 발전용량(MW)	가용한 발전용량—첨두부하(MW)	가용한 발전기가 n개일 확률
10	600	100	0.3487
9	540	40	0.3874
8	480	−20	0.1937
7	420	−80	0.0574
6	360	−140	0.0112
5	300	−200	1.49E−03
4	240	−260	1.38E−04
3	180	−320	8.75E−06
2	120	−380	3.65E−07
1	60	−440	9.00E−09
0	0	−500	1.00E−10

이 값이 0.1보다 크므로 신뢰도 유지기준을 만족하지 않는다.

반면에 Borduria 계통과의 80 MW 연계선로가 건설된 경우 Syldavia는 Borduria에 충분한 예비력 용량이 있는 한 자체 발전기 7~8개로 첨두부하를 충족할 수 있다. Syldavia가 첨두부하를 충족할 수 있는 확률을 계산하려면 Syldavia의 발전기와 Borduria의 발전기의 가용성을 모두 고려해야 한다. 가능성은 다음과 같다.

- Syldavia에 발전기가 오직 7개만 있으면 Borduria에서 80 MW를 수입해야 한다. 이것은 Borduria에 최소 80 MW의 예비력이 있는 경우, 즉 10개의 Borduria 발전기가 모두 가동 중인 경우에만 가능하다.
- Syldavia에서 8개의 발전기만 사용할 수 있는 경우 Borduria에서 20 MW를 수입해야 한다. 이것은 Borduria에 최소 20 MW의 예비력이 있는 경우, 즉 9개 또는 10개의 Borduria 발전기가 사용 중인 경우에만 가능하다.
- Syldavia에서 9개 또는 10개의 발전기를 사용할 수 있는 경우 Borduria 발전기의 가용성과 무관하게 첨두부하를 충족하기 위한 전력을 수입할 필요가 없다.

Syldavia와 Borduria에서 가용한 발전기 수를 각각 n_S와 n_B로 표시하고 Syldavia와 Borduria 둘 다에 대해 표 8.16의 확률값을 사용하면 Syldavia가 첨두부하를 충족할 수 있는 확률은 다음과 같다.

$$\Pr(n_S = 10) + \Pr(n_S = 9) + \Pr(n_S = 8) \times \{\Pr(n_B = 10) + \Pr(n_B = 9)\} + \Pr(n_S = 7) \times \Pr(n_B = 10) = 0.899 \tag{8.87}$$

이는 LoLP가 신뢰도 유지기준을 충족한다고 선언할 수 있을 만큼 충분히 0.1에 가깝다. 따라서 80 MW 연계선로를 건설하면 Syldavia와 Borduria에 각각 하나씩 총 2개의 60 MW 발전소를 건설할 필요가 없다. 이 계산에서는 연계선로를 사용할 수 없을 가능성을 무시한다.

8.6 분산형 송전 확장

8.6.1 개념

비용기반 접근방식과 가치기반 접근방식에 대한 논의에서는 송전 확장에 대한 결정이 전체 계통에 대한 투자비와 운영비의 합을 최소화하는 것을 목표로 한다고 가정했다. 즉, 중앙집중식 계획 관점을 채택했다. 근본적으로 다른 시장기반 접근방식이 제안되고 때때로 구현되었는데 이에 대해서는 예를 들어 Joskow와 Tirole(2005)의 문헌을 참고하기 바란다. 이 아이디어는 송전망의 확장으로 이익을 얻을 이해관계자와 이해관계자 그룹이 이러한 프로젝트에서 투자, 수익 및 이익을 얻을 수 있도록 허용해야 한다는 것이다. 이러한 사익을 추구하는 이해관계자에는 소비자, 발전기 및 상업 송전회사, 즉 송전 투자로부터 이익을 얻는 것이 목적인 회사가 포함될 수 있다. 이러한 분산형 접근방식은 전력공급산업의 자유화에 대한 전반적인 규제완화와 일치하지만 전체 사회후생을 극대화하는 송전망의 전달능력에 대한 의문이 남아 있다.

이러한 분산형 접근방식을 모델링하려면 송전에 대한 투자를 고려하는 각 기업들이 독립적이고 전략적으로 행동한다는 점을 인식해야 한다. 그러나 이러한 각 기업들은 경쟁자가 내릴 수 있는 결정도 고려해야 한다. 모든 새로운 송전 자산은 실제로 계통 운영에 영향을 미치므로 지역별 한계가격에 영향을 미친다. 따라서 송전에 대한 서로 다른 투자에서 발생하는 수익과 이익은 상호의존적이다. 따라서 이러한 기업과 그들의 전략적 행동 간의 상호작용을 포착하려면 게임이론에 기반한 모델이 필요하다. 이러한 체제에서 규제기관은 서로 다른 기업의 이익을 조정하는 최종 확장계획을 결정한다. 이러한 계획은 내쉬균형 즉 어떤 기업도 일방적으로 결정을 수정하여 이익을 증가시킬 수 없는 계획의 해답이다.

8.6.2 2-모선 계통의 예시

그림 8.2에 나와 있는 2-모선 Borduria-Syldavia 계통에서 분산형 송전 확장이 어떻게 운영되는지 연구해 보자. 이전 예제들에서와 마찬가지로 Borduria와 Syldavia의 발전기 운영비용은 각각 다음과 같다.

$$C_B = 10P_B + 0.005P_B^2 \text{ \$/h} \tag{8.88}$$

$$C_S = 13P_S + 0.01P_S^2 \text{ \$/h} \tag{8.89}$$

여기서 P_B와 P_S는 각각 Borduria와 Syldavia의 발전기 출력을 나타낸다. Borduria와 Syldavia의 비탄력적인 수요는 다음과 같다.

$$D_B = 500\,\text{MW} \tag{8.90}$$

$$D_S = 1500\,\text{MW} \tag{8.91}$$

우리는 처음에는 Borduria와 Syldavia 사이에 연계선로가 없으며 이 두 지역 사이의 송전용량을 구축하는 시간당 장기 한계비용은 다음과 같다고 가정한다.

$$c_T = 4\text{ \$/MWh} \tag{8.92}$$

이론상으로는 두 지역의 발전기와 소비자, 송전회사 모두가 두 지역 간 송전선로 건설 투자를 고려할 수 있다. 그러나 단순화를 위하여 Borduria의 발전회사 컨소시엄과 Syldavia의 발전회사 컨소시엄 두 단체만 두 지역 간의 연계선로에 투자할 수 있다고 가정한다.

이들 발전회사는 해당 지역에서 유효한 LMP에서 생산한 에너지를 판매하기 때문에 다음과 같은 수익을 얻는다.

$$\Gamma_B = \pi_B P_B \tag{8.93}$$

$$\Gamma_S = \pi_S P_S \tag{8.94}$$

Borduria 발전기가 송전용량 F_B를 건설하고 Syldavia 발전기가 송전용량 F_S를 건설하면 다음과 같은 송전혼잡잉여에 대한 권리를 갖게 된다.

$$CS_B = (\pi_S - \pi_B)F_B \tag{8.95}$$

$$CS_S = (\pi_S - \pi_B)F_S \tag{8.96}$$

이들 회사는 식 (8.88)과 (8.89)에 의해 주어진 운영비용과 다음의 송전 투자비용이 발생한다.

$$\mathrm{IC_B} = c_\mathrm{T} F_\mathrm{B} \tag{8.97}$$

$$\mathrm{IC_S} = c_\mathrm{T} F_\mathrm{S} \tag{8.98}$$

이들의 이익은 이 두 가지 수익 흐름과 다음 두 가지 유형의 비용 간의 차이이다.

$$\Omega_\mathrm{B} = \Gamma_\mathrm{B} + \mathrm{CS_B} - C_\mathrm{B} - \mathrm{IC_B} \tag{8.99}$$

$$\Omega_\mathrm{S} = \Gamma_\mathrm{S} + \mathrm{CS_S} - C_\mathrm{S} - \mathrm{IC_S} \tag{8.100}$$

이러한 이익은 발전기의 출력, LMP 및 그들이 건설하는 송전 용량에 따라 다르다. Borduria의 발전은 Syldavia보다 저렴하기 때문에 송전선로 건설은 Borduria에서 Syldavia르의 전력조류를 발생시킨다. 직관적으로 이 전력조류가 이 두 컨소시엄이 건설한 용량의 합인 연계선로의 총 용량을 사용할 것을 알 수 있다. Borduria 발전기의 생산량은 Borduria의 수요어 총 송전용량을 더한 것과 같다.

$$P_\mathrm{B} = D_\mathrm{B} + (F_\mathrm{B} + F_\mathrm{S}) \tag{8.101}$$

Syldavia 발전기의 생산량은 Syldavia의 부하에서 Borduria로부터의 전력 수입량을 뺀 것과 같다.

$$P_\mathrm{S} = D_\mathrm{S} - (F_\mathrm{B} + F_\mathrm{S}) \tag{8.102}$$

우리는 두 지역의 시장이 완전 경쟁적이라고 가정하기 때문에 각 지역의 LMP는 지역 발전의 한계비용과 같다. 식 (8.88)과 (8.89)를 사용하여 다음을 얻는다.

$$\pi_\mathrm{B} = \frac{\mathrm{d}C_\mathrm{B}}{\mathrm{d}P_\mathrm{B}} = 10 + 0.01P_\mathrm{B} = 10 + 0.01(D_\mathrm{B} + F_\mathrm{B} + F_\mathrm{S}) \tag{8.103}$$

$$\pi_\mathrm{S} = \frac{\mathrm{d}C_\mathrm{S}}{\mathrm{d}P_\mathrm{S}} = 13 + 0.02P_\mathrm{S} = 13 + 0.02(D_\mathrm{S} - F_\mathrm{B} - F_\mathrm{s}) \tag{8.104}$$

식 (8.88)~(8.104)를 결합하면 Borduria와 Syldavia의 발전회사의 이익을 두 컨소시엄이 건설한 송전용량의 함수로 표현할 수 있다.

$$\Omega_\mathrm{B} = -\frac{F_\mathrm{B}^2}{40} - \frac{F_\mathrm{B}F_\mathrm{S}}{50} + 29F_\mathrm{B} + \frac{F_\mathrm{S}^2}{200} + 5F_\mathrm{S} + 1250 \tag{8.105}$$

$$\Omega_\mathrm{S} = \frac{F_\mathrm{B}^2}{100} - \frac{F_\mathrm{B}F_\mathrm{S}}{100} - 30F_\mathrm{B} - \frac{F_\mathrm{S}^2}{50} - 6F_\mathrm{S} + 22\,500 \tag{8.106}$$

각 컨소시엄은 이러한 용량이 0보다 크거나 같아야 한다는 제약조건에 따라 수익을 극대화하는 송전용량에 투자할 것이다.

$$F_\mathrm{B} \geq 0 \tag{8.107}$$

$$F_\mathrm{S} \geq 0 \tag{8.108}$$

F_B 및 F_S 결정 변수를 통해 결합된 이 두 가지 이익 극대화 문제의 해답은 분산형 송전 확장의 게임이론 모델의 내쉬균형이다.

이 균형을 계산하기 위해 이러한 이익 극대화 문제를 음의 이익 최소화 등가 문제로 표현하고 라그랑주 함수를 구성한다.

$$\mathcal{L}_B = -\Omega_B - \lambda_B F_B \tag{8.109}$$

$$\mathcal{L}_S = -\Omega_S - \lambda_S F_S \tag{8.110}$$

여기서 λ_B 및 λ_S는 제약조건 (8.107) 및 (8.108)과 관련된 음이 아닌 라그랑주 승수이다.

Borduria의 발전기가 F_B 및 Syldavia 발전기 F_S만 설정할 수 있다는 사실을 고려하면 이러한 결합 최적화 문제에 대한 KKT(Karush-Kuhn-Tucker) 최적조건은 다음과 같다.

$$\frac{\partial \mathcal{L}_B}{\partial F_B} = 0 \Rightarrow \frac{F_B}{20} + \frac{F_S}{50} - \lambda_B - 29 = 0 \tag{8.111}$$

$$\frac{\partial \mathcal{L}_S}{\partial F_S} = 0 \Rightarrow \frac{F_B}{100} + \frac{F_S}{25} - \lambda_S + 6 = 0 \tag{8.112}$$

$$\lambda_B \frac{\partial \mathcal{L}_B}{\partial \lambda_B} = 0 \Rightarrow \lambda_B F_B = 0 \tag{8.113}$$

$$\lambda_S \frac{\partial \mathcal{L}_S}{\partial \lambda_S} = 0 \Rightarrow \lambda_S F_S = 0 \tag{8.114}$$

식 (8.111)~(8.114)를 풀면 표 8.17에 나와 있는 내쉬균형이 된다.

5장에서 논의한 바와 같이 Syldavia의 발전기는 Borduria와의 연계로 인해 수익이 감소되기 때문에 송전용량에 어떠한 투자도 하지 않을 것이다. 이러한 연계선로는 LMP를 저하시킬 뿐만 아니라 생산하는 에너지의 양을 감소시킨다. 사실 λ_S의 값은 연계선로를 통해 송전되는 비용은 시간당 11.80 $/MWh임을 보여 준다. 다른 한편으로, Borduria의 발전기는 580 MW 연계선로를 건설하기를 원한다. 왜냐하면 그것이 발전량을 증가시킬 뿐만 아니라 Syldavia로 수출되는 에너지에 대한 송전혼잡잉여를 회수할 수 있는 기회를 주기 때문이다.

이러한 분산형 접근방식의 결과인 580 MW 송전용량은 동일한 조건(8.4.4절)에서 이 계통에 대한 중앙집중식 관점에서 최적인 800 MW 용량보다 작다. 580 MW 이상의 송전용량을 건설하는 것은 연계선로의 양단의 가격차이를 줄여 송전혼잡잉여를 감소시키므로 Borduria의 발전기의 최선의 이익이 아니다.

표 8.17 Borduria-Syldavia 계통을 위한 최적의 분산형 송전 투자

F_B (MW)	F_S (MW)	λ_B ($/MWh)	λ_S ($/MWh)
580	0	0	11.80

표 8.18 중앙집중식 송전 확장 방식과 분산형 송전 확장 방식의 비교

	중앙집중식	분산형
최적 송전용량(MW)	800	580
Borduria 발전기의 이익($/h)	8 450	9 660
Syldavia 발전기의 이익($/h)	4 900	8 464
총 비용($/h)	38 650	39 376

표 8.18은 두 송전 확장 방식의 결과를 비교한다. 분산형 접근법은 더 작은 송전용량으로 이어지기 때문에 Borduria뿐만 아니라 Syldavia에서도 발전기에 더 큰 이익을 가져다준다. 반면에 총 비용(송전 투자비용과 발전 운영비용의 합)은 증가한다.

분산형 계획 프로세스에서 더 큰 시스템과 더 많은 사익추구 참가자를 고려하려면 Shrestha와 Fonseka(2007), 또는 Fan 등(2016)이 제시한 것과 같은 고급 게임이론 및 균형 프로그래밍 접근방식을 사용해야 한다.

8.7 송전 확장을 위한 비증설 대안

이 장에서 사용된 예제들은 송전 확장이 새로운 송전선을 건설하거나 기존 송전선을 보강하는 것과 동의어라는 인상을 줄 수 있다. 그러나 환경적인 고려를 하면 이러한 방식으로 송전용량을 늘리는 것이 매우 어렵고 송전선을 건설하거나 보강하는 비용이 매우 높을 수 있다. 따라서 송전 계획자는 소위 "비증설 대안"을 점점 더 고려하고 있다.

전통적인 중앙집중식 접근방식에서는 부하 증가 및 발전 확장에 대한 예측을 사용하여 첨두부하 기간 동안 송전선의 조류량이 정격을 초과할 가능성이 있는 시점을 식별한다. 송전용량을 확장하는 것은 다양한 부하 조건에서 가치가 있지만 첨두부하를 안정적으로 충족해야 하는 필요성에 따라 투자 결정을 내리는 경향이 있다. 비증설 해결방안은 종종 첨두부하 조건을 처리하는데 더 저렴하고 환경친화적인 방법을 제공한다. 이러한 해결책에는 아래와 같은 것들이 포함된다.

- 첨두부하 조건에서 전략적으로 위치한 수요 반응을 활성화하여 중요한 송전선의 조류량을 안전한 수준으로 유지
- 조류량이 운영 신뢰도 한계에 도달할 때 임계 송전선의 상류에 위치한 저장장치의 충전 및 이러한 송전선의 하류에 위치한 저장장치의 방전
- 계획되지 않은 고장으로 인한 과부하 및 기타 안정성 문제를 완화하는 개선 조치 계획
- 첨두부하의 성장을 늦추는 에너지 효율화 프로그램
- 송전망의 부하를 감소시키기 위해 부하 중심에서 분산 발전

비증설 해결방안은 송전선을 건설하거나 보강해야 하는 필요성을 최소 몇 년 동안 지연시킬 수 있다. 또한 잘못된 예측으로 인해 대규모 송전 투자가 좌초되는 위험을 줄일 수 있다. 반면에 그것들을 구현하려면 통합자원계획 절차와 그러한 해결책의 제공을 장려하는 규제 체제가 필요하다. 이러한 문제에 대한 논의는 Poudineh와 Jamasb(2014)의 문헌을 참고하기 바란다.

8.8 연습문제

8.1 귀하의 지역이나 국가 또는 충분한 정보에 접근할 수 있는 다른 지역에서 송전 확장에 사용되는 규제 절차를 요약하라.

8.2 귀하의 지역이나 국가 또는 충분한 정보에 접근할 수 있는 다른 지역에서 송전 투자비용을 할당하는 데 사용하는 방법을 확인하라.

8.3 그림 P8.1에 표시된 2-모선 전력계통을 고려하라. 수요는 일정하고 가격에 비탄력적이며 에너지는 한계생산비용으로 판매되며 발전기의 출력에는 제한이 없다고 가정한다. 발전 한계비용이 다음과 같을 때 송전을 위해 부과될 수 있는 최대가격은 얼마인가?

$$MC_A = 25 \ \$/MWh$$
$$MC_B = 17 \ \$/MWh$$

8.4 그림 P8.1에 표시된 2-모선 전력계통을 고려하라. 수요는 일정하고 가격에 비탄력적이며 에너지는 한계생산비용으로 판매되며 발전기의 출력에는 제한이 없다고 가정한다. 모선 A와 B에 연결된 발전기의 한계생산비용은 각각 다음 식으로 제공된다.

$$MC_A = 20 + 0.03P_A \ (\$/MWh)$$
$$MC_B = 15 + 0.02P_B \ (\$/MWh)$$

모선 A와 B를 연결하는 송전선 용량의 함수로 송전 한계값을 표시하라.

8.5 문제 8.4의 시스템에 대한 송전수요함수를 결정하라.

8.6 문제 8.4의 송전선로의 시간당 장기 한계비용을 계산하라. 선로의 길이가 500 km이고

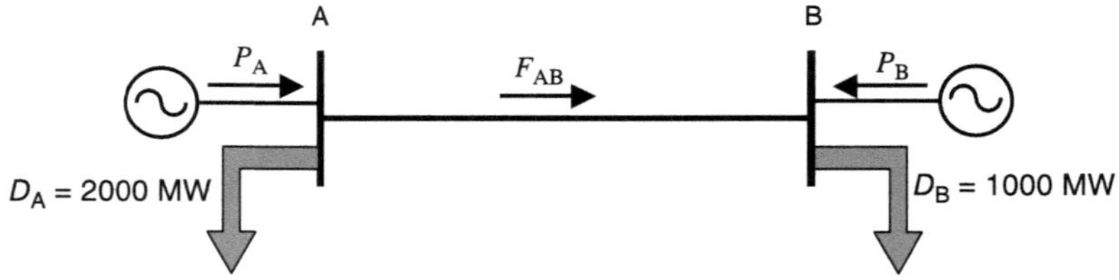

그림 P8.1 문제 8.3~8.9에 대한 2-모선 전력계통

선로 건설의 상각변동비용이 210 $/(MW × km × 년)이라고 가정한다.

8.7 그림 P8.1에 표시된 부하 조건을 가정하여 문제 8.4~8.6의 송전선의 최적 용량을 결정하라.

8.8 다음 표에 요약된 세 부분으로 구성된 부하지속곡선에 대해 문제 8.4~8.6의 송전선의 최적 용량을 결정하라. 두 모선에서 최대부하, 중간부하, 경부하 기간이 일치한다고 가정한다.

기간	A에서의 부하(MW)	B에서의 부하(MW)	지속기간(h)
High	4000	2000	1000
Medium	2200	1100	5000
Low	1000	500	2760

이 최적의 송전용량을 위해 매년 수집되는 혼잡수익 금액을 송전선 건설의 연금화된 비용과 비교하라.

8.9 문제 8.8에서 계산된 최적 송전용량보다 33.3% 높은 경우와 33.3% 낮은 경우의 송전용량에 대해 연간 회수되는 혼잡수익 금액을 계산하라. 이 값을 송전선로 건설의 연금화 비용과 비교하라.

참고문헌

Billinton, R. and Allan, R.N. (1996). *Reliability Evaluation of Power Systems*, 2e. Plenum Press.

Boiteux, M. (1949). La tarification des demandes en pointe: application de la théorie de la vente au coût marginal. *Rev. Gén. Electr.* 58: 321–340.

Fan, Y., Papadaskalopoulos, D., and Strbac, G. (2016). A game theoretic modeling framework for decentralized transmission planning. *2016 Power Systems Computation Conference (PSCC)*, Genoa, pp. 1–7.

Farmer, E.D., Cory, B.J., and Perera, B.L.P.P. (1995). Optimal pricing of transmission and distribution Services in Electricity Supply. *IEE Proc. Generat. Transm. Distrib.* 142 (1).

Hogan, W.W. (1999). Market-based transmission investments and competitive electricity markets. https://sites.hks.harvard.edu/fs/whogan/trans_mkt_design_040403.pdf.

IEEE Power Engineering Society Subcommittee on the Application of Probabilistic Methods (1979). A reliability test system. *IEEE Trans. Power App. Syst.* PAS-98 (6).

Joskow, P. and Tirole, J. (2005). Merchant transmission investment, J. *Industr. Econ.* 53 (2): 233–264.

Konstantelos, I., Moreno, R., and Strbac, G. (2017). Coordination and uncertainty in strategic network investment: case on the north seas grid. *Energy Econ.* 64: 131–148.

Marangon Lima, J.W. (1996). Allocation of transmission fixed charges: an overview. *IEEE Trans. Power Syst.* 11 (3): 1409–1418.

Nelson, J.R. (1967). *Marginal Cost Pricing in Practice*. Prentice-Hall.

Poudineh, R. and Jamasb, T. (2014). Distributed generation, storage, demand response and energy efficiency as alternatives to grid capacity enhancement. *Energy Policy* 67: 222–231.
Shrestha, G.B. and Fonseka, P.A.J. (Sep. 2007). Optimal transmission expansion under different market structures. *IET Gen. Transm. Distr.* 1 (5): 697–706.
Teng, F. and Strbac, G. (2017). Full stochastic scheduling for low-carbon electricity systems. *IEEE Trans. Autom. Sci. Eng.* 14: 461–470.
Wood, A.J. and Wollenberg, B.F. (1996). *Power Generation, Operation and Control*, 2e. Wiley.

보충자료

Hogan, W.W. (2003). Transmission Market Design. www.ksg.harvard.edu/whogan.
Woolf, F. (2003). *Global Transmission Expansion: Recipes for Success*. PennWell.

찾아보기 Index

(국문)

ㄱ

가격급등 76, 139, 275
가격수용 102
가격 위험 36
가격지속곡선 271
가격 탄력성 18
가변손실 185
가상 입찰 76, 138
거래 주기 54
경제급전 164
계통운영자 8, 147, 219
고정비용 31
고정비 회수 66
고정손실 186
공급지장가치 220
공급함수 20, 120
공급함수 균형 120
공익 사업 위원회 9
관성상수 230
교차탄력성 19
규제기관 9, 219
균형가격 23
그림자가격 111
기동비용 62, 107
기회비용 19

ㄴ

내쉬 균형 113
노드 가격 160

ㄷ

단기 비용함수 29
단기 평균비용 35
단기 평균비용 곡선 34
단기 한계비용 35, 293
대규모 소비자 9
도매시장 5
독립계통운영자 5, 8
독립발전사업자 4
독점 45
동시 최적화 240

ㄹ

라그랑주 승수 64, 192
라그랑주 함수 192

ㅁ

맞춤형 장기계약 56
매몰비용 32
모선별 시장가격 160, 173

무부하비용 105
물리적 송전권 149
미국식 옵션 41

ㅂ

반응함수 114
발전설비 적정성 279
발전 제약조건 63
발전회사 8
배전회사 8
베르트랑 모델 113
변동비용 32
병렬 경로 150
볼록포 가격제 69
부가정산금 67
부하지속곡선 270
부하차단 252
부하추종 226
분산형 거래 56
불완전경쟁 112
불완전경쟁시장 44
블랙스타트 235
비기술적 손실 186
비중앙식(decentralized) 전력거래 147
비협조적 게임 112

ㅅ

사중손실 27
상품화 잉여 162, 177
생산세 공제 125
생산요소 28
생산함수 28
선도계약 38
선도시장 38, 56, 76, 96
선물계약 40
선물시장 40
소규모 소비자 8
소매시장 6
송전계통운영자 5
송전권 제도 149
송전망운영자 8
송전제약 159
송전회사 8
수급균형 제약조건 63
수급조정 메커니즘 72
수급조정 시장 72
수급조정 자원 72
수요 자원 7
수요함수 15
수익 준최적성 67
수직통합 전력회사 4, 7
순동예비력 227
순 소비자 잉여 15
순 수요 225
스케줄링 106
슬랙모선 194
시장균형 23
시장운영자 5, 8
시장지배력 44, 139, 154
시장청산 137
시장청산가격 23, 60, 64, 139, 155, 157
시정조치 221
신뢰도 219
신뢰도 계약 280
실시간 시장 72
쌍방계약 147

ㅇ

아래로 볼록한 특성(convexity) 29
역공급함수 20
역수요함수 16
역조류 153
연방 에너지 규제 위원회 9
열용량 178, 229
예방조치 221
예측 오류 109
옵션 41, 72, 280
완전경쟁 102
완전경쟁시장 23, 44
외란 223
외부 위험 36
용량시장 279
용량 지불금 277
위험 36
유럽식 옵션 41
이중 과점 114
일괄지불금 91
일중 시장 72

ㅈ

자기발전계획 67
자동 발전 제어 226
자연독점 11, 46
잠재비용 197
장기 비용함수 31
장기 평균비용 35
장기 평균비용 곡선 34
장기 한계비용 35, 297
장외시장 거래 56
재무적 송전권 163, 205
재생에너지 인증서 125
재생에너지 포트폴리오 표준 125
재생에너지 표준 125
전력계통 해석용 소프트웨어 148
전력전송분포계수 151
전압제어 서비스 231
전자거래 56
전체후생 26
정산 77
조각별 선형 비용 곡선 104
주파수조정 8
준고정비용 32
중개사업자 7
중앙집중식 거래 59
중앙집중식 전력거래 147, 163
중첩 정리 153, 166
지역 간의 차익거래 159
지역독점 184
지역별 한계가격 159
지점간(point-to-point) 재무적 송전권 206

ㅊ

차액계약 42, 79, 125, 201
총 소비자 잉여 15
최대 송전용량 153
최소운전시간 제약조건 64
최소정지시간 제약조건 64
최소효율규모 45
최적성 조건 192
최적조류계산 194
최적화 25, 63, 102, 112, 127, 193, 304, 317
최적화기법 185
추가예비력 227

출력증감발 제약조건 64

ㅋ

콜옵션 41
쿠르노 모델 114

ㅌ

투기자 40
투자세액공제 125

ㅍ

파레토 효율성 25
판매사업자 8
평균고정비용 32
평균변동비용 32
평균비용함수 32
폐장 73
풀 155
풀 시장 163
풋옵션 41
플로우게이트 송전권 210

ㅎ

한계내(inframarginal) 생산 20
한계비용함수 29
한계생산비용 157
한계생산 체감의 법칙 28
한계외(extramarginal) 생산 20
행정절차 149
헤지 206
현물시장 37, 70, 74, 76
혼잡잉여 161, 162, 177

기타

1차예비력 227
2부정산시스템 77
2차예비력 227
DC 조류계산 197

(영문)

A

aggregator 7
automatic generation control 226

B

balancing market 72
balancing mechanism 72
bilateral contract 147
black-start 235
boom and bust 277

C

capacity payment 277
congestion surplus 161, 162, 177
contract for difference 79, 125, 201
convex hull pricing 69
co-optimization 240
Customized long-term contract 56

D

DC power flow 197
distribution company, disco 8

E

Economic Dispatch 164
Electronic trading 56
ENTSO-E 9

F

Feed-in Tariffs, FIT 125

Financial Transmission Right, FTR 163, 205
flowgate right, FGR 210

G

generation adequacy 279
generation company, genco 8

H

hedge 206

I

independent power producer, IPP 4
independent system operator, ISO 5
intraday market 72
investment tax credits 125
ISO 8

L

Lagrange function 192
Lagrange multiplier 64, 192
large consumer 9
load following 226
load shedding 252
locational marginal price, LMP 159
locational monopoly 184
LoLPt 278
long-run marginal cost, LRMC 297
LRAC 35
LRMC 35

M

make-whole payments 91
market clearing price 155
market operator, MO 5, 8
Market Power 154
merchandising surplus 162, 177
Minimum Efficient Size, MES 45

N

NERC 9
New Electricity Trading Arrangements, NETA 279
nodal price 160

O

optimality condition 192
optimal power flow 194

P

Pennsylvania-Jersey-Maryland, PJM 271
Physical Transmission Rights 149
pool 155
Power Transfer Distribution Factor, PTDF 151
price spike 76, 275
price-taking 102
profit suboptimality 67

Q

quasi-fixed cost 32

R

reaction function 114
real-time market 72
regional transmission organization, RTO 8
regulation 8
regulator 9
renewable energy standards 125
renewable portfolio standards 125

retailer 8

S

self-schedule 67
shadow price 111, 197
short-run marginal cost, SRMC 293
slack bus 194
small consumer 8
spatial arbitrage 159
speculator 40
spinning reserve 227
SRAC 35
SRMC 35
superposition theorem 153, 166
supplemental reserve 227
system operator 147

T

thermal capacity 229
thermal ratings 178
Trading over the counter 56
transmission company, transco 8
transmission system operator, TSO 5
TSO 5, 8
two-settlement system 77

U

uplift payments 67

V

Value of Load Lost, VoLL 220
vertically integrated utility 7
virtual bidding 76
VoLL 276